POLICY CHANGE

정책변동론

이 / 론 / 과 / 적 / 용

양승일 지음

박영사

P 머리말
reface

　특정부문에 의한 독점적 행태가 이해당사자 간 분산적 행태로 급격히 전환되고 있다. 이러한 흐름은 정책에도 여실히 나타나고 있는데, 과거 권위주의시대에서는 낮은 수준의 정책변동이 주를 이루었으나, 현대 다원주의시대에서는 상대적으로 높은 수준의 정책변동이 발생하고 있다. 그만큼 정책변동에 대한 중요성이 점점 더 높아져 가고 있는 것이다.

　이에 근거해서, 본 저서에서는 정책변동에 대한 체계적 조명이 필요하다는 판단아래, 현실적으로 복잡한 정책변동을 논리적으로 담을 수 있는 이론들을 고찰해 보고, 본 이론들을 제 정책사례에 적용하여 검증함으로써 정책효율성을 제고할 수 있는 단초를 마련하고자 한다.

　기본적으로, 본 저서는 제1편 정책변동의 이론(제1장, 제2장, 제3장)과 제2편 정책변동의 연구론(제4장)으로 대별하여 전개하고자 한다.

　먼저, 제1장에서는 정책변동과 관련이 높은 정책과정 등을 조명해 보고, 과정별로 관련 모형을 고찰함으로써 정책변동의 이해를 위한 기초작업에 초점을 두고자 한다.

　제2장에서는 본격적으로 정책변동을 소개하고자 한다. 즉, 정책변동의 개념, 요인(촉진요인·저해요인), 유형 등을 살펴봄으로써 정책변동에 대한 이해를 적극적으로 전개하고자 한다.

　제3장에서는 정책변동이론 중 가치가 있다고 판단되는 기존 모형인 Sabatier의 ACF, Kingdon의 MSF, Hofferbert의 POCF, Hall의 PCF, Mucciaroni의 ICF, 그리고 Rose의 DF 등을 소개하고, 응용된 정책변동모형인 ACMS 모형,

EAI 모형, EAT 모형, 그리고 MSICF 등도 조명함으로써 모형소개의 입체성을 높이고자 한다.

마지막으로, 제4장에서는 2, 3장에서 언급한 모형 중 좀 더 가치기 있다고 판단되는 Sabatier이 ACF, Kingdon의 MSF, ACMS 모형, EAI 모형, EAT 모형, MSICF, 그리고 Hogwood & Peters의 정책변동 유형이론 등을 각각의 정책사례에 적용하여 연구논문 형식으로 기술함으로써 이론검증에 무게를 두었다.

이와 같이 구성된 본 저서는 연구서라는 점과 본 저서로 인해 정책변동 현상을 이해할 수 있는 토대를 마련할 수 있다는 점에서 어느 정도 의의를 갖는다고 판단된다.

마지막으로, 본 저서가 나오기까지 성원해 주신 부모님들과 아내, 각종 조언을 해 주신 교수님들, 그리고 박영사 회장님과 임직원 여러분께 깊은 감사를 전한다.

저자 양 승 일

C ontents
차 례

제1편 정책변동의 이론

제1장 정책과정의 의의

제1절 정책의 정의 ·· 5

Ⅰ. 정책의 개념 ··· 5

  1. 일반적 개념 | 5

  2. 유형적 개념 | 7

Ⅱ. 정책의 요소 ··· 8

  1. 당위성 | 9

  2. 공식성 | 9

  3. 정책목표 | 9

  4. 정책대상조직 | 10

  5. 정책의지 | 10

제2절 정책과정의 제 이론 ·· 10

Ⅰ. Lasswell의 정책과정 ··· 11

Ⅱ. Anderson의 정책과정 ··· 11

  1. 문제의 인식·의제형성과정 | 11

  2. 정책형성과정 | 12

    3. 정책채택과정 | 12

    4. 정책집행과정 | 12

    5. 정책평가과정 | 12

Ⅲ. Jones의 정책과정 ··· 12

    1. 문제정의과정 | 12

    2. 형성·합법화과정 | 13

    3. 집행과정 | 13

    4. 평가과정 | 13

    5. 종결과정 | 13

Ⅳ. Dye의 정책과정 ··· 13

    1. 문제의 인식과정 | 13

    2. 정책대안결정과정 | 13

    3. 정책합법화과정 | 14

    4. 정책집행과정 | 14

    5. 정책평가과정 | 14

Ⅴ. Hogwood & Peters의 정책과정 ······································· 14

    1. 의제형성과정 | 14

    2. 정책결정과정 | 15

    3. 합법화과정 | 15

    4. 조직화과정 | 15

    5. 집행과정 | 15

    6. 평가과정 | 15

    7. 종결과정 | 15

Ⅵ. Ripley & Franklin의 정책과정 ··· 16

    1. 형성·합법화과정 | 16

    2. 집행과정 | 17

    3. 평가과정 | 17

    4. 정책변동과정 | 17

Ⅶ. Palumbo의 정책과정 ·· 17

    1. 의제형성과정 | 17

    2. 정책결정과정 | 17

    3. 정책집행과정 | 18

　　　　4. 정책평가과정 | 18
　　　　5. 정책종결과정 | 18
　　Ⅷ. 정책과정이론의 비교 ·· 18
　　Ⅸ. 정책과정의 상호관계 ·· 18

제 3 절　정책변동으로서 정책과정의 개념 ································ 20
　　Ⅰ. 정책의제형성과정 ·· 21
　　　　1. 개념정의 | 21
　　　　2. 모형정의 | 22
　　Ⅱ. 정책결정과정 ··· 26
　　　　1. 개념정의 | 26
　　　　2. 모형정의 | 27
　　Ⅲ. 정책집행과정 ··· 30
　　　　1. 개념정의 | 30
　　　　2. 모형정의 | 30
　　Ⅳ. 정책평가과정 ··· 37
　　　　1. 개념정의 | 37
　　　　2. 모형정의 | 38

제 2 장　정책변동의 의의

제 1 절　정책변동의 개념 ··· 40
제 2 절　정책변동의 촉진요인 ··· 43
　　Ⅰ. 경제적 환경의 급변 ·· 43
　　Ⅱ. 정책수혜자의 가치관 변화 ·· 43
　　Ⅲ. 법률의 제·개정 및 폐지 ··· 44
　　Ⅳ. 최고 정책관리자의 교체 ··· 44
　　Ⅴ. 정책집행조직의 반항 ·· 45
　　Ⅵ. 조직 간의 경쟁 ·· 45

Ⅶ. 기　술 ……………………………………………………………………………… 46

Ⅷ. 예상 외의 사건 …………………………………………………………………… 46

Ⅸ. 정책오차 …………………………………………………………………………… 47

제3절　정책변동의 저해요인 …………………………………………………………… 47

Ⅰ. 심리적 저항 ……………………………………………………………………… 47

Ⅱ. 정책·조직의 지속성 …………………………………………………………… 48

Ⅲ. 정치적 연합 ……………………………………………………………………… 48

Ⅳ. 정치적 부담 ……………………………………………………………………… 48

Ⅴ. 법적 제약 ………………………………………………………………………… 49

Ⅵ. 높은 수준의 비용 ……………………………………………………………… 49

제4절　정책변동의 유형 ………………………………………………………………… 50

Ⅰ. 정책혁신 …………………………………………………………………………… 50

1. 창조형 | 50

2. 반복형 | 50

Ⅱ. 정책유지 …………………………………………………………………………… 51

1. 순응형 | 51

2. 불응형 | 52

Ⅲ. 정책승계 …………………………………………………………………………… 52

1. 선형형 | 53

2. 정책통합형 | 53

3. 정책분할형 | 54

4. 부분종결형 | 54

5. 비선형형 | 54

Ⅳ. 정책종결 …………………………………………………………………………… 54

1. 폭발형 | 55

2. 점감형 | 55

3. 혼합형 | 55

Ⅴ. 정책변동 유형 간 관계 ……………………………………………………… 56

제 3 장   정책변동의 제 모형

제 1 절   Sabatier의 옹호연합모형(ACF) ·· 58
    Ⅰ. 외적변수 ··· 60
    Ⅱ. 정책옹호연합 ··· 60
    Ⅲ. 신념체계 ··· 60
    Ⅳ. 정책중개자 ··· 61
    Ⅴ. 정책학습 ··· 62
    Ⅵ. 정책산출과 정책변동 ·· 62

제 2 절   Kingdon의 다중흐름모형(MSF) ·· 62
    Ⅰ. 3가지 과정의 흐름 ·· 63
    Ⅱ. 정책변동의 창 ·· 64
    Ⅲ. 정책산출과 정책변동 ·· 65

제 3 절   Hofferbert의 정책산출 변동모형(POCF) ································ 66

제 4 절   Hall의 패러다임 변동모형(PCF) ·· 67

제 5 절   Mucciaroni의 이익집단 위상 변동모형(ICF) ······················· 70

제 6 절   Rose의 동적모형(DF) ··· 71

제 7 절   정책변동모형의 응용 1-ACMS 모형 ·· 73
    Ⅰ. ACMS 모형의 개념 ··· 73
    Ⅱ. ACMS 모형의 세부변수 정의 ·· 75
        1. 외적변수 | 75
        2. 신념체계 | 76
        3. 정책중개자 | 76
        4. 촉발기제 | 77
        5. 정책변동의 창 | 77
        6. 정책산출과 정책변동 | 79

제 8 절   정책변동모형의 응용 2-EAI 모형 ·· 80

Ⅰ. EAI 모형의 개념 ·· 80

Ⅱ. EAI 모형의 유형 ·· 80

　1. 설계오차형 | 81

　2. 집행오차형 | 82

　3. 오치부재형 | 82

Ⅲ. EAI 모형의 종합 ·· 83

제 9 절　정책변동모형의 응용 3-EAT 모형 ······································· 84

Ⅰ. EAT 모형의 개념 ··· 84

Ⅱ. EAT 모형의 유형 ··· 84

　1. 정책오차형 | 85

　2. 정책일치형 | 88

Ⅲ. EAT 모형의 종합 ··· 92

제10절　정책변동모형의 응용 4-MSICF ·· 94

Ⅰ. MSICF의 개념 ·· 94

Ⅱ. MSICF의 차별성 ·· 96

제 2 편　정책변동의 연구론

제 4 장　정책변동이론의 사례적용

제 1 절　ACF의 적용[ACF를 활용한 정책변동 분석: 그린벨트정책을 중심으로] ···· 101

Ⅰ. 서　론 ·· 101

Ⅱ. 정책변동의 이론적 고찰 ·· 103

　1. 정책변동의 개념 | 103

　2. ACF의 개념 | 104

Ⅲ. ACF를 활용한 그린벨트정책의 변동과정 분석 ······························ 106

　1. 그린벨트정책의 추진경과 | 106

　　　2. ACF를 활용한 정책변동 분석 | 107

　Ⅳ. 결 론 ··· 120

제 2 절　MSF의 적용[MSF를 활용한 정책변동 분석: 새만금간척사업을
　　　　　중심으로] ·· 121

　Ⅰ. 서 론 ··· 121

　Ⅱ. 이론적 배경 및 분석틀 ·· 122

　　　1. 정책변동의 개념과 주요 모형 | 122

　　　2. MSF의 소개와 관련 선행연구들 | 125

　　　3. 연구의 분석틀 | 128

　Ⅲ. MSF를 활용한 새만금간척사업의 변동 분석 ······································ 130

　　　1. 사업변동 분석 | 131

　　　2. 분석의 종합 | 150

　Ⅳ. 결 론 ··· 152

제 3 절　ACMS 모형의 적용-A[ACMS 모형을 활용한 정책변동 분석:
　　　　　서울추모공원건립정책을 중심으로] ·· 153

　Ⅰ. 서 론 ··· 154

　Ⅱ. 이론적 고찰 ··· 155

　　　1. 정책변동의 개념 | 155

　　　2. 기존 정책변동의 의의 | 156

　　　3. ACMS 모형의 의의 | 159

　Ⅲ. ACMS 모형을 활용한 서울추모공원건립정책의 변동 분석 ··············· 164

　　　1. 서울추모공원건립정책의 의의 | 164

　　　2. ACMS 모형을 활용한 서울추모공원건립정책의 변동 분석 | 167

　Ⅳ. 결 론 ··· 186

제 4 절　ACMS 모형의 적용-B[ACMS 모형을 활용한 정책변동 분석:
　　　　　이명박정부의 한반도대운하사업을 중심으로] ································· 191

　Ⅰ. 서 론 ··· 191

　Ⅱ. 이론적 고찰 ··· 192

　　　1. 정책변동과정 관련 기존 모형 | 192

2. ACMS 모형의 의의 | 195

Ⅲ. 한반도대운하사업의 의의 ·· 203

1. 한반도대운하사업의 추진경과 | 203

2. 한반도대운하사업 정책변동의 창 시기별 구분 | 204

3. 한반도대운하사입 관련 선행연구 | 205

Ⅳ. ACMS 모형을 활용한 한반도대운하사업 정책변동과정의 상호작용

분석 ··· 207

1. 외적변수 | 207

2. 신념체계 | 210

3. 촉발기제 | 211

4. 정책변동의 창 | 211

5. 정책산출 | 223

6. 분석의 종합 | 224

Ⅴ. 결 론 ··· 228

제 5 절   EAI 모형의 적용[EAI 모형을 활용한 정책변동 분석: 서울특별시

조례산출과정을 중심으로] ··· 230

Ⅰ. 서 론 ··· 231

Ⅱ. 이론적 고찰 ··· 232

1. 정책변동의 개념 | 232

2. 정책오차의 개념 | 233

3. 정책집행조직의 순응 및 불응 개념 | 234

4. EAI 모형의 유형 | 236

5. 정책변동 관련 선행연구 | 239

Ⅲ. 정책집행조직에 의한 조례산출 변동유형 분석 ······································· 242

1. 조례산출과정의 의의 | 242

2. EAI 모형을 활용한 정책집행조직에 의한 조례산출 변동유형 분석 | 243

3. 정책집행조직에 의한 조례산출 변동유형 분석 결과 | 257

Ⅳ. 결 론 ··· 259

제 6 절   EAT 모형의 적용[EAT 모형을 활용한 정책변동 분석: 노무현정부의

사학정책을 중심으로] ··· 261

Ⅰ. 서 론 ·· 261

Ⅱ. 이론적 배경 및 분석틀 ·· 262
    1. 정책변동의 개념 | 262
    2. 정책오차의 개념 | 263
    3. 정책대상조직의 순응·불응 개념 | 263
    4. 연구의 분석틀 | 265

Ⅲ. 정책대상조직에 의한 사학정책변동 분석 ···································· 267
    1. 사학정책의 추진경과 | 267
    2. 정책과정의 사학정책변동 분석 | 269
    3. 정책대상조직에 의한 사학정책변동 분석 결과 | 281

Ⅳ. 결 론 ·· 283

제 7 절 MSICF의 적용[MSICF를 활용한 정책변동 분석: 스크린쿼터정책을
         중심으로] ·· 285

Ⅰ. 서 론 ·· 285

Ⅱ. 이론적 배경 및 분석틀 ·· 287
    1. 기존 원형모형 | 287
    2. MSICF의 의의 | 288
    3. 정책변동 관련 선행연구 | 292
    4. 연구의 분석틀 | 295

Ⅲ. 스크린쿼터정책의 의의 ·· 295
    1. 스크린쿼터정책의 추진경과 | 296
    2. 스크린쿼터정책 관련 선행연구 | 297

Ⅳ. MSICF의 적용을 통한 스크린쿼터정책의 변동 분석 ···················· 300
    1. 다중흐름 | 300
    2. 정책변동의 창 | 301
    3. 정책변동 | 307
    4. 이익집단 위상의 변동 | 307
    5. 분석의 종합 | 308

Ⅴ. 결 론 ·· 310

제 8 절   Hogwood & Peters의 정책변동 유형이론 적용[Hogwood & Peters의 정책변동 유형이론을 활용한 정책변동 분석: 신행정수도건설정책을 중심으로] ·· 311

Ⅰ. 서 론 ··· 311

Ⅱ. 이론적 배경 및 분석틀 ·· 313
    1. 정책변동의 개념 | 313
    2. 정책변동의 유형 | 314
    3. Hogwood & Peters의 이론에서 말하는 주요 연구결과 | 316
    4. 연구의 분석틀 | 318

Ⅲ. 신행정수도건설정책의 변동 유형 분석 ······························· 319
    1. 추진경과 및 시기별 구분 | 319
    2. 시기별 정책변동 유형 분석 | 322
    3. 분석의 종합 | 341

Ⅳ. 결 론 ··· 343

참고문헌 ··· 347

찾아보기 ··· 361

■ 제 1 장 정책과정의 의의

■ 제 2 장 정책변동의 의의

■ 제 3 장 정책변동의 제 모형

PART **1**

정책변동의 이론

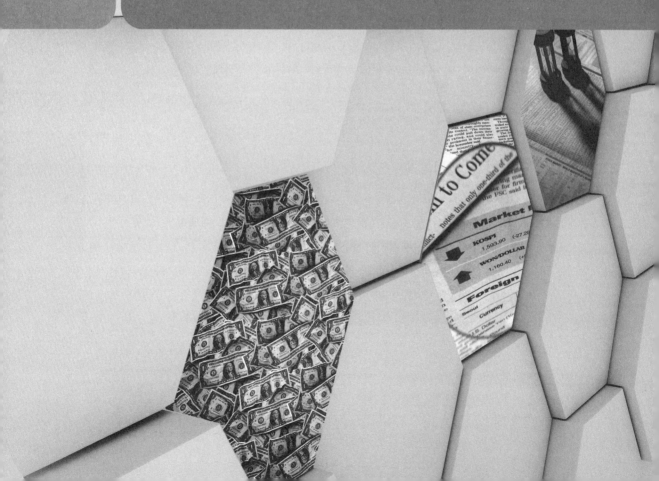

제1장 정책과정의 의의

정책변동(policy change)은 정책과정의 전 부분을 포괄한다는 점에서 본 장에서는 정책과정의 개념을 중심으로 그 의의를 조명하고자 한다. 우선 정책과정을 좀 더 이해하기 위해서 정책의 개념을 간략히 살펴보고자 한다.

제1절 정책의 정의

I. ▶▶ 정책의 개념

1. 일반적 개념

정책(policy)의 개념은 학자들의 접근입장차이로 다양하게 정의되고 있는데, 일반적으로 제시하고 있는 개념을 간략하게 살펴보면 다음과 같다.

먼저, Friedrich(1940)는 정책에 대해 '목표나 목적을 담고 있어야 하는 것이 본질적 요건'이라고 했다. 이러한 정의는 목표를 달성하기 위한 전반적인 행동계획과 구체적인 정부활동을 서로 구분하고 있고 정부행동이 특정정책이 되기 위해서는 목표를 지녀야 한다는 것이다. Easton(1953)은 '전체사회를 위한 가치의 권위적 배분'이라고 정의하였는데, 이들은 정책의 정치적 성격을 강조한 입장으로서 정책의 공식적 권위성을 그 핵심적인 내용으로 하고 있다. Higginson(1966)은 좀 더 명확하게 정책을 '행동화하기 위한 하나의 지침'으로 정의하고 있다.

Lasswell & Kaplan(1970)은 '목표, 가치 및 행동노선을 담은 사업계획'으로 정의하고 있고, Eyestone(1971)은 '정부기관과 환경과의 긴밀한 관계'라고 조명하고 있으며, Lowi(1972)는 '정부당국이 적극적이거나 소극적인 제재들을 사용하여 시민들의 조건이나 행태에 영향을 미치려는 정부의 의도를 정의해 놓은 일반적인 전술'이라고 제시하고 있다.

Anderson(1975)은 '문제해결에 있어서 목적 있는 행동대안'으로 정의하고 있고, Tropman(1976)은 '정치, 철학, 이념, 사회과학, 계획, 뜻밖의 일 및 분배기제와 동일한 것'이라고 제시하고 있는데, 이는 공통분모를 찾으려는 의미에서 이루어지는 것이라고 할 수 있다.

Jenkins(1978)는 '특정한 상황에서 어떤 목적을 달성할 권한을 가진 행위자들이 목적들과 이것을 실현할 수 있는 수단들을 선택하는 일련의 상호관련 의사결정'으로 정의하고 있다. Dye(1981)는 '정부가 추진하기로 또는 그렇지 않기로 결정한 모든 것'으로 정의하고 있다. 이는 사회 내에서 정부가 추진하는 기능에 초점을 맞춤으로서 개방성과 포괄성 등이 내포된 정책의 사회적 맥락성을 강조하고 있는 것이다. 결국, Dye가 정책을 선택으로 정의한 데 비하여, Jenkins는 과정으로 정의했다는 점이 큰 차이라고 볼 수 있다. 따라서 Jenkins의 개념은 '한 세트의 상호관련된 의사결정'이라고 하여 정책이 한 번에 이루어지는 문제해결이 아닌 일련의 의사결정을 포함하는 것임을 밝히고 있다.

지금까지 조명한 정책에 대한 개념정의를 근거로 정책의 일반적 의미를 좁은 의미의 개념과 넓은 의미의 개념으로 접근해 보면 다음과 같다. 먼저, 전자의 경우 정책1은 법적 권위를 부여받은 정부기관 등이 사회문제를 인식하고 이

---

1 정책에 대한 유사개념은 다양한데, 이를 간략히 정리하면 다음과 같다(유훈, 2002: 25-27).
 • 정책요구(policy demands)
  특정한 문제에 관하여 정부기관이 개입하여 조치를 취해 줄 것을 다른 정부기관이나 정책결정가에게 요구하는 것을 말한다. 이러한 정책요구는 때로는 추상적일 수 있으나 경우에 따라서는 구체

를 해결하기 위해 체계적인 과정을 통해 만들어 내는 정책산출물이라고 할 수 있으며, 후자의 경우는 정책의제형성과정, 정책결정과정, 정책산출물, 정책집행과정, 정책평가과정 등 일련의 모든 정책과정을 포괄하는 것으로 정의할 수 있다. 본 저서에서는 상황에 따라 전자와 후자를 혼용하여 사용하고자 한다.

2. 유형적 개념

정책은 유형적 개념으로도 접근할 수 있는데, 복지정책을 사례로 접근해 보면 다음과 같다.

즉, 복지정책의 대상과 주체를 기준으로 유형화한 개념정의로서, 대상의 경우 높은 수준으로 복지사각지대에 노출되어 있는 저소득층 등 특정층과 특정층을 포함하는 일반국민을 대상으로 하는 보편층으로 구분하고, 주체에 있어서는 정부 등의 공공부문, 정부·민간사회복지기관 등의 공공·민간부문, 그리고 복지재단 등의 민간부문으로 대별하여 여섯 가지의 개념으로 접근하고자 한다 (〈표 1-1〉 참조).

표 1-1 유형적 정책개념

구 분		대 상	
		특정층	보편층
주 체	공공부문	개념 Ⅰ	개념 Ⅱ
	공공·민간부문	개념 Ⅲ	개념 Ⅳ
	민간부문	개념 Ⅴ	개념 Ⅵ

적인 행동의 요청으로 나타날 수 있다.
• 정책스테이트먼트(policy statements)
　이는 정책에 관한 공식적인 표현 또는 표명을 말한다. 즉 법률, 대통령령, 총리령, 부령, 규정, 법원의 판결 등뿐만 아니라 정부의 의도나 목표와 관련된 정부관료들에 의한 연설 등이 그것이다.
• 정책성과(policy outcomes)
　성과는 산출보다는 계량화하기가 어렵고 장기적인 효과라고 할 수 있는데, 교육의 경우 아동들의 독해력, 공부하는 습관 등이 그것이다.
• 정책임팩트(policy impacts)
　임팩트는 성과보다 더 오랜 후에 나타나는 효과이다. 교육의 임팩트로서 교양 있는 국민의 양성 등을 들 수 있다.

먼저, 개념 Ⅰ은 중앙정부, 지방정부 등 공공부문이 저소득층 등 특정층의 복지문제를 인식하고 이를 해결하기 위해 체계적인 과정을 통해 복지목표에 대한 정책을 산출하고 이를 집행·평가하는 것으로서, 공공부조정책 등이 이에 해당된다.

개념 Ⅱ는 중앙정부, 지방정부 등 공공부문이 일반국민 등 보편층의 복지문제를 인식하고 이를 해결하기 위해 체계적인 과정을 통해 복지목표에 대한 정책을 산출하고 이를 집행·평가하는 것으로서, 환경정책 등이 그것이다.

개념 Ⅲ은 정부·민간사회복지기관 등 공공·민간부문이 연계해서 저소득층 등 특정층의 복지문제를 인식하고 이를 해결하기 위해 체계적인 과정을 통해 복지목표에 대한 정책을 산출하고 이를 집행·평가하는 것으로서, 노숙자정책 등이 이에 해당된다.

개념 Ⅳ는 정부·민간사회복지기관 등 공공·민간부문이 연계해서 일반국민 등 보편층의 복지문제를 인식하고 이를 해결하기 위해 체계적인 과정을 통해 복지목표에 대한 정책을 산출하고 이를 집행·평가하는 것으로서, 자원봉사조직 정책 등이 그것이다.

개념 Ⅴ는 기업복지재단 등 민간부문이 저소득층 등 특정층의 복지문제를 인식하고 이를 해결하기 위해 체계적인 과정을 통해 복지목표에 대한 정책을 산출하고 이를 집행·평가하는 것으로서, 저소득층에 대한 실버정책 등이 이에 해당된다.

마지막으로, 개념 Ⅵ은 기업복지재단 등 민간부문이 일반국민 등 보편층의 복지문제를 인식하고 이를 해결하기 위해 체계적인 과정을 통해 복지목표에 대한 정책을 산출하고 이를 집행·평가하는 것으로서, 일반국민에 대한 교육정책 등이 그것이다.

본 저서에서는 주로 개념 Ⅱ에 초점을 맞추면서, 상황에 따라 모든 유형을 포괄하여 접근하고자 한다.

 ## Ⅱ. ▶▶ 정책의 요소

정책은 당위성, 공식성, 정책목표, 정책대상조직, 그리고 정책의지 등으로

구성된다(박성복·이종렬, 2003; 유훈, 2002).

1. 당위성

정부는 정책을 통해 사회문제를 해결하거나 공익을 달성함으로써 바람직한 사회상태를 실현시킨다. 무엇이 '바람직한 사회상태'냐 하는 것은 가치판단의 문제이다. 따라서 정책은 실현시켜야 할 가치 및 가치들 간의 관계정립이라는 당위성을 필연적으로 지닐 수밖에 없다.

2. 공식성

정책이 제도적인 요건을 충족하고 공식적인 채택과정을 거칠 때에만 제도적인 정당성을 갖게 된다. 아무리 여론에 부합되고 정부행위라고 할지라도 그것이 하나의 정책으로 되기 위해서는 공식적인 채택과정을 거쳐 제도적인 정당성을 얻어야 한다. 제도적인 정당성을 통해 정책은 권위성과 강제성을 가질 수 있으며, 집행에 필요한 추진력과 자원을 확보할 수 있는 것이다.

3. 정책목표[2]

정책의 구성요소로서 정책목표는 정책을 통하여 달성하고자 하는 소망스러운 상태라고 할 수 있다. 즉, 현재는 존재하지 않지만 정책을 통하여 미래에 있어서 발생하도록 하는 상태라고 할 수 있다. 정책목표는 정책과정에서 핵심적 위치를 차지한다. 정책형성과정에 있어서 정책목표가 수립되어야 이 목표에 부합되는 대안의 선정이 가능한 것이다. 정책집행과정에 있어서도 정책목표가 중요한 기능을 수행하는데, 명확한 정책목표가 충실한 순응을 보장하는 것은 아닐지라도 명확한 정책목표는 성공적인 정책집행을 위한 전제조건이라고 할 수 있다. 그리고 정책과정에 있어서도 정책목표가 중요한 역할을 담당하는데, 정책평가에 있어서 능률성, 주민의 만족, 수혜자대응성 등과 함께 정책목표가 정책평가의 기준으로서 핵심적인 위치를 차지한다는 것은 확실하다. 즉, 정책목표는 정책형성을 위시하여 정책집행·정책평가 등 정책과정 전반에 중요한 기

---

2 정책목표는 여러 가지로 분류할 수 있으나, 대개 최상위 목표인 궁극적 목표, 차상위 목표인 일반목표, 하위목표인 부분목표, 차하위 목표인 세부목표로 대별할 수 있다(유훈, 2002).

능을 수행한다는 것을 알 수 있다.

4. 정책대상조직

정책대상조직은 정책과 관련해서 직접적인 이해관계를 갖는 집단을 의미하며 정책으로부터 혜택을 받는 수혜조직과 정책으로 인해 불이익을 받는 정책비용 부담조직으로 대별된다. 수혜조직은 정책을 통해 제공되는 서비스나 재화를 받는 사람들로서, 사회복지정책에 있어서 독거노인 등이 그것이다. 부담조직은 정책대안의 정책과정에서 피해를 입게 되는 집단으로서 환경규제정책의 경우 배출기업 등이 그것이다.

5. 정책의지

정책의지는 정책주체인 사람들의 정책에 대한 가치판단, 동기, 신념 및 태도, 그리고 감정 등으로 이루어진 복합적인 것이므로 쉽게 파악되지 않는다. 또한 체제 개방성의 정도에 따라 정책과정에 참여하는 사람들이 복수이므로 정책의지는 정치·사회적인 역학관계까지 포함하게 되고, 따라서 그것은 정책의 정치적 실현성과 밀접한 관련을 갖는다. 민주주의 사회에서 정책의지는 전체적인 사회가치 체계 속에서 조정되는 것이 일반적이므로 단순히 지배계층인 정책관리자들의 의지뿐만 아니라 정책에 대한 피지배계층의 의지 또는 지지도 정책의지의 중요한 요소로 파악되어야 할 것이다.

제 2 절 정책과정의 제 이론

전술한 바와 같이 정책변동은 모든 정책과정과 긴밀하게 연계된다는 점에서, 다양한 정책과정 이론을 조명할 필요가 있다. 본 절에서는 7명의 학자를 중심으로 일반적인 정책과정을 살펴보고자 한다.

I. ▶▶ Lasswell의 정책과정

Lasswell(1956)은 정책과정을 정보과정, 건의과정, 처방과정, 발동과정, 적용과정, 평가과정, 그리고 종결과정 등 7단계로 대별하고 있다(〈표 1-2〉 참조).

표 1-2 Lasswell의 정책과정

단 계	내 용
정보과정	정보를 수집하여 예측하고 기획하는 단계
건의과정	정책대안을 작성하는 단계
처방과정	최종안을 선정하는 단계
발동과정	최종안을 잠정적으로 시행하는 단계
적용과정	본격적으로 집행하는 단계
평가과정	정책의 성공여부를 판정하는 단계
종결과정	정책의 수정 또는 폐기 등을 결정하는 단계

출처: Lasswell(1956)을 근거로 재구성.

현재에 정형화된 정책과정은 Lasswell의 정책과정을 근거로 이루어졌다고 볼 수 있다.

II. ▶▶ Anderson의 정책과정

Anderson(1975)은 정책과정을 문제의 인식·의제형성과정, 정책형성과정, 정책채택과정, 정책집행과정, 그리고 정책평가과정 등 5단계로 대별한다.

1. 문제의 인식·의제형성과정

이는 정부가 문제점을 인정하여 적극적인 해결책을 모색하면서 정책문제를 선정하는 단계이다. 수없이 많은 요구가 정부에 제시되지만 정책결정가들이 관심을 표명하거나 관심을 표명할 수밖에 없는 문제는 많지 않다. 이와 같이 정책결정가들이 해결책을 모색하기 위하여 선정되는 문제들이 정책의제로 구성된다.

2. 정책형성과정

이는 문제해결에 이바지할 수 있는 실현가능한 대안들을 발전시키는 단계이다. Anderson(1975)은 정책형성이 항상 새로운 법령 등의 제정을 가져오는 것이 아니라는 점을 강조하고 있다.

3. 정책채택과정

이는 최종안을 선택하고 지지세력을 규합하여 권위 있는 기관이 의결하거나 합법성을 부여하도록 조치하는 단계이다.

4. 정책집행과정

이는 결정된 정책을 실천에 옮기는 단계이다. 이 단계에서 일어나는 일들은 단순한 것 같으나 그 결과가 정책의 실질적인 내용에 큰 영향을 미친다.

5. 정책평가과정

이는 정책의 효과성을 판단하며 성공 또는 실패의 요인이 어디에 있는가를 규명하는 단계이다. 이 단계에 있어서 가장 중요한 문제는 인과관계를 정확히 규명하는 것이다.

Ⅲ. ▶▶ Jones의 정책과정

Jones(1977)는 정책과정을 문제정의과정, 형성·합법화과정, 집행과정, 평가과정, 그리고 종결과정 등 5단계로 대별한다.

1. 문제정의과정

이는 정책의제형성과정과 동일한 것으로 정책문제를 선정하는 단계이다.

2. 형성·합법화과정

이는 문제를 해결하기 위한 행동방안을 결정하고 권위 있는 기관이 행동방안에 합법성을 부여하는 단계이다.

3. 집행과정

이는 권위 있는 기관에 의하여 합법성이 부여된 정책을 실천에 옮기는 단계이다.

4. 평가과정

이는 실천에 옮겨진 정책을 평가하는 단계이다. 정책의 효과는 오랜 시일을 두고 서서히 나타나는 경우가 있는가 하면 다른 변수들이 개재되어 특정한 정책의 효과를 끄집어내기 어려운 경우도 있다.

5. 종결과정

이는 문제가 해결되어 정책을 종결시키거나 정책을 수정하는 단계이다. 즉, 정책변동이 일어나는 단계인 것이다.

Ⅳ. ▶▶ Dye의 정책과정

Dye(1981)는 정책과정을 문제의 인식과정, 정책대안결정과정, 정책합법화과정, 정책집행과정, 그리고 정책평가과정 등 5단계로 대별한다.

1. 문제의 인식과정

이는 특정 또는 불특정 다수 등이 정부에 문제해결을 촉구하는 요구를 표출하는 단계이다.

2. 정책대안결정과정

이는 문제의 인식과정에서 나타나는 요구에 대한 공공의 토론으로서 정책의제가 설정되는 단계이다. 그리고 문제를 해결할 수 있는 사업계획대안이 개발된다.

3. 정책합법화과정

이는 정책대안결정과정에서 개발된 정책대안을 선택하는 단계이다. 그리고 대안에 대한 정치적 지지를 확보하려고 노력하게 된다. 정치적 지지를 확보한 후에는 법의 제정을 촉구한다.

4. 정책집행과정

이는 집행을 위하여 관료제조직을 집행에 적합하도록 정리하는 단계이다. 그리고 집행에 필요한 인적·물적 자원을 적절하게 동원하게 된다.[3]

5. 정책평가과정

이는 정책과정의 마지막 단계로서 정책사업을 검토하고 이에 대한 결과를 보고한다. 그리고 대상조직과 비대상조직에 대한 정책사업의 영향을 평가하고 정책에 대한 변화와 조정이 제시된다.

V. ▶▶ Hogwood & Peters의 정책과정

Hogwood & Peters(1983)는 정책과정을 의제형성과정, 정책결정과정, 합법화과정, 조직화과정, 집행과정, 평가과정, 그리고 종결과정 등 7단계로 대별한다.

1. 의제형성과정

이는 사회 내에서 존재하는 문제들의 해결을 위해서 정부의 행위가 요구된다고 인식되며, 이들 문제들의 해결을 위해 공식적 의제의 위치를 차지하게 되는 단계이다.

---

3 이에 대한 방법으로 Dye(1981)는 세금부과방법을 통해 각종 자원을 동원할 수 있다고 언급한다.

2. 정책결정과정

이는 환경 속에서 인지된 바 있는 문제, 즉 어려움을 완화할 수 있는 정책산출물이 마련되는 단계이다.

3. 합법화과정

이는 정책결정과정에서 수립된 정책산출물이 일련의 공식적 행위를 통해서 권위를 갖게 되는 단계이다. 이와 같이 정책산출물이 권위가 있게 되고 합법화되기 위해서는 입법조치, 규제조치, 그리고 국민투표 등의 절차가 필요하다.

4. 조직화과정

이는 정책을 집행하기 위한 조직구조가 개발되는 단계이다. 물론, 전혀 새로운 조직을 설립하기보다는 기존 조직에 정책을 집행하게 할 수도 있는 것이다.

5. 집행과정

이는 행정조직이 실제로 정책을 집행하는 단계이다. 이 단계에서는 정책이 바람직한 산출을 가져오게 하기 위하여 합법적인 집행가, 책정된 자원, 그리고 집행조직을 환경에 연계시키는 작업이 포함된다.

6. 평가과정

이는 산출이나 산출의 영향이 특정한 기준에 의해서 분석되고 평가되는 단계이다. 여기서 기준이란 합법화에서 유래될 수도 있으며, 조직구조와 집행단계에서 형성된 정책의도의 수정에서 기인할 수도 있다.

7. 종결과정

이는 정책집행조직이나 다른 정책결정기구들의 활동을 종식시키기 위한 단계이다. 이를 위해 이미 다양한 절차들이 이미 개발된 바 있으며, 이 절차들이 정책의 종결과정에서 활용되고 있다.

Ⅵ. ▶▶ Ripley & Franklin의 정책과정

Ripley & Franklin(1986)은 정책과정을 형성·합법화과정, 집행과정, 평가 과정, 그리고 정책변동과정 등 4단계로 대별한다(〈그림 1-1〉 참조).

1. 형성·합법화과정

이는 정책의제를 설정하고 정보를 수집하여 타협과 협상을 거쳐 인준까지

그림 **1-1** Ripley & Franklin의 정책과정

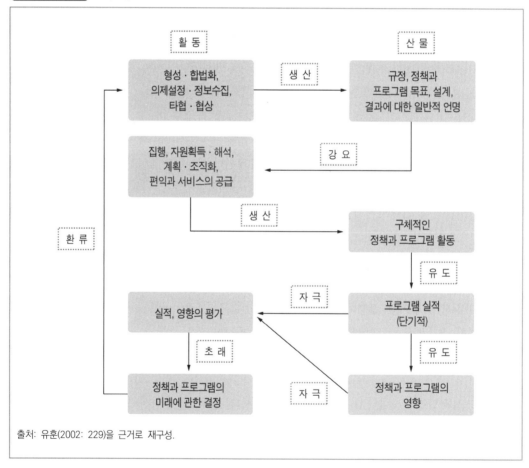

출처: 유훈(2002: 229)을 근거로 재구성.

받는 단계이다. 이 단계의 산출물은 정책이나 프로그램의 목표, 디자인, 결과 등에 관한 일반적 법률이라고 할 수 있다.

2. 집행과정

이는 자원을 획득하고 정책에 대한 해석을 내리며 기획, 조직을 거쳐 대상 조직에게 혜택, 서비스를 제공하는 단계이다. 이 단계의 산출물은 구체적인 정책이나 프로그램의 활동이다.

3. 평가과정

이는 집행의 결과로 발생한 단기적인 실적이나 장기적인 영향을 평가하는 단계이다. 평가의 결과를 근거로 정책변동과정이 이어진다.

4. 정책변동과정

이는 평가결과를 근거로 정책의 미래에 관한 결정이 이루어지며, 이 결정이 형성·합법화단계로 환류된다.

VII. ▶▶ Palumbo의 정책과정

Palumbo(1988)는 정책과정을 의제형성과정, 정책결정과정, 정책집행과정, 정책평가과정, 그리고 정책종결과정으로 대별한다.

1. 의제형성과정

이는 하나의 이슈가 공공의제의 위치를 차지하게 됨으로써 시작되는 단계이다. 그리고 이는 입법부, 사법부, 행정부 등의 기구에 의하여 이슈가 취급되어져야 함을 의미한다.

2. 정책결정과정

이는 문제가 정의되고, 이익집단들이 지지와 반대를 중심으로 하여 결합되며, 그리고 제기된 문제를 해결할 수 있는 특정한 방안이 채택되는 단계이다.

3. 정책집행과정

이는 과거에 정책과정에 생략되었으며 간과되어지기도 했으나 오늘날에는 활발하게 연구되고 강조되는 단계이다. 이 단계에서는 사업계획이 설계되고, 집행기구와 정책이 목표로 하는 대상조직의 요구, 자원, 소망 등에 맞도록 정책을 수정하기도 한다.

4. 정책평가과정

이는 정책집행과정에서 집행된 바 있는 정책과 절차가 대상조직에게 의도되거나 의도하지 않은 어떤 영향이 나타났는가에 대해 평가하는 단계이다.

5. 정책종결과정

이는 정책이 정치적 지지를 상실하거나, 목표를 달성하지 못한다는 것이 입증되거나, 높은 수준의 비용이 소요되는 이유로 인해 종결되는 단계이다.

Ⅷ. ▶▶ 정책과정이론의 비교

지금까지 조명한 제 학자들의 정책과정이론을 정리하면, 정책산출물을 기획하는 과정인 정책형성단계, 이를 실행하는 정책집행단계, 전체적인 정책을 평가하는 정책평가단계, 그리고 정책을 수정·종결시키는 정책변동단계로 대별할 수 있다(〈표 1-3〉 참조).

즉, Anderson, Dye 등이 제시한 정책과정이론에서 정책변동단계에 해당되는 과정이 부재할 뿐 다른 학자들의 이론은 모두 4가지 단계에 모두 분류되고 있는 것이다.

Ⅸ. ▶▶ 정책과정의 상호관계

제 학자들이 주장한 정책과정인 〈표 1-3〉을 수정하여 본 저자가 정책변동과 관련하여 설명하는 정책과정은 정책의제형성과정, 정책결정과정, 정책집행

표　1-3　정책과정 제 이론의 비교

구　분	Lasswell	Anderson	Jones	Dye	Hogwood & Peters	Ripley & Franklin	Palumbo
정책 형성 과정	정보과정 건의과정 처방과정	문제의 인지· 의제형성과정 정책형성과정 정책채택과정	문제정의과정 형성·합법화 과정	문제의 인식과정 정책대안결정 과정 정책합법화 과정	의제형성과정 정책결정과정 합법화과정 조직화과정	형성·합법화 과정	의제형성과정 정책결정과정
정책 집행 과정	발동과정 적용과정	정책집행과정	집행과정	정책집행과정	집행과정	집행과정	정책집행과정
정책 평가 과정	평가과정	정책평가과정	평가과정	정책평가과정	평가과정	평가과정	정책평가과정
정책 변동 과정	종결과정	–	종결과정	–	종결과정	정책변동과정	정책종결과정

과정, 그리고 정책평가과정 등 4단계로서, 이들의 상호관계를 조명해 보면 다음과 같다(〈그림 1-2〉 참조).

　　현대사회에서는 해결해야 할 문제가 무수히 존재하는데, 이것이 사회문제이다. 이들 중에서 일부는 정부에서 정책적 해결을 위하여 신중한 검토를 하게되는데, 이와 같이 검토하기로 결정한 사회문제를 정책문제라고 할 수 있다. 이러한 사회문제에 대해 정부당국이 문제를 인식하여 정책의제를 형성하게 되면공식적인 정책문제가 되는 것이다.

　　특정문제가 정책문제로서 거론되면 이를 해결하여 달성할 정책목표를 설정하고 이 목표를 달성할 수 있는 여러 가지 대안들을 고안하여 최적의 정책, 즉정책산출물을 선택하게 되는데, 이것이 정책결정이다. 결정된 정책은 보다 구체화되어 현실적으로 실현되어야 하는데, 이 정책의 실현활동을 정책집행이라고부르며, 이때 정책집행과정의 제 측면을 검토하여 보다 바람직한 집행전략을 제공하려는 작업이 정책평가이다. 또한 정책평가는 정책의 종결 또는 수정 등을

그림 1-2 정책과정의 상호관계

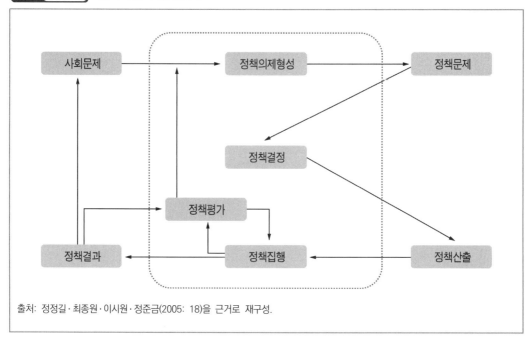

출처: 정정길·최종원·이시원·정준금(2005: 18)을 근거로 재구성.

위해서 다시 정책의제형성과정을 거쳐 정책결정과정에 기여를 하게 된다.

정책과정에서 정책활동을 구체적으로 수행하는 것은 점선으로 된 정치체제가 담당하게 되는데, 정치체제는 정책과 관련된 여러 가지 상호작용의 집합체라고 할 수 있다. 즉 정부 등의 공식적 정책참여자, 시민단체 등의 비공식적 정책참여자 등으로 구성되는 것이다.

 제 3 절

정책변동으로서 정책과정의 개념

전술한 바와 같이, 본 저자는 정책변동을 위한 정책과정을 정책의제형성과정, 정책결정과정, 정책집행과정, 그리고 정책평가과정 등 4단계로 대별하려 하며, 각 과정을 좀 더 심도 있게 조명하기 위해서 개념정의와 관련 모형을 고찰

그림 1-3 정책변동의 정책과정

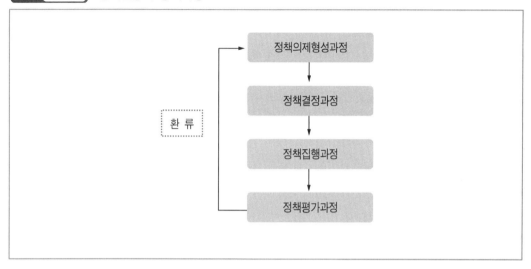

하고자 한다(〈그림 1-3〉참조).[4]

I. ▶▶ 정책의제형성과정

1. 개념정의

정책의제형성과정(policy agenda setting process)은 행정부, 입법부 등이 정책적 해결을 위하여 사회문제를 정책문제로 전환시키는 과정, 즉 비제도적 공공의제[5]를 제도적 정책의제로 채택시키는 과정을 의미한다. 이러한 정책의제형성과정은 정책의 출발점으로 정책의 결정과 집행에 우선하는 중요한 과정이 된다. 아울러, 무수한 사회문제들 중에서 일부분만이 정책문제로 전환되고 나머지는 방치된다는 점에서, 어떠한 사회문제가 어떻게 정책문제로 전환되느냐 하는 것은 매우 중요한 사항이 된다.

노후로 인한 소득능력 감소로 빈곤문제 등이 사회문제가 됨에 따라 이를

---

[4] 본 저서에서는 정책의제형성과정과 정책결정과정을 포괄하여 정책형성과정으로 명명하고자 한다.

[5] 사회문제가 확대되어 많은 사람의 관심이 집중되고, 정부에 의해 공식적으로 채택되지는 않았으나 정부가 문제해결을 위해 노력하는 것이 정당한 것으로 인정되는 의제를 의미한다.

공공의제에서 정책의제로 전환시키는 과정 등이 이에 해당된다고 할 수 있다.

2. 모형정의

1) Eyestone의 정책의제형성모형

Eyestone(1978)은 〈그림 1-4〉에서 보듯이, 정책의제형성모형을 여러 단계로 구분하여 제시했다. 이는 사회문제의 태동, 사회문제의 인지, 타 집단의 관여, 사회쟁점의 표출, 공공의제의 형성, 쟁점창도자의 활동, 정책의제의 형성,

 그림 1-4 Eyestone의 정책의제형성모형

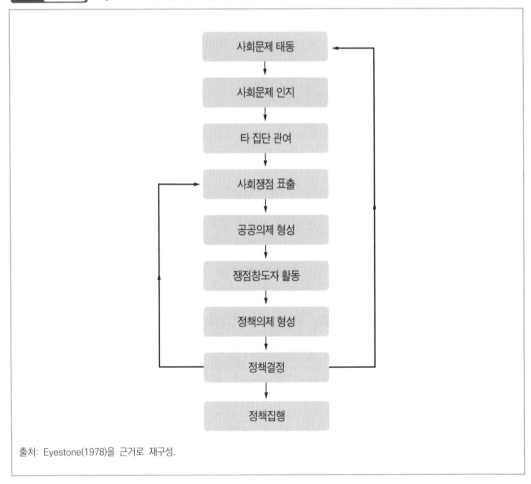

출처: Eyestone(1978)을 근거로 재구성.

정책결정, 그리고 정책집행 순으로 분류된다.

정책의제형성모형의 첫 단계는 사회문제의 태동이다. 마치 신체 안에 병균이 잠복해 있다가 나타나듯이 사회에는 갖가지 문제가 항상 잠복해 있기 마련인데, 조그마한 문제가 눈덩이처럼 커지기 시작할 때 사회문제로 등장하게 된다. 즉, 사회문제는 사회표준에서 이탈된 현상이나 사회조직의 주요부분이 파괴된 상태를 의미하는데, 이는 주로 영향력 있는 집단에 의해서 인지된다. 다시 말해서, 사회문제란 사회구성원들이 공통적으로 느끼는 부족감이나 기대에 어긋난 상태를 의미하는 것이다.

예를 들어, 개인이 사회에서 차별을 받는다고 생각할 때에 이러한 생각을 많은 사람들이 공통적으로 가지게 되면 여기에 하나의 계층 또는 집단이 형성되기 쉽다. 즉, 불평등하다는 생각이 반사회적으로 확산되어 큰 사회적인 문제로 표출되는 경향이 있는데, 구체적으로 여성은 현모양처가 되어야 한다는 고정관념이 우세한 전통적인 사회에서 취업을 시도하는 한 여성에게 차별이 가해질 경우에 그녀의 개인적인 좌절감이 많은 여성들의 동감을 얻을 때, 이는 사회문제로 전환되는 것이다.

일단 어느 한 집단 또는 몇 개의 집단들이 사회문제를 인지하여 공개적으로 이를 문제화하면 그것의 내용과 범위 및 해결방안에 관해서 다른 견해를 가진 집단들이 관여하기 마련이다. 즉, 어떤 사회문제에 관해 다양한 의견을 지닌 여러 집단들이 자발적으로 참여하여 문제의식을 표명하게 되는 것이다. 여기에서 관련 집단들이 사회문제를 논의의 대상으로 여길 때, 사회쟁점은 표면화되는 것이다. 다시 말해서, 사회쟁점은 그 해결방안이 합의되지 않은 사회문제라고 정의할 수 있다. 일관된 의견이 없는 상황에서는 처음에 사회문제를 인지한 집단과는 상이한 관점을 지닌 집단들이 사회쟁점을 인정하고 이에 대해서 활발히 토론을 전개할 때 많은 공중들이 이를 인식하게 되는 것이다.

이러한 과정에서 공공의제가 자연스럽게 형성된다. 여기서 공공은 일반대중과는 달리 사회쟁점을 민감하게 파악하고 이에 대한 여론을 수렴·주도하며, 자신들의 이익을 위해서 뿐만 아니라 공익이나 국익을 증진할 목적으로 인지된 쟁점을 널리 확산시키려고 하는 것이다.

일반적으로 공공의제를 측정하는 데 가장 유용한 방법은 갤럽여론조사와

같은 정기적인 방법이다. 일정한 시점에서 여론조사에 나타나는 쟁점은 공공의
제를 적절히 표시해 주는 것이다. 한편, 공공의 근심이나 기회의제는 자동적으
로 정책의제로 전환되는 것이 아니라 일명 쟁점창도자의 촉매역할이 필요하다.

쟁점창도자들은 주로 공공을 위해서 쟁점을 만들어 내며, 이것을 정부에
전달하는 중개역할을 수행한다. 그들은 쟁점창도자인 동시에 쟁점중개자이다.
즉, 쟁점창도자들은 시민들의 이익을 증진시키기 위하여 사회쟁점을 창조함과
더불어 시민집단과 공직자들 사이에 교량적 역할을 하면서 사회에 봉사하는 사
람들이다. 서구사회에서처럼 고도로 발달된 정치체계에서는 이들의 기능이 필
수적인 것으로 생각되고 있다.

정부안에서는 어느 부처에서든지 대체로 의제형성기구가 존재하기 마련인
데, 이 기구는 주로 운영의제를 다룬다. 운영의제는 주어진 시간 안에 어느 의
제를 우선적으로 취급하느냐, 토론시간을 얼마나 할당하느냐, 그리고 유사한 의
제들을 일괄적으로 다루느냐 등의 내용을 포괄한다. 이처럼 조직적으로 의제가
설정되면 어느 정도의 토론과정을 거친 후에 정책결정과정에 이르게 된다. 결
국, 이 과정에 도달하게 되면 쟁점을 해결할 대안이 결정되거나, 무정책결정6의
현상이 나타나기도 한다. 일단 정책결정이 이루어지면 이와 관련된 사회쟁점을
해결하기 위해서 시민집단들은 동일한 전략을 추구하거나 새로운 전략을 모색
하기도 한다.

종합적으로 정리하면, Eyestone의 정책의제형성모형은 공공체계에서의 의
제설정을 순환과정으로 설명하는 데에 의의가 있는 것으로, 본 모형은 사회문제
가 집단에 의해서 인지되기 전에 문제의 태동기간을 인정하고 있으며, 무엇보다
도 쟁점창도자들의 역할을 중요시하고 있다는 점에서 포괄적이라고 할 수 있다.

2) May의 정책의제형성모형

May(1991)는 정책의제형성모형을 제시했는데, 본 모형은 정책이슈영역에
관련된 정책문제의 성격차원 등에 따라 개념화를 한 것으로 볼 수 있다. 정책
문제의 성격차원에서는 문제해결에 대한 대중들의 지지가 중요한데, 어떤 문제

---

6 무정책결정(無政策決定)은 정책이 요구되는 문제시되는 현실에서, 정책을 산출하지 않는 행태를 의
미한다.

표　1-4　May의 정책의제형성모형

구　분		대중지지의 성격	
		높은 수준	낮은 수준
논쟁의 주도자	사회적 행위자들	외부주도모형 (outside initiation model)	내부주도모형 (inside initiation model)
	국　가	굳히기모형 (consolidation model)	동원모형 (mobilization model)

출처: May(1991)를 근거로 재구성.

들은 사회에 미치는 영향이 광범위하기 때문에 그 문제해결에 대한 요구들이 일반대중들로부터 주도될 수 있고, 어떤 문제들은 특정한 집단에서만 중요한 문제일 수 있다는 점에서 이러한 경우에는 그 집단이 정부와 얼마나 밀접한 관계를 가지고 있느냐에 따라 내부에서 정책의제형성이 주도될 수도 있다.

　　국가는 문제가 되고 있는 정책해결에 대한 대중들의 지지정도에 따라 어느 하나를 택할 수 있는데, 만일 대중들의 지지가 높을 경우 그들은 굳히기 작전을 쓸 것이고, 지지가 높지 않을 경우 먼저 정부 내에서 정책의제가 창출되고 국민들의 지지를 획득하기 위하여 공중의제가 동원될 것이다. 이는 〈표 1-4〉에서 보듯이, 대중지지의 성격수준, 논쟁의 주도자를 기준으로 외부주도모형, 내부주도모형, 굳히기모형, 동원모형으로 분류할 수 있는데, 특히 Cobb & Ross & Ross(1976)는 이 중 외부주도모형, 내부주도모형, 동원모형을 가장 빈번하게 발생하는 모형으로 강조하였다.

　　외부주도모형에서 정책의제형성은 이슈들이 먼저 비정부집단에서 일어나 확장되어 공중의제가 되고, 다음에는 제도적인 정책의제가 되는 과정을 거친다. 여기서 핵심적인 역할은 사회집단들에 의해서 수행되는데, 우선 한 집단이 불만들을 결집하고 정부로 하여금 그것을 해결하도록 요구한다. 다음에는 그 집단이 그들의 요구에 대한 지지를 확대시키려고 노력하는데, 지지의 확대는 그들의 특정한 불만을 좀 더 일반적인 불만으로 대중 속에 확대시키고, 여러 집단들과 연합체를 형성함으로써 이루어진다. 이들 집단들은 이슈들이 공식적인 정책의제로 확장될 때까지 로비하고 경쟁하며 때로는 다른 집단들에 합류하기도 한다. 만일 그들이 정치적 자원과 기술들을 가지고 있고, 다른 이슈들이나 정부행동들을 창도하는 반대자들을 능가하는 책략을 쓸 수 있다면, 그들의 이슈를 정책의제로 진입시키는 데 성공할 수 있을 것이다.

내부주도모형에서는 특별히 정책결정가에게 접근할 수 있는 영향력 있는 집단들이 정책을 주도한다. 그러나 그들은 정책의 대중확산이나 정책경쟁의 필요성을 느끼지 않는데, 이는 본 모형이 집단이나 정부가 불만을 천명하고 문제에 대한 가능한 해결방안을 구체화할 때, 정책의제의 주도와 구체화가 동시에 일어난다고 보기 때문이다.

그리고 동원모형에서는 정책결정가들이 이슈들을 정책의제로부터 공중의제로 확장시키려고 노력한다. 이 모형에서는 이슈들이 일반대중들에게 알려진 불만으로부터 확장되는 예비적 과정을 거치지 않고, 먼저 공식적 정책의제의 위치에 놓는 것이다. 물론, 정부 내에서는 이슈에 대해서 높은 수준의 논쟁이 있을 수도 있다. 그러나 일반대중들은 정책과 그것이 발전되어가는 과정에 대하여 아무것도 모르고 지내다가 정책이 공식적으로 발표될 때, 비로소 알게 되는 것이다. 정책은 어느 정도 구체화된 것일 수도 있고, 원칙만 설정되고 구체적인 내용은 나중에 만들어질 수도 있다. 그러나 정책집행이 성공적으로 진행되기 위해서는 지지의 확대가 중요하다. 그러므로 정부지도자들은 그들의 결정에 대한 대중들의 지지를 동원하기 위하여 공공캠페인을 벌이기도 한다.

Ⅱ. ▶▶ 정책결정과정

1. 개념정의

정책결정과정(policy making process)은 공공기관이 국가목표를 달성하기 위해 정책산출물을 탐색하고 그 결과를 예측·분석하여 채택하는 역동적인 과정을 의미한다. 즉, 정책결정과정은 정책이 추구하는 미래의 바람직한 상태인 목표상태를 결정할 뿐만 아니라, 정책목표달성의 수단으로서의 정책산출물을 개발·분석·채택하는 일련의 과정이라고 할 수 있는 것이다.

정책결정과정의 특징을 간략히 살펴보면 다음과 같다(조선일, 1995: 231-241).

첫째, 정책결정과정에 참여하는 정책주체가 매우 다양하다는 것이다. 사회에는 제각기 이익이 상반되는 여러 개인이나 집단이 있을 수 있으며, 이들은 각기 다양한 방법과 수단을 동원해서 정책결정가에게 접근하여 그들의 이익을 관철시키려고 하는 것이다.

둘째, 정책결정과정은 역동적인 과정이라는 것이다. 정책결정과정의 참여자들은 어느 한 단계에서만 활동을 하고 멈추는 것이 아니고, 단계를 따라 지속적으로 자기이익을 위해 노력하는데, 이러한 과정에서 높은 수준의 자원을 가진 참여자의 주장이 관철될 것이다.

셋째, 정책결정과정은 문제해결을 위한 공식적 목표와 산출물을 개발하는 과정이다. 정책결정은 차후 실현할 일반적인 목표를 설정하는데, 이러한 일반적인 목표를 달성하기 위해서는 그 하위정책인 정책산출물을 마련해야 하는 것이다.

넷째, 정책결정과정은 행동지향적이라고도 할 수 있다. 정책결정과정은 사회문제를 정책문제로 채택하여 이를 해결하기 위하여 여러 가지 정책을 마련하고, 이의 집행을 통해서 사회에 영향을 미치려는 행동의지가 담겨있는 것이다.

마지막으로, 정책결정과정은 미래지향적이라는 것이다. 정책결정과정에서 현실적으로 직접적인 행동을 취하여 사회에 영향을 미치기보다는 사전에 행동노선을 마련하는 것이므로 항상 불확실성을 내포하게 되는 것이다.

어쨌든, 노후로 인하여 소득획득 능력이 없는 당사자의 생활보장을 위하여, 최적의 정책인 국민연금제도를 산출하는 과정 등이 정책결정과정에 해당된다고 할 수 있다.

2. 모형정의

1) 합리모형

합리모형(rational model)은 다른 정책결정모형들이 이를 비판하거나 현실에 맞게 수정하는 과정에서 나왔기 때문에 대다수 정책결정모형의 원형이라고 할 수 있다. 합리모형은 인간이 이성과 합리성에 입각하여 정책을 결정한다는 이론을 의미하는데, 기본전제는 정책결정가가 문제를 완전히 이해하고, 해결을 위한 모든 대안을 파악하며, 정책산출의 기준이 명확히 존재하고, 자원이 충분하며 합리적으로 최선의 정책을 선택하는 것을 전제로 하고 있다.

2) 만족모형

March & Simon(1958)에 의해 제기된 만족모형(satisficing model)[7]은 인간의 제한된 합리성에 기초하여 최적의 정책보다는 현실적으로 만족할 만한 정책의 산출에 타당성을 두고 있는 이론이다. 인간의 절대적 합리성보다는 제한된 합리성을 기준으로 삼고 있다는 점이 본 모형의 특징이라고 할 수 있다.

3) 점증모형

Lindblom(1980)과 Wildavsky(1966)에 의해 제기된 점증모형(incremental model)은 합리모형을 전적으로 거부하고, 정책의 실현가능성을 중요시하는 이론이다. March & Simon(1958)의 만족모형이 인간의 보편적인 의사결정에 초점을 맞춘 이론이라면, 이 모형은 정책결정가에 주로 적용되는 이론이다. Lindblom은 정책결정에서 선택되는 정책들은 기존의 정책이나 결정을 점진적으로 개선해 나가는 것이며, 정책결정은 부분적·순차적으로 진행되고, 정책결정의 과정에서 대안분석의 범위는 크게 제약을 받는다고 보았다. 즉, 본 모형에서는 기존 정책에 약간의 수정만 가하면 되는 것이다.

4) 혼합모형

Etzioni(1968)에 의해 제기된 혼합모형(mixed model)은 적극적인 의사결정접근법으로서, 합리모형과 점증모형을 혼합·절충한 제3의 모형이다. 이는 합리모형의 이상주의적 성격을 지양하고, 점증모형의 보수성, 즉 반혁신성을 탈피하기 위하여 이 양자를 변증법적으로 합(syntheses)하려는 것이다. 다시 말해서, 합리모형과 점증모형 양 이론에 대해 비판을 하면서 하나의 적극적인 의사결정접근법으로서 혼합모형을 설명하고 있는 것이다. 그는 상상력이 부족한 정책결정가를 위한 하나의 지침으로서 혼합전략을 제시하고 있는데, 이는 행위자가 확고한 전략이 없는 상황에서 과거의 정책을 근본적으로 재검토해야 하는 위기에

---

7 satisficing은 satisfying과 sufficing의 결합으로, '충분히 만족스러운 수준이다, 그 정도면 충분하다'라는 의미의 합성어이다.

직면했다고 가정하는 것이다.

5) 최적모형

Dror(1971)에 의해 제기된 최적모형(optimal model)은 의사결정측면보다는 정책결정측면에 관심을 보여 정책결정과정을 하나의 체제이론적 관점에서 파악하고, 정책결정체제의 성과를 최적화하려고 한 것이다. 여기서 최적화란 정책형성체제로부터의 산출이 투입보다 큰 경우를 의미하는데, 이러한 개념이 순수 경제적으로만 규정된 것처럼 보이지만, 실제로는 정치체제맥락에서 질적인 내용을 담고 있는 것이다. 최적모형의 주요 특징은 양적이 아니라 질적이고, 합리적 요소와 초합리적 요소를 동시에 고려하며, 상위 정책결정을 중요시하고, 환류작용을 중요시하는 점 등으로 정리할 수 있다.

6) 쓰레기통모형

Cohen & March & Olsen(1972)이 제기한 쓰레기통모형(garbage can model)은 '조직화된 무정부 상태(organized anarchies)'를 나타내는 것으로, 이는 정책결정이 어떠한 일정한 규칙에 따라 움직이는 것이 아니라 쓰레기통처럼 뒤죽박죽 움직인다는 것을 나타내고 있는 것이다. 이와 관련하여 본 모형은 불확정적 선호, 불명확한 기술, 그리고 유동적 참여자 등을 전제하고 있는데, 먼저 불확정적 선호(indefinite preference)는 기존 모형들이 조직 내에서 자신이 어떤 목표를 가지고 정책결정에 참여하는지를 알고 있다고 가정하지만, 실제로는 어떤 목표를 가지고 결정에 참여하는가를 모르는 경우가 많아 자신이 무엇을 선호하는지도 제대로 알지 못한다는 것이다. 불명확한 기술(unclear technology)은 목표와 대안 사이에 존재하는 인과관계가 명확하지 않아 정책결정에 참여하는 결정가가 목표를 명확히 알아도 이를 실행할 구체적인 대안을 잘 모르고 있는 경우가 많다는 것이다. 그리고 유동적 참여자(fluid participant)는 동일한 개인이 시간이 흐름에 따라 문제의 성격에 근거해서 어떤 경우에는 결정에 참여했다가, 어떤 경우에는 참여하지 않는 상황을 의미하는 것이다.

Ⅲ. ▶▶ 정책집행과정

1. 개념정의

정책집행과정(policy implementation process)은 정책결정과정을 통해 산출된 정책대안을 시행하는 것으로서, 결정과정을 통해 얻어진 수많은 정책산출물들은 집행과정을 거쳐 현실로 표출되어야 원하는 목표를 달성할 수 있고 정책문제를 해결할 수 있는 것이다. 즉, 정책대안을 실현시키는 것이 정책집행과정이라고 할 수 있는 것이다.

한편, 정책산출물이 실현되더라도 정책목표가 반드시 달성되는 것은 아니다. 정책목표가 달성되는 경우가 있고, 그렇지 않은 경우도 있지만, 어느 경우이든지 정책집행은 이루어진 것으로 보는 것이다. 교도소를 통해 교화를 받은 범죄자가 다시는 범죄를 저지르지 않고 새롭게 태어나기도 하지만, 다시 과거의 범죄를 되풀이하는 경우도 있을 수 있다. 그러나 두 경우 교도소를 통한 교화라는 정책이 실현되었기 때문에 정책집행은 이루어진 것으로 보는 것이다. 단지, 후자의 경우에 있어서 정책집행이 이루어졌음에도 불구하고 정책목표가 달성되지 않은 경우는 정책목표와 정책산출물 사이에 인과관계가 존재하지 않았거나 정책집행과정상의 잘못으로 정책효과가 나타나지 않은 경우에 해당된다(정정길·최종원·이시원·정준금, 2005: 565-566). 결국, 전자의 경우는 정책집행이 성공한 것이고, 후자의 경우는 정책집행이 실패한 것으로 파악해야 하는 것이다.

어쨌든, 국민연금제도에 근거해서 보험료를 징수하고, 소득획득능력이 없는 노령자들에게 급여를 지급하는 시행과정 등이 정책집행과정에 해당된다고 할 수 있는 것이다.

2. 모형정의

1) Smith의 정책집행모형

Smith(1973)는 정책집행모형을 제시했는데, 정책집행과정에 영향을 미치는 요인으로 집행조직, 대상조직, 이상화된 정책, 그리고 환경적 요인을 제시했다

그림 1-5 Smith의 정책집행모형

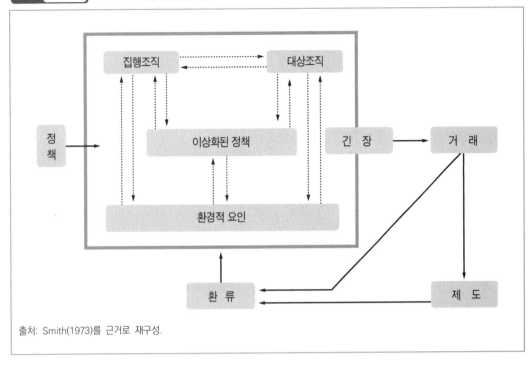

출처: Smith(1973)를 근거로 재구성.

(〈그림 1-5〉 참조).

먼저, 집행조직의 경우, 이를 구조와 인원, 행정조직의 리더십, 그리고 담당업무 및 능력으로 대별한다. 구조와 인원의 경우, 정책을 집행하는 조직구조의 안정성과 인원의 자질이 집행을 이행하는 데 중요하며, 불안정한 행정조직이나 자질이 낮은 구성원은 집행능력의 저하를 초래한다는 것이다. 행정조직의 리더십의 경우, 대상조직의 리더십과 같이 집행조직의 리더십도 중요하며, 리더십의 스타일이나 성격이 정책집행에 상당한 영향을 미친다는 것이다. 그리고 담당업무 및 능력의 경우, 집행조직이 담당하고 있는 업무나 프로그램의 양과 담당기관의 일반적 능력도 정책집행에 영향을 미친다는 것이다.

대상조직의 경우, 이를 대상조직의 조직화, 대상조직의 리더십, 그리고 대상조직의 과거경험으로 대별한다. 대상조직의 조직화의 경우, 대상조직이 얼마나 조직화되어 있느냐 하는 문제가 정책집행에 영향을 미친다는 것이다. 대상조직의 리더십의 경우, 리더십이 특정정책을 지지하거나 반대할 수도 있으며 무관심할 수도 있는데, 이러한 리더십의 성격이 영향을 미친다는 것이다. 그리고 대상조직의 과거경험의 경우, 과거에 정책에 순응, 불응, 무관심했느냐 하는 경험이 새로운 정책집행에 영향을 미친다는 것이다.

그리고 정책결정가가 유도하려는 이상화된 정책이 있는데, 이를 정책행태, 정책유형, 정책의 지지도·근원·범위, 그리고 정책이미지로 대별하면서, 이들이 정책집행에 영향을 미친다는 것이다.

마지막으로 환경적 요인이 있는데, 환경적 요인이란 정책집행에 영향을 주고 정책집행으로부터 영향을 받는 요인이라고 할 수 있다. 문화적·사회적·정치적·경제적 요인 등이 여기에 포함되는데, 정책에 따라 영향을 받는 환경적 요인도 달라진다는 것이다.

2) Van Meter & Van Horn의 정책집행모형

Van Meter & Van Horn(1975)은 정책집행모형을 제시했는데, 이들은 정책집행을 사전에 이루어진 정책결정에서 정해 놓은 목적의 달성을 위해 정부부문이나 민간부문의 개인 또는 집단이 수행하는 활동이라고 정의한다. 그리고 정책집행에 영향을 미치는 요인으로서, 정책산출물의 기준과 목적, 정책산출물의 자원, 조직 간 커뮤니케이션 및 시행활동, 집행기관의 특징, 경제적·사회적·정치적 상황, 그리고 집행가의 성향 등 6가지 변수를 제시했다(〈그림 1-6〉 참조).

3) Elmore의 정책집행모형

Elmore(1978)는 정책집행모형을 제시했는데, 체제관리모형, 관료과정모형, 조직발전모형, 갈등협상모형 등이 그것이다(〈표 1-5〉 참조).

먼저, 체제관리모형은 조직을 합리적 가치극대자로 보는 모형으로서, 집행이 성공을 거두기 위한 조건으로서 효율적인 관리통제체제를 강조하며, 집행이 실패하는 요인을 미숙한 관리에서 찾으려는 모형이다.

관료과정모형은 조직의 핵심적인 두 개의 속성으로서 재량과 루틴(routine)8

---

8 조직루틴이란 의사소통과 권위관계에 의해 서로 연결되어 있는 다양한 행위자들의 반복적이고 안정적인 상호작용유형을 의미하는 것으로, 이는 습관과 반복을 조장함으로써, 새로운 것들을 개발하거

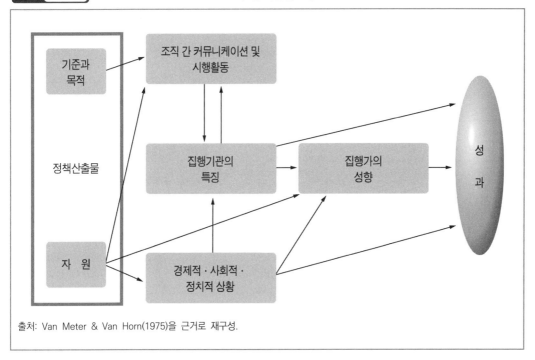

그림 1-6 Van Meter & Van Horn의 정책집행모형

출처: Van Meter & Van Horn(1975)을 근거로 재구성.

을 제시한 것으로서, 집행이 성공을 거두기 위해서는 조직루틴을 새로운 정책과 통합시키는 문제가 중요하다고 본다. 따라서 본 모형에서는 관료제가 현재의 조직루틴을 바꾸지 않는 한 집행이 실패한다고 보는 것이다.

조직발전모형은 조직에 있어서 개인의 참여와 책임을 극대화할 수 있는 구조를 지녀야 한다는 것으로서, 집행이 성공을 거두기 위해서는 정책결정가와 집행가 간에 정책산출물에 관해 합의가 이루어져야 한다고 보는 것이다. 따라서, 본 모형에서는 정책에 대한 합의 등이 결여될 때 집행이 실패한다고 보는 것이다.

마지막으로, 갈등협상모형은 조직을 갈등의 장이라 보는 것으로서, 본 모형에서 집행의 성공이나 실패는 상대적 개념이라고 본다. 협상과정에 있어서 각자 위치에 따라 평가가 다를 수 있기 때문이다. 집행의 성공여부에 대한 유

나 발견하기보다는 현존하는 실천들을 세부적으로 지향하는 학습을 촉구한다고 할 수 있다.

구 분		모 형			
		체제관리모형	관료과정모형	조직발전모형	갈등협상모형
사 항	모형의 성격	규범적 모형	기술적 모형	규범적 모형	기술적 모형
	조직관	조직은 합리적 가치극대자	조직의 핵심속성은 재량과 루틴	개인의 참여극대화가 조직의 속성	조직은 갈등의 장
	성공적 집행의 조건	효율적인 관리통제체제	조직의 새로운 정책통합	결정가와 집행가 간의 정책대안에 대한 합의	집행의 성공은 상대적 개념
	집행이 실패하는 요인	미숙한 관리의 결과	정책대안의 수정에도 불구하고 관료제의 기존 행태를 변경하지 않은 경우	결정가와 집행가 간의 정책대안에 대한 합의 결여	정책집행의 실패는 상대적 개념
	모형의 단점	규범적 모형으로서 비현실성	집행과정을 개선하기 위한 대안 부재	집행가가 주장하기까지 구체적인 정책대안 부재	성공·실패에 대한 객관적 정의 부재

표 1-5 Elmore의 정책집행모형

출처: Elmore(1978)를 근거로 재구성.

일한 객관적 기준이 있다면 그것은 협상과정의 존속여부라는 것이 이 모형의 주장인 것이다.

4) Winter의 정책집행모형

Winter(1986)는 정책집행모형을 제시했는데, 그는 정책집행의 결과를 설명하기 위해 네 가지 중요한 변수를 설정하고, 이러한 변수들이 하나의 모형에서 융화될 수 있는 방법을 제기함으로써 새로운 통합을 시도하였다.

Winter의 정책집행모형에 의하면, 정책집행성과를 결정하는 주요 변수로서 정책결정과정의 특성, 조직 내 또는 조직상호 간의 집행행태, 일선집행관료의 행태, 그리고 정책대상집단의 행태 등 네 가지를 들고 있다. Winter의 정책집행모형이 기존 모형과 다른 점은 정책집행의 성과를 결정하는 주요 변수 중 하나로 정책결정과정의 특징을 제시함으로써 정책결정과 정책집행의 연계를 강조한 점이다(〈그림 1-7〉 참조).

한편, 그는 합리모형, 갈등-타협모형, 그리고 쓰레기통모형의 세 가지 의사

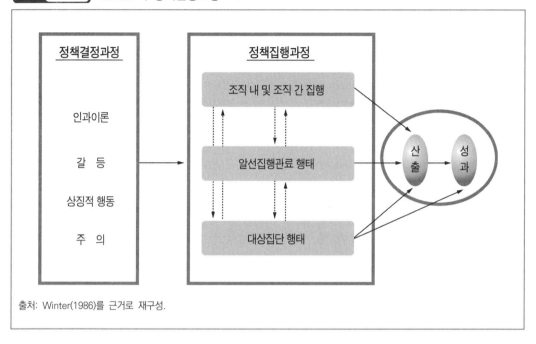

그림 **1-7** Winter의 정책집행모형[9]

정책결정과정

인과이론

갈 등

상징적 행동

주 의

정책집행과정

조직 내 및 조직 간 집행

일선집행관료 행태

대상집단 행태

산출

성과

출처: Winter(1986)를 근거로 재구성.

결정모형에 근거하여 각각의 모형별로 정책결정과정에서의 특징적 측면들이 어떻게 집행의 성공과 실패에 영향을 줄 것인가에 대해 다음과 같은 가설을 제시하였다(정정길·최종원·이시원·정준금, 2005: 695-697).

첫째, 합리모형의 이론적 논의에 기초하여 정책결정과정에서 정책목표가 불분명하게 설정되고, 모든 선택가능한 대안의 탐색과 그 대안의 결과에 대한 예측이 불충분하게 이루어지면, 정책실패가 일어날 가능성이 높아진다는 것이다.

둘째, 갈등-타협모형에 의하면, 정책결정과정에서 참여자들 간에 갈등이 높아지면 정책목표가 서로 상충되는 내용을 갖게 되거나 갈등의 타협을 위하여

---

9 본 모형에서 인과이론(causationism)은 모든 사소한 것에도 목적과 의미가 있고 원인과 결과로 연속된다는 이론이고, 갈등(conflict)은 이해당사자들 간의 불화 등을 의미한다. 그리고 상징적 행동(symbolic action)은 특정부분을 매개로 하여 다른 것을 알게 하는 행동, 즉 어떤 사물의 의미나 특징을 직접 드러내지 아니하고 다른 사물에 비유하여 표현하는 행동을 말하고, 주의(principle)는 굳게 지키는 주장이나 방침 등을 의미한다.

정책목표가 모호하게 상정될 가능성이 높아지고, 이러한 요인들이 정책실패를 야기시킨다는 것이다.

셋째, 정책결정과정이 쓰레기통모형에 의하여 이루어질 경우, 정책실패의 가능성이 커진다. 즉, 정책결정이 상징적 행동의 차원에서 이루어지거나 정책결성가의 관심이 부족한 상태에서 결정되면, 집행과정에서 지연과 왜곡이 일어날 가능성이 커진다는 것이다.

5) Matland의 정책집행모형

Matland(1995)는 정책집행모형을 제시했는데, 그는 수없이 많은 집행변수를 정책담당자에게 제시해 주는 것은 도움이 되지 않으며, 특정상황에서 가장 영향력이 큰 변수를 제시하는 것이 실천적으로 더 나은 처방이 된다고 주장한다. 이에 근거해서 집행상황을 구조화시키기 위해 조직이론과 의사결정론에서 논의되는 갈등(이해당사자들 간의 갈등)과 모호성(정책목표와 정책산출물 사이의 인과관계)의 두 가지 개념을 기초로 집행모형을 제시했는데, 갈등수준과 모호성수준이 낮은 수준이면 관리적 집행형, 갈등수준과 모호성수준이 높은 수준이면 상징적 집행형, 갈등수준이 낮고 모호성수준이 높으면 실험적 집행형, 그리고 갈등수준이 높고 모호성수준이 낮으면 정치적 집행형 등이 그것이다(〈표 1-6〉 참조).

표 1-6 Matland의 정책집행모형

구 분		갈등수준	
		낮은 수준	높은 수준
모호성 수준	낮은 수준	관리적 집행형 (administrative implementation model)	정치적 집행형 (political implementation model)
	높은 수준	실험적 집행형 (experimental implementation model)	상징적 집행형 (symbolic implementation model)

출처: Matland(1995)를 근거로 재구성.

Ⅳ. ▶▶ 정책평가과정

1. 개념정의

정책평가과정(policy evaluation process)은 정책의제형성과정, 정책결정과정, 정책집행과정 다음의 정책과정으로서, 먼저 사전적 의미의 평가에 대해서 살펴보면, 어떤 사물의 수학적·금전적 가치를 나타내는 것 또는 어떤 대상의 가치, 질, 양, 중요성, 정도, 상태 등을 판단하는 것이라고 할 수 있다. 이러한 정의에 근거하여 다양한 대상을 선정하여 평가할 수 있는데, 인물평가의 경우 한 인물의 상태와 중요성, 그리고 질적·양적 면에서의 업적을 총체적으로 판단하는 것을 의미하며, 다른 관점에서 한 기업체의 자산평가를 논의한다면, 이것은 해당 기업체가 소유하고 있는 재산과 부채를 양적·금전적으로 검토·감정하는 것을 나타낸다. 이처럼 평가대상은 개인이나 조직의 목적에 따라 다양하게 선정될 수 있는데, 정책도 평가의 대상이 되는 것이다(김형렬, 2002: 573-576).

정책이란 실현하고자 하는 사회를 만들기 위하여 정부가 수행하는 활동들이기 때문에 과연 그 정책이 의미 있는 것인가 하는 정책의 당위성, 정책집행으로 인해 어떠한 결과가 초래되었는가 하는 목표의 성취정도, 그러한 결과를 가져오는 데 더 나은 방법이 있겠는가 하는 정책산출물 등은 정책의 성격에서 유래되는 기본적인 정책평가의 이슈들이 된다.

이러한 정책평가의 중요성에 근거하여, 정책평가는 몇 가지 전제조건을 충족해야 하는데, 먼저 정책평가는 객관성이 있어야 한다는 것이다. 정책에 대한 평가는 과학적이고 체계적인 방법에 근거하지 않을 경우 평가하는 사람의 의도에 따라 서로 다른 결과를 낳게 된다. 특히, 정책평가의 객관성을 저해하는 가장 중요한 요인 중의 하나는 정책평가에 대한 정치적 영향력이라고 할 수 있다. 평가가 정치적 판단과 결부될 때, 정책과 그 결과에 대한 평가는 전혀 다르게 되는 것이다. 그리고 정책평가는 연속성이 있어야 한다는 것이다. 정책평가는 정책의 수립과 집행에 있어서도 계속적으로 이어지는 과정이다. 뿐만 아니라, 정책평가의 보다 중요한 의의는 단순히 당해 정책의 사후적 평가에 있는 것이 아니라 보다 발전된 정책평가를 통하여 얻은 정보를 근거로 보다 나은 정책결정과 집행을 기하는 데 도움이 되게 하는 것이다. 따라서 정책평가는 한 번에 끝나서는 안 되며, 다음정책과 관련하여 연속적인 것이 되어야 한다(조선일, 1995: 426-427).

어쨌든, 국민연금제도의 저부담 고급여 등으로 인한 적자체계 등을 평가하여, 이를 다시 정책의제형성과정으로 환류시키는 과정 등이 정책평가과정에 해당된다고 할 수 있다.

2. 모형정의

1) Hofferbert의 정책평가모형

Hofferbert(1974)는 정책평가모형을 제시했는데, 이는 정책목표에 미치는 기존 정책목표, 정책산출물의 시간적·공간적 변화, 정책집행조건, 그리고 정책수요자의 반응 등을 고려해서 정책을 평가해야 한다는 것이다.

아무리 정책집행가가 기존정책의 기준에서 벗어나려고 해도 벗어날 수 없다는 점에서 정책평가시 기존 정책목표를 고려해야 하며, 정책목표를 바람직한 방향으로 이끌기 위해서 정책과정에서 나타나는 시간적·공간적 특성과 관련된 변화 등을 반영해야 한다는 것이다. 그리고 정책집행조건은 집행기관의 내부적 요인과 아울러, 집행기관 간의 갈등과 충돌의 외부적 요인을 포괄하는 개념으로서 정책평가시 내부적 요인뿐만 아니라 외부적 요인도 깊이 있게 조명해야 하며, 정책목표가 성공적으로 달성되기 위해서는 정책수요자들이 관련정책에 대해 이해하고 긍정적인 시각을 가지고 있어야 한다는 점에서 이러한 정책수요자의 반응도 정책평가의 중요한 고려대상이 되어야 한다는 것이다.

2) Goldenberg의 정책평가모형

Goldenberg(1983)는 정책평가모형을 제시했는데, 정책평가의 본질을 이해하기 위해서는 정책운영의 효과, 조직통제, 그리고 정치환경에 대한 영향력 등 정책평가의 목적에 대한 이해가 선행되어야 한다고 정의한다.

즉, 정책평가의 목적은 개선을 위한 융통성 있는 방침을 제공하고, 정책집행가나 조직의 행위를 적절히 통제해야 한다는 것이다. 그리고 정치적 영향력을 행사하는 다양한 집단들은 각기 다른 이해관계를 가지고 있기 때문에 같은 문제에 대해 상반된 해석을 하게 된다는 점에서, 정책평가가 객관적으로 명백히 이루어져야 이들의 기대를 유도하고 상반된 관점을 조정하는 데 도움이 된다는 것이다.

3) 평가시기모형

평가시기모형은 사전평가, 과정평가, 그리고 사후평가로 대별된다. 먼저, 사전평가는 정책산출물을 실행하기 전에 수행하는 평가로서 정책의 개념적합성, 실현가능성, 재정적 지원 등을 평가하기 위한 것이다. 과정평가는 정책산출물을 집행하는 과정에서 이루어지는 평가로서, 기존의 정책목표가 제대로 달성될 수 있도록 실행이 되고 있는지, 단계별·과정별 전략과 하위목표가 적절하게 진행되고 있는지 등을 판단하는 과정이다. 그리고 사후평가는 정책집행 후에 당초 목표로 하였던 결과 및 영향을 평가하는 것으로, 이에 따라 정책산출물을 유지, 수정, 그리고 종결하는 데 영향을 미치기도 한다.

4) 평가주체모형

평가주체모형은 자체평가, 내부평가, 그리고 외부평가로 대별된다. 먼저, 자체평가는 정책담당자가 직접 자신들의 활동 전반에 대해 실시하는 평가로서, 정책에 대해 많은 정보를 가지고 있으나 정책실패에 대해 책임을 회피할 가능성이 있다. 내부평가는 기관내부의 책임자나 동료에 의해 실시되는 평가로서 이 또한 객관성에 한계가 나타날 수 있다. 그리고 외부평가는 외부의 평가자에 의해서 이루어지는 평가로서 언급한 평가들에 비해서 공정성과 일관성의 유지가 가능하지만 정책에 관한 정보획득에는 한계가 있을 수 있다.

제2장 정책변동의 의의

　　과거에는 정부에 의해 정책이 독점되어 낮은 수준의 정책변동이 발생했으나, 다원주의체제를 맞은 현재에는 다양한 이해당사들의 지속적인 욕구분출 등으로 인해 높은 수준의 정책변동이 수반되고 있으며, 각종 정책이 이에 순응하고 있는 것이 사실이다. 따라서 정책변동연구는 중요한 과제가 되고 있는데, 이는 정책변동으로서 정책산출물이 집행과정으로 시행되어 순기능으로 작용하는지 역기능으로 진행되는지를 심도 있게 평가하여, 차후 유사정책을 추진할 경우 일정 시사점을 제공할 수 있다는 점에서 의의가 있는 것이다. 본 장에서는 정책변동을 체계적으로 연구하기 위해서 개념, 촉진요인, 저해요인, 그리고, 유형 등을 조명하고자 한다.

제 1 절 정책변동의 개념

　　지금까지 정책변동은 정책과정의 마지막 과정으로 취급되어 왔다(유훈,

2002). 그러나 실제로는 전 정책과정에서 발생하는 것이 정책변동인데, 이를 정책환류를 통해 조명해 보면 다음과 같다.

이론적으로나 논리적으로 정책과정은 정책의제형성과정, 정책결정과정, 정책집행과정, 정책평가과정 등의 순서로 구성된다. 이때 각 단계의 활동결과에서 얻게 되는 정보는 전 단계의 활동을 위해서 끊임없이 환류되어야 바람직한 활동이 이루어질 수 있다. 정책결정과정에서 얻게 된 새로운 정보가 정책의제형성과정에 제공되고 정책집행과정에서 얻게 된 정보는 정책의제형성·정책결정과정에 환류되어야 각각의 과정이 바람직스럽게 되는 것이다.

정책과정상의 환류 중에서 가장 중요한 부분이 정책평가과정에서 밝혀진 정보를 환류시키는 것이다. 즉, 사후평가에서 얻은 정책결과에 대한 정보를 정책의제형성과정에 환류시키는 것이 매우 중요하다. 다시 말해서, 사후평가에서 정책효과가 없는 것으로 밝혀지면 이것도 정책의제형성과정에 환류시켜 그 정책이나 사업을 종결시키는 결정을 하도록 하는 것이다. 이렇게 환류활동은 정책활동에서 얻게 되는 새로운 지식이나 정보를 활용하는 것으로서 정책체제의 중요한 학습활동에 해당되는 것이다.

원래 정책활동을 유발시킨 사회문제는 정치체제의 환경이 변화함에 따라 그 성격이 변화하게 된다. 환경변화에 따른 문제의 성격변화와 이에 따른 새로운 문제의 등장만이 아니라 정책집행결과로서 나타나는 정책효과나 기타 영향이 문제를 변화시키는 것이다. 어쨌든 이러한 문제의 변화는 정책과정 도중에 인지되거나 파악이 되고 이것이 환류되어 정책변동을 일으키는 것이다(정정길·최종원·이시원·정준금, 2005: 833-835).

즉, 정책변동은 정책결정과정의 정책산출물 입안 이후 정책문제에 대한 변화를 인식하여 다시 '정책의제형성과정'으로 환류되어 이전 정책결정과정에서 산출된 정책을 수정·종결하는 것을 의미하는 것으로서, 이러한 수정·종결정책이 정책집행·정책평가과정으로 순응할 때, 비로소 완전한 정책변동이 이루어지는 것이다. 정책결정과정의 수정·종결된 정책산출물까지가 1단계 정책변동의 범위이고, 이러한 정책의 집행·평가과정으로의 순응이 2단계 정책변동의 범위라고 할 수 있는 것이다(〈그림 2-1〉 참조).

한편, 정책변동은 공식적 정책참여자와 비공식적 정책참여자 등이 정책변동

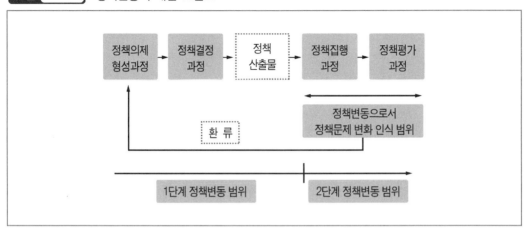

그림 2-1 정책변동의 개념 흐름도

공간에 참여하여 높은 수준의 정책갈등[1]을 통해 이루어지는 경우가 빈번하다.

---

1 정책변동에 있어서 정책갈등의 요인을 간략히 정리하면 다음과 같다(양승일, 2006).

• 목표의 비양립성

정책갈등의 요인으로 목표의 비양립성을 들 수 있다. 목표의 비양립성이란 활동의 방향 및 과업달성 평가기준이 서로 불일치함을 말한다. 정책참여자들이 서로 다른 목표나 목적을 지닐 때 갈등의 가능성은 그만큼 높아진다. 정책참여자 간 목표차이는 연합의 규모가 크고 기능이 다양해질수록 연합 내의 분화와 더불어 그 정도가 더욱 심화된다. 뿐만 아니라 기능의 다양화로 인하여 정책참여자 간 상호작용의 범위도 넓어짐으로써 갈등의 가능성이 더욱 증대된다.

• 제한된 자원경쟁

또 다른 요인으로 제한된 자원경쟁이 있다. 정책참여자 간 갈등은 일반적으로 각 정책참여자가 희소한 자원을 소유하고자 함으로써 발생한다. 이 희소한 자원에는 돈과 같은 물질적인 것과 지위, 위신, 명성, 권력 등과 같은 비물질적인 것이 모두 포함된다. 연합상의 문제 역시 자원의 희소성에 연유되는 경우가 많다고 할 수 있다. 사실 인간의 욕망이란 한 가지가 충족되면 또 다른 새로운 욕망의 꼬리를 물고 일어나 이것이 무한으로 연결된다. 이에 반하여 그것을 만족시켜 줄 자원은 상대적으로 부족하기 때문에 여기에 자원의 효율적인 배분의 기본문제가 발생하는 것이다. 특히, 정책참여자 간 갈등에는 어떤 참여자가 다른 참여자보다 권력을 더 많이 가짐으로써 정책참여자 간 갈등이 발생하는 경우가 많은데, 이는 권력의 균형이라는 변수가 나타나 있다.

• 상호의존성

상호의존성이란 둘 이상의 정책참여자가 각각의 과업을 수행하는 과정에서 지원, 정보, 상응 및 기타 협력적인 분위기를 위해 서로 간에 의존하는 정도를 의미한다. 상호의존성의 정도가 높으면 높을수록 그만큼 갈등발생의 기회는 높아진다. 특히, 둘 이상 연합 간의 영역이 애매모호할 때에는 그만큼 갈등기회가 커진다. 상호의존적 관계가 여러 기능을 다하기 위해서는 정책참여자 간의 관계를 분명히 해야 한다. 여기서 계층, 공식구조 및 비공식 조직의 필요성이 대두된다. 이 세 가지는 조직의 목표달성을 위해 꼭 필요한 것이지만 동시에 갈등의 요인이 될 수도 있다. 계층 간의 관계를 어느 정도 명확히 하고 공식구조를 조직의 특성에 맞게 얼마나 효율적으로 활용하였느냐에 따라 그 정책참여자 간에는 갈등분위기가 조성되기도 하고 반대로 협력분위기가 조성되기도 하는 것이다.

정책변동의 촉진요인

I. ▶▶ 경제적 환경의 급변

국내·외적으로 발생하는 경제적 환경의 급격한 변화는 정책변동을 촉진시키는 요인이 된다. 일반적으로 경제적 환경에서 나타나는 호경기보다는 불경기가 정책에 좀 더 영향을 미치는 경향이 있는데, 특히 세계적인 불황은 많은 국가의 조직에 직·간접적으로 영향을 주는 요인으로 작용하여 정책변동을 일으키게 되는 것이다.

일례로, IMF 외환위기는 소극적 정리해고정책에서 적극적 정리해고정책으로 변동시켰던 것이다.

II. ▶▶ 정책수혜자의 가치관 변화

정책수혜자의 가치관 변화는 장기적이든 중·단기적이든 간에 정책변동을 유발시킨다. 궁극적으로 정책은 수혜자를 대상으로 형성·집행되어야 하기 때문에 수혜자들로부터 새로운 요구가 있을 때에는 이에 대응하여 정책산출물이 수정·보완되지 않을 수 없다.

공공정책의 경우에 국민이나 어떤 지역사회의 주민이 기존의 정책에 불만을 품고 선거과정에서 정책의 수정이나 새로운 정책을 요구할 때에 입법부나 행정부에서는 정책변동을 추진해야 할 것이다. 한편, 고객들이 기업체에서 제공하는 기존의 재화나 서비스에 불만을 품고 있다면 기업체들은 좀 더 질 좋은 재화나 서비스를 제공할 쇄신적 정책을 채택해야 할 것이다.

한편, 정책수혜자들의 가치관은 보수주의적이든 진보주의적이든 간에 시·공간에 따라 변화하는 경향이 있기 때문에 정책은 이러한 변화에 적응할 수 있어야 한다. 대체로 정책수혜자의 가치관은 포괄적·장기적인 관점에서 사회·문화적 가치관의 변화와 관련이 있기 때문에 정책변동은 이러한 가치관의 변화에 대응해야 할 것이다.

어쨌든 본 사항과 관련하여, 백화점 등에서 고객들의 불만은 소극적 서비스정책을 적극적 서비스정책으로 변동시킬 수 있는 것이다.

Ⅲ. ▶▶ 법률의 제·개정 및 폐지

새로운 법률이 제정되거나 기존의 법률이 수정 또는 폐지되는 경우에 이 법에 의해 영향을 받는 조직에서는 정책변동을 추진하지 않을 수 없다. 입법부에서 제정하는 법률은 행정부에서 결정하는 어떤 정책이나 사업의 근거가 되기 때문에 법률의 변화는 곧 정책변동을 의미한다. 이러한 변화는 공공정책뿐만 아니라 비공공정책에도 변동을 촉진시킨다. 특히, 법률집행은 행정부에 의존한다는 점에서 법률의 변화는 공공정책변동을 필수적으로 수반하는 것이다.

일례로, 개발제한구역의 지정 및 관리에 관한 특별조치법의 제정은 개발제한정책에서 개발허용정책으로 변동시켰던 것이다.

Ⅳ. ▶▶ 최고 정책관리자의 교체

최고 정책관리자가 교체되는 경우에 정책변동이 발생한다. 새로 취임하는 최고 정책관리자는 전임자가 추진해 온 정책을 그대로 이어 받아 계속 집행할 것이냐, 아니면 수정·보완·축소·폐지할 것이냐에 대해서 결정을 내려야 할 것이다. 신임 최고 정책관리자는 기존의 정책을 전반적으로 평가한 후에 이들에 대한 변화 여부를 결정해야 하는데, 이러한 전환기에는 정책변동이 필수적으로 따르기 마련이다.

이는 새로 취임하는 최고 정책관리자가 자신의 업적을 나타내기 위해 적어도 한 가지 이상의 새로운 사업을 추진하려고 하는 경향이 있기 때문이다. 이러한 경향은 대체로 비공공분야보다는 공공분야에서 더욱 강하게 나타난다. 행정수반으로 취임하는 대통령이나 수상은 선거기간 중에 국민에게 공약한 바를 이행하기 위해서 점진적 정책보다는 쇄신적 또는 혁신적 정책을 추진할 가능성이 높다. 이러한 경우는 전 세계적으로 두루 나타난다.

일례로, 신임 대통령의 출범이 부동산완화정책을 부동산규제정책으로 변동시키는 것이 그것이다.

Ⅴ. ▶▶ 정책집행조직의 반항

정책집행가들의 반항 또는 파업은 정책변동을 촉진하는 또 다른 요인이 된다. 아무리 잘 형성된 정책이라 하더라도 집행가들이 순응해 주지 않는다면 정책의 효율성은 기대하기 어렵다.

정책집행가들에 의해서 이루어지는 가장 심각한 반항은 군사쿠데타라고 할 수 있는데, 만일 한 나라에서 군사쿠데타가 발생한다면 각 분야에서의 정책은 일시에 큰 변화를 받게 될 것이다. 군사쿠데타는 헌정을 중단하게 하는 사태를 발생시킬 수 있으며, 경제·사회·문화정책을 근본적으로 변화시킬 수 있기 때문이다. 한편, 정책집행가들의 파업 역시 임금정책, 인사정책, 재정정책 등에 상당한 영향을 미쳐 변동을 일으킬 수 있는 것이다.

일례로, 근로자들이 임금에 불만을 품고 파업을 할 경우 낮은 수준의 급여정책이 높은 수준의 급여정책으로 변동할 수 있는 것이다.

Ⅵ. ▶▶ 조직 간의 경쟁

경쟁적 관계는 정책변동을 촉진시킨다. 일반적으로 조직은 질적·양적으로 성장하려는 목표를 지닌다고 한다면 이들은 잠재적 또는 현재적으로 서로 경쟁관계에 있다고 할 수 있다. 성장 또는 발전한다는 것은 상대적인 개념으로서 상대방이 더욱 발전하면 그것과 대치되는 조직은 상대적으로 뒤지게 된다. 즉, X라는 조직의 발전속도가 다른 조직의 그것에 비해서 느리다고 평가되면 그것은 상대적으로 뒤떨어진 조직체일 것이다. 따라서 상대적으로 뒤진 조직은 쇄신적인 정책을 채택하여 다른 조직체들의 발전속도를 어느 정도 따라가게 되는 것이다.

일례로, 뒤처진 기업이 앞선 기업을 역전시키기 위해서 제조업중심정책에서 IT중심정책으로 변동시키는 것이 그것이다.

 ▶▶ 기 술

기술은 정책을 변동시키는 데 매우 중요한 독립변수로 등장하고 있다. 오늘의 기술사회에서는 어느 조직에서나 새로 개발된 기술을 도입하려는 노력 없이는 발전을 기대할 수 없기 때문에 새로운 기술을 도입하려는 정책을 추진하는 것이다. 아울러 정책결정에 참여하는 사람들은 이러한 정책의 추진으로 인해 기존의 정책에 변화를 일으키는 것을 분석할 필요가 있는 것이다.

흔히 개발도상국가에서는 공업화를 추진하면서 각 분야에서 엄청난 정책의 변화를 일으키게 된다. 즉, 새로운 기술을 도입하면서 농업사회가 공업사회로 변모되는 과정에서 각 분야의 조직에서는 정책쇄신을 급격히 일으키는 현상이 나타난다. 또한 그들은 세계적인 자동화 및 컴퓨터 시대에 맞추어 새로운 기술을 도입해야 하는 정책적 변화에 대응하는 것이다. 이러한 변화는 이미 한국에서 1960년대부터 겪어온 것으로서 공공정책은 물론이고 기업정책, 산업정책, 금융정책 등 각 분야에서 정책에 많은 영향을 주었으며, 이러한 변화는 앞으로 더욱 가속화될 전망이다.

일례로, 기술도입에 대한 공감은 아날로그정책을 디지털정책으로 변동시키는 것이다.

Ⅷ. ▶▶ 예상 외의 사건

예상 외로 발생하는 사건은 정책변동을 촉진시키는 독립변수로 작용한다. 아무리 인간의 지식과 과학기술이 발달되었다고 하더라도 인간이 예측하기 어려운 일들이 지속적으로 발생하고 있는 것이 주지의 사실이다. 흔히 지진이나 홍수와 같은 천재지변, 대형화재, 기습적 전쟁, 행정수반의 급서 등과 같이 예기치 않은 변수는 많은 조직으로 하여금 정책변동을 일으키게 하는 요인으로 간주되고 있다. 이러한 우연성을 지닌 잠재적 변수들은 대체로 어느 체계에서

나 표출될 수 있기 때문에 이러한 변화에 대응할 수 있도록 정책을 유연성 있게 변화시킬 필요가 있는 것이다(김형렬, 2002: 650-655).

일례로, 갑작스러운 지진은 소극적 지진대비정책을 적극적 지진대비정책으로 변동시키는 것이다.

정책오차

정책오차2 역시 정책변동의 요인으로 작용한다. 선진국에서는 약간의 잘못이 있는 정책오차의 경우, 집행과정에서 수정·보완되기 때문에 크게 문제가 되지 않지만, 후진국에서는 흔히 정치적 목적과 결부된 정책이 그 실질적 목적면에서 타당성에 대한 논란이 있기 때문에 문제가 된다. 보통의 경우는 후진국에서도 정책이 오류가 있더라도 그 자체만으로 정책변동을 일으키진 않지만 정책환경의 변화와 결합되면 커다란 변동이 일어나게 되는 것이다(정정길·최종원·이시원·정준금, 2005: 843-849).

일례로, 환경의 변화에 따라 정책집행이 현저히 낮아진 출산억제정책을 출산장려정책으로 변동시키는 것이 그것이다.

제 3 절
정책변동의 저해요인

I. ▶▶ 심리적 저항

사업, 조직, 정책을 새로 시작하기는 쉬워도 이들을 종결시키거나 감축하기는 심리적으로 어려운 것이 인간이다. 이러한 이유 때문에 환경의 변화로 인하여 사업이나 정책을 끝내야 함에도 불구하고 끝내지 못하는 경우가 많은 것이다.

---

2 정책오차(policy error)란 정책산출물의 집행결과가 예상한 기대에 크게 미치지 못한 바람직하지 않은 정책결과라고 할 수 있는 것이다.

제1차 세계대전 당시 기관총과 고성능대포 등의 보급으로 기병대의 효용이 격감되었음에도 불구하고 많은 국가의 군사전문가들이 기병대에 대한 애착을 버리지 못했으며, 미육군에서는 제2차 세계대전 중에도 기병대가 존속했던 것이 그것이다. 즉, 심리적 저항은 비효율적 군사정책을 지속시킨 것이다.

Ⅱ. ▶▶ 정책·조직의 지속성

정책이나 조직은 변동과 종결에 대한 저항력을 지니고 있다. 정책이나 조직은 환경에 대한 적응력을 지니고 있는 까닭에 쉽게 소멸하지 않는다. Gouldner(1959)의 표현에 의하면, 조직은 모든 사회집단의 경우와 같이 '생존'이라는 지상과제를 안고 있다. 이 과제 때문에 조직은 때때로 조직목표를 등한시하는가 하면 목표를 왜곡하기도 한다는 것이다. 즉, 정책·조직의 지속성은 쇄신정책을 막는 것이다.

Ⅲ. ▶▶ 정치적 연합

변동의 저해요인으로서 변동을 반대하는 세력의 정치적 연합을 들지 않을 수 없다. 어떤 조직이나 그 조직이 담당하는 사업·정책이 변동의 위협에 직면하면 조직 내부나 외부의 집단들이 그들의 힘과 전술을 동원하여 변동을 반대하는 것이 일반적인 현상인데, 조직 내부의 세력과 외부의 세력이 연합전선을 형성할 때 그 힘은 막강해진다. 즉, 보수조직 간 정치적 연합을 통해 국가보안법 폐지를 지양시킴으로써 우익정책을 지속시키는 것이 그것이다.

Ⅳ. ▶▶ 정치적 부담

정책종결에 따른 정치적 부담이 정책변동을 저해하는 요인으로 작용한다. 정치인, 정책결정가, 정책집행가 등의 정부지도자들은 정책종결이 마치 자신의 잘못 때문인 것으로 비추어질 가능성이 크기 때문에 정책종결에 소극적이 된다. 특히, 정책오차 때문에 정책변동이 있어야 한다고 하면 자신들의 잘못을 그대로 나타내는 것이 된다. 뿐만 아니라, 정책종결은 현재 수혜자들에게 제공되는 혜택을 박탈하는 것이기 때문에 이들의 정치적 저항이 정치인이나 정부지도자에게는 큰 부담이 된다. 정책대체의 경우에도 새로운 정책이 얼마나 큰 혜택을 누구에게 줄 것인지 확실치 않기 때문에 정치적 손실은 크면서 정치적 지지의 확보는 극히 불확실하다. 이러한 이유로 인해 지도자들은 정책변동에 협조적이지 못한 것이다. 즉, 세종도시를 다시 서울로 원상 복귀시킬 경우 충청권의 표를 의식하지 않을 수 없고, 이에 따라 지역균형정책은 지속되는 것이다.

Ⅴ. ▸▸ 법적 제약

정책·조직의 변동은 법적 제약으로 인하여 저해를 받는 경우가 많다. 한국의 행정개혁위원회나 기획조정실 등의 폐지가 어려웠던 것은 정부조직법을 개정해야 한다는 데에도 그 이유가 있었다. 다시 말해서, 정부의 재량권으로만 구성된 시행령, 시행규칙 등이 아닌 헌법, 법률은 정부뿐만 아니라 국회의 동의도 필요한 부분이기에 그만큼 정책변동을 제약하는 요인이 되는 것이다. 즉, 참여정부시절 대통령임기제에 대한 논란에도 불구하고 5년 단임제가 지속된 것은 헌법을 쉽게 개정할 수 없는 제약 때문이며, 따라서 중간평가지양정책이 지속되고 있는 것이다.

Ⅵ. ▸▸ 높은 수준의 비용

정책·조직의 변동은 많은 비용을 소요로 한다. 따라서 높은 비용은 변동을 저해하는 요인으로 작용하는 것이다. 즉, 토지보상 등이 이루어진 공공기관지방이전을 다시 원상 복귀할 경우 높은 수준의 비용만 낭비된다는 점에서, 지방분산정책이 지속되는 것이다.

정책변동의 유형

Hogwood & Peters(1983)에 의하면, 정책변동을 정책혁신, 정책유지, 정책승계, 그리고 정책종결로 유형화할 수 있는데, 이를 일정부분 수정하여 나타내면 다음과 같다.

I. ▶▶ 정책혁신

정책혁신(policy innovation)이란 정부가 종전에 관여하지 않았던 분야에 진출하여 새로운 정책을 수립하는 것으로, 정부가 새 분야에 진출하기 때문에 기존의 조직, 법률, 예산 등은 없는 것이다. 이러한 의미에서 순수한 형태의 정책혁신이란 20세기에 있어서 비교적 희귀하다는 것이 Hogwood의 주장이다. 20세기 전반 영국의 복지정책도 엘리자베스 여왕시대의 구민법에서 그 기원을 찾을 수 있다는 것이다.

한편, 정책혁신의 유형은 여러 가지로 분류할 수 있으나, 크게 창조형과 반복형으로 대별할 수 있다.

1. 창조형

창조형은 처음 도입되는 상황을 의미하는 것으로서, 추진하려는 특정정책이 과거에 단 한 번도 정책입안자들에 의해 도입된 적이 없는 정책환경을 의미한다. 1971년 도시계획법에 따라 최초로 도입된 그린벨트정책이 그것이다.

2. 반복형

반복형은 추진하려는 특정정책에 대한 정책산출물이 정책입안자들에 의해서 도입은 되었으나 집행이 되지 않았던 정책환경을 참고하는 상황으로서, 노무현정부의 신행정수도건설정책·행정중심복합도시건설정책이 과거 박정희정부에서도 추진된 적이 있는 수도이전정책을 참고한 것이 그것이다.

Ⅱ. ▶▶ 정책유지

정책유지(policy maintenance)는 넓은 의미의 정책변동에 포함시킬 수 있다. 생활수준의 향상에 따라 정책은 적용대상을 확장해야 하며 급여수준을 조정해야 하는 경우가 많다. 이것은 기존 정책을 새로운 정책으로 대체하는 것이 아니라 본래의 정책목표를 달성하기 위하여 프로그램의 산출물을 조정하는 데 지나지 않지만, 이러한 정책유지는 경우에 따라서 관계법령의 규정을 개정하고 예산액도 조정할 수 있다는 점에서, 환경의 변화에 대한 정부의 수동적인 적응이라고 말할 수는 없을 것이다.

정책유지는 공장 생산라인의 유지보수에 비유할 수 있다. 만일 생산시설에 대한 유지보수를 적극적으로 추진하지 않으면 생산이 저하되거나 중단되고 제품의 질도 낮게 될 것이다. 이와 마찬가지로 기존 정책을 장기적으로 유지만 하려는 정부의 경우에 있어서도 인구의 변동이나 경제상황의 변동에 따라 정책을 조정할 필요가 있는 것이다. 정책유지는 정책혁신이나 정책승계에 비하여 변동의 질적 중요성은 덜 하지만, 경우에 따라서 정책유지가 필요로 하는 적응적인 변동의 폭이 정책혁신이나 승계의 경우보다 더 클 수도 있다(유훈, 2002: 516).

한편, 정책유지의 유형도 여러 가지로 분류할 수 있으나, 크게 순응형과 불응형으로 대별할 수 있다.

1. 순응형

정책변동에 있어서 정책유지를 가져온 촉발기제에 대해 이해당사자들이 순응했다면 순응형으로 나타낼 수 있다. 행정중심복합도시건설정책이 그것으로, 헌법재판소의 행정중심복합도시 건설을 위한 특별법의 위헌여부에 따라 행복도시건설정책이 유지되느냐 종결되느냐의 갈림길에서 2005년 11월 24일 합헌판결이 내려짐에 따라 정책은 유지되게 된다. 이러한 특별법에 대해 행정도시 건설에 반대입장에 서 있던 경기도와 서울시 등이 대체로 헌재의 결정을 겸허히 수용하겠다는 입장을 피력하며, 순응하는 모습을 보여 정책유지의 부작용이 최소화되는 모습을 보였다.

2. 불응형

정책변동에 있어서 정책유지를 가져온 촉발기제에 대해 이해당사자들이 불응했다면 불응형으로 나타낼 수 있다. 환경단체 등이 농림부 등을 상대로 낸 새만금간척사업 취소청구소송에 따라 간척사업이 유지되느냐 종결되느냐의 갈림길에서 2005년 12월 21일 서울고등법원은 원고패소 판결을 내림에 따라 사업은 일단 유지되기에 이른다. 이에 대해 보존론자인 환경단체 등은 강력히 반발하며 대법원에 상고를 하는 불응을 나타낸 것이다.

 ▶▶ **정책승계**

정책승계(policy succession)란 동일한 분야에 있어서 기존의 정책이 새로운 정책에 의하여 대체되는 것을 말한다. 낡은 정책이 폐지되고 새로운 정책이 등장했다는 점에서 새로운 요소를 지니는 것은 사실이나 전술한 정책혁신의 경우와는 달리 정부가 새로운 분야에 처음으로 진출하는 것은 아니다. 정책승계와 관련된 변동은 복잡하고 많은 문제를 내포하고 있으나 새로운 정책의 분야를 개척하는 것이 아니라 기존의 정책을 수정하고 기존의 조직·법률·예산 등을 개편, 제·개정, 조정하는 것이다.

한편 〈그림 2-2〉에서 보듯이, 정책승계는 선형형, 정책통합형, 정책분할형, 부분종결형, 그리고 비선형형 등으로 세분화시킬 수 있다(유훈, 2002: 540-568; 정정길·최종원·유시원·정준금, 2005: 839-842).

그림 2-2 정책승계의 세부유형

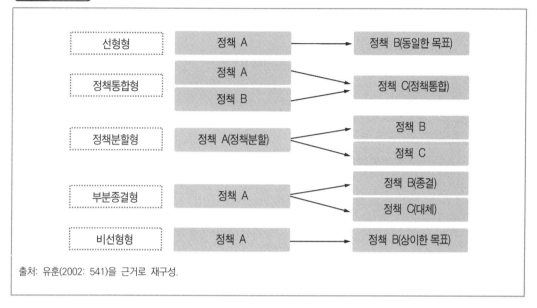

출처: 유훈(2002: 541)을 근거로 재구성.

1. 선형형

정책승계의 유형 중 가장 순수한 형태로 선형형을 들 수 있다. 선형형은 목표는 동일하지만 다른 정책이 수립되는 경우를 말한다.

2. 정책통합형

정책통합형은 두 개의 정책이 하나의 정책으로 통합되는 경우를 말하는데, 대개 동일하거나 비슷한 목표를 지니고 있는 경우에 일어난다. 얼핏 보기에는 정책통합형이 간단한 것 같이 보이지만 실제에 있어서는 그렇지 않다. 정책의 수혜자들이나 담당행정기관들이 정책통합에 찬성할 수도 있겠지만 심하게 저항하는 경우도 많기 때문이다. 특히, 정책통합이 담당행정기관의 업무조정이나 개편에 큰 영향을 미치는 경우에는 심한 저항에 직면할 수도 있다. 종전에 두 개의 기관이 각각 담당하던 두 개의 정책이 통합되어 어느 한 기관이 담당하게 되는 경우, 통합된 정책을 담당하게 되는 기관은 불만이 없겠지만 업무를 상실하게 되는 기관은 불만이 있을 것이다.

3. 정책분할형

정책분할형은 앞서 언급한 정책통합형과 반대되는 유형으로서, 한 정책이나 조직이 두 개 이상의 정책이나 조직으로 나누어지는 경우를 말한다. 그런데 정책담당기관이 분리되면 정책의 성격에도 큰 변화가 일어날 수 있다. 과거 보건사회부 내에 있던 환경청이 환경처로 분리·승격되면서 보건정책과 환경정책이 분리된 것이 그것이다.

4. 부분종결형

부분종결형은 일부 정책을 유지하면서 일부는 완전히 폐지하는 것이다. 이는 정책유지와 종결이 배합된 경우로서, 석유파동으로 석유부족이 일시적으로 심각해지자 석유소비를 억제하기 위해 소비세를 부과하고 다른 한편으로는 석유배급제를 실시했는데, 석유공급이 어느 정도 안정적으로 계속되자 소비세는 유지하되 배급제는 폐지한 것이 그것이다.

5. 비선형형

선형형은 동일한 목표, 다른 정책이 수립되는 유형인 데 반해, 비선형형은 상이한 목표, 다른 정책이 만들어진다는 점에서 차이가 있다.

 **정책종결**

정책종결(policy termination)이란 특정한 정책을 의도적으로 종결시키거나 중지하는 것을 말한다. 정책종결은 소요시간이라는 관점에서 볼 때, 폭발형, 점감형, 혼합형으로 분류할 수 있는데, 장기간에 걸친 소요자원의 감축에 의하여 이루어지는 점감형이나 비교적 단시간에 걸쳐 단계적으로 이루어지는 혼합형보다는 정책이 일시에 종식되거나 중지되는 것을 말하는 폭발형이 일반적인 행태라고 할 수 있다(유훈, 2002: 516-572; 정정길·최종원·유시원·정준금, 2005: 842-843).

1. 폭발형

가장 일반적인 정책종결의 유형으로서 특정한 정책이 일시에 종식되거나 중지되는 것을 말한다. 물론 이러한 결정이 있기 이전에 정책유지론자와 폐지론자 사이에 정책적 갈등과 투쟁이 계속되는 것이 일반적인데, 1980년에 야간 통행금지정책이 폐지된 것 등이 이에 해당된다.

2. 점감형

본 유형의 정책종결은 단일한 정책적 수준의 결정에서 나오는 것이 아니라 장기간에 걸친 소요자원의 감축에 의하여 이루어지는 것이다. 수출지원정책이 처음에는 보조금제도를 없애고 다음에는 면세조치와 특례 융자제도를 없애면서 서서히 종결되는 경우 등이 이에 해당된다.

3. 혼합형

비교적 단기간에 걸친 단계적인 정책종결을 의미하는 혼합형은 흔히 볼 수 있는 정책종결의 유형은 아니지만 폭발형이나 점감형에 비하여 좋은 성과를 거둘 수 있다. 과거 존슨 대통령과 항공우주국장의 타협에 의하여 NASA의 대학 연구지원사업이 3년간에 걸쳐 단계적으로 종결된 것 등이 그것이다.

지금까지 조명한 정책변동의 유형을 정리하면 〈표 2-1〉과 같다. 즉, 정책혁신은 기존 정책이 부재하고 담당조직·예산이 없는 상태에서 정책이 만들어지는 것을 의미하고, 정책유지는 기본골격을 유지하면서 낮은 수준의 수정·보완을 추진하는 것을 말한다. 그리고 정책승계는 큰 틀 차원의 정책목표는 유지하되 이를 위한 정책 등을 대폭적으로 수정·변경하는 유형을 의미하고, 정책종결은 추진하고 있는 정책을 완전히 없애고 이를 대체하는 정책도 만들지 않는 유형을 말한다.

표 2-1	정책변동의 종합적 유형			
구 분	정책혁신	정책유지	정책승계	정책종결
기본성격	의도적 성격	적응적 성격	의도적 성격	의도적 성격
조직측면	기존 조직 부재	기존 조직 유지, 정책상황에 따라 조직보완 가능	기존 조직의 개편 필요성	기존 조직 폐지
법률측면	기존 법률 부재	기존 법률 유지	제정 및 기존 법률의 개정 필요성	기존 법률 폐지
예산측면	기존 예산 부재	기존 예산 유지	기존 예산의 조정 필요성	기존 예산 폐지
세부유형	– 창조형 – 반복형	– 순응형 – 불응형	– 선형형 – 정책통합형 – 정책분할형 – 부분종결형 – 비선형형	– 폭발형 – 점감형 – 혼합형

출처: Hogwood & Peters(1983)를 근거로 재구성.

V. ▶▶ 정책변동 유형 간 관계

전술한 정책혁신, 정책승계, 정책유지, 정책종결 등의 정책변동 유형 간 관계를 조명해 보면, 처음 정책이 만들어진 정책혁신 후 환경변화에 따라 정책산출물 등에 대한 낮은 수준의 수정·보완, 즉 기본골격이 남아있는 정책유지가 이루어진다. 이러한 정책유지는 환경변화에 따라 높은 수준의 수정·변경, 즉 정책승계가 도래되거나 필요성이 없는 정책은 종결되게 된다. 한편, 승계된 정책은 다시 환경변화에 따라 정책이 유지되는 과정을 거친다(〈그림 2-3〉 참조).

그림 2-3 정책변동 유형 간 관계

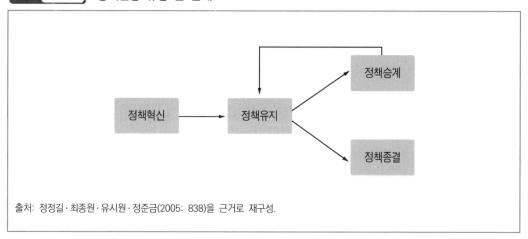

출처: 정정길·최종원·유시원·정준금(2005: 838)을 근거로 재구성.

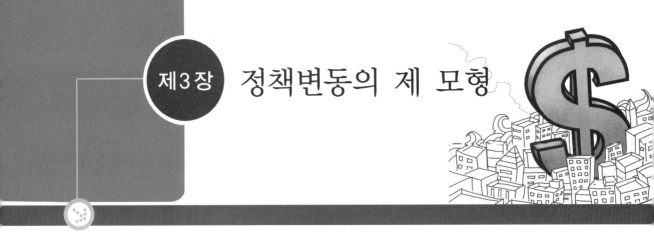

제3장 정책변동의 제 모형

정책변동을 설명하는 모형은 Sabatier의 옹호연합모형(Advocacy Coalition Framework: ACF)과 Kingdon의 다중흐름모형(Multiple Stream Framework: MSF)이 있으며, 그 밖에 Hofferbert의 정책산출 변동모형(Policy Output Change Framework: POCF), Hall의 패러다임 변동모형(Paradigm Change Framework: PCF), Mucciaroni 의 이익집단 위상 변동모형(Interest Group Standing Change Framework: ICF), 그리고 Rose의 동적모형(Dynamics Framework: DF) 등이 있다. 또한 응용된 정책변동모형으로서 ACMS 모형, EAI 모형, EAT 모형, 그리고 MSICF 등이 있다.

제 1 절
Sabatier의 옹호연합모형(ACF)

Sabatier(1988)는 1988년 정책변동을 위한 설명으로서 옹호연합모형(ACF)을 제시했다. 이는 외적변수(external parameters), 정책옹호연합(policy advocacy coalition), 신념체계(belief systems), 정책중개자(policy brokers), 정책학습(policy learning), 정책산

그림 3-1 옹호연합모형(ACF)의 구조틀

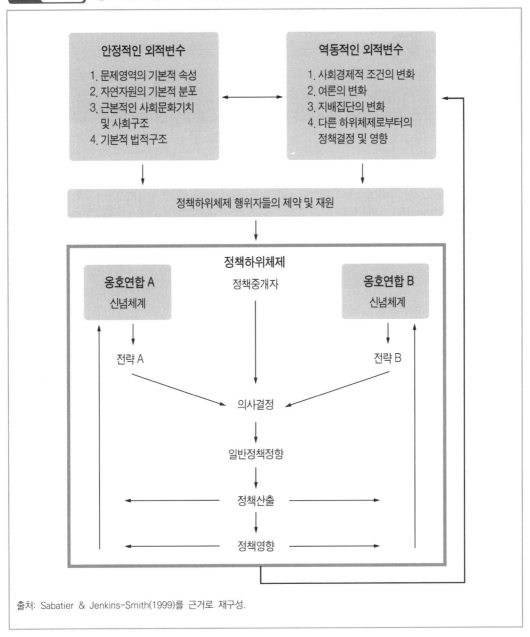

출처: Sabatier & Jenkins-Smith(1999)를 근거로 재구성.

출(policy output), 그리고 정책변동(policy change) 등으로 구성된다(〈그림 3-1〉 참조).

Ⅰ. ▶▶ 외적변수

장기간에 걸친 정책과정의 변동을 이해하기 위해서 본격적으로 제시된 ACF는 특정정책을 옹호하고자 정치적으로 중요한 활동을 하는 정책옹호연합을 분석단위로 상정한다. 이러한 연합의 형성과 활동에 제약을 가하거나 전략적 기회를 제공하는 결정적인 영향은 정책하위체제의 외적변수에서 비롯된다.

외적변수는 안정적인 외적변수(stable external parameters)와 역동적인 외적변수(dynamic external parameters)로 구성되어 있는데, 전자는 문제영역의 기본적 속성, 자연자원의 기본적 분포, 근본적인 사회문화가치 및 사회구조, 기본적 법적 구조 등이며, 후자의 경우에는 사회경제적 조건의 변화, 여론의 변화, 지배집단의 변화, 다른 하위체제로부터의 정책결정 및 영향 등을 들 수 있다. 안정적인 외적변수들은 변화가 불가능하지는 않으나 마치 종교의 개종처럼 변화의 속도가 매우 더디고 범위 또한 협소하다. 반면, 역동적인 외적변수는 정책하위체제에 단기간에 큰 영향을 미친다(장지호, 2004: 177).

Ⅱ. ▶▶ 정책옹호연합

정책옹호연합은 어떤 일정한 정책영역 또는 하위체제 내에서 신념을 공유하는 행위자들끼리 서로 뭉치는 이해당사자를 의미한다. 정책은 합리적 분석과 정치적 산물이다. 정책과정상의 정치적 활동에는 경쟁과 함께 협력도 중요하다. 이런 과정에서 경쟁하는 세력에 대항해서 자신들의 이익이나 선호를 옹호하기 위해 연합의 형성이나 조직화된 협력들이 일어나게 되는 것이다.

Ⅲ. ▶▶ 신념체계

정책하위체제를 살펴보면 관련자는 몇 개의 옹호연합을 구성하는데, 이들은 기본적인 가치, 정책에 대한 인과적 인식, 정책수단에의 동의와 같은 중요한

표 3-1	옹호연합의 신념체계

신념계층	특 징
규범적 핵심	규범적·존재론적 공리가치
정책핵심	실제 운용되는 정책
도구적 측면	정책수단, 예산의 배분, 성과에 대한 평가, 법적 개정 등

신념체계를 공유하는 행위자들의 협력체로 구성된다. 이러한 신념체계는 규범적 핵심, 정책핵심, 그리고 도구적 측면의 계층적 구조로 구성된다(〈표 3-1〉 참조).

규범적 핵심(normative core)은 신념체계 중 가장 최상위의 수준으로 자유, 평등, 발전, 보존 등의 존재론적인 공리가치의 우선순위를 정한다. 규범적 핵심은 연합을 형성하게 되는 가장 근본적인 시각으로 그의 지향점이 광대하므로 특정정책과의 직접적인 연관성은 다른 계층의 신념보다 떨어진다.

정책핵심(policy core)은 특정 하위체제에서 실제 운용되는 정책과 밀접히 연관되어 있다. 정책에 관련되어 어떠한 특정목표가 정해질 것인지 혹은 목표달성의 필수조건들이 어떠한 것인지에 관한 인과적 인식을 말한다.

이에 비해 도구적 측면(instrumental aspect)의 신념은 가장 범위가 좁은 것으로 행정상 혹은 입법상의 운용과정에서 나타나는 정책수단, 예산의 배분, 성과에 대한 평가, 법적 개정 등이다. 이는 특정한 세부적 정책에만 국한되는 것으로 가장 구체적이며 변화가능성이 다분하다(장지호, 2004: 178).

Ⅳ. ▶▶ 정책중개자

정책옹호연합들 간의 대립과 갈등을 중재하는 제3자를 정책중개자라고 부른다. 정책중개자의 주요 관심은 정책옹호연합들 사이의 갈등을 줄이면서 합리적인 타협점을 찾아내는 것이다. 옹호연합들은 그들이 소유하는 재원을 동원하여 그들의 신념체계를 공공정책으로 변화시키려고 경쟁하게 되는데, 이때 정책중개자인 제3의 행위자들, 즉 정치인과 관료 등에 의해 중재되는 것이다.

정책학습[1]

정책학습은 경험으로부터 초래되며, 정책옹호연합의 믿음체계 변경과 관련되어서 나타나는 생각이나 행태의 변화를 의미한다. 따라서 정책학습은 정책옹호연합들의 신념체계 수정을 의미한다. 이러한 신념체계의 수정은 주로 신념체계의 계층적 구조에서 도구적 측면에 집중되며, 반면에 정책핵심에서는 변화가 일어나기 쉽지 않다. 정책핵심의 주요한 요소들을 변화시키기 위해서는 정책연구의 계도기능을 통한 장기간에 걸친 필요한 정보의 축적을 필요로 한다. ACF에서는 이러한 정책학습이 장기적이고 점증적인 변화를 촉진하는 힘으로 파악된다(Munro, 1993).

ACF는 정책옹호연합들의 신념체계 변화를 의미하는 정책학습을 유도하는 조건으로 옹호연합들 간 상당한 수준의 갈등과 논쟁을 촉진하는 전문적인 공개토론회·공청회·포럼 등이 있어야 한다.

정책산출과 정책변동

결국, 정책옹호연합들 간의 정책학습을 통해 정책이 산출되게 된다. 이것이 이전과는 다른 정책산출일 경우 정책변동이 이루어졌다고 할 수 있다. 이러한 정책형성과정의 정책변동은 정책집행과정으로 이어지게 된다.

제 2 절

Kingdon의 다중흐름모형(MSF)

Kingdon(1984)은 정책변동을 설명하기 위해 1984년 다중흐름모형(MSF)을 제시했다. 이는 정책문제흐름(policy problem stream), 정책대안흐름(policy alternative

---

1 ACF에서는 '정책지향적 학습(policy-oriented learning)'으로 표기하고 있으나 본 저서에서는 보편적으로 사용되는 정책학습(policy learning)을 사용하고자 한다. 그 의미는 일맥상통한다.

그림　3-2　다중흐름모형(MSF)의 구조틀

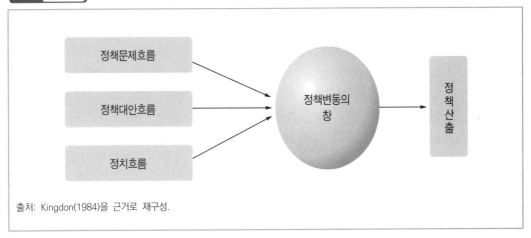

출처: Kingdon(1984)을 근거로 재구성.

stream), 정치흐름(political stream), 정책변동의 창(window of policy change),[2] 정책산
출(policy output), 그리고 정책변동(policy change) 등으로 구성된다(〈그림 3-2〉 참조).

I. ▸▸ 3가지 과정의 흐름

3가지 과정의 흐름은 정책문제흐름, 정책대안흐름, 그리고 정치흐름이다.
이들이 하나로 결합될 때, 정책변동의 창이 열리는데, 이들 3가지 흐름은 대체
적으로 상호독립해서 진전되고 작용하지만 상호영향을 미치면서 진행되기도 한
다. 따라서 이들 흐름이 절대적으로 독립되어 있다는 것은 아니다.

한편, Kingdon에 의하면 정책문제흐름은 지표의 변동, 위기 또는 재난 등
으로 인해 발생하며, 정책대안흐름은 정치체제의 분화정도, 정책가의 활동, 이
익집단의 개입 등에 의해 나타난다. 그리고 정치흐름은 정권교체, 국회의석 수
의 변화, 국민적인 분위기 등에 의해 나타나는데, 현실적으로 정책변동의 창은

---

2 정책변동의 창(window of policy change) 이론의 기초가 되는 정책의 창(policy window) 이론
  은 원래 정책의제형성에 해당되는 모형으로서, 미연방정부의 보건·교통 정책을 담당하고 있던 고
  위관료들과의 4년여에 걸친 면접과 정부문서, 정당정강, 신문 기사, 여론조사 등을 기초로 해서 만
  들어졌다.

정치흐름에 의해서 열리게 되는 경우가 많다. 정책참여자들이 문제를 인지하고 대안을 준비하고 있을 때, 결정적인 정치흐름이 나타나 창을 여는 것이다. 특히, 정권교체는 가장 눈에 띄고 광범위한 정치흐름의 변화이다.

Ⅱ. ▶▶ 정책변동의 창

정책변동의 창이 열렸다는 것은 특정정책을 지지하는 정책참여자들이 그들이 선호하는 해결책을 강요하거나 자신들의 특별한 문제에 관심을 기울이도록 압력을 행사하여 정책변동의 기회를 맞이하였다는 것을 의미한다.

창은 예측가능하게 열리기도 한다. 예산심의나 국정감사와 같은 예정된 의정활동이 좋은 예이다. 반면, 창은 예측할 수 없는 우연한 사건에 의해서 열리기도 한다. 우연한 사건은 특정의 정책문제에 심각성을 더하게 하고, 결정적으로 정책참여자들에게는 그 문제에 그들이 개발해 놓은 정책대안을 해결책으로 제시할 수 있는 절호의 기회가 오게 되는 것이다. 예를 들어, 오일쇼크로 인한 주유소 앞의 긴 차량행렬이 정부의 주의를 집중시키게 되면, 각종 이익집단들(대중교통, 철도, 에너지관련 단체)은 자신들의 정책을 에너지자원 부족이라는 문제에 최선의 해결책으로 포장하고 제시한다. 또 다른 사례로 대형 비행기사고는 안전항공운행에 관심이 있는 집단에게 또 하나의 정책변동의 창을 열어주게 된다. 만일 그들에게 준비되어 있는 정책이 있다면, 그 정책이 채택되고 집행되어질 수 있는 절호의 기회를 주는 것이다.

한편, 창이 오랫동안 열려있는 채로 있는 경우는 매우 드물다. 기회를 놓치면 다른 창이 열릴 때까지 기다려야 한다. 정책변동의 창이 열리는 시간이 짧기 때문에 정책문제와 정책산출물 간의 강력한 결합이 이루어진다. 그 결과 체제가 정책문제와 정책으로 과부하되는 경우도 있다. 만약, 참여자들이 충분한 자원을 기꺼이 투자하려 한다면 몇몇 문제는 해결될 수 있을 것이고 몇몇 제안은 입안될 것이다. 그렇지 못한 정책문제나 정책대안은 충분치 못한 자원이 동원되었기 때문에 표류되고 만다(Kingdon, 1984).

한편, 정책변동의 창은 몇 가지 이유에 의해서 닫히게 된다.

첫째, 참여자들이 그들의 관심대상인 문제가 어떠한 의사결정이나 입법에 의해서 충분히 다루어졌다고 느낄 때이다. 그 문제가 충분히 다루어지지 않았다고 해도 어떤 형태로든지 정부의 행동이 취해지면 당분간 그 정책문제에 관한 창은 닫히게 된다.

둘째, 마찬가지로 참여자들이 어떤 행태로든지 정부의 행동을 유도하지 못했을 경우도 창은 닫히게 된다. 일단 한 번 실패하면, 다음 번 기회가 올 때까지 그들은 자신들의 시간, 정력, 정치적 자산, 그리고 다른 종류의 자원들을 투자하기를 꺼려한다.

셋째, 정책변동의 창을 열게 했던 사건이 정책의 장에서 사라지는 경우도 종종 있다. 어떤 위기상황이나 폭발사태 같은 것들은 본질적으로 그 수명이 단기간일 수밖에 없는 것이다. 일반국민들이 대형 비행기사고나 철도사고에 뜨겁게 흥분하고 그 결과에 대해 예리하게 주시할 수 있는 기간은 한정된 기간일 뿐이다. 창을 열리게 했던 주변 여건 또한 아주 단기간만 그 상태를 그대로 유지해 줄 뿐이다. 가령 새로운 정부가 들어서면 의회와 밀월기간이 있게 되는데 그 기간도 몇 달 지나지 않아 끝나게 된다.

넷째, 인사변동이 정책변동의 창을 닫게 하는 요인으로 작용할 수 있다. 특정 정책문제를 담당하고 있는 고위관료가 그 문제에 관한 정책대안을 갖고 의회의 상임위원회 멤버들을 설득하기 위해 일정한 기간이 필요한 경우, 그 일정기간에 고위관료가 경질된다든지 상임위원회 위원구성에 변동이 있게 되면 창은 자연스럽게 닫히게 되는 것이다.

다섯째, 어떤 경우에는 문제에 관한 대안이 존재하지 않기 때문에 정책변동의 창이 닫히는 수도 있다. 대개 창이 돌발적으로 열리는 경우, 정책참여자들이 문제에 대한 규정 및 대안에 대한 토론과 분석이 되어 있지 않는 상태로 정책과정에 참여하게 되는데, 단기간 안에 모든 요소들을 응집시킬 수 있는 정책제시에 실패하게 되면 정책변동의 창은 닫히게 된다(오석홍·김영평 편, 2000: 415-418).

Ⅲ. ▶▶ 정책산출과 정책변동

정책문제흐름, 정책대안흐름, 그리고 정치흐름에 의해 정책변동의 창이 열리게 되면 창에서 정책참여자들이 자신들의 이해관계에 따라 대응하며 전략을 이끌어나간다. 전략에는 온건전략뿐만 아니라 폭력시위 등의 강경전략도 포함된다. 이러한 정책형성과정의 상호작용을 통해 이전과는 다른 내용의 정책이 산출되고, 정책변동이 이루어지는 것이다.

제 3 절
Hofferbert의 정책산출 변동모형(POCF)

　　Hofferbert의 정책산출 변동모형(POCF)은 초기의 정책변동모형으로서, 정책산출에 관한 모형이나 정책변동을 설명하는 데 활용되고 있다.
　　Hofferbert(1974)는 정책산출에 영향을 미치는 요인으로서 역사적·지리적 조건, 사회경제적 구성, 대중정치행태, 정부기구, 그리고 엘리트행태를 들고 있

그림 3-3 정책산출 변동모형(POCF)의 구조틀

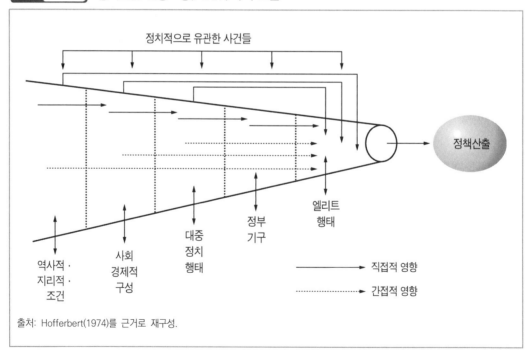

출처: Hofferbert(1974)를 근거로 재구성.

다. 이러한 요인들이 직접 또는 간접으로 정책산출에 영향을 미친다는 것이 Hofferbert의 주장이다(〈그림 3-3〉 참조).

이 모형을 활용해서 정책변동을 설명한다면, 역사적·지리적 조건은 쉽게 변하지 않겠지만 그 나라의 사회경제적 구성이 변하고 대중정치행태나 정부기구, 엘리트행태가 달라짐에 따라 정책이 변한다는 것이다.

일례로, 경제발전이 이루어지고 교육수준이 향상되며 노령화가 진행됨에 따라 정책변동이 일어날 수 있다는 것이다.

제 4 절 Hall의 패러다임 변동모형(PCF)

영국 경제정책의 변동을 연구한 Hall(1993)은 패러다임 변동에 근거한 근본적인 정책변동이 가능하다고 보고 있다.

여기서 한 가지 특이할 만한 것은 Hall도 Sabatier와 같이 정책변동과정에 있어서 정책학습의 중요성을 강조하고 있으며, 사회적 학습으로서의 정치와 권력투쟁으로서의 정치가 서로 얽혀 있다는 사실을 강조하고 있다는 점에서 Kingdon의 MSF와도 일맥상통한 점이 있다는 것이다.

반면, Sabatier는 규범적 핵심의 변화로 인한 정책의 근본적인 변동은 쉽지 않다는 것을 암시하고 있는 데 반해, Hall은 패러다임이 변화하면 근본적인 정책변동이 가능하다고 보고 있다는 점에서 차이점이 있다.

한편, Hall은 정책형성을 정책목표, 정책산출물, 그리고 기술·정책환경 등 세 가지 변수를 포함하는 과정으로 간주한다. 그리고 정책목표와 정책산출물에 있어서 급격한 변화를 가져오는 정책변동을 패러다임 변동으로 개념화했으며, 이 관점에서 1970년부터 1989년까지의 영국 경제정책의 변화과정을 분석하여, 다음과 같은 세 가지 유형의 정책변동을 구분하였다.

첫째, 매년 정부예산을 조정하는 것처럼 정책목표와 정책산출물의 근본적인 변화 없이 산출물의 수준만이 변동되는 1차적 변동, 둘째, 영국에서 1971년에 도입한 금융통제제도와 같이 거시경제정책의 목표에는 변화가 없으나 정책산출물을 변경하는 2차적 변동, 셋째, 그 동안 케인스주의가 통화주의로 전환됨에 따라 정책환경, 정책목표, 정책산출물이 급격하게 변동한 3차적 변동 등으로 구분하고, 마지막 3차적 변동을 설명하는 틀로서 패러다임 변동모형, 즉 PCF를 제시하였다.

Hall은 1차적, 2차적 변동은 기존의 정책패러다임에 영향을 미치지 않는 일반적인 정책형성의 경우를 의미하며, 이 경우에는 정책패턴의 연속성이 유지된다고 하였다. 즉, 1차적 변동은 점증주의적 성격을 지니는 것으로서 우리가 정책과정에서 흔히 접하는 의사결정이며, 2차적 변동은 새로운 정책수단의 개발을 의미한다. 그러나 3차적 변동은 기존의 정책패턴의 연속성이 보장되지 않는 단정적인 변동인 동시에 패러다임의 변화가 초래되는 급격한 변동을 나타낸다고 하였다.

Hall은 기본적으로 정책결정가들이 정책문제의 본질을 파악하고, 정책목표와 이를 달성하기 위한 정책산출물을 구체화하는 데 있어서 일정한 사고와 기준의 틀 속에서 활동한다고 보고 있다. 이러한 틀은 너무도 당연하여 의심할 여지가 없고, 또한 조사·분석할 수도 없는 것으로 여겨져서 상당한 영향력을 발휘하게 되는데, 이러한 사고의 틀을 Hall은 '정책패러다임(policy paradigm)'이라고 불렀다.

Hall은 패러다임변동이 한 번에 일어나는 것이 아니라 일정한 단계를 거치는 것으로 설명하고 있다. 우선 하나의 패러다임이 형성되면 일정기간의 안정기를 누리게 된다. 그러다가 기존의 패러다임으로 충분히 설명될 수 없는 혼란스러운 요소들이 등장하게 되면서 변이요소들의 축척이 이루어지게 되고 이들은 당초의 패러다임의 정확성이나 지적인 능력에 손상을 가져오게 된다. 그래서 변이들을 다루기 위한 노력으로서 새로운 정책산출물을 탐색하는 등 기존의 정책을 조정하는 실험기를 거치게 된다.

만약, 이러한 실험이 실패로 나타난다면 기존 패러다임의 권위는 더욱 크게 손상되며, 당초의 패러다임을 대체할 복수의 새로운 패러다임이 출현하게 되고 이들 간에 경쟁이 전개된다. 여기에는 정치가는 물론이고 정책공동체도 가담하게 되며, 경쟁하는 패러다임 중 권위를 얻게 되는 패러다임이 등장하게

그림 3-4 패러다임 변동모형(PCF)의 구조틀

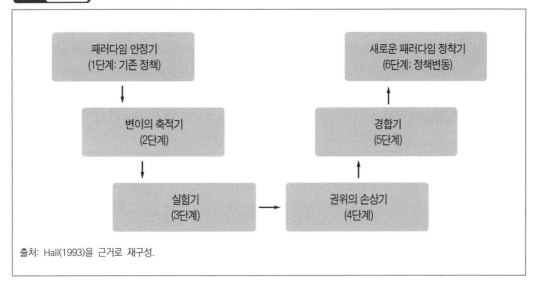

출처: Hall(1993)을 근거로 재구성.

되면, 새로운 패러다임의 지지자들이 이를 제도화하기 위해 정책형성에 대한 권위를 안정적으로 구축하고 정책과정의 SOP[3]를 재정비함으로써 새로운 패러 다임이 정착된다(정정길·최종원·이시원·정준금, 2005: 854-856).

즉, Hall은 패러다임 변동이 한꺼번에 일어나는 것이 아니라 패러다임 안 정기, 변이의 축적기, 실험기, 권위의 손상기, 경합기, 새로운 패러다임의 정착 기로 이행한다고 주장하는 것이다(〈그림 3-4〉 참조).

---

3 조직의 규모가 커짐에 따라 관리절차에 관한 규정이 복잡·다양해져서 그 적용에 어려움이 발생할 가능성이 높기 때문에 이를 효율적으로 관리하기 위해 제반절차를 표준화하려는 경향이 있다. 이것 은 표준운용절차(Standard Operating Procedure: SOP)를 설정하여 모든 조직원들이 이를 준수 함으로써 조직의 안정을 유지하며 생산성을 향상하는 데 그 의의가 있다. SOP를 만들기 위해서는 관련된 조직의 문화를 참고하면서 새로운 환경에 적응해야 할 제반요소를 고려하여 갈등을 최소화 한다는 의미에서 점진적 접근법에 의존하는 것이 효과적이다. 한 조직에서 SOP가 정착되었다고 해서 이를 고정적으로 사업집행에 적용하면 비효율적인 결과를 초래하기 쉽기 때문에 정책집행가는 이를 점진적으로 유연성 있게 수정·보완하는 방안을 강구해야 한다. SOP는 대체로 조직원들의 행 태를 미시적 차원에서 규제하는 방안이기 때문에 이들의 가치관에 어느 정도 부합되는 것이어야 한 다(김형렬, 2002: 307).

제 5 절 Mucciaroni의 이익집단 위상 변동모형(ICF)

Mucciaroni(1995)는 이익집단 위상의 기복을 설명하는 데 있어서 제도맥락(institutional context)과 이슈맥락(issue context)이라는 두 가지 변수를 사용하고 있는데, 그는 이슈맥락보다 제도맥락을 중요시한다. Mucciaroni는 정책변동에 따라 이익집단의 위상이 어떻게 부침을 거듭했는가를 고찰하고 있으나 그의 모형은 이익집단 위상 변동모형, 즉 ICF로서 정책변동을 설명하는 데 활용할 수 있다(〈그림 3-5〉 참조).

그림 3-5 이익집단 위상 변동모형(ICF)의 구조틀

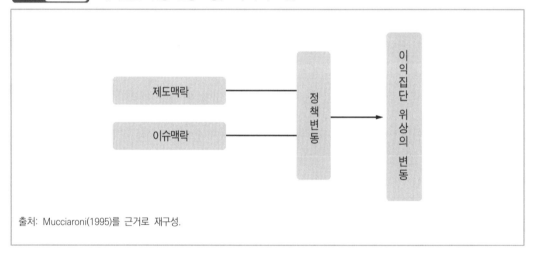

출처: Mucciaroni(1995)를 근거로 재구성.

Mucciaroni는 제도맥락을 광의로 해석하여 입법부와 행정부의 구성원들이 특정한 정책이나 산업에 대해서 지니고 있는 선호나 행태를 포괄적으로 지칭하는 것으로 정의하였다.

한편, Mucciaroni가 말하는 이슈맥락이란 이념적인 것, 경험적인 것, 환경적인 것 간에 정책의 유지 또는 변동에 영향을 미치는 요인을 망라한 것이라

구 분		제도맥락	
		유 리	불 리
이슈맥락	유 리	위상상승(fortunes rose)	위상저하(fortunes contained)
	불 리	위상유지(fortunes maintained)	위상쇠락(fortunes declined)

표 **3-2** 제도·이슈맥락에 따른 이익집단 위상의 변동

출처: 정정길·최종원·이시원·정준금(2005: 857)을 근거로 재구성.

하겠다. 이렇게 볼 때, Mucciaroni의 이슈맥락은 Kingdon의 정책문제흐름과 정책대안흐름을 통합한 것이라 할 수 있다.

　　Mucciaroni가 언급한 ICF를 매트릭스화하여 설명하면 〈표 3-2〉와 같다. 즉, 제도맥락과 이슈맥락이 함께 특정한 이익집단에 유리할 때는 그 이익집단에게 유리한 정책이 계속 유지되거나 불리한 정책이 유리하게 변동하여 이익집단의 위상이 상승한다. 반면, 제도맥락과 이슈맥락이 모두 불리할 때는 그 이익집단에 유리한 정책이 사라지거나 불리하게 변동하여 이익집단의 위상이 쇠락한다. 한편, 제도맥락과 이슈맥락이 다른 방향으로 작용할 때에는 제도맥락에 크게 영향을 받는 것이 Mucciaroni의 주장이다. 즉, 이슈맥락이 특정한 이익집단에 유리하더라도 제도맥락이 불리할 때는 정책이 불리하게 돌아가며, 이슈맥락이 불리하더라도 제도맥락이 유리하면 정책이 불리해지지 않는다는 것이다.

제 6 절 Rose의 동적모형(DF)

　　Rose(1976)는 수평축은 시간을, 수직축은 정책목표(policy objective)로 설정하여 4가지의 동적모형, 즉 DF를 제시했는데, 이 모형은 정책변동을 동적 차원에서 고려하였고, 시간과 정책목표를 변동요인으로 보았다(〈그림 3-6〉 참조).

　　본 모형은 크게 4가지 유형으로 구성되는데, 정적모형, 순환모형, 선형모형, 그리고 불연속모형이 그것이다. 먼저, 정적모형(static framework)은 선이 평평

그림 3-6 동적모형(DF)의 구조틀

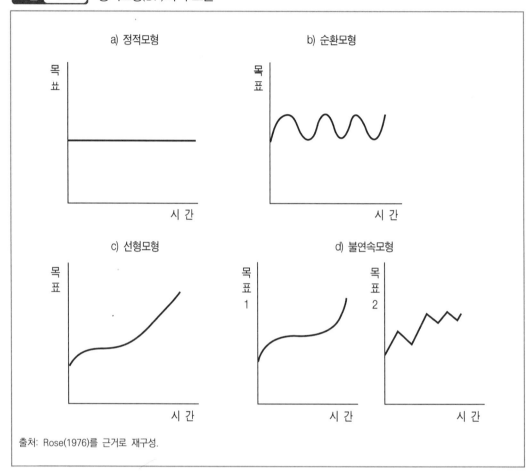

a) 정적모형

b) 순환모형

c) 선형모형

d) 불연속모형

출처: Rose(1976)를 근거로 재구성.

하며 현상을 유지하는 정책을 의미하고, 순환모형(cyclical framework)은 주기성이 나타나는 정책을 말한다. 그리고 선형모형(linear framework)은 항상 똑바르지는 않지만 상향적 성향을 띠는 정책을 의미하고, 불연속모형(discontinuous framework)은 목표가 다른 불연속적 성향을 띠는 정책을 말한다.

제 7 절 정책변동모형의 응용 1-ACMS 모형

I. ▶▶ ACMS 모형의 개념

ACMS 모형은 저자가 연구의 적합성을 위해 Sabatier의 옹호연합모형(Advocacy Coalition Framework: ACF)과 Kingdon의 다중흐름모형(Multiple Stream Framework: MSF)을 근거로 자체적으로 결합시킨 모형이다. ACMS는 ACF와 MSF의 앞글자 두 자를 결합시킨 용어이다.

두 모형의 결합에 대한 당위성은 다음과 같이 설명할 수 있다(〈표 3-3〉 참조).

첫째, ACF는 MSF에 비해 정책변동의 시작점, 즉 촉발기제가 미흡하고, 정책변동과정에 있어서 복잡하고 혼돈된 상호작용이 빈약하다. 이러한 약점은 정책변동의 촉발기제가 명확하고, 정책변동의 창을 통해 정책변동과정의 혼돈된 상호작용을 강조하는 MSF에 의해 보완될 수 있을 것이다.

둘째, MSF는 정책하위체제의 외적변수, 즉 정치적 조건, 사회·경제적 조건 등이 빈약하여 연구의 객관성을 높이는 데 한계로 작용할 수 있다. 또한 정책참여자들의 명확한 구성과 그들의 정체성인 신념체계에 대한 설명도 미흡하

표 3-3 기존 모형의 단점과 ACMS 모형의 장점

구 분	ACF	MSF	ACMS 모형
외적변수	높은 수준	낮은 수준	충 실
정책변동과정의 시작인 촉발기제	낮은 수준	높은 수준	충 실
상호작용	낮은 수준	높은 수준	충 실
체계적인 정책주창자의 구성 및 신념체계	높은 수준	낮은 수준	충 실
정책중개자	높은 수준	낮은 수준	충 실

그림 3-7   ACMS 모형의 구조틀

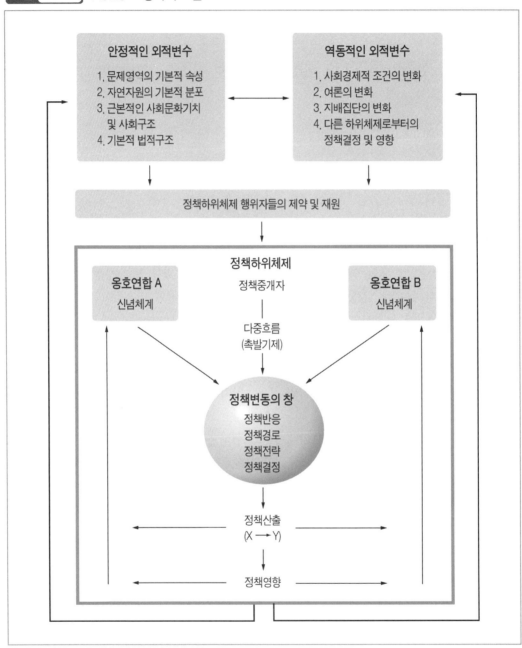

고, 특히 정책중개자의 구성이 빈약한 수준이다. 이러한 약점은 안정적이고 역동적인 변수를 가지고 있어 외적변수에 대한 설명이 충실하고, 정책참여자를 옹호연합으로 명확히 다루고 있으며 이들의 신념체계를 세부적으로 구성하고 있고, 정책중개자의 구성이 명확한 ACF에 의해 보완될 수 있을 것이다.

이러한 두 모형의 장단점을 고려하여 결합한 것이 ACMS 모형이다(〈그림 3-7〉 참조).

ACMS 모형을 간략히 설명하면, 안정적인 외적변수와 역동적인 외적변수가 정책하위체제에 영향을 미치며, 이러한 외적변수에 영향을 받아 신념체계를 공유하고 있던 옹호연합이 다중흐름으로서의 촉발기제가 정책변동의 창을 열면서, 게임의 장에 임하게 된다. 창에서는 옹호연합 간 정책반응, 경로, 전략, 결정 순으로 진행되는 정책갈등을 통해 창이 닫히게 되고, 정책산출물이 생성되어 정책변동이 발생하게 된다. 본 ACMS 모형은 이러한 흐름을 심도 있게 분석하는 모형인 것이다.

이렇게 볼 때, ACMS 모형은 정책형성과정에 국한된 모형이며, ACF와 MSF의 단점을 상호간에 보완함으로써, 다른 정책변동모형에 비해서 차별성을 갖게 되는 것이다. 즉, ACF가 갖지 못한 촉발기제, 옹호연합 간 혼돈된 상호작용과 MSF가 갖지 못한 외적변수, 정책참여자의 구성을 모두 포괄하는 모형으로서, 다른 정책변동 모형에 비해 정책변동의 구체적인 질적 분석을 높일 수 있다는 것이다.

Ⅱ. ▶▶ ACMS 모형의 세부변수 정의

1. 외적변수

1) 안정적인 외적변수

전술한 바와 같이, 안정적인 외적변수는 문제영역의 기본적 속성, 자연자원의 기본적 분포, 근본적인 사회문화가치 및 사회구조, 기본적 법적구조 등이며, 이들 변수는 변화가 불가능하지는 않으나 마치 종교의 개종처럼 변화의 속도가 매우 더디다. 즉, 정책하위체제에 가늘고 길게 영향을 미치는 것이다.

먼저, 문제영역의 기본적 속성은 무슨 문제 때문에 정책을 도입하려고 하느냐에 초점을 맞춘다. 그린벨트정책의 경우, 환경권이라는 공유재산권의 위협 문제로 인해 정책을 도입하려고 하는 것이 그것이다. 자연자원의 기본적 분포는 재원의 궁극적 존재역할을 의미한다. 그린벨트의 경우도 존재하는 궁극적 역할이 있을 것이다. 그리고 근본적인 사회문화가치 및 사회구조는 그 사회가 지니는 정체성으로서 제국주의체제, 공산주의체제, 민주주의체제, 중앙집권체제, 지방분권체제 등을 일컫는다. 마지막으로 기본적 법적구조는 정책산출로 인한 정책변동이 발생할 때까지 정책하위체제 전반에 기본적 영향을 미치는 법규를 의미한다.

2) 역동적인 외적변수

역동적인 외적변수는 사회경제적 조건의 변화, 여론의 변화, 지배집단의 변화, 다른 하위체제로부터의 정책결정 및 영향 등을 들 수 있다. 역동적인 외적변수는 정책하위체제에 단기간에 큰 영향을 미친다(장지호, 2004: 177). 즉, 정책하위체제에 굵고 짧게 영향을 미치는 것이다.

먼저, 사회경제적 조건의 변화는 오일쇼크, IMF 외환위기 등 사회경제적으로 나타나는 급격한 변화를 의미한다. 여론의 변화는 정책에 대한 국민들의 변화된 행태를 의미한다. 그리고 지배집단의 변화는 정책을 실질적으로 입안하고 집행하는 정권의 교체 등을 의미한다. 마지막으로 다른 하위체제로부터의 정책결정 및 영향은 본 체제 이외에 다른 부문에서 결정하고 영향을 주는 행태로서 대법원 및 헌법재판소 판결 등이 그것이다.

2. 신념체계

옹호연합은 일정한 신념체계를 공유하는데, 이들은 기본적인 가치, 정책에 대한 인과가정, 정책수단에의 동의와 같은 중요한 신념체계를 공유한다. 이는 규범적 핵심, 정책핵심, 그리고 도구적 측면의 계층적 구조로 구별할 수 있다.

3. 정책중개자

정책중개자는 옹호연합 간 대립과 갈등을 중재하는 행위자를 말한다. 이들은 정책옹호연합 사이의 갈등을 줄이면서 합리적인 타협점을 찾아내는 것이 주요 관심사이다. 옹호연합들은 그들이 소유하는 재원을 동원하여 그들의 신념체계를 공공정책으로 변화시키려고 경쟁하게 되는데, 이때 정책중개자에 의해 중재가 되는 것이다.

4. 촉발기제

촉발기제(trigger mechanism)란 일반적으로 예기치 못했던 사건이나 위기의 발생으로 기존의 정책 혹은 정책의 우선순위를 변화시키거나 새로운 정책을 탄생시키는 결정적 계기를 말한다. 잠재해 있던 어떤 문제를 극적으로 부각시키는 사건, 현상 등을 말하는 것이다(안병철, 2000: 44). 즉, 촉발기제는 정책변동의 창을 여는 시발점이 되는데, 기본적으로 정책문제흐름, 정책대안흐름, 그리고 정치흐름 등 다중흐름 중에 하나가 된다. 일반적으로, Kingdon(1984)이 언급한 정권교체, 국회의석 수의 변화, 국민적인 분위기 등에 의한 정치흐름이 주를 이룬다.

5. 정책변동의 창

1) 정책반응

정책반응(policy reaction)은 정책참여자들이 촉발기제에 대한 호기, 위기반응을 감지하면서 상대 옹호연합에 대응하기 위해 조직을 결성, 정비하는 역동적 과정을 의미한다.

조직결성은 촉발기제에 따른 반응을 근거로 상대 옹호연합에 대응하기 위해 새롭게 조직을 설립하는 것을 의미하며, 조직정비는 촉발기제 전에 조직이 설립되었으나 촉발기제 후에 상대 옹호연합에 대응하기 위해 조직을 쇄신하는 것을 의미한다.

2) 정책경로

정책문제를 둘러싸고 벌어지는 정책변동과정은 아무런 규칙 없이 상호작용이 일어나는 것이 아니다. 정책형성과정의 정책변동은 일정한 경로를 통해 이루어지는 것이다. 정책참여자들의 정책경로(policy channel)는 의도한 정책을 만들어 내기 위해 참여자들이 각각의 입장과 영향력을 동원하고 전달하는 절차이다. 이러한 경로가 어떻게 구성되느냐에 따라 참여자들이 게임에서 차지하는 위치가 유리하거나 불리한 국면이 이루어진다(안병철, 2000: 46). 즉, 정책경로는 정책참여자들이 자신들의 대안을 이행하기 위한 채널인 것이다.

3) 정책전략

정책형성과정을 정치적 과정으로 파악할 경우 가장 중요한 변수는 정책참여자들이 자신에게 주어진 문제해결을 위해서 사용하는 전략이다. 정책참여자들의 전략은 일정한 상황에서 참여자들이 비슷한 행위를 반복적으로 하면서 형성된 행동으로서 정치적 상호작용의 절차, 즉 정책경로를 통해 사용되는 갈등해결의 방법들이다(안병철, 2000: 46-47).

일례로, 정책전략(policy strategy)은 폭력성과 안정성 등을 기준으로 강경전략과 온건전략으로 대별할 수 있다. 자신들이 선호하는 정책을 보다 빠르게 추구하기 위한 극단적 방법이 폭력성이며, 자신들의 주장을 대화를 통해 점진적으로 해결하려는 것이 비폭력성이라고 할 수 있다. 그리고 자신들의 주장을 성취하기 위해 쉽게 고칠 수 없는 조문을 적극적으로 입안하고자 하는 것이 안정성이며, 국회의 동의 없이 부처 내에서 쉽게 변경할 수 있는 조문을 마련하는 것이 불안정성이라고 할 수 있다. 즉, 강경전략은 적극성으로 대변되는 불법시위, 폭력시위, 그리고 법률 제·개정 등 폭력성 또는 안정성을 동반하며, 온건전략은 상대적으로 폭력성 또는 안정성과는 다소 거리가 먼 정책학습, 건의전략, 당정협의전략, 발표전략, 문건전략, PR 전략, 그리고 명령 제·개정 등이다(〈표 3-4〉 참조).

표 3-4 정책전략 유형

	강경전략		온건전략
폭력성	불법시위(미허가), 폭력시위 등	비폭력성	정책학습, 건의전략, PR 전략, 문건전략, 당정협의전략, 발표전략, 업무보고전략 등
안정성	법률 제·개정 등	불안정성	명령 제·개정 등

4) 정책결정

정책결정(policy decision)이란 일반적으로 정부기관이 장래의 주요 행동지침인 정책산출물을 결정하는 것을 말한다. 이러한 정책결정은 매우 복잡하고 동태적인 과정을 통해 정부가 최선의 방법으로 공익실현을 위한 행동방안을 선택하는 것인데, 국회본회의에서 법률안이 가결되는 것 등이 그것이다. 한편, 〈표 3-4〉를 활용하여 옹호연합 간 정책전략에 따른 정책결정을 조명할 수 있는데, 개발정책을 둘러싼 강경전략과 온건전략의 상호작용을 근거로 정책결정을 도출해 낸 것이다(〈표 3-5〉 참조).

표 3-5 옹호연합 간 정책전략에 따른 정책결정[4]

구 분		개발옹호연합	
		강경전략	온건전략
보전옹호연합	강경전략	극한 대립(intense confrontation)	개발제한(development restriction)
	온건전략	개발허용(development allowance)	개발보류(development reservation)

6. 정책산출과 정책변동

정책이 결정되면 정책산출이 표출된다. 정책산출은 일반적으로 정책결정요인분석으로 널리 알려져 있다. 정책산출의 기본논리는 정치체제를 둘러싸고 있

---

4 본 저서에서 강경전략은 성취욕구가 높아 한 치의 양보도 없는 전략을 의미하며, 온건전략은 상대적으로 성취욕구가 낮아 양보의 문을 열고 있는 전략으로 정의한다. 즉, 강경전략 간에 대결에서는 극한 대립으로 결정된다는 것인데, 이는 타협의 여지가 없는 극단적인 폭력시위와 폭력시위가 대결하는 경우, 타협점이 없는 극한 대립으로 마무리되는 이치와 같다. 그리고 온건전략 간에 대결에서는 개발보류가 결정된다는 것인데, 이는 타협의 여지가 있는 건의전략과 정책학습이 대결하는 경우, 양보를 통해 어느 쪽도 확실한 승자와 패자가 없는 개발보류로 마무리되는 이치와 같다. 마지막으로 강경전략과 온건전략 간의 대결에서는 개발허용 또는 개발제한이 결정되는데, 이는 강경전략이 게임의 장에서 승리하는 경우이다. 즉, 법률 제·개정과 정책학습이 대결하는 경우, 정책참여자가 정책학습을 통해 자신들의 입장을 주장하지만, 법률 제·개정은 외부의 도전에도 불구하고, 반대입장의 법률안이 일단 발의가 되면 회부, 상정, 이송 등의 제도적 경로를 통해 자동적으로 법률이 입안되는 이치와 같은 것이다.

는 환경의 요구와 지지가 정치체제에 투입되고 정치체제는 이것을 정책으로 전환시켜 산출하는 것인데, 국회에서 가결된 법률안을 이송받은 대통령에 의해 공포되는 공식적인 법률 등이 그것이다. 즉, 정책산출은 이전과는 다른 정책산출물을 생산하는 정책변동을 의미하는 것이다.

제 8 절 정책변동모형의 응용 2-EAI 모형

I. ▶▶ EAI 모형[5]의 개념

EAI 모형 역시 저자가 자체적으로 조작화한 모형이다. 본 모형은 정책과 문제시되는 현실 사이의 오차 및 정책산출물에 대한 집행조직의 순응 또는 불응의 입장에 따라 크게 4가지로 유형화시킬 수 있는데, 이는 기본적으로 정책결정조직과 정책집행조직 간의 관계를 근거로 조명한 것이다. 즉, 정책집행조직의 순응 또는 불응에 따른 정책변동을 다루고 있는 것이다. 아울러, 기존 정책변동모형은 대부분 정책형성과정에 국한되었지만 본 모형은 정책집행과정을 다루고 있다는 점에서, 차별성을 갖는다고 할 수 있다.

II. ▶▶ EAI 모형의 유형

EAI 모형의 유형은 크게 설계오차형, 집행오차형, 그리고 오차부재형으로 대별된다.[6]

---

5 EAI 모형에서 EAI는 정책오차인 policy Error와 순응·불응인 Acceptance·nonAcceptance, 그리고 정책집행조직인 policy Implementation organization의 영문결합을 의미한다.

6 전술한 정책오차는 정책결정과정과 정책집행과정 사이의 과정 간 불일치를 의미하지만, 본 절에서 다루어지는 정책오차는 각 과정별로 나타나는 현실과 정책 사이의 불일치를 의미한다. 즉, 정책결정과정은 현실과 정책산출물 간의 불일치이며, 정책집행과정은 현실과 정책실현활동 간의 불일치를 의미하는 것으로, 여기서 현실은 바람직한 정책이 요구되는 문제시되는 현황을 말한다.

1. 설계오차형

설계오차형은 정책결정과정에서 결정가에 의한 정책산출물이 바람직한 정책산출물을 요구하는 문제시되는 현실을 역행하는 정책내용, 즉 부적절한 정책산출물을 이루는 유형이다. 설계오차형의 세부유형에는 설계오차의 순응형과 설계오차의 불응형으로 대별할 수 있다.

1) 설계오차의 순응형

설계오차의 순응형은 정책결정과정에서 정책결정가에 의해 현실이 반영되지 못한 부적절한 정책산출물을 이루고 있으며, 그 산출물을 정책집행과정에서 집행가가 자의든 타의든 그대로 여과 없이 집행하는 유형으로, 정책변동으로서 새로운 정책의 산출은 낮은 수준이라고 할 수 있다(〈그림 3-8〉 참조).

그림 3-8 설계오차의 순응형 구조틀

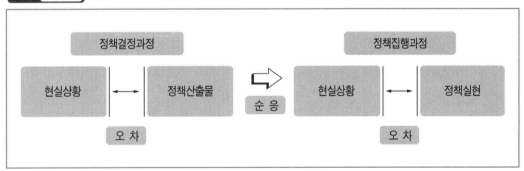

2) 설계오차의 불응형

설계오차의 불응형은 정책결정과정의 결정가에 의한 정책산출물이 현실을 미반영한 부적절한 체계를 이루고 있으나 그 산출물을 정책집행과정의 집행가가 자의든 타의든 다르게 집행, 즉 현실이 반영된 집행을 하는 유형으로 정책변동으로서 새로운 정책대안의 산출은 높은 수준이라고 할 수 있다(〈그림 3-9〉 참조).

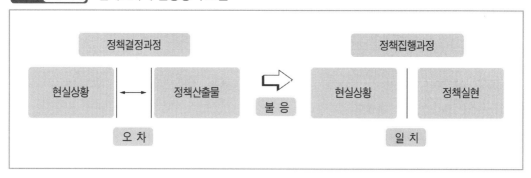

그림 **3-9** 설계오차의 불응형 구조틀

2. 집행오차형

집행오차형은 정책결정과정의 결정가에 의한 정책산출물이 현실을 반영한 적절한 체계를 이루고 있으나 정책집행과정의 집행가가 적절한 정책산출물의 내용을 자의든 타의든 충실히 따르지 않음으로써, 현실이 미반영된 부적절한 집행이 이루어지는 유형으로서, 본 모형 역시 정책변동의 산출은 높은 수준이 라고 할 수 있다(〈그림 3-10〉 참조).

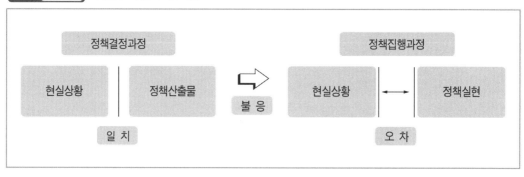

그림 **3-10** 집행오차형의 구조틀

3. 오차부재형

오차부재형은 정책결정과정의 결정가에 의한 정책산출물이 현실이 반영된 적절한 정책내용을 이루고 있고, 정책집행과정의 집행가가 적절한 정책산출물의 내용을 자의든 타의든 충실하게 따르는 유형으로, 정책변동으로서 새로운 정책의 산출은 낮은 수준이라고 할 수 있다(〈그림 3-11〉 참조).

그림 3-11 오차부재형의 구조틀

Ⅲ. ▶▶ EAI 모형의 종합

EAI 모형에 대한 유형을 정리하면 〈표 3-6〉과 같다. 이 중 설계오차의 순

표 3-6 EAI 모형의 종합적 유형[7]

구 분		1단계 적절유무 판단과정	정책산출물 순응도	2단계 적절유무 판단과정	정책변동유무
		정책결정과정 (정책산출물)		정책집행과정 (정책실현)	
설계 오차형	설계오차의 순응형	부적절	순 응	부적절	낮은 수준의 정책변동
	설계오차의 불응형	부적절	불 응	적 절	높은 수준의 정책변동
집행오차형		적 절	불 응	부적절	높은 수준의 정책변동
오차부재형		적 절	순 응	적 절	낮은 수준의 정책변동

---

7 다만, 본 모형은 정책대상조직의 불응 또는 순응 등 환경적 요인 등을 전혀 고려하지 않았다는 점에서 차후 이러한 부분을 고려한 정책변동의 종합적인 접근도 필요할 것으로 본다.

응형과 오차부재형은 정책집행과정에서 정책집행조직에 의한 불응이라는 자극제가 부재하여 당장 정책변동이 일어나지 않는 반면, 설계오차의 불응형과 집행오차형은 정책집행조직의 불응이라는 변수로 인해 상대적으로 정책변동을 유인할 수 있는 것이다. 즉, 급여동결이라는 정책산출물의 적절유무에 관계없이 성책십행과정에서 근로자들이 급여동결에 대해 불만을 갖고 파업을 할 경우, 급여정책은 높은 수준으로 변동할 수 있다는 것이다.

제 9 절   정책변동모형의 응용 3-EAT 모형

I. ▸▸ EAT 모형[8]의 개념

EAT 모형은 ACMS 모형·EAI 모형과 마찬가지로, 저자가 자체적으로 조작화한 모형으로서, EAI 모형이 정책결정조직과 정책집행조직 간의 관계 등을 근거로 정책변동을 조명하였다면, 본 모형은 정책주체조직(정책결정조직·정책집행조직)과 정책대상조직 간의 관계를 근거로 고찰했다는 점에서 차이가 있다. 즉, 정책대상조직의 순응 또는 불응에 따른 정책변동을 다루고 있는 것이다. 아울러, 기존 정책변동모형은 대부분 정책형성과정에 국한되었지만 본 모형은 EAI 모형과 마찬가지로 정책집행과정도 포함하고 있다는 점에서, 차별성을 갖는다고 할 수 있다.

II. ▸▸ EAT 모형의 유형

EAT 모형의 유형은 크게 정책오차형과 정책일치형으로 대별된다.

---

8 EAT 모형에서 EAT는 정책오차인 policy Error와 순응·불응인 Acceptance·nonAcceptance, 그리고 정책대상조직인 policy Target organization의 영문결합을 의미한다.

1. 정책오차형

정책오차형은 정책과정에서 있어서 문제시되는 현실상황을 역행하는 정책과 정책실현을 산출과 수행하는 과정에서, 정책대상조직이 순응 또는 불응의 입장을 취함에 따라 정책변동을 발생시키는 유형으로서, 설계불응오차형과 설계순응오차형으로 구분할 수 있다.

1) 설계불응오차형

설계불응오차형은 정책결정과정에서 결정가에 의해 현실이 반영되지 못한 부적절한 정책산출물을 이루고 있으며 이를 정책대상조직이 불응하는 유형으로, 설계불응오차 A형, 설계불응오차 B형, 그리고 설계불응오차 C형으로 구분할 수 있다.

(1) 설계불응오차 A형

설계불응오차 A형은 정책결정과정에서 결정가에 의해 현실이 반영되지 못한 부적절한 정책산출물을 이루고 있으며, 이를 정책대상조직이 불응함에 따라 정책집행과정으로 전달되기도 전에 정책변동으로서 새로운 정책산출물이 이루어지는 유형을 의미한다(〈그림 3-12〉).

그림 3-12 설계불응오차 A형의 구조틀

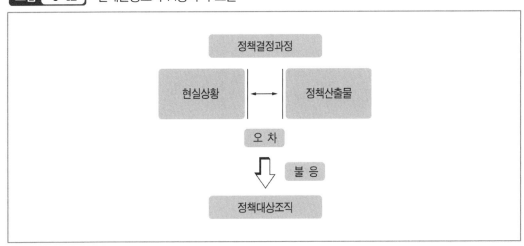

(2) 설계불응오차 B형

설계불응오차 B형은 정책결정과정의 결정가에 의해 현실이 반영되지 못한 부적절한 정책산출물을 이루고 있고, 이를 정책대상조직이 불응하지만 정책산출물을 자의든 타의든 정책집행과정의 집행가에게 전달하여 현실이 미반영된 부적절한 집행이 이루어지는 상황에서, 정책대상조직이 또 다시 불응함으로써 정책변동으로서의 새로운 정책산출물이 이루어지는 유형을 의미한다《그림 3-13》.

그림 3-13 설계불응오차 B형의 구조틀

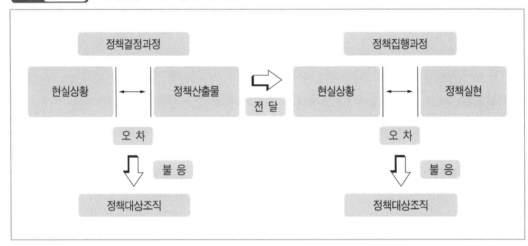

(3) 설계불응오차 C형

설계불응오차 C형은 정책결정과정의 결정가에 의해 현실이 반영되지 못한 부적절한 정책산출물을 이루고 있고, 이를 정책대상조직이 불응하지만 정책산출물을 자의든 타의든 정책집행과정의 집행가에게 전달하여 현실이 미반영된 부적절한 집행이 이루어지는 상황에서, 정책대상조직이 순응으로 전환함에 따라 별다른 정책변동이 발생하지 않는 유형을 의미한다《그림 3-14》.

그림 **3-14** 설계불응오차 C형의 구조틀

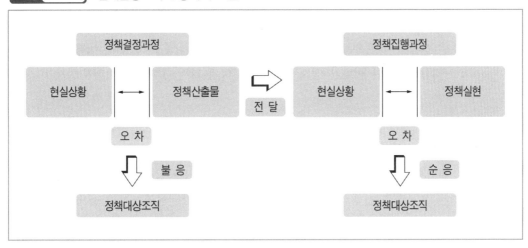

2) 설계순응오차형

　　설계순응오차형은 정책결정과정에서 결정가에 의해 현실이 반영되지 못한 부적절한 정책산출물을 이루고 있으나 이를 정책대상조직이 순응하는 유형으로, 설계순응오차 A형과 설계순응오차 B형으로 구분할 수 있다.

그림 **3-15** 설계순응오차 A형의 구조틀

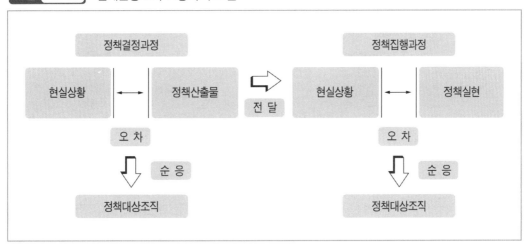

(1) 설계순응오차 A형

설계순응오차 A형은 정책결정과정뿐만 아니라 정책집행과정 역시 문제시되는 현실을 반영하지 못한 부적절한 정책체계를 이루고 있으나, 이를 정책대상조직이 순응하여 별다른 정책변동이 발생하지 않는 유형을 의미한다(〈그림 3-15〉).

(2) 설계순응오차 B형

설계순응오차 B형은 정책결정과정의 결정가에 의해 현실이 반영되지 못한 부적절한 정책산출물을 이루고 있으며 이를 정책대상조직이 일단 순응하지만, 정책산출물을 자의든 타의든 정책집행과정의 집행가에 전달하여 현실이 미반영된 부적절한 집행이 이루어지는 상황에서, 정책대상조직이 불응으로 전환함에 따라 정책변동으로서 새로운 정책산출물이 이루어지는 유형을 의미한다(〈그림 3-16〉).

그림 3-16 설계순응오차 B형의 구조틀

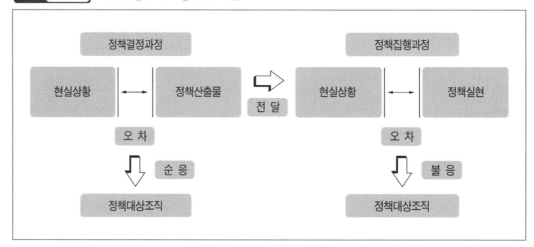

2. 정책일치형

정책일치형은 정책과정에 있어서 문제시되는 현실상황을 적절히 반영하는 정책과 정책실현을 산출과 수행하는 과정에서 정책대상조직이 순응 또는 불응의 입장을 취함에 따라 정책변동을 발생시키는 유형으로서, 설계불응일치형과 설계순응일치형으로 구분할 수 있다.

1) 설계불응일치형

설계불응일치형은 정책결정과정에서 결정가에 의해 현실이 반영된 적절한 정책산출물을 이루고 있으나 이를 정책대상조직이 불응하는 유형으로, 설계불응일치 A형, 설계불응일치 B형, 그리고 설계불응일치 C형으로 대별할 수 있다.

(1) 설계불응일치 A형

설계불응일치 A형은 정책결정과정의 결정가에 의해 현실이 반영된 적절한 정책산출물을 이루고 있지만, 이를 정책대상조직이 불응하여 정책집행과정으로 전달되기도 전에 정책변동으로서 새로운 정책을 산출하는 유형을 의미한다(《그림 3-17》).

그림 **3-17** 설계불응일치 A형의 구조틀

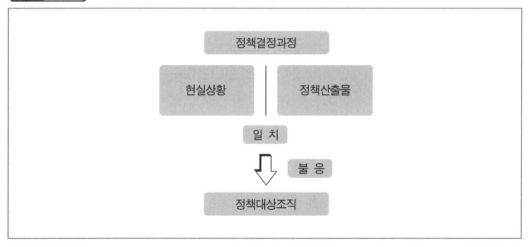

(2) 설계불응일치 B형

설계불응일치 B형은 정책결정과정의 결정가에 의해 문제시되는 현실을 반영한 적절한 정책산출물을 이루고 있는 상황에서 이를 정책대상조직이 불응하지만, 정책산출물을 자의든 타의든 정책집행과정의 집행가에 전달하여 현실이 반영된 적절한 집행이 이루어지는 상황에서, 정책대상조직이 또 다시 불응함에

그림 3-18 설계불응일치 B형의 구조틀

따라 정책변동으로서 새로운 정책을 산출하는 유형을 의미한다(〈그림 3-18〉).

(3) 설계불응일치 C형

설계불응일치 C형은 정책결정과정의 결정가에 의해 문제시되는 현실을 반영한 적절한 정책산출물을 이루고 있는 상황에서 이를 정책대상조직이 불응하지만, 정책산출물을 자의든 타의든 정책집행과정의 집행가에 전달하여 현실이

그림 3-19 설계불응일치 C형의 구조틀

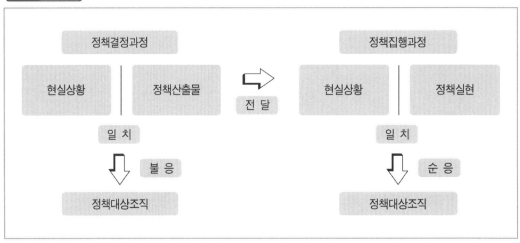

반영된 적절한 집행이 이루어지는 상황에서, 정책대상조직이 이를 순응으로 전환함에 따라 별다른 정책변동이 발생하지 않는 유형을 의미한다(《그림 3-19》).

2) 설계순응일치형

설계순응일치형은 정책결정과정에서 결정가에 의해 현실이 반영된 적절한 정책산출물을 이루고 있으며 이를 정책대상조직이 순응하는 유형으로, 설계순응일치 A형과 설계순응일치 B형으로 구분할 수 있다.

(1) 설계순응일치 A형

설계순응일치 A형은 정책결정과정뿐만 아니라 정책집행과정 역시 문제시되는 현실을 반영한 적절한 정책체계를 이루고 있으며, 이를 정책대상조직이 순응하여 별다른 정책변동이 발생하지 않는 유형을 의미한다(《그림 3-20》).

그림 3-20 설계순응일치 A형의 구조틀

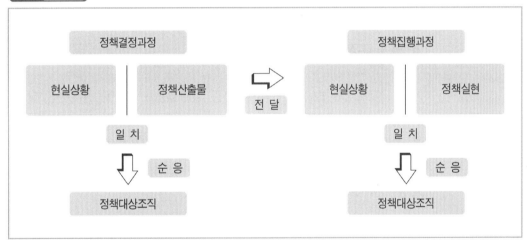

(2) 설계순응일치 B형

설계순응일치 B형은 정책결정과정의 결정가에 의해 현실이 반영된 적절한 정책산출물을 이루고 있으며, 이를 정책대상조직이 일단 순응하면서 정책산출물을 자의든 타의든 정책집행과정의 집행가에 전달하여 현실이 반영된 적절한 집행이 이루어지는 상황에서, 정책대상조직이 불응으로 전환함에 따라 정책변

그림 3-21 설계순응일치 B형의 구조틀

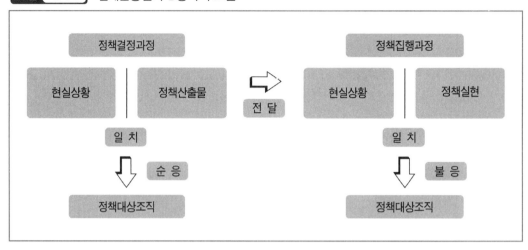

동으로서 새로운 정책을 산출하는 유형을 의미한다(〈그림 3-21〉).

Ⅲ. ▶▶ EAT 모형의 종합

지금까지 조명한 EAT 모형의 유형 중 설계불응오차 C형, 설계순응오차 A형, 설계불응일치 C형, 그리고 설계순응일치 A형을 제외한 유형은 최종 정책과정에서 정책대상조직의 불응이라는 자극제가 변수로 작용하여 상대적으로 새로운 정책이 산출되는 높은 수준의 정책변동을 유인하는 것으로서, 이를 정리하면 〈표 3-7〉과 같다.

표　3-7　EAT 모형의 종합적 유형9

구 분			정책결정과정		정책집행과정		정책변동유무
			적절유무 판단과정	대상조직의 순응도	적절유무 판단과정	대상조직의 순응도	
정책 오 차 형	설계 불응 오차형	A형	부적절	불　응	－	－	높은 수준의 정책변동
		B형	부적절	불　응	부적절	불　응	높은 수준의 정책변동
		C형	부적절	불　응	부적절	순　응	낮은 수준의 정책변동
	설계 순응 오차형	A형	부적절	순　응	부적절	순　응	낮은 수준의 정책변동
		B형	부적절	순　응	부적절	불　응	높은 수준의 정책변동
정 책 일 치 형	설계 불응 일치형	A형	적　절	불　응	－	－	높은 수준의 정책변동
		B형	적　절	불　응	적　절	불　응	높은 수준의 정책변동
		C형	적　절	불　응	적　절	순　응	낮은 수준의 정책변동
	설계 순응 일치형	A형	적　절	순　응	적　절	순　응	낮은 수준의 정책변동
		B형	적　절	순　응	적　절	불　응	높은 수준의 정책변동

9 다만, 본 모형 역시 정책집행조직의 불응·순응 등 여타 변수를 전혀 고려하지 않았다는 점에서 차
　후 이러한 부분을 고려한 종합적인 접근도 필요할 것으로 본다.

정책변동모형의 응용 4-MSICF

 I. ▶▶ MSICF의 개념

앞에서 언급한 MSF와 ICF의 장단점을 결합하여 본 저자가 자체적으로 결합한 MSICF를 도출할 수 있는데, 여기서 약칭 MSICF는 Kingdon의 다중흐름모형(Multiple Stream Framework: MSF)의 MS와 Mucciaroni의 이익집단 위상 변동모형(Interest Group Standing Change Framework: ICF)의 IC, 그리고 공통된 F (Framework)를 반영하여 조작화한 것이다. 기본적으로, MSICF는 다중흐름, 정책변동의 창, 정책변동, 그리고 이익집단 위상의 변동을 모두 포괄하는 정책변동모형으로서 기존 모형들에 비해 복잡한 정책변동현상을 좀 더 논리적으로 접근하는 이론이다.

먼저, 본 모형은 정책문제흐름, 정책대안흐름, 정치흐름의 다중흐름으로 시작되는데, 정책문제흐름은 재난, 사회문제 등 바람직한 현실에 역행되는 흐름이고, 정책대안흐름은 정책적 판단활동, 대안제시 등의 대안을 탐색하는 흐름이며, 정치흐름은 정권교체, 정치권의 공약, 국회의석 수 변화 등의 정치활동과 관련된 흐름이다. 이러한 다중흐름 중 세 가지 흐름이 동시에 결합되어 정책변동의 창이 열리기도 하고, 이 중 하나의 흐름이 결정적으로 작용하여 창을 여는 데 영향을 미치기도 한다.

이러한 다중흐름에 의해 정책변동의 창이 열리게 되면 창에서는 이해당사자들 간에 여러 전략을 펼치며 높은 수준의 상호작용이 벌어진다. 정책참여자들은 제도적 참여자뿐만 아니라 이익집단 등 비제도적 참여자도 당당한 한 축을 담당하며 참여를 하게 된다. 한편, 이러한 참여자들의 상호작용을 통해 정책변동의 창은 결국 닫히게 되는데, 그 경로는 국회의결 등으로 나타나게 된다. 창이 닫히게 되면 기존 정책과는 다른 정책변동이 나타나게 된다.

본 MSICF는 여기에 멈추지 않고 이를 근거로 이익집단 위상의 변동으로까지 이어진다. 현대에 있어 민간부문이면서 사익을 추구하는 이익집단은 높은 수준의 영향력을 발휘하고 있다는 점에서, 이들의 위상변동 관련 연구는 무시할 수 없는 영역으로 간주되고 있는데, 본 모형에서는 맥락을 기준으로 하여 조명하고자 한다.

즉, 제도맥락은 정부관료제 등 제도적 참여자가 정책을 공식적으로 결정 또는 발표하여 산출시키는 것이 이익집단에 영향을 미치는 것을 말하고, 이슈맥락은 시기의 시작점으로서 이해당사자들 사이에 논쟁의 중심에 서 있는 쟁점이 이익집단에 영향을 미치는 것이라고 할 수 있다. 이를 근거로 제도맥락과 이슈맥락이 이익집단에 유리하면 이들의 위상은 이전보다 상승하고, 불리하면 이전보다 쇠락해지는 것이다. 그리고 제도맥락이 유리하고 이슈맥락이 불리하면 위상은 최소한 유지되고, 그 반대의 경우가 되면 위상이 저하가 되는 것이다. 여기서 주목할 점은 이익집단의 위상 변동은 주로 구속력 있고 공식적인 제도적 맥락에 의해서 더 큰 영향을 받는다〈〈그림 3-22〉 참조).

그림 3-22 MSICF의 구조틀

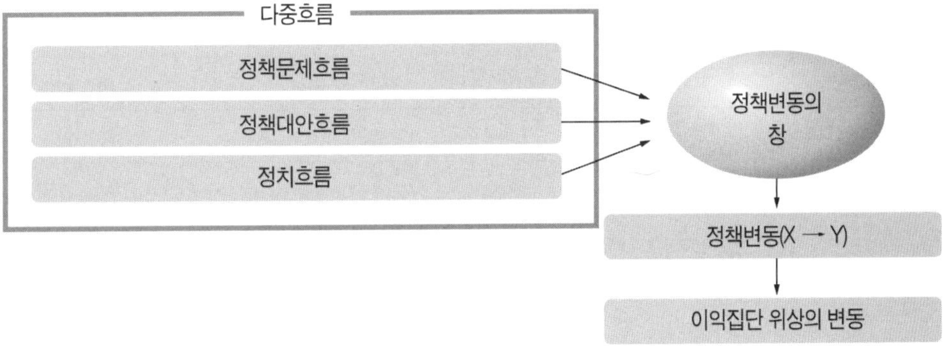

구 분		제도맥락	
		유 리	불 리
이슈	유 리	위상상승	위상저하
맥락	불 리	위상유지	위상쇠락

Ⅱ. ▶▶ MSICF의 차별성

MSICF는 기존 모형인 MSF와 ICF에 비해 일정부분 차별성을 갖는데, 우선 정책변동의 시작점인 촉발기제에 대해 MSF는 높은 수준을 갖는 반면, ICF는 낮은 수준으로 조작화되어 있다. 그리고 이해당사자 간 상호작용에 있어서도 전자는 높은 수준이지만, 후자는 낮은 수준을 나타내고 있다. 아울러, 이익집단의 위상 변동에 있어서 MSF는 낮은 수준인 반면, ICF는 높은 수준으로 명확하게 설치되어 있다. 맥락설치의 경우 역시 전자는 낮은 수준인 반면, 후자는 높은 수준으로 제도맥락과 이슈맥락이 조작화되어 있다.

이렇게 볼 때, MSF와 ICF를 결합한 MSICF는 이들에 비해 좀 더 객관성을 제고하고 있다는 점에서, 상대적으로 기존 모형에 비해 혼돈된 정책변동과정을 체계적으로 반영하고 있는 것이다(〈표 3-8〉 참조).

표 3-8 기존 모형의 단점과 MSICF의 장점

구 분	MSF	ICF	MSICF
촉발기제	높은 수준	낮은 수준	충 실
상호작용	높은 수준	낮은 수준	충 실
위상변동	낮은 수준	높은 수준	충 실
맥락설치	낮은 수준	높은 수준	충 실

제 4 장 정책변동이론의 사례적용

Policy Change: Theory and Application PART 2

정책변동의 연구론

제4장 정책변동이론의 사례적용

본 장에서는 전술한 정책변동이론을 사례에 적용시켜 검증하려는 것으로 서, 사례의 특성에 따라 앞에서 언급한 원형이론들을 다소 변형시키기도 했다.

제 1 절
ACF의 적용[ACF를 활용한 정책변동 분석: 그린벨트정책을 중심으로]

본 절에서는 전술한 Sabatier의 ACF를 그린벨트정책에 적용하여 본 이론을 좀 더 심도 있게 조명하고자 한다.

I. ▸▸ 서 론

개발제한구역은 도시의 무질서한 팽창을 막고, 도시 주변의 자연환경을 보 전하기 위하여 나라에서 개발을 제한하는 일정한 구역으로서, 우리나라는 도시 화, 투기, 안보상의 문제를 해결하기 위해 1971년 도시계획법의 전면개정과 함께 도입되었다. 71년 수도권을 시작으로 77년 여수권에 이르기까지 8차례에 걸쳐 전국 14개 권역이 지정되었으며 그 후 개발제한구역정책은 권위주의적 정치체제 아래 일관되게 추진되어 온 한국 역사상 보기 드문 정책사례로 뽑힌다.

그러나 1987년 6.29 선언과 함께 민주화 분위기가 확산되면서 개발제한구역정책은 변동의 시발점을 맞는다. 더 나아가 1997년 15대 대선에서 구역 재조정을 공약한 김대중 후보가 당선되면서 정책변동은 현실화되고, 결국 2000년 1월 특별법이 제정되면서 그린벨트가 해제되기에 이른다. 1999년 6월까지 49차례의 규제완화 조치가 있긴 했으나 이는 개발제한구역 안의 행위제한이었고 구역 재조정은 이번이 처음인 것이다(강은숙, 2001; 남윤희, 2002).

즉, 우리나라 개발제한구역의 정책변동은 단기적으로 이루어진 것이 아니라 10년 이상의 장기성을 통해 이루어진 것이다. 이것은 한 가지 변수에 의해서 정책변동이 이루어진 것이 아니라 여러 외적변수와 장기적인 정책주체들의 상호작용에서 기인하는 것이다. 이렇게 볼 때, 10년 이상의 정책변동과정을 조명해 보는 것도 흥미로운 연구일 것이다.

이에 본 연구는 Sabatier(1988)의 옹호연합모형(Advocacy Coalition Framework: ACF)을 적용하여 개발제한구역의 정책변동을 고찰하고자 한다. ACF는 장기간의 정책변동을 설명하는 데 유용한 모형이며, 외적변수에 영향을 받은 각기 상반된 정책옹호연합들이 자신들의 신념체계를 가지고 전략을 펼치며 정책변동을 이끄는 장기적인 게임의 장이다.

본 연구는 이러한 ACF를 적용하여 개발제한구역의 정책변동을 분석하며, 구체적인 연구의 범위는 1987년 6월의 6.29 선언부터 2000년 1월의 특별법 제정까지 약 13년의 기간으로 한정한다. 이러한 범위를 통해 본 연구는 개발제한구역정책이 변동하는 과정을 안정적이고 역동적인 외적변수와 정책주체들의 상호작용을 통해서 그 흐름을 살펴보고, 이러한 정책변동과정을 통해 산출된 내용은 구체적으로 무엇인지 조명하고자 하는 것이다. 한편, 이후 본 연구에서는 '그린벨트' 명칭이 '개발제한구역'보다 널리 사용되고 있다는 점에서 '그린벨트'로 명칭을 통일하고자 한다.

Ⅱ. ▶▶ 정책변동의 이론적 고찰

1. 정책변동의 개념

정책변동(policy change)에 대한 개념정의는 학자들마다 접근입장의 차이로 다양하게 정의되고 있으나 이에 대해 합의되거나 체계화된 개념정의는 찾아보기 어려운 실정이다. 본 연구와 관련해서 가장 근접한 개념정의를 두 가지로 살펴보면 다음과 같다.

Hogwood & Peters(1983)는 "정책변동이란 역동적인 정책환경에서 정책이 변화되는 상태로서 그것은 정책이 형성·집행되는 과정에서 또는 집행이 완료되어 이에 대한 평가가 이루어진 후에 정책이 변화되는 상태를 말한다. 조직이 급격히 변화해 가는 환경 속에서 생존·발전하기 위해서는 정책의 변화가 필수적인 요소로 간주된다. 왜냐하면 정책은 조직의 본질적인 요소로서 이것이 실패하면 곧 조직의 존폐에 위험을 주기 때문이다. 이러한 의미에서 정책평가가 이루어진 다음 과정에서 정책의 변화를 살펴보는 것은 어느 조직에서나 꼭 있어야 할 과제인 것이다"라고 정의한다.

박해룡(1990)은 "정책은 사회 내에 존재하는 문제를 해결하기 위한 수단이며 다양한 가치의 결합이라고 할 수 있다. 그런데 정부의 정책은 사회적·경제적 여건의 변동이라든지 정치체제적 변화에 의해서 기존의 정책과 다른 것으로 결정됨으로써 얼마든지 변동될 수 있다. 그러므로 정책변동은 오늘날 거의 모든 공공정책분야에서 일상적으로 찾아볼 수 있는 현상 중의 하나이며, 대부분의 정책형성은 기존의 정책을 토대로 이루어지는 정책변동이라고 할 수 있다"라고 정의한다.

이를 바탕으로 본 연구에서는 정책변동의 개념을 각종 행정적·정치적 과정을 통하여 결정된 정책산출물이 기존의 산출물과는 다른 방향으로 변화되는 것으로 정의하며, 이에 따라 연구의 방향은 정책형성과정에 초점을 맞춰 진행할 것이다.

2. ACF의 개념

Sabatier는 1988년 정책변동을 위한 설명으로서 옹호연합모형(Advocacy Coalition Framework: ACF)을 제시했다.

〈그림 4-1〉에서 보듯이, 정책하위체제에 영향을 미치는 외적변수(external parameters)는 두 가지로 구분되는데, 안정적인 외적변수(stable external parameters)와 역동적인 외적변수(dynamic external parameters)가 그것이다. 전자에는 문제영역의 기본적 속성, 자연자원의 기본적 분포, 근본적인 사회문화가치 및 사회구조, 기본적인 법적구조 등이며, 후자의 경우에는 사회경제적 조건의 변화, 여론의 변화, 지배집단의 변화, 다른 하위체제로부터의 정책결정 및 영향 등을 들수 있다. 이들 변수는 정책하위체제 행위자들에게 영향을 주며 이들에게 제약및 재원으로 작용하게 된다.

정책하위체제는 기본적인 신념을 공유하는 옹호연합(advocacy coalition)으로 구성되는데, 공유하는 신념체계(belief systems)는 규범적 핵심, 정책핵심, 그리고 도구적 측면의 계층적 구조로 구성된다.

규범적 핵심(normative core)은 신념체계 중 가장 최상위의 수준으로 자유, 평등, 발전, 보존 등의 존재론적인 공리가치의 우선순위를 정한다. 정부와 시장의 우위를 결정하거나 문제해결에 우선시되는 기본 가정들, 예를 들어 과학기술의 발전을 보는 낙관적 혹은 비관적인 시각이냐에 따라 구분된다. 규범적 핵심은 연합을 형성하게 되는 가장 근본적인 시각으로 그의 지향점이 광대하므로 특정 정책과의 직접적인 연관성은 다른 계층의 신념보다 떨어진다. 정책핵심(policy core)은 특정 하위체제에서 실제 운용되는 정책과 밀접히 연관되어 있다. 정책에 관련되어 어떠한 특정목표가 정해질 것인지 혹은 목표달성의 필수조건들이 어떠한 것인지에 관한 인과적 인식을 말한다. 이에 비해 도구적 측면(instrumental aspect)의 신념은 가장 범위가 좁은 것으로 행정상 혹은 입법상의 운용과정에서 나타나는 정책수단, 예산의 배분, 성과에 대한 평가, 법적 개정 등이다. 이는 특정한 세부적 정책에만 국한되는 것으로 가장 구체적이며 변화 가능성이 다분하다(장지호, 2004: 178).

이러한 옹호연합들 간의 대립과 갈등을 중재하는 제3자를 정책중개자

그림　4-1　ACF의 개념틀

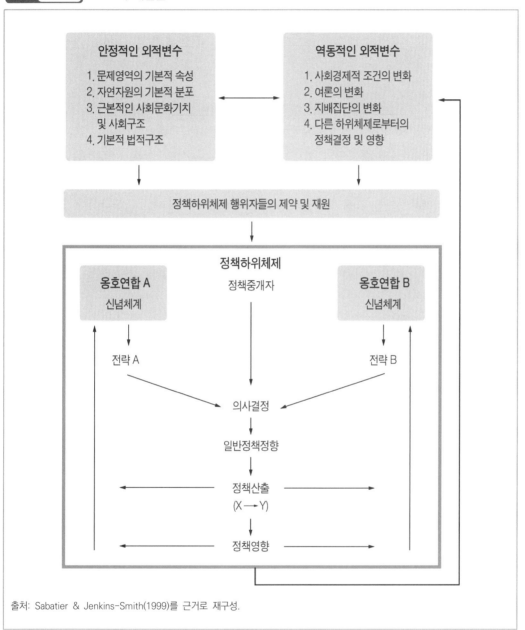

출처: Sabatier & Jenkins-Smith(1999)를 근거로 재구성.

(policy brokers)라고 부른다. 정책중개자의 주요 관심은 정책옹호연합들 사이의 갈등을 줄이면서 합리적인 타협점을 찾아내는 것이다. 정책옹호연합들은 그들이 소유하는 재원을 동원하여 그들의 신념체계를 공공정책으로 변화시키려고 경쟁하게 되는데, 이때에 정책중개자인 제3의 행위자들에 의해 중재되는 것이다.

결국, 이러한 과정을 통하여 의사결정이 이루어지고 정책이 산출되어 정책변동이 이루어지게 되는데, 이러한 형성과정에는 정책학습(policy learning)이 점증적인 변화를 촉진하는 힘으로 파악된다(Munro, 1993: 124). 정책학습은 정책옹호연합들의 신념체계의 수정을 의미한다. 즉, 정책학습은 경험으로부터 초래되며, 정책옹호연합의 신념체계의 변경과 관련되어서 나타나는 생각이나 행태의 변화를 의미하는 것이다.

이렇게 안정적인 외적변수 등을 지니고 있는 ACF는 비교적 장기간에 걸쳐 진행되었던 그린벨트정책의 과정 등을 조명하는 데 유용할 것으로 분석된다.

 ▶▶ ACF를 활용한 그린벨트정책의 변동과정 분석

1. 그린벨트정책의 추진경과

우리나라는 1960년대 본격적인 산업화가 진행되면서 급속한 도시화과정을 겪는다. 이러한 상황하에서 정부는 도시화와 아울러 부동산투기 및 안보차원에서 1964년 '대도시 인구억제에 관한 기본방향'을 심의의결하게 되고, 1971년 1월 19일 도시계획법상 그린벨트제도를 도입하게 된다. 이를 근거로 같은 해 7월 30일 서울 주변지역을 시작으로 1977년 4월 18일 여수권의 그린벨트가 지정될 때까지 총 8차례에 걸쳐 그린벨트가 지정된다.[1]

이후 그린벨트는 큰 변동 없이 유지되어 오다가 1987년 6.29 선언을 계기로 규제가 서서히 완화되기 시작한다. 민주화의 물결 속에 그린벨트정책에 억눌려왔던 구역주민·토지소유자 등이 자신의 목소리를 주장하기 시작한 것이다.

---

1 그린벨트는 도시팽창의 우려가 있는 대도시, 도청소재지, 공업도시와 자연환경보전이 필요한 도시 등 14개 도시권역(1특별시, 5광역시, 36시, 21군)을 대상으로 전 국토의 5.4%에 해당되는 총면적 5,397.1㎢가 지정되었다.

결국, 15대 대통령 선거에서 구역해제를 공약했던 김대중 후보가 당선됨으로써 그린벨트 해제가 '국민의 정부 100대 국정과제'에 포함되고, 제도개선시안과 공청회를 거쳐 구역해제의 근거가 되는 개발제한구역의 지정 및 관리에 관한 특별조치법이 제정되기에 이른다. 결국, 2001년부터 2003년까지 7개 중소도시권의 그린벨트가 모두 해제되기에 이른 것이다.

본 연구에서는 정책변동의 시발점을 1987년 6.29 선언으로, 산출점을 2000년 1월의 개발제한구역의 지정 및 관리에 관한 특별조치법 제정으로 국한한다(〈표 4-1〉 참조).

표 4-1 그린벨트정책의 추진경과

시 기	내 용
1964. 09	'대도시 인구억제에 관한 기본방향' 국무회의 심의의결
1971. 01	도시계획법 개정을 통한 그린벨트의 법적 근거 마련
1971-1977	8차에 걸쳐 14개 권역에 그린벨트 지정
1987. 06	6.29 선언
1997. 12	5대 대통령선거에서 그린벨트 재조정 공약
1998. 02	대통령직 인수위원회, '국민의 정부 100대 국정과제' 발표
1998. 11	제도개선협의회, '그린벨트 제도개선시안' 발표
1998.11-12	건설교통부 주최 12개 시·도 그린벨트 제도개선 공청회
1999. 07	'그린벨트 제도개선방안' 건설교통부 발표
2000. 01	개발제한구역의 지정 및 관리에 관한 특별조치법 제정
2001-2003	제주, 춘천, 청주, 여주, 전주, 진주 및 통영 그린벨트 전면 해제

출처: 연합뉴스〈http://www.yonhapnews.co.kr〉를 근거로 재구성.

2. ACF를 활용한 정책변동 분석

정책변동 분석은 정책하위체제 외부의 외적변수와 내부의 정책학습 등을 통해 조명된다.

1) 외적변수

⑴ 안정적인 외적변수

본 연구에 있어 문제영역의 기본적 속성은 '도시화'이다. 우리나라의 도시화는 1960년대 산업화 이후 지속적으로 증가세를 보이고 있다. 〈표 4-2〉에서 보듯이, 우리나라의 도시화율과 도시인구는 1960년 이후 가파른 상승세를 보이고 있는데, 이는 1960년대 이후 우리나라가 도시화라는 이미지를 이어가고 있는 증거인 것이다. 이러한 도시화에 따라 녹지의 면적은 감소세를 이어가고 있다. 1970년에 87,290㎢였던 농토와 숲의 면적이 1990년에는 85,825㎢로 1,465㎢ 줄어들었다(환경부〈http://www.me.go.kr〉). 이렇게 볼 때, 도시화는 보존옹호연합에 재원으로 작용하게 되는 것이다.

표 4-2 우리나라의 도시화 현황

구 분	1960년	1970년	1980년	1990년	2000년
도시화율(%)	39.1	50.1	68.7	81.9	87.7
도시인구(천 명)	9,784	15,750	25,738	35,558	41,226

출처: 통계청〈http://www.nso.go.kr〉을 근거로 재구성.

자연자원의 기본적 분포는 '도시주변의 환경보존으로서 그린벨트'이다. 그린벨트의 근본적 목적은 도시민의 생활환경을 지키는 수단이기 때문에 실제 그린벨트가 생태적 희소성이 있든 없든, 도시계획적 측면에서 중요한 환경보존기능을 수행하고 있다. 그린벨트는 도시확산을 방지함으로써 무분별한 개발에 의한 환경훼손을 억제하고, 절대녹지의 면적을 확보하며, 공개개방지로서 경관환경의 보존 및 미개발지를 비축한다. 또한 직접적 생태보전기능, 즉 산소공급, 대기순환, 수자원보전, 식생보전, 동식물 서식기능, 자연학습기능을 지향시킨다. 결국 도시주변의 환경보존으로서 그린벨트 역시 보존옹호연합에 재원으로 작용하게 되는 것이다.

근본적인 사회문화가치 및 사회구조는 '권위주의적 정치체제'로 설명할 수 있다. 우리나라의 경우 1960년대에서 1980년대까지는 군사정권에 의한 권위주의체제의 성격을 지님으로써 정권과 정책에 대해 반대하는 압력집단이나 다양한 사회세력들의 활동이 억압받고 대통령이나 행정부에 의해 독단적으로 결정된 정책이 일방적으로 집행되는 경우가 대부분이었다. 이처럼 강력한 권위주의적 체제하에 있었기 때문에 그린벨트의 불합리성을 지적하고, 이의를 제기하기가 어려웠다. 요컨대, 권위주의적 체제의 성격으로 정부관료제는 이익집단들에 의한 다양한 요구투입활동에 대해 매우 부정적이고 억압적인 태도를 취하였고, 정부의 정책에 대한 비판이나 반대가 강할 경우 물리적인 강제력에 의해 억압하는 경우가 많았다.

결국, 권위주의적 정치체제에서는 정부관료제의 강력한 독주가 있었으나 이 시기에 그린벨트가 비교적 덜 훼손되고 잘 지켜져 온 것은 권위주의 정부 통치자의 강력한 의지가 작용했던 결과라고 볼 때, 권위주의적 체제가 부분적으로는 정책의 일관성을 유지하는 데 기여하는 측면도 있다고 볼 수 있다(이학수, 1998: 102-107). 이러한 권위주의적 정치체제는 1987년 6.29 선언을 전후로 와해되기 시작하며, 이로 인해 지금까지 억눌려왔던 구역주민·토지소유자 등이 자신들의 불만을 공개적으로 표출하기 시작한다. 결국, 6.29 선언 이전의 권위주의적 정치체제는 보존옹호연합에 재원으로 작용한다고 볼 수 있는 것이다.

기본적인 법들의 전통은 변화하기 어렵고 수십 년 동안에 걸쳐서 안정적인 경향이 있다(전진석, 2003: 216). 그린벨트정책과 관련 있는 기본적인 법은 도시계획법이다. 이는 1962년에 제정된 법규로 도시계획의 수립 및 집행에 관하여 필요한 사항을 규정한 법률로서 그린벨트에 대한 법적 근거가 기술되어 있다. 규정에 의하면(네이버 백과사전〈http://100.naver.com〉), "건교부장관은 도시의 무질서한 확산방지 및 도시주변의 자연환경 보전을 위해 도시의 개발을 제한할 필요가 있다고 인정되는 때에는 도시개발을 제한할 구역을 지정할 수 있다"라고 규정하여 그린벨트 지정의 법적 근거를 분명히 하고 있다. 결국, 도시계획법은 보존옹호연합에 재원으로 작용하는 것이다.

(2) 역동적인 외적변수

역동적인 외적변수로서 사회경제적 조건의 변화는 'IMF 외환위기'이다. 1997년 말 불어 닥친 외환위기에 따른 IMF 관리체제는 구제금융을 지원하는 대신 초긴축 재정과 투명한 경제운영 등을 요구함으로써 사회 각 부문에 대한 강도 높은 구조조정을 유인시켰다. 그 결과 금융위기와 직접 관련된 금융기관이나 부실기업은 물론 흑자경영에도 불구하고 자금운영이 막힌 수많은 기업들의 도산과 그로 인한 대량 실업사태가 초래되었다. 이러한 사회경제적 위기상황에서 집권한 김대중정부는 각 부문의 구조적인 문제를 해결하면서 극심한 침체에 빠져있는 경기를 부양하기 위하여 다양한 정책을 추진하였다. 정책의 일환으로 토지거래와 소유, 이용 및 개발과 관련하여 각종 부동산 규제완화정책을 발표하였다. 즉, 아파트 분양가 자율화, 외국인의 토지취득 허용, 토지거래허가 지역의 해제 및 토지공개념 관련법들의 폐지 또는 유보, 토지관련 세제완화 등이 그것이다. 이러한 토지정책의 변화를 통해 토지거래 및 이용을 촉진시키고 그 파급효과로 침체된 경기를 부양시키고자 하였던 것이다(남윤희, 2002: 131-132). 결국, IMF 외환위기는 개발옹호연합에 재원으로 작용하는 것이다.

여론을 대변하는 시민단체의 등장 및 성숙은 여론의 변화를 짐작할 수 있는 잣대가 된다. 1987년 6.29 선언 이전에는 전형적인 권위주의적 체제로 인해 그린벨트정책에 대해 여론을 대변할 수 있는 시민단체가 전무했다. 그러나 이후 민주화의 기지개와 더불어 그린벨트 관련 시민단체가 폭발적으로 등장하게 된다. 더 나아가 시민단체는 연대를 형성하여 시너지 효과를 최대화하는 성숙단계에 이르게 된다(〈표 4-3〉 참조). 이는 여론이 민주화와 더불어 그린벨트에 대해 입장표명을 하게 되는 변화로서, 구체적으로는 그린벨트 보존에 무게중심이 실려 있다.[2] 이러한 여론의 입장표명은 보존옹호연합에 재원으로 작용하게 되는 것이다.

---

2 실제로, 한국갤럽이 1998년 11월 17일 전국의 성인 남녀 1,003명을 대상으로 실시한 설문조사에 의하면, 37.9%는 "현재 상태를 유지해야 한다", 24.9%는 "현재보다 그린벨트 지역을 늘려야 한다"고 응답한 반면, "현재보다 그린벨트 지역을 줄여야 한다"는 응답은 37.2%에 그쳤다(한겨레신문, 1998. 11. 23).

표 4-3 그린벨트 관련 주요 시민단체 및 연대 현황[단위 : 년]

그린벨트 관련 주요 시민단체			
시민단체명	창 립	시민단체명	창 립
한국여성단체연합	1987	환경과 공해연구회	1989
경제정의실천시민연합	1989	환경운동연합	1993
녹색교통운동	1993	참여연대	1994
수원환경센터	1994	녹색연합	1994
녹색소비자연대	1996	환경정의시민연대	1998
그린벨트 관련 주요 시민단체 연대 현황			
시민단체 연대명			창 립
개발제한구역 지키기 공동대책위원회			1990
그린벨트 시민연대			1996
그린벨트 문제해결을 위한 시민연대			1997
그린벨트 살리기 국민행동			1998

출처: 관련 홈페이지를 참조하여 구성.

　　지배집단의 변화는 '정권교체'로 설명할 수 있다. 우리나라의 그린벨트정책은 1971년에 최초로 도입될 때부터 주로 대통령의 개인적 판단과 의지에 의해 구역이 지정되고 유지되어 왔기 때문에 명확한 기준이나 장기적인 정책방향이 제시되지 않았다. 그린벨트정책의 초기에는 이 정책을 강력하게 추진해 온 박정희정권으로 인해 강력한 보존정책이 대세를 이루었다. 전두환·노태우 정권에서도 이러한 정책의 방향은 크게 변하지 않았다. 다만, 1992년 14대 대선에서 당선된 김영삼 후보는 주민불편해소, 관리제도 개선을 공약으로 내세웠다는 점에서 차이가 있다. 이는 전면폐지나 전면고수가 아닌 중간선의 정책변동이었던 것이다. 그러나 1997년 15대 대선에서는 그린벨트의 재조정3을 통한 규제완화를 선거공약으로 제시한다. 당시 김대중 후보는 그린벨트에 대한 과학적인 환

---

3 1971년 그린벨트정책이 도입된 이후 2000년까지 행위규제완화는 있었으나 구역재조정은 단 한 번도 없었다.

경가치를 실시하여 보존가치가 없는 지역은 해제하고 보존이 필요한 곳은 지가증권을 발행해서 국가가 매입하겠다는 그린벨트 재조정 공약을 제시하여 그린벨트의 골격유지를 공약했던 이회창 후보(한나라당)나 뚜렷한 대안이 없었던 이인제 후보(국민신당)에 비해 가장 큰 폭의 정책변동을 예고했다(이학수, 1998: 120). 결국, 김대중 후보로 정권이 교체됨에 따라 구역재조정이 국민의 정부 100대 국정과제로 채택되기에 이른다. 이에 따라 정권교체는 개발옹호연합에 재원으로 작용하게 되는 것이다.

다른 하위체제로부터의 정책결정 및 영향은 '그린벨트 헌법불합치 결정'이다. 그린벨트 구역주민, 토지소유자들이 헌법재판소에 헌법소원을 한지 10여 년 만인 1998년 12월 24일 헌법재판소가 그린벨트 지정을 규정한 도시계획법 제21조의 일부 위헌성을 인정하는 헌법불합치 결정을 내렸다. 즉, 그린벨트정책 자체나 그린벨트 안에서의 건축 등을 금지한 것은 합헌이지만 그린벨트 지정과 개발제한에 따른 피해보상 규정을 마련하지 않은 것은 위헌이라는 것이다. 건설교통부는 헌재 결정이 내려지자 그린벨트 제도개선방안의 확정 및 일

표 4-4 그린벨트 정책하위체제에 대한 외적변수의 결과

안정적인 외적변수	개발옹호연합	보존옹호연합
도시화 현실	↓	↑
환경보존으로서 그린벨트	↓	↑
권위주의적 정치체제	↓	↑
도시계획법	↓	↑
역동적인 외적변수	개발옹호연합	보존옹호연합
IMF 외환위기	↑	↓
시민단체의 등장 및 성숙	↓	↑
정권교체	↑	↓
그린벨트 헌법불합치 결정	↑	↓

주: ↓는 제약, ↑는 재원을 의미함.

부 도시의 전면해제 발표를 1999년 1월로 미루었다. 결국, 정부는 그린벨트를 해제하든지 보상을 해야 하는 상황에 놓여 그린벨트 해제지역이 그만큼 커질 수 있다는 것이다. 이에 따라 헌법재판소의 그린벨트 헌법불합치 결정은 개발 옹호연합에 재원으로 작용하게 되는 것이다.

지금까지 외적변수를 분석한 결과, 안정적인 외적변수는 개발옹호연합에 제약으로 작용하고, 보존옹호연합에는 재원으로 작용하고 있는 것으로 파악되 었다. 반면, 역동적인 외적변수는 대체로 개발옹호연합에 재원으로 작용하고 있 는 것이다(⟨표 4-4⟩ 참조). 한편, 이들은 각각 그린벨트 정책하위체제에 영향을 미 쳐 정책변동을 유인시키는 역할을 한다.

2) 정책옹호연합과 신념체계

ACF 정책하위체제 내에서는 정책옹호연합들이 정책경쟁을 통해서 정책변 동을 이끌게 된다. 그린벨트정책에 있어 정책옹호연합은 개발옹호연합과 보존 옹호연합으로 나뉜다. 구역주민·토지소유자로 구성된 전국개발제한구역주민연 합회·(사)전국개발제한구역주민협회 등의 주민단체, 국가관료제로서의 건설교 통부, 개발전문가, 지방자치단체의 장·지방의회의 지방자치단체 등이 개발옹 호연합을 주도한다. 반면, 그린벨트 시민연대·그린벨트 살리기 국민행동 등의 환경단체, 국가관료제로서의 환경부, 보존전문가, 언론 등이 보존옹호연합을 이끈다.[4]

개발옹호연합과 보존옹호연합에는 각각 규범적 핵심, 정책핵심, 그리고 도 구적 측면으로 구성된 신념체계가 자리잡고 있다. 규범적 핵심에 대해서 개발 옹호연합은 그린벨트에 대한 사유재산권의 정당성을 주장한 반면, 보존옹호연 합은 환경적인 측면에서 공유재산권의 정당성을 주장하며 대립하는 것이다. 정 책핵심에 대해서 개발옹호연합은 정부가 그린벨트를 해제시켜 생존권을 높여달 라고 주장한 반면, 보존옹호연합은 규제강화를 요구하고 있으며, 도구적 측면에 서 개발옹호연합은 현 도시계획법의 부당성과 그린벨트의 경제적 가치를 주장 하고 있고, 보존옹호연합은 그린벨트의 근거가 되는 도시계획법 제21조의 준수

---

4 정책옹호연합에 대한 정책참여자들의 구성기준은 1987년 6월 29일부터 2000년 1월 28일까지의 기간 동안 중앙일간지(조선·동아·중앙·한국일보)에 각각 5회 이상 언급된 조직을 근거로 한다. 한편, 언론은 언급된 중앙일간지로서 이 기간 동안 논조의 70% 이상이 그린벨트 해제에 반대했다.

표 4-5	정책옹호연합의 신념체계		
개발옹호연합	구 분	보존옹호연합
사유재산권의 정당성	규범적 핵심	공유재산권의 정당성
그린벨트의 규제해제	정책핵심	그린벨트의 규제강화
– 도시계획법의 대체법 제정 – 그린벨트의 경제적 가치	도구적 측면	– 도시계획법 제21조 준수 – 도시주변의 환경위협

와 아울러 그린벨트 해제시 도시환경의 심각성을 제기하고 있는 것이다(《표 4-5》 참조).

결국, 개발옹호연합의 신념체계는 시장원리의 사유재산권을 중시하며 그린 벨트 개발 공감대를 이루고 있으며, 보존옹호연합은 민주원리의 공유재산권을 중시하며 그린벨트 보존 공감대를 이루고 있는 것이다.

3) 정책중개자

그린벨트정책에서 개발옹호연합과 보존옹호연합 사이에 협상과 타협을 통 하여 합의된 정책을 이끌어 내도록 중재역할을 담당하는 정책중개자는 '그린벨 트 제도개선협의회'이다.

1997년 대선에서 김대중 후보가 제기했던 그린벨트 해제 공약을 이행하기 위해 1998년 4월 23일 그린벨트 제도개선협의회라는 범국민적 합의기구를 구 성하여 다양한 이해당사자들을 참여시켰다. 본 협의회는 주민대표, 학계, 연구 소, 언론, 환경단체, 민간단체, 공무원 등 23명으로 구성된 건설교통부 산하 중 개기구이다.

협의회는 구체적인 해제기준과 범위, 방법 등에 있어서 의견이 달라 개발 이익 환수, 재원조달 방안, 미해제지역의 처리방안 등 핵심사안에 대해 합의점 을 도출하지 못해 조정시안 발표가 연기되는 등 불안한 움직임을 보였다. 그러 나 협의회는 지루하리만큼 오랜 기간 폭넓은 의견수렴과정을 거쳤고, 그 결과 로 당초 공약과는 달리 전국의 그린벨트를 모두 해제하지는 않는 선에서 합의 를 이루어냈다. 즉, 제도개선협의회는 그린벨트에 대한 이해를 위하여 1998년 5월부터 동년 8월까지 현장답사, 외부전문가의 연구보고, 그린벨트에 대한 실태조사와 설문조사를 실시하고, 영국의 그린벨트정책을 시찰하며 지방자치단체의 의견을 청취하는 등의 사전조사를 실시하였다. 그 후 9월부터는 사전조사를 토대로 1998년 11월 24일 제도개선시안5을 발표하기에 이른다.

제도개선협의회의 제도개선시안은 기본방향, 조정범위 등에서 대폭적 구역 재조정을 내포하고 있으나 해제지역 관리, 존치지역 관리, 투기억제 및 개발이익 환수, 그리고 제도정비 등에서 친환경적 개발을 어느 정도 반영했다고 볼 수 있다. 제도개선시안은 향후 최종적 정책결정인 그린벨트 제도개선방안에 영향을 미치게 된다.

즉, 정책중개자인 그린벨트 제도개선협의회는 개발·보존을 둘러싼 옹호연합 간 입장차이를 어느 정도 반영하여 합의된 결정물을 산출했으며, 이로 인해 옹호연합 간 격렬한 갈등을 다소나마 완화시키는 매개체 역할을 하는 것이다.

4) 정책학습

(1) 갈 등

정책학습은 옹호연합들 간의 갈등에 의해서 유인되는데, 그 갈등의 시작은 6.29 선언이 된다. 6.29 선언은 권위주의적 정치체제에서 민주주의적 체제로 전환되는 과도기적 사건으로, 지금까지 억눌려 있던 구역주민·토지소유자 등이 자신들의 목소리를 내기 시작한다.

본격적인 갈등은 1997년 15대 대통령 선거를 기점으로 일어난다. 구역재 조정의 공약을 내세운 김대중 후보가 당선되자 옹호연합들은 자신들의 신념체계를 이루기 위해 더욱 더 대립하는 양상을 보인 것이다. 이때의 개발옹호연합에는 구역주민·토지소유자 등으로 구성된 주민단체, 국가관료제로서의 건설교통부, 개발전문가, 지방자치단체 등이며, 보존옹호연합은 환경단체, 국가관료제로서의 환경부, 보존전문가, 언론 등으로 구성된다. 이는 6.29 선언으로 초래된 갈등보다 정책하위체제의 수도 증가하였을 뿐만 아니라 갈등의 정도도 격렬함

---

5 그린벨트 제도개선협의회의 제도개선시안 쟁점별 내용은 기본방향(민원해소·선해제 후계획), 조정 주체(민관합동위원회), 조정범위(대폭적 조정·중소도시권 해제·대도시권 조정), 관리주체(현행유지), 해제지역 관리(보전녹지지역 친환경적 개발·계획적 개발), 존치지역 관리(취락지구 행위제한 완화·구역훼손부담금 친환경적 활용·중복규제 배제), 투기억제 및 개발이익 환수(토지거래허가제·양도소득세·개발부담금·공영개발·공공시설설치부담), 손실전보(매수청구권·취락지구 지원·입주우선권), 제도정비(개발허가제·도농통합계획) 등으로 요약할 수 있다(서희자, 2000: 9).

을 나타냈다. 즉, 옹호연합들은 전국개발제한구역주민협회, 그린벨트 살리기 국민행동 등으로 대응하며 각종 시위나 실력행사 등을 활용한 결과, 격렬한 갈등에 직면하게 된 것이다.

결국, 개발과 보존을 둘러싼 옹호연합 간 갈등은 정책합의경로인 정책토론회, 공청회, 간담회 등의 정책학습을 유인시켜 이성적인 합의를 도출할 수 있는 게임의 장을 마련하는 것이다.

(2) 정책토론회·공청회·간담회

그린벨트에 대한 규제해제를 통해 사유재산권을 쟁취하려는 개발옹호연합

표 4-6 그린벨트정책 관련 공청회·토론회·간담회

개최일	주 제	주 최
1992. 07. 22	그린벨트 제도개선 정책토론회	한국토지행정학회
1993. 03. 31	개발제한구역 제도개선 정책토론회	한국토지행정학회, 대전지역개발연구소
1993. 05. 25	개발제한구역 제도개선에 대한 정책토론회	위지지역경제연구소
1993. 07 .02	개발제한구역 제도개선에 대한 정책토론회	위지지역경제연구소
1993. 08. 01	개발제한구역 제도개선을 위한 공청회	국토개발원
1996.09.20	한·영 그린벨트 국제심포지엄	한국토지행정학회, 국토의 효율적 활용에 관한 연구모임
1997. 05. 06	개발제한구역 제도개선을 위한 정책간담회	한국토지행정학회
1998. 11. 27	울산권 그린벨트 제도개선을 위한 공청회	건설교통부
1998. 11. 28	서울권 그린벨트 제도개선을 위한 공청회 (주민들의 실력행사로 무산)	건설교통부
1998. 11. 30	부산권, 창원·진주·통영권 그린벨트 제도개선을 위한 공청회	건설교통부
1998. 12. 01	춘천권, 제주권 그린벨트 제도개선을 위한 공청회	건설교통부
1998. 12. 02	광주·전남권(주민들의 실력행사로 무산), 청주권, 여수권 그린벨트 제도개선을 위한 공청회	건설교통부
1998. 12. 05	대구·경북권(주민들의 실력행사로 무산), 대전·충남권, 전주권 그린벨트 제도개선을 위한 공청회	건설교통부
1998. 12. 09	서울권 그린벨트 제도개선을 위한 공청회	건설교통부
1998. 12. 16	대구·경북권 그린벨트 제도개선을 위한 공청회	건설교통부
1998. 12. 18	광주·전남권 그린벨트 제도개선을 위한 공청회	건설교통부

출처: 연합뉴스〈http://www.yonhapnews.co.kr〉를 근거로 구성.

과 규제강화를 통해 공유재산권을 유지하려는 보존옹호연합은 정책토론회·공청회·간담회 등의 정책학습에 참여하여 자신들의 주장을 피력한다.

1992년 7월 22일 한국토지행정학회 주최의 그린벨트 제도개선 정책토론회를 시발점으로 본격적인 정책학습이 시작되며, 이후 개발제한구역 제도개선 정책토론회 등이 1993년 3, 5, 7, 8월에 연달아 개최된다. 1993년 8월에는 한국토지행정학회 주최로 한·영 그린벨트 국제심포지엄이 열려 선진국의 그린벨트정책을 접하게 된다. 정책학습은 그린벨트 제도개선협의회의 제도개선시안을 검증하기 위한 공청회에서 그 절정을 이룬다. 1998년 11월 27일부터 12월 28일까지 12개 권역에서 열린 건설교통부 주최의 그린벨트 제도개선 공청회는 구역재조정의 최적답안을 찾는 데 주력하였다. 비록 주민들의 실력행사로 3번이나 무산되기도 했지만 옹호연합들 간 자신들의 주장을 제도권에서 펼친 중요한 무대였다(〈표 4-6〉 참조).

이러한 정책학습을 통해 옹호연합들 간 주장된 내용을 쟁점별로 살펴보면 〈표 4-7〉과 같다.

표 4-7 개발옹호연합과 보존옹호연합 주장의 쟁점별 내용[6]

개발옹호연합	구 분	보존옹호연합
시장원리 중시, 주민불편 해소	기본방향	재조정 반대, 환경보존논리
정 부	조정주체	그린벨트 제도개선협의회
불부합지역 해제, 행위완화	조정범위	현상유지, 총량유지
현행유지	관리주체	시민환경단체, 독립기구
자연녹지지역	해제지역 관리	자연녹지지역
대폭적 규제완화	존치지역 관리	공원화, 생태지역화, 생명환경벨트화, 환경가치 중시
-	투기억제 및 개발이익 환수	차명소유자 파악, 개발이익 환수
정당보상, 시가보상	손실전보	공공기관 매입, 개발권 양도제
반시장경제적 위헌적인 제도의 폐기	제도정비	녹지총량제, 독립기구 구성

출처: 서희자(2000: 9)·연합뉴스〈http://www.yonhapnews.co.kr〉를 근거로 재구성.

개발옹호연합은 시장원리를 기본방향으로 내세우고 있으며, 조정주체는 개발을 약속한 정부를 선호하고 있다. 조정범위는 해제 및 완화를 주장하고 있으며, 존치지역 관리 역시 대폭적 규제를 내세우고 있다. 그 외에도 정당·시가보상 및 시장경제에 역행하는 위헌제도폐기 등을 강력히 주장하고 있다. 반면, 보존옹호연합은 환경보존을 위한 그린벨트 재조정 반대를 기본방향으로 내세우고 있으며, 조정주체는 다양한 이해당사자들로 구성된 그린벨트 제도개선협의회를 선호하고 있다. 또한 그린벨트 현상유지를 그 조정범위로 내세우고 있고, 존치지역 관리에 있어서는 생태지역화, 생명환경벨트화를 강력히 요구하고 있으며 공공기관 매입, 녹지총량제 등도 아울러 주장하고 있다.

쟁점별 내용을 종합해 보면, 기본적으로 개발옹호연합은 사유재산권을 중시하고 있으며 보존옹호연합은 공유재산권을 중시하고 있다. 즉, 해제지역관리를 제외한 모든 부분에서 옹호연합 간 현격한 차이를 보이고 있어 극명한 대조를 이루고 있는 것이다. 이러한 시각차는 정책변동의 결정인 건설교통부의 제도개선방안에 영향을 주게 된다.

5) 의사결정과 산출물

결국, 건설교통부는 정책옹호연합의 주장 및 제도개선시안을 근거로 1999년 7월 22일 제도개선방안을 발표하게 된다.[7] 제도개선방안은 기본적으로 그린벨트의 재조정을 의미하지만, 제도개선시안에 비해 친환경적 측면에 많은 비중을 두게 된다. 기본방향이 선해제 후계획에서 선계획 후해제로 바뀌었다는 점, 조정범위가 중소도시권 해제·대도시권 조정에서 7개 중소도시권 해제·7개 대도시권 조정으로 한정됐다는 점, 해제지역 관리가 친환경적 개발에서 친환경적 저밀도 개발로 명시했다는 점 등이 그것이다(서희자, 2000: 9). 이는 공청회 등의 정책학습을 통해 환경옹호연합의 의견이 어느 정도 반영된 것으로 볼 수 있다.

---

6 쟁점별 내용은 이해관계가 가장 예민한 주민단체와 환경단체의 주장을 근거로 작성한 것이다.

7 건설교통부의 제도개선방안 쟁점별 내용은 기본방향(기본골격 유지·선계획 후해제), 조정주체(정부·민간참여), 조정범위(대폭적 조정·7개 중소도시권 해제·7개 대도시권 조정), 관리주체(국가·지방자치단체), 해제지역 관리(선계획 후해제·친환경적 저밀도 개발·불량주거지 정비), 존치지역 관리(친환경적 관리계획·취락지구 이축 허용·구역훼손부담금 친환경적 활용·소득기반 확충·중복규제 배제), 투기억제 및 개발이익 환수(토지거래허가제·양도소득세·개발부담금·공영개발·공공시설설치부담), 손실전보(매수청구권·협의매수·분양우선권), 제도정비(도시계획의 체계화·개발허가제·토지이용계획제도 통합) 등으로 요약할 수 있다(서희자, 2000: 9).

그림 4-2 ACF를 활용한 그린벨트 정책변동 분석 결과

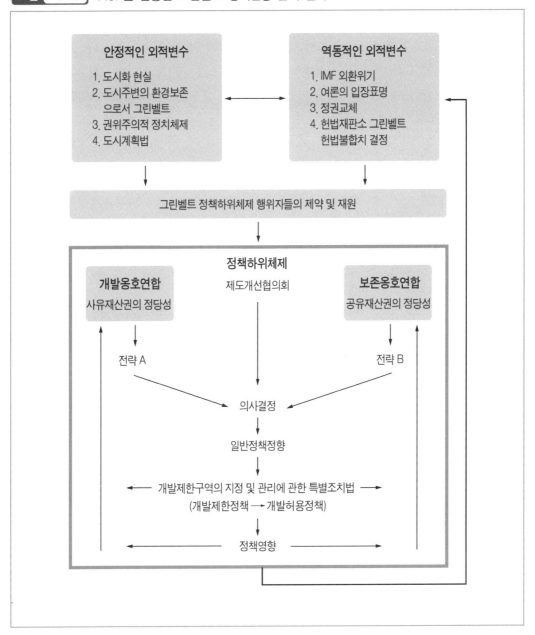

결국, 제도개선방안을 근거로 한 제정안이 국회에서 가결되고, 2000년 1월 28일 그린벨트 해제의 근거가 되는 최종 산출물인 개발제한구역의 지정 및 관리에 관한 특별조치법이 법률 제6241호로 제정·공포되게 된다. 본 특별법은 그린벨트의 재조정을 규정하고 있지만 당초의 구역재조정 계획보다는 공유재산권이라는 환경적 측면도 어느 정도 고려한 '친환경적 요소를 가미한 그린벨트 재조정'으로서, 결과적으로는 개발제한정책에서 개발허용정책으로 변동되었다고 할 수 있는 것이다.

지금까지 조명한 내용을 ACF에 적용하면 〈그림 4-2〉와 같다.

Ⅳ. ▶▶ 결 론

ACF를 활용한 그린벨트 정책변동 분석결과, 정책하위체제에 영향을 주는 외적변수는 안정적인 변수에 도시화 현실(문제영역의 기본적 분포), 도시주변의 환경보존으로서 그린벨트(자연자원의 기본적 분포), 권위주의적 정치체제(근본적인 사회문화가치 및 사회구조), 도시계획법(기본적 법적구조) 등이며, 역동적인 변수는 IMF 외환위기(사회경제적 조건의 변화), 시민단체의 등장 및 성숙(여론의 변화), 정권교체(지배집단의 변화), 헌법재판소의 그린벨트 헌법불합치 결정(다른 하위체제로부터의 정책결정 및 영향) 등으로 나타났다. 이러한 외적변수는 정책하위체제에 제약 및 재원으로 작용하게 된다.

정책하위체제는 개발옹호연합, 보존옹호연합, 정책중개자로 구성되는데, 개발옹호연합은 주민단체, 건설교통부, 개발전문가, 지방자치단체 등이고, 보존옹호연합은 환경단체, 환경부, 보존전문가, 언론 등이며, 정책중개자는 그린벨트 제도개선협의회이다.

옹호연합은 자신들의 신념체계를 바탕으로 갈등구도를 형성하는데, 이러한 갈등구도는 공청회 등의 정책학습을 유인시킨다. 그리고 정책학습은 옹호연합들의 신념체계를 수정하며 정책을 변동시킨다. 결국, 정책변동의 산출물은 친환경적 요소를 가미한 그린벨트 재조정으로서 개발제한구역의 지정 및 관리에 관한 특별조치법으로 구체화된다.

이렇게 볼 때, ACF를 활용한 정책변동 분석은 외국의 사례뿐만 아니라 우리나라의 그린벨트정책에도 적용할 수 있다는 설득력을 갖는다. 이것은 ACF의 유용성과 타당성을 우리나라의 정책변동사례를 통해 입증하는 증거인 것이다.

그러나 ACF를 통한 그린벨트의 정책변동 분석은 어느 정도 한계를 지닌다. 원래 역동적인 외적변수인 여론의 변화는 국민들의 찬·반의 변화를 의미한다. 그러나 본 연구에서는 자료상의 한계로 시민단체를 여론의 대체 변수로 선정했으며, 이 또한 등장 및 성숙이라는 비교적 단순한 분석에 머물렀다는 점에서 차후 과제로 남는다고 하겠다.

제 2 절
MSF의 적용 [MSF를 활용한 정책변동 분석: 새만금간척사업을 중심으로][8]

본 절에서는 전술한 Kingdon의 MSF를 새만금간척사업에 적용하여 본 이론을 좀 더 심도 있게 조명하고자 한다.

I. ▶▶ 서 론

과거에는 정책이 정부관료제에 의해 독점됨으로써 정책변동의 수준이 매우 낮은 편이었으나, 요즈음에는 NGO, 이익집단, 지방정부 등 다양한 이해당사자들이 강력한 욕구를 지속적으로 표현함으로써 정책변동의 수준이 날로 높아지고 있다. 이는 정책형성체제가 권위주의적 체제에서 과도주의적 체제를 거쳐, 다원주의적 체제로 전이되고 있으며, 이 과정을 거치면서 정책을 둘러싼 복잡성의 정도가 점차 심화되고 있음을 의미한다.

이러한 전형적 사례가 새만금간척사업이라고 할 수 있다. 본 사업은 새만금 지역을 간척하여 농지, 산업 및 관광단지 등을 조성하여 낙후되어 있는 전북지역의 발전을 도모하기 위한 일종의 지역균형정책인 것이다. 그런데 본 사업은 새만금 갯벌을 보호하려는 보존옹호연합과 개발을 통해 경제적 가치를 높

---

8 유홍림·양승일(2009)을 근거로 재구성한 것이다.

이려는 개발옹호연합 간의 첨예한 경쟁과정에서 자신의 입장을 관철시키기 위해 정부관료제뿐만 아니라 법원 등에 끊임없이 압력을 가해 정책변동의 빈도를 매우 높인 것이다.

이 사례는 정책변동분석 모형 중의 하나인 다중흐름모형(Multiple Stream Framework: MSF)에 의해 분석하려고 한다. 본 연구에서 Kingdon(1984)에 의해 제기된 MSF를 적용하려는 근본 이유는 새만금간척사업이 갑작스러운 촉발기제에 의해 본격화되었으며, 무려 여섯 시기에 걸쳐 정책변동을 겪었기에 옹호연합모형(Advocacy Coalition Framework : ACF)을 위시로 한 기존의 다른 정책변동모형을 적용하는 것보다 분석의 객관성을 크게 제고시킬 수 있다고 판단했기 때문이다.

이 점을 착안한 본 연구는 MSF를 활용하여 새만금간척사업의 정책과정과 변동요인 등을 살펴봄으로써 시사점을 도출해 보고, 이를 통해 향후 유사정책의 효율적 추진에 기여하려는 목적을 지니고 있는 것이다.

Ⅱ. ▶▶ 이론적 배경 및 분석틀

1. 정책변동의 개념과 주요 모형

정책변동(policy change)의 개념은 학자들마다 서로 다른 입장에서 접근하고 있기 때문에 아직은 합의에 이른 개념 정의는 없다. 하지만 국내외 주요 학자들이 제시하고 있는 개념들부터 살펴보면 다음과 같다.

먼저, 초기 학자에 해당하는 Hofferbert(1974)는 정책변동을 특정정책이 집행되기 이전에 새로운 정책이 다시 산출되는 것이라면서, 새로운 정책의 산출에 영향을 미치는 요인으로 역사적·지리적 조건, 사회경제적 구성, 정부기구, 대중정치행태 및 엘리트행태를 들고 있었다. 또한, Hogwood & Peters(1983)는 정책평가가 이루어진 다음 단계에서 정책의 변화가 일어나는 것으로 정의하고 있다.

초기 이후 Hall(1993)은 정책변동을 패러다임의 변동으로 여긴 뒤, 이를 패러다임 안정기, 변이의 축적기, 실험기, 권위의 손상기, 경합기 그리고 새로운 패러다임 정착기의 6단계로 세분하였다. 또한, Mucciaroni(1995)는 정책이 집행되기 이전에 현저하게 달라지는 것을 정책변동으로 보았으며, 이 같은 변동에 영향을 미치는 변수들을 제도적 맥락과 이슈 맥락으로 나누어 제시하고 있다.

한편, 박해룡(1990)은 정책변동에 대해 사회적·경제적 여건, 정치체제적 변화 등에 영향을 받아 기존 정책과 다르게 결정되지만, 그 정책은 기존 정책의 토대 위에서 형성된다고 정의하고 있다. 나아가 정정길(2000)은 정책결정단계에서 발생하는 정책의 수정·종결(termination)은 물론 정책집행단계에서 수정·종결되는 것도 정책변동의 개념에 포함시키고 있다. 이렇듯, 학자들마다 정책변동에 대한 개념은 물론 포함 범위, 그리고 변동을 야기하는 요인들을 서로 다르게 정의하고 있다.

이상의 논의들을 감안하여 본 연구에서는 정책변동에 대한 개념을 다음과 같이 정의하고자 한다. 정책변동이란 정책결정과정을 통해 산출된 정책을 집행하는 과정에서 그 정책에 관련되어 새롭게 대두된 문제들을 인지하여, 그 문제들을 정책의제 형성과정으로 환류시켜 직전의 정책결정과정을 통해 산출된 정책을 수정·종결하는 것을 의미한다. 나아가 이렇게 수정·종결되어 새롭게 산출된 정책이 집행과정을 거쳐 평가과정으로 전이되어야 비로소 정책변동이 완료되었다고 할 수 있다. 따라서 정책결정과정을 거쳐 수정·종결된 정책의 도출까지를 1단계 정책변동 범위라 할 수 있으며, 이러한 정책이 집행과정을 거쳐 평가과정으로 순응하는 과정을 2단계 정책변동의 범위라고 할 수 있을 것이다. 물론, 1단계 정책변동은 몇 번이고 반복해서 이루어질 수 있음은 논리적·경험적으로 당연하다고 하겠다(〈그림 4-3〉 참조).

이러한 정책변동에 대한 연구는 최종 확정된 정책이 집행과정으로 이전되어 순기능적 또는 역기능적으로 작용하는지를 심도 있게 평가하여, 차후 유사정책을 추진할 경우 채택 및 배제, 또는 일정부분 참고할 수 있는 변동경로 등을 제공할 수 있다는 의의를 지닌다고 하겠다. 또한, 과거 권위주의적 시대에서는 정책변동을 요구하는 NGO, 이익단체 등의 압력이 미미했으나, 다원주의적 시대인 요즘에는 이들에 의한 정책변동 압력이 급증하고 있다는 점에서 정책변동연구의 또 다른 의의를 찾을 수 있는 것이다.

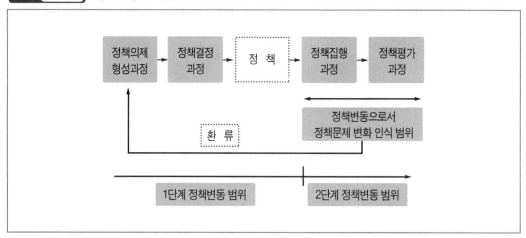

그림 4-3 정책변동의 개념틀

정책의제
형성과정 → 정책결정
과정 → 정 책 → 정책집행
과정 → 정책평가
과정

정책변동으로서
정책문제 변화 인식 범위

환 류

1단계 정책변동 범위   2단계 정책변동 범위

이 같은 정책변동연구에 흔히 사용되는 모형은 옹호연합모형(Advocacy Coalition Framework: ACF)[9]과 본 연구에서 원용할 다중흐름모형(Multiple Stream Framework: MSF)이다. 이 양 모형은 각각 상대적인 특성과 장점을 지니고 있지만, ACF가 지니고 있는 분석적 한계는 다음과 같이 정리될 수 있다. 첫째, 8개의 외적변수를 포함하고 있기에 정책변동에 대한 시기별 분석을 할 경우, 장기적으로 안정적인 영향을 미치는 외적변수들을 중심으로 변수 간에 중복성이 높게 나타나 시기별 차별성이 부각되지 않는다. 둘째, 본격적인 논쟁의 시작점, 즉 촉발기제가 불명확하여 정책변동이 어느 시점에서 시작됐는지 제대로 파악할 수 없어 분석이 작위적으로 흐를 가능성이 크다. 셋째, Sabatier의 ACF는 정책학습을 기본적 정책전략으로 제시하고 있어, 시위전략, 청원전략, 기자회견전략 등 다양한 전략들을 간과하고 있다는 등의 한계를 지니고 있다. 이러한 ACF가 지닌 한계들에 대한 MSF의 상대적 장점들은 다음과 같이 정리될 수 있다. 첫째, 여러 시기에 걸쳐 분석을 하더라도 정권교체 등 정치흐름 등을 중심으로 단기적 차원에서 출현하는 경우가 빈번하다는 점에서 ACF에서보다는 차

---

9 Sabatier(1988)에 의해 제시된 ACF는 외적변수(external parameters, 안정적인 외적변수 4개·역동적인 외적변수 4개 총 8개 변수), 옹호연합(advocacy coalition), 신념체계(belief systems), 정책중개자(policy brokers), 정책학습(policy learning), 그리고 정책산출(policy output) 등으로 구성된다.

표　4-8 MSF와 ACF의 비교

MSF	구 분	ACF
높 음	시기별 분석 가능성	낮 음
명 확	촉발기제	불명확
다 양	정책전략	단 순
미취급	정책중개자의 역할	취 급

별적으로 적용할 수 있다. 둘째, 정책문제흐름·정책대안흐름·정치흐름이 비교적 명확하여 이들 중 하나를 본격적인 논쟁의 시작점인 촉발기제로 선정할 수 있다. 셋째, 정책변동의 창에서의 상호작용은 학습전략 이외에도 소송전략, 시위전략, 보고서제출전략 등 다양하게 전략들을 채택할 수 있다. 그러나 원형 MSF(Kingdon의 MSF)는 ACF와는 달리 정책중개자의 역할이 분석 변수에서 제외되어 있다는 한계를 지니고 있다고 하겠다(〈표 4-8〉 참조).

따라서, 특정정책의 변동 요인과 과정 및 전략 등을 보다 체계적이고 종합적으로 분석하기 위해서 본 연구에서는 원형 MSF에 정책중개자의 역할을 포함시키는 등의 부분적인 수정을 가해 활용하고자 한다. 이제부터는 MSF의 내용과 의의, 그리고 관련 선행연구들을 살펴보고자 한다.

2. MSF의 소개와 관련 선행연구들

1) 모형 소개

Kingdon(1984)에 의해 제시된 MSF의 기본구조는 정책문제흐름(policy problem stream)·정책대안흐름(policy alternative stream)·정치흐름(political stream)으로 구성된 다중흐름(multiple stream)과 정책옹호연합 간 상호작용이 벌어지는 정책변동의 창(window of policy change), 그리고 결과물인 정책산출(policy output)로 이루어져 있다(〈그림 4-4〉 참조).

그림 4-4 MSF의 개념틀

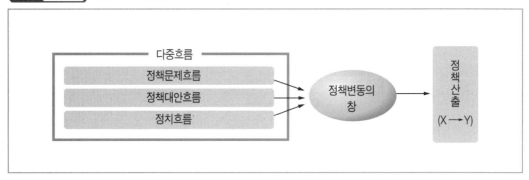

Kingdon에 따르면, 다중흐름 가운데 정책문제흐름은 지표(index)의 변동, 위기 또는 재난, 환류 등에 의해 발생하며, 정책대안흐름은 정치체제의 분화정도, 정책적 판단 활동, 이익집단의 개입 등에 의해 나타난다. 그리고 정치흐름은 정권교체, 정치인의 공약, 국회의석 수의 변화, 국민적 분위기 등에 의해 발생된다고 한다. 또한, 정책문제흐름, 정책대안흐름, 그리고 정치흐름은 각기 독립적으로 작용하고 있다가 특정 시점에서 하나로 합쳐져 정책변동의 창을 열리게 한다고 한다. 그러나 실제로 창을 여는 데 결정적인 역할을 하는 것은 주로 정치흐름이라고 한다. 다시 말해서, 정책문제흐름과 정책대안흐름이 독립적으로 활동하고 있는 상황에서 정치흐름이 결정적으로 촉발기제화되어 창을 연다는 것이다.

이러는 과정을 거쳐 정책변동의 창이 열리게 되면, 그 창 안에서는 각종 정책전략들을 구사하는 정책옹호연합(Policy Advocacy Coalition)들 간에 높은 수준의 상호작용이 이루어진다. 이러한 게임의 장은 법원판결, 국회의결 등에 의해 마감되며, 그와 동시에 창은 닫히게 된다. 결국, 이들을 근거로 세부적 내용이 확정되면 최종 정책이 산출되게 되는데, 그 산출물은 이전의 정책과 다르게 변동이 일어나는 것이다.

이어서, MSF를 활용한 Kingdon의 연구결과물들을 정리하면 다음과 같다. 첫째, 정책변동에 가장 큰 영향을 미치는 요인은 다중흐름이라는 것이다. 둘째, 그 중 정치흐름에 의해 정책변동의 창이 열릴 가능성이 제일 높다는 것이다.

셋째, 정책형성과정에서는 적절한 시기에 등장해 활동하는 참여자의 역할이 정책을 변동시키는 데 결정적 영향력을 미친다는 것이다. 넷째, 정책변동은 대개 비공식적 참여자보다는 공식적 참여자에 의해서 이루어진다는 것이다. 다섯째, 정책변동은 정권 중·하반기보다는 초반기에 더 많이 발생한다는 것이다.

이상과 같은 Kingdon의 MSF는 정책의 분화정도가 여전히 낮은 편이고, 정권교체와 함께 정책변동이 잦은 편이며, 아직도 정책결정 관련 문화에 비합리적·권위주의적인 성향을 뚜렷이 지닌 우리나라의 정책변동을 설명하는 데 보다 적합하다고 할 수 있는 것이다.

2) 관련 선행연구들

선행연구들에 대한 검토는 국내연구 중심으로 하고자 하는데, 그 이유는 국내연구들이 다중흐름, 정책변동의 창, 그리고 정책산출 등 MSF의 기본 단계에 입각해 충실하게 분석하고 있기 때문이다.

먼저, 이병길(1992)은 MSF를 활용하여 1980-90년에 걸친 방송정책에 대한 반대옹호연합과 찬성옹호연합 간에 벌어지는 정책변동의 요인과 과정에 대해 고찰한 바 있다. 또한, 공병영(2003)은 교원정년정책의 변동과정 연구를 통해, Kingdon이 제시한 정책문제흐름, 정책대안흐름, 그리고 정치흐름에 해당하는 요인들을 구체적으로 밝혀낸 뒤,[10] 이를 기초로 옹호세력들 간에 벌어지는 게임의 장을 고찰해 보았다.

이어서 김병준(2006)은 외국인근로자 고용허가제 결정과정에 대한 분석을 통해, Kingdon의 주장처럼 정책결정과정에서는 적절한 시기에 등장해 활동하는 참여자의 역할이 중요하며, 정책형성과정에서의 이들의 역할 역시 정도의 차이가 있을 뿐 매우 유사함을 밝혔다. 또한, 그는 정책결정은 합리적으로 이루어지지 않으며, 정책결정에서는 비공식적 참여자보다는 공식적 참여자의 역할이 더욱 중요하고, 갈등 사안에 대한 해결책 역할을 하는 정책을 결정하는 데는 개혁의 이름을 빌릴 수 있는 정권 초기가 유리하다는 등의 결론을 도출한

---

10 구체적으로 밝힌다면, 정책문제흐름으로는 교육의 질 저하, 교원인사적체 심화, 교육재정 악화, 형평성 위배를 선정하였으며, 정책대안흐름으로는 교원연수 강화, 평가를 통한 부적격자 배제, 정년 단축을, 마지막으로 정치흐름으로는 정부, 교원단체, 교육전문가집단, 학부모 단체, 언론, 정치권의 행태를 제시하고 있다.

바 있다. 마지막으로, 박하영(2007)은 참여정부의 문화예술교육정책의 형성과정 연구를 통해, Kingdon의 주장인 정책형성과정상 정책옹호연합 중 고위관료의 영향력이 가장 비중 있게 작용한다는 사실을 확인해 주고 있다.

　　지금까지 살펴본 바와 같이, MSF는 특정 정책의 변동 분석에 나름대로 의미 있는 기여를 하고 있지만, 시기별 분석이 취약하고, 정책중개자의 역할에 대한 분석이 이루어지지 않는 등의 한계를 보이고 있다. 따라서 본 연구에서는 이러한 한계를 극복하고 객관성을 강화시키고자 원형 MSF를 다소 변형시켜 여섯 번의 변동시기를 적용했으며, 정책중개자의 역할 분석에 비중을 둠으로써 기존의 선행연구들과는 차별성을 갖는다고 할 수 있는 것이다. 아울러, 본 연구는 ACF를 활용하여 새만금간척사업을 분석한 전진석(2003a·2003b) 등 기존 ACF 관련 선행연구와도 일정부분 차별성을 갖는데, 상대적으로 기존 선행연구가 시기별 분석이 낮은 수준이고, 촉발기제가 불명확하며, 정책전략도 낮은 수준이라는 점 등에서 본 연구는 좀 더 객관성을 지향하고 있는 것이다.

3. 연구의 분석틀

　　전술한 이론적 배경을 근거로 본 연구에서 채택할 분석틀은 〈그림 4-5〉와 같다. 즉, 정책문제흐름, 정책대안흐름, 그리고 정치흐름 중 특정 흐름이 결정적 촉발기제로 작용하여 정책변동의 창을 열게 되면 그 창 안에서는 본 연구의 대상정책인 새만금간척사업을 둘러싸고 보존옹호연합과 개발옹호연합이 서로 유리한 위치를 점하기 위하여 차별화된 정책전략들을 추진한다. 이러한 전략들은 정책의 거부 또는 수용이라는 이분법적 시각에 입각해 추진되는데, 이 과정에서 정책중개자들이 활동하게 된다.

　　창 안에서 벌어지는 역동성을 보다 구체적으로 파악하려면 시기적으로 나누어 관찰할 필요가 있을 것이다. 따라서 결정 직후 새로운 형성과정이 시작되어 다른 결정이 내려질 때까지의 기간을 기준으로 시기를 구분한다면, 새만금간척사업은 여섯 시기로 구분될 수 있다. 즉, 촉발기제를 계기로 하여 착공이 결정되기까지의 정책형성과정인 착공기, 착공결정 직후 1차 중단이 결정되기까지의 형성과정인 1차 중단기에 이어 1차 재개기, 2차 중단기, 2차 재개기를 거쳐 유지기로 나눌 수 있다. 특히, 마지막 시기인 유지기를 전후로 하여 세부적

그림 4-5 분석틀의 구성

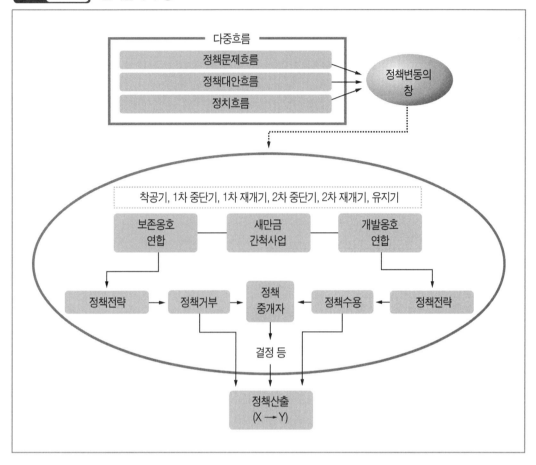

변동 사항들이 반영된 정책산출이 이루어졌다면 정책변동이 완료되었다고 할 수 있는 것이다. 이러한 세부 시기별 과정들에 대한 면밀한 관찰은 많은 시사점들을 도출시켜 줄 것이다.

아울러, 분석틀에 대한 세부변수의 개념정의를 간략히 살펴보면, 먼저 보존옹호연합·개발옹호연합은 어떤 일정한 정책영역 또는 하위체제 내에서 기본적인 가치, 정책에 대한 인과적 인식, 정책에의 동의와 같은 중요한 신념체계를 공유하는 행위자들의 협력체로서 이들은 정책변동의 창이 열리면서 치열한 게임의 장을 전개하며 전체구도를 이끌어 가게 된다. 정책전략은 창 안의 일정한 상황하에서 각 연합들이 자신들에게 유리한 위치를 선점하기 위해서 사용하는 갈등해결의 방법들이다. 한편, 분석시야를 넓혀 객관성을 제고하고자 논란의 여지가 있을 수는 있지만 해결되지 못한 사항에 대한 외부개입으로서의 제3자인 법원 등도 정책중개자에 포함시켜서 연구의 범위를 확대하려고 한다. 즉, 넓은 의미의 정책중개자 개념으로 접근하여 좀 더 역동성을 조명하려는 것이다.

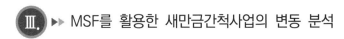

Ⅲ. ▸▸ MSF를 활용한 새만금간척사업의 변동 분석

새만금간척사업은 1991년 11월에 착공되어, 18년 동안 무려 여섯 번의 정

표 4-9 새만금간척사업의 추진경과

구 분	내 용
1987. 12	민정당 노태우 대선후보, 새만금간척사업 공약발표와 당선
1991. 08	사업시행계획 확정 고시
1991. 11	방조제 공사착공(사업착공)
1996. 07	시화호 수질오염을 계기로 새만금호 수질논쟁 부각
1998. 02	환경운동연합을 위시로 한 환경단체, 사업 백지화 요구
1999. 05	민관공동조사단 발족(1차 공사중단)
2001. 05	정부, 친환경개발 방침 결정(1차 사업재개)
2001. 08	환경운동연합 등 환경단체, 사업취소청구소송
2003. 06	환경운동연합 등 환경단체, 공사 중지 가처분 신청
2003. 07	서울행정법원, 집행중지 결정(2차 공사중단)
2004. 01	서울고등법원, 집행중지 결정 취소 판결(2차 사업재개)
2005. 02	서울행정법원, 새만금간척사업 원고 일부 승소 판결
2005. 12	서울고등법원, 원심을 깨고 원고 패소 판결
2006. 01	환경운동연합, 새만금간척사업 대법원 상고
2006. 03. 16	대법원, 원고측 상고기각(사업유지)
2008. 10. 21	정부는 농업용지 30.3%, 산업·관광용지 39.2%, 유보용지 26.6%, 나머지 3.9%는 둑 등으로 건립하자는 세부내용 결정

출처: 연합뉴스〈http://www.yonhapnews.co.kr〉를 근거로 재구성.

책변동을 겪은 뒤, 2008년 10월에 가서야 세부 사업내용이 최종 확정되어, 전라북도 김제시, 군산시, 그리고 부안군에 걸친 지역에 농지조성, 용수개발은 물론 산업·관광단지 조성 등이 예정되어 있는 사업이다. 이후 분석 내용의 효과적 이해를 위해 주요 일자를 중심으로 사업의 추진과정을 정리한 〈표 4-9〉를 먼저 제시한다.

간략히 본 사항을 조명해 보면, 새만금간척사업은 1987년 12월, 당시 민정당 노태우 대통령 후보가 전북지역에 대한 개발공약으로서 당선 이후 본격화되기 시작하였다. 1991년 8월 사업시행계획의 확정고시에 이어 같은 해 11월, 방조제 공사가 착공되기에 이르렀다. 하지만 시화호 수질오염을 계기로 새만금호 수질논쟁이 부각되면서 환경운동연합 등 환경단체는 사업의 백지화를 요구하는 등 사업 찬반을 둘러싸고 치열한 게임의 장이 전개되기에 이른다. 결국, 민관공동조사단이 발족되어 환경문제에 대한 조사에 착수하면서 사업이 일시 중단되었으나, 조사보고서를 근거로 다시 친환경적인 사업추진을 조건으로 사업이 재개되는 등 사업중단과 재개가 반복되기에 이르렀다. 마침내, 2006년 3월 16일, 대법원은 사업이 중단되어야 할 명백한 문제가 없다는 이유를 내세워 환경운동연합 등 원고측의 상고를 기각함으로써 사업이 유지되기에 이른다. 이를 근거로 정부는 2008년 10월 21일 국무회의를 통해 농업용지 30.3%, 산업·관광용지 39.2%, 유보용지 26.6%, 그리고 나머지 3.9%는 둑 등으로 건립하는 내용의 새만금간척사업에 대한 세부결정을 내리게 된다.

이러한 추진연혁을 가진 새만금간척사업은 상당부분 역동적 정책변동을 갖고 있는 것으로 판단되며, 이를 MSF에 적용한다면 역동성 등을 좀 더 체계적으로 조명할 수 있을 것이다.

1. 사업변동 분석

1) 다중흐름 분석

다중흐름은 정책변동에 영향을 미치는 요인이자, 정책변동의 창을 열어 본격적인 게임의 장을 펼치게 하는 시작점이라는 점에서 분석의 의의가 있다.

(1) 정책문제흐름

새만금간척사업과 관련된 정책문제흐름은 1968-69년에 걸친 극심한 가뭄, 1970년대 초의 세계적 식량파동, 그리고 1980년대 초에 발생한 냉해라고 할 수 있다. 즉, 쌀을 포함한 곡물의 생산량이 급감하여 식량수급에 막대한 차질을 빚었고, 아사자까지 발생하기에 이른다. 아울러, 곡물 값의 폭등으로 민생고가 극에 달했으며 빈부격차도 뚜렷해졌다. 이렇듯 식량안보 차원의 중대 위기를 빚었던 정책문제흐름이 상당 기간 지속되자, 이의 개선을 위한 정책대안흐름이 나타나게 되었다.

(2) 정책대안흐름

농림수산부는 극심한 가뭄, 세계적 식량파동, 냉해라는 상황적 악재들에 대응하기 위해 내부의 SOP와 프로그램 목록에 의존하여 새만금간척사업이라는 대안을 제시하게 된다.[11] 하지만 이 사업의 목표는 국가전체 다양한 영역의 발전을 균형적으로 감안했다기보다는 식량안보를 위한 쌀 증산과 농업 경쟁력 향상이라는 농림부의 내부목표에 충실한 사업이었기에, 다른 정부부처들의 조직목표와 충돌될 소지를 안고 있었다. 그 일례로 1987년 중반 무렵 경제기획원은 농림부의 타당성 조사결과를 보고받은 후 경제성 부족을 이유로 내세워 강한 반대를 보이게 된다. 결국, 정책적 판단활동에 따른 정책대안흐름은 정책문제흐름에 부합되지 않았기에 실제 채택·집행되지는 못했다는 점에서 정책적 대안만을 제시하는 수준에 그치고 말았다.

(3) 정치흐름

이런 상황에서 제13대 대통령 선거일을 6일 앞둔 1987년 12월 10일 민정당 노태우 후보는 호남권 득표를 목적으로 전주에서 군산과 부안 사이의 바다

---

11 이 사업의 근원은 1971년 옥서지구 농업개발사업계획이었다. 옥서지구사업의 1단계는 금강하구언을 건설하여 금강유역과 익산지역의 관개배수를 개선하려는 내용이었고, 2단계는 김제지구의 간척을 포함한 김제·부안·옥구 등 만경강 주변 농경지에 대한 관개배수를 개선하려는 내용이었다. 농림부는 이 계획에 따라 1975년 1단계 사업에 대한 타당성 조사를 실시했으며, 1976년에 1단계 사업의 기본설계를 완료했다. 그리고 1981년에는 옥서지구 2단계 사업에 대한 기본조사를 시작했고, 이는 1986년 종합개발의 형태로 수립되기에 이른다. 결국, 1987년 5월 상기 사업은 농림부의 공식사업으로 확정되어 '서해안간척사업'이라는 이름으로 발표되었다가, '새만금간척사업'으로 변경되기에 이른다.

를 막는 세계 최대의 간척사업 추진을 전격 발표하였고, 당선과 함께 대통령 공약사업으로 채택됨으로써 본 사업은 새로운 국면을 맞이하게 된다. 즉, 노태우 대선후보의 새만금간척사업에 대한 공약발표와 당선은 완강했던 정부의 반대입장과 시민·환경단체의 거센 반발에 맞서 사업을 재개시킨 정치흐름이 되었으며, 이 정치흐름은 정책변동의 창을 열리게 했고, 사업을 반대하는 보존옹호연합과 찬성하는 개발옹호연합 사이에 본격적인 게임의 장이 펼쳐지게 만든 촉발기제가 된 것이다.

2) 정책변동의 창 분석

정책변동의 창에서 벌어졌던 보존옹호연합과 개발옹호연합 간의 정책적 갈등은 크게 여섯 시기로 나누어 분석할 수 있다.

(1) 착공기(1987. 12-1991. 08)

착공기는 새만금간척사업을 공약으로 내세운 노태우 대통령 후보의 당선이 확정된 1987년 12월부터 사업의 시행계획 확정 고시에 따라 착공이 결정된 1991년 8월까지의 기간으로 한정한다.

① 정책옹호연합 간 정책전략

기본적으로 착공기에 있어서 새만금간척사업을 반대하는 보존옹호연합은 당시의 경제기획원이었고, 사업을 찬성하는 개발옹호연합은 대통령을 비롯해 농림부, 농어촌진흥공사, 그리고 야당총재(김대중)라고 할 수 있다. 이러한 세력들을 공식성과 참여빈도를 기준으로 분류하면 〈표 4-10〉과 같다.

새만금간척사업을 공약으로 제시한 노태우 대통령 후보가 당선된 이후에도 경제기획원은 여전히 사업의 경제성을 문제 삼아 예산삭감 등의 방법을 동원해 반대 입장을 견지하고 있었다. 실제로, 1990년 12월 정부예산안 예비심사에서 농림수산위원회가 정부예산안에 계상되어 있지 않았던 새만금간척사업 관련 예산을 포함시키자 예결특위의 계수조정과정에서 이를 삭제시켰다. 또한, 1991년에는 농림부가 노태우 대통령의 지시를 받아 농지조성기금 100억원을 포함해 총 200억원의 추경예산안을 임시국회에 제출하려 했으나, 이 역시 경제기획원의 반대로 무산되었다.

그러나 전라북도를 주요 정치적 근거지로 하고 있던 당시 야당인 신민당

표　4-10 착공기 정책옹호연합의 구성체계[12]

구　분		보존옹호연합		개발옹호연합	
		공식성 여부		공식성 여부	
		공식적 정책참여자	비공식적 정책참여자	공식적 정책참여자	비공식직 정책참여자
참여자의 참여빈도 여부	핵심적 정책참여자	경제기획원	–	대통령(노태우), 야당총재(김대중)	–
	주변적 정책참여자	–	–	농림수산부, 농어촌진흥공사	–

입장에서는 이러한 상황을 방관만하고 있을 수는 없었다. 따라서 1991년 7월 16일 김대중 총재는 노태우 대통령과 영수회담을 가졌으며, 이 자리에서 노대통령에게 사업의 추진을 강력 요구하여 추경예산 반영 약속을 받아냄으로써 경제기획원의 강경입장은 급격히 약화되었고, 결국 관련 예산이 편성되기에 이른다.

한편, 농림수산부와 농어촌진흥공사도 사업추진을 위해 나름대로 정책전략을 펼치고 있었다. 먼저 농림수산부는 1988년 3월 4일 전북 부안에 새만금조사사무소를 설치하고, 1990년 2월 새만금간척사업 투자계획을 마련했으며, 1991년 6월에는 사업 기본계획 수립 및 외곽시설 실시설계를 수행했다. 또한, 같은 해 6월 8일에는 환경영향평가 협의까지 완료하는 등 꾸준히 사업을 준비하고 있었다. 그리고 농어촌진흥공사 역시 1990년 여름휴가를 이용해 대항리 방조제 공사예정지를 방문한 김대중 총재에게 사업을 설명하고 김총재로부터 긍정적 반응을 얻어 내기도 하였다. 이러한 정치기회전략[13]은 신민당 국회의원

---

12 〈표 4-10〉의 구성체계는 보수적 성향의 조선일보, 진보적 성향의 한겨레신문, 그리고 중립적 성향을 보이고 있는 연합뉴스에 게재된 관련 기사내용들을 분석하여 착공기에 해당하는 기간 동안에 총 3회 이상 언급된 참여자를 대상으로 하였으며, 이 중 10회 이상 언급된 참여자를 핵심적 정책참여자로, 5회 이하는 주변적 정책참여자로 규정하였다. 단, 6회 이상 10회 미만 언급된 참여자는 없었다. 아울러, 공식성 여부는 법규에 근거한 경우 공식적 정책참여자로, 그 외에는 비공식적 정책참여자로 규정해 구분하였다. 즉, 공식적 정책참여자는 대통령, 행정부, 입법부, 사법부 등이 되며, 비공식적 정책참여자는 이익집단, NGO, 민간전문가 등이 해당된다. 이 같은 분류기준은 이후 시기에도 동일하게 적용된다.

13 정치기회전략(political opportunity strategy)이란 기회를 포착하여 정치인을 상대로 로비 등을 펼쳐 자신들에게 유리한 위치를 이끌어내기 위한 전략이라는 의미를 담고 있다.

들의 지원을 받아 1990년 12월 예산을 배정받게 되는데, 일정부분 기여한 것으로 평가된다(김준현, 2002: 111-112).

② 정책중개자의 중개전략

본 착공기에서는 양측 옹호연합들만이 이분법적 시각을 가지고 게임의 장을 전개했던 반면, 뚜렷한 정책중개자의 존재는 찾을 수 없었다.

이렇듯 정책중개자의 부재 속에서 1991년 8월 정부는 영수회담의 후속조치로 시행주체는 농림부, 공사시행·측량설계·공사감리는 농어촌진흥공사, 그리고 사업관리·보상업무는 전라북도에 위임한다는 내용을 담은 사업시행계획을 농림부 고시 제91-23호로 고시함으로써, 사업착공이 결정되었다.

이상의 사실을 감안할 때, 본 시기의 참여자는 두드러진 정책중개자·NGO 또는 이익단체들이 부재한 상황에서, 정부관료제와 정치지도자로만 구성되어 있었기에 정책형성과정의 범위가 협소한 편이었으며, 갈등의 해결행태는 정치지도자의 결정을 정부관료제가 순응하는 수직적 행태를 보였다고 할 수 있는 것이다(유현종, 2002: 59-60).

(2) 1차 중단기(1991. 08-1999. 01)

1차 중단기는 시화호오염사건(1996.07)이 계기가 되어 정부(총리실) 주도로 민관공동조사단이 구성되는 동시에 공사의 잠정 중단이 결정되는 1999년 1월까지의 기간으로 한정한다. 한편, 이 기간에 사업은 실질적으로 진행되고 있기 때문에 이 시기를 중단기로 명명하는 것은 혼선을 자아낼 수도 있으나, 본 기간은 사업중단을 위한 정책형성과정이 진행되고 있었다는 사실에 초점을 맞춰 중단기로 이름을 붙인 것이다. 즉, 사업이 착공된 이후 이해당사자들 간의 상호작용을 통해 사업중단 결정으로 변동되는 과정을 집중적으로 조명하고 있다는 점에서 1차 중단기로 명명한 것이다.

① 정책옹호연합 간 정책전략

1991년 사업착공 이후 순조롭게 진행되었던 새만금간척사업은 1996년 7월 시화호 오염사건을 계기로 환경운동연합 등 환경단체들이 새만금호의 제2의 시화호 가능성을 제기하면서 반대입장을 표명하기 시작하는 한편, 농림부·농어촌진흥공사와 전라북도는 국정감사를 받게 된다. 이 자리에서, 농림부·농어촌진흥공사는 새만금호의 여건이 시화호보다 훨씬 뛰어나다는 증거를 제시하는 한편, 유입하천에 대대적인 환경기초시설들의 설치를 비롯한 다양한 오염방지 대책들을 내놓기에 이른다. 전라북도 역시 본 사업을 지역경제발전과 연계시킬 수 있는 방안을 적극 추진하겠다는 의지를 밝힘에 따라, 새만금호 수질문제는 여론의 관심으로부터 멀어지기 시작했다. 이 같은 옹호연합들 간의 상호작용에서 나타난 참여주체들의 공식성 여부와 참여빈도를 감안해 〈표 4-11〉을 작성해 보았다.

표 4-11 1차 중단기 정책옹호연합의 구성체계[14]

구 분		보존옹호연합		개발옹호연합	
		공식성 여부		공식성 여부	
		공식적 정책참여자	비공식적 정책참여자	공식적 정책참여자	비공식적 정책참여자
참여자의 참여빈도 여부	핵심적 정책참여자	대통령직 인수위원회 (김대중정부)	환경단체 (NGO)	농림부, 농어촌진흥공사, 전라북도	–
	주변적 정책참여자	환경부, 해양수산부	–	–	–

그러나 1997년 IMF 외환위기와 정권의 교체시기를 전후로 해 농림부 등의 논리적 대응으로 수세에 몰렸던 환경단체의 반대입장에 힘이 실리게 된다. 즉, 국가경제사정이 어려워지면서 일부 사업의 축소가 거론되기 시작했으며, 정권교체가 이루어진 직후인 1998년 1월 10일에 대통령직 인수위원회는 경부고속철도건설사업, 시화호담수화사업과 아울러 새만금간척사업을 김영삼정부의 3대 부실사업으로 규정하기에 이르렀다. 나아가 사업계획 수립 및 진행과정에 대한 전면 재조사가 결정되면서 사업반대입장을 취했던 환경단체들은 보다 적극적인 모습을 띠기 시작한다. 실제로, 1998년 1월 14일 환경운동연합 전북지

---

14 1996년 8월 8일부로 농림수산부는 농림부와 해양수산부로 분리되었다. 한편, 환경청은 1990년에 환경처로, 1994년 12월에는 환경부로 승격되었다.

부는 새만금간척사업에 대한 전면 재검토 요청 성명을 발표하였고, '세계습지의 날'을 즈음한 동년 2월 2일 환경단체들은 본 사업에 대한 전면 재검토를 재차 주장하였으며 보전운동을 적극적으로 벌여나갈 것을 선언했다. 또한, 3월 6일에 환경운동연합은 기자회견을 열어 본 사업의 타당성과 환경에 대한 문제들을 제기하면서 개발계획의 전면중단을 요구하였다. 이러한 거센 반대운동은 상기 사업에 대한 감사원의 특별감사(1998. 04)를 이끌어내기도 했다. 이후에도 39개 환경단체들은 '새만금간척사업 백지화를 위한 시민위원회'를 구성해 분업적이고, 체계화된 반대운동을 펴 나갔는데, 그 예로 7월 30일 농림부장관실을 방문하여 사업의 전면중단과 친환경적인 간척사업의 근거 및 입장을 밝혀 줄 것을 촉구하기도 했다.

　　이러한 환경단체들의 적극적 공세와 감사원[15]의 특별감사 등으로 어려움을 겪던 농림부는 1998년 7월 영산강 4단계 간척사업을 백지화하고, 새만금지구를 친환경적으로 개발하겠다는 내용을 발표하면서 사태수습에 나서기도 했다. 그러나 9월에 공개된 감사원 특별감사 결과가 환경단체의 주장들과 부합한다는 결론이 내려지자 사업백지화 여론은 급속히 확산되어 갔다. 이러한 상황에서 동년 10월에 환경부가 수질환경 차원에서 새만금호 수질개선 대책이 미흡하다는 입장을 공식 표명하였고, 해양수산부 역시 여론에 부담을 느껴 새만금 신항 건설사업을 유보하는 결정을 내리는 등 정책거부전략들이 펼쳐졌다. 그로 인해 농림부·농어촌진흥공사와 전라북도의 입지는 더욱 좁아졌다(김준현, 2002: 115-129; 정진술, 2003: 27-33; 조남식, 2006: 81-90).

　　② 정책중개자의 중개전략

　　1차 중단기 역시 착공기와 마찬가지로 각각의 옹호연합들이 이분법적 시각에 입각하여 정책갈등을 전개했고, 뚜렷한 정책중개자는 발견되질 않았다. 결국, 입지가 좁아진 전라북도는 1999년 1월 유종근 지사가 새만금간척사업의 전면 재검토를 위한 민관공동조사단 구성을 제의하였고, 이를 농림부 등 관련 중앙부처와 환경단체측에서 받아들임으로써, 정부(총리실)는 같은 해 1월 민관공

---

[15] 감사원을 정책중개자라고 볼 수도 있으나, 대통령 직속의 정부관료제라는 점에서, 중개자라고 하기에는 문제가 있다고 판단된다. 또한, 새만금간척사업에 대한 뚜렷한 신념체계가 부재하다는 점에서, 특정 정책옹호연합으로 분류하는데도 한계가 있다고 할 수 있는 것이다.

동조사단 구성 및 그 조사결과가 도출될 때까지 사업을 잠정 (1차)중단시킨다는 결정이 내려졌다.

본 시기에는 기존의 농림부, 농어촌진흥공사, 전라북도 외에 환경부와 해양수산부를 비롯해 환경관련 NGO들이 개입했다는 점에서 정책형성과정의 범위가 착공기보다 넓어지기는 했지만 여전히 협소한 편이며, 갈등의 해결행태는 중앙정부, 전라북도, 그리고 환경단체들이 절충해 결정을 도출했다는 점에서 수평적 행태를 보였다고 할 수 있는 것이다.

(3) 1차 재개기(1999. 01-2001. 05)

1차 재개기는 1차 중단기 직후인 1999년 1월부터 정부가 새만금간척사업에 대해 공사재개결정을 내린 2001년 5월까지의 기간으로 한정한다. 그러나 본시기는 사업이 실질적으로 중단되어 있는 상태이므로 '재개'라는 명칭이 혼선을 줄 수 있겠지만, 사업이 1차 중단된 이후 이해당사자들 간의 상호작용을 통해 사업재개결정을 이끌어낸 정책변동과정에 초점을 두고 조명했다는 점에서 1차 재개기로 명명하였다.

표 4-12 1차 재개기 정책옹호연합의 구성체계[16]

구 분		보존옹호연합		개발옹호연합	
		공식성 여부		공식성 여부	
		공식적 정책참여자	비공식적 정책참여자	공식적 정책참여자	비공식적 정책참여자
참여자의 참여빈도 여부	핵심적 정책참여자	-	환경단체	농림부, 농업기반공사, 전라북도	새만금사업 추진 범도민 협의회 (이익집단)
	주변적 정책참여자	-	새만금사업 즉각 중단을 위한 전북사람들(이익집단)	-	-

---

16 농촌관련 공사의 연혁을 살펴보면, 1970년 2월에는 농업진흥공사가, 1990년 7월에는 농어촌진흥공사가, 그리고 2000년 1월에는 농업기반공사가 통합 등의 형식을 빌려 설립되었다.

① 정책옹호연합 간 정책전략

본 기간동안 본 사업을 둘러싼 보존옹호연합과 개발옹호연합의 주체와 활동들을 공식성과 참여빈도를 조합시켜 보면 〈표 4-12〉와 같다.

1999년 5월 민관공동조사단이 공식 발족되어 본격적인 활동에 돌입하면서 환경단체들의 반대운동은 잠시 소강상태에 접어든다. 하지만 조사단의 결과보고서 제출시기를 전후로 하여 이들에게 압력을 가하기 위해 환경단체의 반대운동이 다시 활발해졌는데, 그 형식은 집회·시위, 정책학습, 기자회견 등이었다. 아래 〈표 4-13〉은 환경운동연합이 주최한 행사만을 정리해 작성한 것이다.

표 4-13 1차 재개기 환경운동연합 주도 반대전략

일 시	내 용	전략 구분
2000. 03. 14	새만금 장승제를 위한 '장승 만들기 한마당'	집회·시위
2000. 03. 26	새만금 장승제	
2000. 07. 31	환경상 역대수상자, 사업 중단 촉구 공동선언문 청와대 전달	
2000. 10. 16	새만금 갯벌 살리기 33일 밤샘농성 돌입 선언	
2000. 10. 26	서울시민들에게 선보이고 판매하는 새만금 조개 하루 장터	
2000. 11. 02	정부의 관권동원, 혈세낭비 새만금간척사업 강행음모 규탄 집회	
2000. 11. 04	새만금 백합 조개잔치	
2000. 11. 16	새만금 간척사업 즉각 중단 국민행동의 날 행사	
2000. 12. 13	새만금간척사업 2001년 예산 중단 촉구 기도회	
2000. 12. 19	새만금 예산중단 촉구를 위한 단식농성	
2000. 12. 21	새만금간척 백지화를 위한 사이버 시민행동	
2001. 03. 19	새만금 갯벌 생명평화연대 발족 및 새만금간척사업 중단 단식농성	
2001. 03. 28	새만금간척사업 중단 촉구 범국민집회	
2000. 02. 29	한·영 습지보전 심포지엄	정책학습
2001. 04. 31	새만금 토론회	
2001. 05. 10	새만금 공개토론회	
2000. 05. 22	새만금 민관공동조사단의 편파적 운영에 대한 기자회견	기자회견

출처: 연합뉴스〈http://www.yonhapnews.co.kr〉를 근거로 재구성.

한편, 2000년 1월 30일 갯벌에 위치한 부안지역 주민들을 중심으로 반대 움직임이 시작되더니, 마침내 3월 15일에는 1,000여 명의 주민이 반대입장을 공표하는 기자회견을 갖게 된다. 이를 계기로 4월 16일 각계 주민대표들로 구성된 '새만금사업 즉각 중단을 위한 전북사람들'이 등장한다. 이 '전북사람들'은 2000년 9-10월에 걸쳐 사업반대를 위한 농성전략 등을 펼침으로써 반대옹호연합에 힘을 실어주었다.

이러한 보존옹호연합에 맞서 농림부, 농업기반공사, 전라북도, 그리고 새만금추진범도민협의회는 찬성전략을 추진하게 된다. 먼저, 농림부는 환경단체의 반대주장을 조목조목 반박하면서 사업추진의 당위성을 강조하는 한편, 2001년 2월 전북일보와의 인터뷰 등을 통해 사업추진에 대한 강한 의지를 밝히기도 했다. 그리고 농업기반공사는 2000년 10월 홍보물을 제작해 지역주민과 언론기관 등에 집중 살포하는 등의 사업 관철 전략을 펼쳤다. 또한, 전라북도는 도지사(유종근)가 직접 나서 환경단체의 전방위적 공세를 차단하려고 나섰는데, 그 의지는 "환경단체의 반대는 있지만 올해 예산이 모두 사업에 반영됨에 따라 사업추진에 가속도가 붙을 것"이라는 문화일보와의 인터뷰(2001.03) 내용에서 엿볼 수 있었다.

한편, 환경단체의 반대압력에 밀려 목소리를 제대로 내지 못했던 전북도민들은 공동조사단의 보고서 제출 무렵 현실론을 강조하며 자신들의 요구를 결집할 수 있는 연합단체를 구성하게 된다. 이것이 2000년 9월 전북지역 70여 개 민간단체들로 구성된 '새만금추진범도민협의회'이다. 본 '협의회'는 같은 해 10월 23일부터 도의회 등과 함께 100만 도민서명운동을 전개했고, 12월 19일에는 민주당사에서 기자회견을 통해 사업추진을 요구했으며, 같은 해 12월 15일과 2001년 3월 23일에는 군산과 전주에서 범시민궐기대회를 개최하는 등 사업의 지속적 추진을 촉구하는 개발옹호연합에 동참하였다(정진술, 2003: 33-38).

② 정책중개자의 중개전략

본 1차 재개기에서는 양 옹호연합 간의 갈등을 절충하기 위한 정책중개자로서 민관공동조사단이 등장하게 된다. 본 조사단은 환경단체 및 정부·전북에서 추천한 21명과 정부·산하기관의 대표 9명 등 총 30명으로 구성되어 1999년 5월 1일에 발족되었으며, 조사기간은 1999년 5월부터 2000년 4월까지 1년으로 예정되었다. 조사단은 단장 1명을 비롯해 환경영향분과 9명, 수질보전분과 10명, 경제성분과 10명 등 3개 분과로 구성되었는데, 환경영향분과는 연구내용의 특성상 7개의 세부분야로 나누어 독립적인 연구를 수행했고, 수질보전분과는 개별적인 조사를 마친 뒤 상호 협력·보완하는 절차를 거쳐 최종 결과를 도출하였다. 그리고 경제성분과는 시장경제적 연관효과 분석, 환경생태학적 비시장재화 가치평가, 수질개선편익분석의 3개 분야로 나누어 조사연구를 수행하고, 각 연구결과를 토대로 경제성을 판단하였다.

　　조사단은 1999년 5월 1일 제1차 전체회의를 열어 농림부와 환경부로부터 새만금간척사업의 현황 및 새만금호의 수질보전대책안에 대한 보고를 시작으로 총 11번의 전체회의를 개최하였다. 한편, 본 조사단은 원활한 운영을 위한 체제정비에 상당한 시간이 소요됨으로써 본격적인 조사활동은 지연되었으며, 환경부 수질개선대책(시안) 작성이 늦어지는 등 자료수집에도 차질이 생겼다. 결국, 마무리 단계에 이르러 2000년 5월 31일까지 1차 기간연장을 했고, 자료분석 및 정리에 추가시간이 필요하여 활동기간을 6월 30일까지 재연장하게 되었다(박재근, 2004: 53-57).

　　결국, 최종 결과보고서는 2000년 8월 18일에 제출하게 되지만, 옹호연합 간 팽팽한 이견으로 사업의 계속추진 여부에 대한 최종 결론은 없이 조사위원의 의견을 취합·정리하는 선에서 마무리되었다. 결과보고서를 근거로 조사위원의 의견을 종합해 보면, 환경단체 추천 10명 중 9명은 사업반대, 1명은 친환경적 개발을 전제로 한 조건부 찬성의 입장을 보였고, 정부·전북 추천 10명 중 8명은 사업 찬성, 2명은 조건부 찬성의 입장을 나타냈다(〈표 4-14〉 참조).

표 4-14 새만금간척사업에 대한 조사위원의 의견[17]

구 분		환경단체 추천		정부·전라북도 추천		의 견
		전북 지역	전북 외 지역	전북 지역	전북 외 지역	
양○○	환경영향 분과	–	–	√	–	찬 성
김○○		–	√	–	–	조건부 찬성
김○○		–	√	–	–	반 대
제○○		–	√	–	–	반 대
임○○		–	–	–	√	찬 성
유○○		√	–	–	–	반 대
정○○		–	–	√	–	조건부 찬성
임○○	경제성 분과	–	–	–	√	찬 성
이○○		–	√	–	–	반 대
박○○		–	–	√	–	찬 성
김○○		–	–	–	√	찬 성
신○○		–	√	–	–	반 대
엄○○		–	–	√	–	조건부 찬성
김○○	수질보전 분과	–	√	–	–	반 대
박○○		–	–	–	√	찬 성
최○○		–	–	–	√	찬 성
전○○		–	√	–	–	반 대
홍○○		–	√	–	–	반 대
윤○○		–	–	–	√	찬 성
장○○		–	√	–	–	반 대

출처: 박재근(2004: 55-57), 연합뉴스〈http://www.yonhapnews.co.kr〉를 근거로 구성.

이러한 결과보고서를 근거로 물관리정책조정위원회(위원장: 국무총리)는 2차례의 관련부처 검토(2000. 08-12, 2000. 12-2001. 02)와 3차례의 공개토론회(국무총리실 산하 지속가능발전위원회 주최, 2001. 05, 07, 10, 11)를 거쳐 2001년 5월 25일 방조제건설과 동진수역의 개발은 예정대로 진행하되, 이 중 방조제를 완공한 후 만경수역의 담수화와 농지조성 등의 개발은 수질개선 여부를 보고 추후 결정하겠다는 순차별 개발안을 전제로 사업재개의 결정을 내리게 된다.

---

17 본 표는 조사단에서 중립적 입장을 취했던 단장과 정부·산하기관 대표 9명을 제외한 20명을 근거로 구성한 것이다.

기본적으로, 본 시기의 참여자는 NGO 및 이익집단 모두가 존재하는 상황에서 정부관료제, 전라북도, 그리고 정책중개자 등으로 구성되었다는 점에서 정책형성과정의 범위가 1차 중단기보다는 넓어졌다고 할 수 있다. 아울러, 갈등의 해결행태는 보고서에서 나온 환경단체추천 조사위원의 사업반대의견을 정부관료제가 무시하면서 사업재개 결정을 내렸다고도 볼 수 있으나, 환경적 측면도 고려하여 이들의 의견을 일정부분 반영한 '선 동진 후 만경'의 순차적 개발안을 결정했다는 점에서 과도적 행태를 보였다고 할 수 있는 것이다.

(4) 2차 중단기(2001. 05-2003. 07)

2차 중단기는 1차 재개기 직후인 2001년 5월부터 서울행정법원이 새만금간척사업의 잠정중단을 결정내리는 2003년 7월까지의 기간에 해당한다. 한편, 본시기 역시 사업은 재개되어 진행되고는 있었지만, 본 기간은 사업이 재개된이후 이해당사자들 간의 상호작용을 통해 사업중단 결정이 도출되는 과정을 집중 조명하고 있다는 점에서 2차 중단기로 명명하였다.

① 정책옹호연합 간 정책전략

2차 중단기에 있어서 본 사업을 둘러싼 각 연합들의 주체들과 활동들을 공식성과 참여빈도를 기준으로 〈표 4-15〉를 만들었다.

표 4-15 2차 중단기 정책옹호연합의 구성체계

구 분		보존옹호연합		개발옹호연합	
		공식성 여부		공식성 여부	
		공식적 정책참여자	비공식적 정책참여자	공식적 정책참여자	비공식적 정책참여자
참여자의 참여빈도 여부	핵심적 정책참여자	-	환경단체, 삼보일배단 (NGO)	대통령(노무현), 전라북도	새만금사업 추진범도민 협의회
	주변적 정책참여자	-	새만금사업 즉각 중단을 위한 전북사람들	-	-

2001년 5월 25일 정부가 순차적 개발을 전제로 사업재개를 결정하자, 환경단체들은 이에 대한 취소를 요구하는 다양한 반대전략들을 펼친다(〈표 4-16〉).

표　4-16　2차 중단기 환경운동연합 주도 반대전략

일 시	내 용	전략구분
2001. 05. 28	새만금간척사업 강행 무효 차량 시위	집회·시위
2001. 05. 30	새만금간척사업 강행결정 무효를 촉구하는 1,000만인 서명운동 돌입	
2001. 06. 05	환경의 날 기념 새만금간척사업 강행 무효화를 위한 범국민대회	
2001. 06. 08	새만금사업 강행결정 무효와 새만금 갯벌 살리기를 위한 농성 돌입	
2001. 07. 07	새만금 강행 무효화를 위한 시민행동 1,200여 명 전북도청 앞 시위	
2001. 07. 09	새만금 1천만인 서명운동본부 발대식	
2002. 05. 24	국립공원 내 해창석산 발파작업 저지를 위한 현장농성 돌입	
2003. 03. 11	새만금간척사업 즉각 중단을 위한 '새만금 생명의 소리' 행동 돌입	
2003. 05. 16	새만금 방조제 공사 중단을 위한 방조제 공사 앞 시위	
2003. 05. 22	새만금간척사업 중단을 촉구하는 침묵시위	
2003. 05. 26	환경운동연합 새만금 전국 비상대책위원회 단식·침묵·삭발 시위	
2003. 06. 15	새만금 방조제 4공구 해수유통을 위한 국민대회	
2003. 07. 07	새만금살리기 전국 시민행동 선언 및 전국 자전거 홍보단 발대식	
2001. 06. 04	국회의원·환경단체 긴급 간담회, "새만금간척사업 추진결정, 타당한가?"	정책학습
2003. 02. 07	새만금 갯벌을 위한 대화마당	
2003. 02. 28	새만금 지역을 살리기 위한 한·독 공동 심포지엄, "새만금 강행발표, 그 이후"	
2002. 08. 26	리우+10에서 새만금간척사업을 대표적 반환경적 사업으로 이슈화	국제연대
2002. 08. 26-09. 04	지속가능발전 정상회담(WSSD) 참석, 새만금간척사업 중단을 위한 캠페인 및 행진	

출처: 연합뉴스〈http://www.yonhapnews.co.kr〉를 근거로 재구성.

참조). 이전에 볼 수 없었던 특이한 전략은 한·독 공동 심포지엄 개최와 지속가능발전 정상회담(WSSD)에 참석해 사업중단을 위한 캠페인 및 행진을 벌이는 등의 국제적 연대 도모가 그것이다.

이러한 상황 속에서 2003년 3월 28일부터 5월 31일까지 65일간 수경 스님(불교), 문규현 신부(천주교), 이희운 목사(개신교), 김경일 교무(원불교) 등이 삼보일배단을 구성해 전북 부안군 해창 갯벌에서 서울까지의 305km를 행진하였다.

삼보일배단은 30여 명으로 구성된 공식수행단 뒤에 전국의 자발적 지지자(연인 원 2만 4천 명)들이 뒤따랐다. 특히, 서울시내에 들어선 5월 23일부터는 하루 평 균 500-600명의 시민들이 동참했으며, 마지막 날에는 7천여 명이 참석해 사업 재개결정에 대한 반대여론이 확산되기에 이른다.

한편, 이러한 반대여론의 확산을 차단하기 위해서 전라북도와 새만금사업 추진범도민협의회 등 1만여 명이 같은 해 6월 3일 서울 여의도 문화마당에서 새만금사업 논쟁종식 전북도민총궐기대회를 개최하였는데, 이 자리에서 강현욱 지사 등 40여 명이 새만금 사업완수를 요구하며 삭발을 감행했으며, 대한민국 공무원노조총연맹 전북노조 소속 공무원 280여 명은 사직서를 쓴 채 참가를 했다. 이들의 주장은 새만금간척사업은 전북도민의 희망으로 사업의 중단은 도 민의 죽음이므로, 계속된 논쟁을 접고 개발과 환경의 조화를 통한 상생의 길을 모색하자는 것이었다.

또한, 2003년 6월 5일 '환경의 날'에는 노무현 대통령이 기초단체장과 가진 오찬간담회에서 전임정부에서의 결정을 현 정부에서 뒤집기는 어렵다는 이유를 들어 새만금간척사업의 계속시행 방침을 재확인시켜 주었다. 이에 대해 전북과 새만금사업추진범도민협의회 등은 환영의 입장을, 환경단체들은 '환경의 날'에 이러한 언급은 매우 실망스럽다는 입장을 나타냈다(연합뉴스⟨http://www.yonhapnews. co.kr⟩).

이러한 높은 수준의 갈등 속에서 2003년 6월 12일에 환경단체와 '새만금 사업 즉각 중단을 위한 전북사람들' 등 3,539명은 서울행정법원에 국무총리와 농림부장관을 상대로 고유수면 매립허가와 사업시행인가 처분취소 청구 및 집 행정지신청을 하게 된다.

② 정책중개자의 중개전략

본 2차 중단기에서는 양 세력 간의 갈등을 절충하기 위한 정책중개자로서 서울행정법원이 등장한다. 서울행정법원은 전술한 본안 소송 확정시까지 방조 제 공사와 관련된 일체의 행위를 잠정 중단할 것을 2003년 7월 15일에 결정한 다. 즉, 국무총리 명의의 새만금간척사업에 대한 정부조치계획(2001. 05. 25), 농 림부장관 명의의 정부조치계획에 대한 세부실천계획(2001. 08. 06)을 비롯해 새만 금간척사업 시행인가 처분(1991. 11. 13)·공유수면매립면허처분(1991. 10. 17) 등에 효력이 미쳐, 사업은 다시 중단되기에 이른 것이다.

　기본적으로, 본 시기의 참여자는 NGO 및 이익집단이 존재하는 상황에서 대통령, 전라북도, 그리고 정책중개자 등으로 구성되었다는 점에서 정책형성과정의 범위가 1차 재개기와 유사하다고 할 수 있으며, 갈등의 해결행태는 정책중개자인 서울행정법원이 제3자적 입장에서 선고일까지 방조제공사 관련 일체의 행위를 잠정 중지할 것을 결정했다는 점 등을 감안할 때, 전반적으로 수평적 행태를 보였다고 할 수 있는 것이다.

　(5) 2차 재개기(2003. 07~2004. 01)

　2차 재개기는 2차 중단기 직후인 2003년 7월부터 서울고등법원이 사업재개결정을 내리는 2004년 1월까지로 한다. 본 기간 역시 실질적 사업은 중단되고 있었지만, 사업재개를 위한 정책형성과정이 진행되고 있음에 초점을 맞춰 2차 재개기로 표시했다.

　① 정책옹호연합 간 정책전략

　아래 〈표 4-17〉은 2차 재개기에 있어서 본 사업을 둘러싼 각 세력연합의 주체와 활동을 공식성과 참여빈도를 감안해 작성한 것이다.

표 4-17 2차 재개기 정책옹호연합의 구성체계

구 분		보존옹호연합		개발옹호연합	
		공식성 여부		공식성 여부	
		공식적 정책참여자	비공식적 정책참여자	공식적 정책참여자	비공식적 정책참여자
참여자의 참여빈도 여부	핵심적 정책참여자	-	-	농림부	새만금완공 전북도민총연대, 새만금 범국민협의회 (모두 이익집단)
	주변적 정책참여자	-	환경단체	-	-

　2003년 7월 15일에 서울행정법원이 사업의 잠정중단결정을 내리자마자 당시 김영진 농림부장관은 강하게 반발하며 사직서를 제출했고, 청와대의 사퇴

철회 권고마저 수용하지 않자 18일자로 사표는 수리되었다. 또한, 농림부는 서울고등법원에 집행정지결정을 취소해 달라며 즉각 항고하였으며, 18일 긴급기자회견을 통해 새만금 담수호의 수질대책에 대한 소명자료를 제출하지 않았다는 법원의 주장에 대해 정부차원의 수질대책(2003.06.26)과 2002년에 측정한 수질현황 등을 제출했다는 관련 자료를 공개하는 등 정면대결 태세를 취하였다. 이에 대해 담당 부장판사(강영호)는 같은 날 오후 '판사는 법정 안에서 심리를 해야지 법정 밖에서 공방을 하는 것은 적절치 않다'며, 하고 싶은 말은 많지만 자제하겠다는 입장을 나타내 농림부와 법원 간의 논쟁은 계속되지 않았다(동아일보, 2003.07.17; 농림부보도자료, 2006.03.16).

한편, 판결직후인 2003년 7월에 공사중단을 반대하는 전라북도 내 280여 단체가 모여 '새만금완공전북도민총연대'를 결성함과 동시에 물류산업단지 및 관광단지 등의 조성을 통해 새만금지역이 황해권의 중추적 역할을 맡아야 한다는 성명을 발표했으며, 7월 28일부터는 전북지역 14개 시군에서 새만금간척사업 쟁취를 위한 200만 서명운동을 전개하였다. 이 운동은 10일 만에 100만 명 이상, 9월까지 200만 명의 서명을 받아 청와대를 포함한 정부, 정당, 법원 등 10개 기관에 전달하기에 이른다. 이와 함께 전국적 수준의 세(勢) 결집을 위한 새만금범국민협의회가 2003년 10월 1일에 구성되었는데, 이들 집단은 새만금이 동북아 중심국가 도약에 일익을 담당할 수 있도록 세계적 물류단지 조성, 첨단농업단지 육성, 세계최대의 새만금 방조제와 중국 만리장성과 연계되는 동북아 관광벨트 조성 등의 사업을 촉구했다. 또한, 국민들의 관심도를 높이기 위해 전 국민을 상대로 회원모집을 실시하였으며, 매년 11월 1일을 새만금의 날로 지정하는 등 사업의 적극 추진을 위한 찬성전략을 폈쳤다(박순열, 2007: 141-142).

다른 한편 법원판결로 유리한 입장에 있었던 환경단체의 반대전략도 이어졌는데, 2003년 9월 17일 환경운동연합 부설 시민환경연구소 주최로 새만금 갯벌 보전을 통한 새로운 전라북도의 발전대안제시를 하는 등 정책학습을 벌인 것이 그 한 예이다.

② 정책중개자의 중개전략

본 2차 재개기에서는 양 세력의 첨예한 갈등을 절충하기 위한 정책중개자로서 서울고등법원이 발견된다. 서울고등법원은 농림부가 사업중단결정에 반발하며 집행정지결정을 취소해 달라는 항고(2003. 07)에 대해, 3차례(09. 04, 09. 25, 11.06) 심리를 통해 농림부측의 항고를 받아들임으로써 2004년 1월 29일 사업재개결정을 내리게 된다.[18]

기본적으로 본 시기의 참여자는 NGO 및 이익집단 모두가 존재하는 가운데 정부관료제, 정책중개자 등으로 구성되었다는 점에서 정책형성과정의 범위가 1차 재개기와 유사하다. 아울러, 갈등의 해결행태는 정책중개자인 서울고등법원이 제3자의 입장에서 양측의 의견 등을 종합하여 결정했다는 점에서, 수평적 행태를 보였다고 할 수 있는 것이다.

(6) 유지기(2004. 01-2006. 03)

유지기는 2차 재개기 직후인 2004년 1월부터 대법원에 의해 새만금간척사업에 대해 최종적으로 유지결정이 내려지는 2006년 3월까지의 기간으로 한정한다.

① 정책옹호연합 간 정책전략

유지기에 있어서 본 사업을 둘러싼 보존옹호연합과 개발옹호연합을 공식성과 참여빈도의 여부에 따라 조합시켜 보면 〈표 4-18〉과 같다.

표 4-18 유지기 정책옹호연합의 구성체계

구 분		보존옹호연합		개발옹호연합	
		공식성 여부		공식성 여부	
		공식적 정책참여자	비공식적 정책참여자	공식적 정책참여자	비공식적 정책참여자
참여자의 참여빈도 여부	핵심적 정책참여자	–	환경단체	전라북도, 농림부	새만금완공 전북도민총연대
	주변적 정책참여자	–	–	농업기반공사	–

18 판결이유를 요약해 보면, 원고들의 주장과 소명자료 등을 종합해 보더라도 새만금간척사업으로 인한 환경상 침해규모를 구체적으로 확정하기 어렵고, 그러한 침해가 본안에서 승소하더라도 금전적으로 보상할 수 없을 정도는 아니며, 사업중단은 방조제 토석유실로 공공복리에 중대한 손해를 끼칠 우려가 있다는 것이다(서울고등법원〈http://slgodung.scourt.go.kr〉).

2004년 1월 29일 서울고등법원이 사업재개 결정을 내리자, 전북은 환영의 입장과 함께 방조제 완공이라는 국책사업을 차질 없이 진행하겠다는 의지와 함께 새만금을 황해권과 전북경제발전의 중심지로 집중 투자해야 한다는 입장도 피력한다. 아울러, 농업기반공사도 도민이 소망하는 결과가 나와서 다행이며, 친환경적인 순차개발방식에 따라 연도별·분야별로 공사를 진행하겠다는 입장을 밝혔다(박순열, 2007: 142).

하지만 이러한 사업재개결정이 2001년 8월 환경단체 등이 농림부장관 등을 상대로 서울행정법원에 사업취소청구소송을 제기했던 본안재판까지 이어질지는 불확실한 상황이었기에 새만금완공전북도민총연대는 사회갈등의 종식과 함께 사업의 조기완공을 촉구하는 결의대회(2004. 06. 03)를 가진다.

그럼에도 불구하고, 2005년 2월 4일 서울행정법원은 본안 1심에서 사업의 타당성을 기대할 수 없다며, 사업계획을 변경 또는 취소하라는 취지의 사실상 원고 승소판결을 내리게 된다. 이에 대해 농림부는 강하게 반발하며 사업을 취소도 변경도 않겠다며 2005년 2월 21일 서울고등법원에 항소하게 된다. 이에 맞서 환경단체들은 여러 반대전략을 구사하게 되는데, '환경보전운동에 있어서 새만금소송의 의의(2005. 04. 29)'와 새만금 '긴급 대화마당'(2005. 11. 18) 등을 통한 정책학습, 그리고 그린피스와 함께 새만금호에서 해양생태계 및 고래보호운동(2005. 03. 23)을 전개하는 국제연대 등이 그것이다.

그러나 2005년 12월 21일 본안 항소심에서 서울고등법원은 공유수면 매립허가 등에 문제가 없다며, 원심을 깨고 농림부의 항소를 받아들이게 된다. 이에 대해 농림부는 현명한 판단이며 환경단체 등이 제기한 환경문제도 함께 해결해 나갈 것이라며 환영의 입장을 보인 반면, 환경운동연합 등은 강한 반발을 보이면서 2006년 1월 3일에 새만금간척사업을 취소해 달라며 대법원에 상고함과 동시에 새만금 갯벌 살리기를 염원하는 촛불행사(2006.01.25) 등을 개최하기도 하였다.

② 정책중개자의 중개전략

본 재개기에서는 양 연합의 갈등 중개자로서 대법원이 발견된다. 대법원은 환경운동연합이 2006년 1월 3일에 사업을 취소해 달라는 본안 상고심에서 원

고측 주장을 기각하고 사업유지를 결정하게 된다.[19]

본 시기 역시, NGO 및 이익집단 모두 존재하는 상황에서 중앙정부, 전라북도, 그리고 정책중개자 등으로 구성됐다는 점에서, 이전 세 시기와 정책형성과정의 범위가 유사하다고 할 수 있다. 또한, 갈등의 해결행태 역시 정책중개자인 대법원이 제3자적 입장에서 양측의 의견 등을 종합해 결정했다는 점에서, 수평적 행태를 보였다고 할 수 있는 것이다.

3) 정책산출 분석

결국, 대법원의 판결에 따라 사업유지가 최종 결정되자, 정책변동의 창은 닫히게 되고, 이를 근거로 양 옹호연합의 의견을 반영한 정책산출물이 2008년 10월 21일 국무회의를 통해 의결된다. 즉, 여의도 면적의 약 100배에 달하는 새만금간척지에 대해 약 2020년까지 농업용지 30.3%, 산업·관광용지 39.2%, 유보용지 26.6%, 그리고 둑 등 3.9%를 건립하는 내용의 정책이 산출되었다. 이러한 정책은 기본적으로 정치적 이해관계를 떠나 타 지역에 비해 상대적으로 낙후되어 있는 전북지역을 발전시키려는 의도가 분명하다는 점에서, 과거 소극적 지역균형정책이 적극적 지역균형정책으로 변동되었다는 의의도 찾을 수 있을 것이다.

2. 분석의 종합

종합적으로, MSF를 활용한 새만금간척사업의 변동 분석결과를 촉발기제, 정책변동의 창, 그리고 정책산출로 구분하여 나타내면 〈표 4-19〉와 같다.

---

19 법원의 판결이유를 요약하면 다음과 같다. 새만금간척사업의 기본계획이 경제성이 없다는 원고측의 주장은 이유가 없으며, 토지수요의 증대·한계농지 대체개발의 필요성·쌀 수입 개방 등으로 인한 미래식량위기와 남북통일 등 국내외 여건변화에 대비하기 위해서라도 본 사업은 국가경영상 중요한 과제에 해당된다. 또한, 원고는 정부가 사업을 숨긴 채 부실한 환경영향평가를 했다고 주장하지만 명백한 증거가 부족하다(대법원〈http://www.scourt.go.kr〉).

표 4-19 MSF를 활용한 새만금간척사업의 변동 분석 결과[20]

촉발기제	구 분		정책변동의 창						정책산출
			착공기	1차 중단기	1차 재개기	2차 중단기	2차 재개기	유지기	
정치흐름 (노태우 대선후보, 새만금 간척사업 공약발표와 당선) [1987. 12]	보존옹호 연합		경제 기획원	인수위원회, 환경단체	환경단체, 전북사람들	환경단체, 삼보일배단	–	환경단체	(2020년까지 농업용지 30.3%, 산업·관광용지 39.2%, 유보용지 26.6%, 둑 등 3.9%로 건립) 소극적 지역균형정책 ↓ 적극적 지역균형정책
	개발옹호 연합		대통령 (노태우), 야당총재 (김대중)	농림부, 공사, 전라북도	농림부, 공사, 전라북도, 협의회	대통령 (노무현), 전라북도, 협의회	농림부, 도민총연대, 범국민협의회	전라북도, 농림부, 도민총연대	
	보존옹호연합의 정책전략		경제기획원: 예산삭감 전략	인수위원회: 부실사업선정 전략, 환경단체: 멀티전략	환경단체: 멀티전략, 전북사람들: 농성전략	환경단체: 멀티전략, 삼보일배단: 반대여론 확산전략		환경단체: 멀티전략	
	개발옹호연합의 정책전략		대통령·야당총재: 영수회담 전략	농림부: 멀티전략, 공사: 대책제안전략, 전라북도: 대책제안·협의기구 제안전략	농림부: 인터뷰전략, 공사: 배포전략, 전북도: 인터뷰전략, 협의회: 멀티전략	대통령: 간담회 전략, 전북도·협의회: 총궐기 전략	농림부: 멀티전략, 도민총연대: 서명운동전략, 범국민협의회: 멀티전략	전라북도: 브리핑전략, 농림부: 멀티전략, 도민총연대: 결의대회전략	
	정책 중개자	유무	無	無	민관공동 조사단	서울행정법원	서울고등법원	대법원	
		전략	無	無	보고서 제출전략	판결전략	판결전략	판결전략	
	결정내용 (세부적 정책변동)		사업착공 (정부결정)	사업중단 (정부결정)	사업재개 (중개자 보고서를 근거로 정부결정)	사업중단 (중개자결정)	사업재개 (중개자결정)	사업유지 (중개자결정)	
	참여자의 범위		협 소	중 간	광 대	광 대	광 대	광 대	
	갈등해결 행태		수 직	수 평	과 도	수 평	수 평	수 평	

20 정책옹호연합과 그 전략은 핵심적 정책참여자를 근거로 구성한 것이고, 참여자의 범위는 편의상 협소(정부관료제 위주), 중간(NGO·이익집단도 존재), 광대(정책중개자도 존재)로 구분하였으며, 갈등해결의 행태는 수직, 과도, 수평으로 나누었고, 멀티전략이란 한 조직이 한 시기에 2가지 이상의

Ⅳ. ▶▶ 결 론

지금까지 MSF를 활용하여 새만금간척사업의 변동과정을 분석해 본 결과, 다중흐름 중 정치흐름인 노태우 대선후보의 새만금간척사업 공약발표와 당선이 촉발기제로 작용하여 정책변동의 창을 열었으며, 창안에서는 보존옹호연합과 개발옹호연합 간의 본격적인 갈등이 이어졌고, 그로 인해 무려 여섯 차례의 세부적 변동 끝에 대법원에 의해 사업이 최종 결정되었으며, 그러한 과정을 거치는 동안, 소극적 지역균형정책이 적극적 지역균형정책으로 변동되었음을 알 수 있었다.

이러한 분석을 통해 Kingdon의 주장들을 다시 확인할 수 있었다. 첫째, Kingdon은 정책변동에 가장 큰 영향을 미치는 요인은 정책문제흐름, 정책대안흐름, 그리고 정치흐름으로 구성되어 있는 다중흐름이라고 했다. 실제 분석결과, 다중흐름 중 정치흐름이 새만금간척사업의 촉발기제가 되어 사업에 관한 논쟁을 지속시켰으며, 결국에는 정책변동까지 이루어지게 하는 데 연결고리 역할을 했다는 점이 발견되었다. 둘째, 정권교체, 국민적인 분위기 등에 의한 정치흐름에 의해 정책변동의 창이 열릴 가능성이 제일 높다는 주장 역시 다시 확인되었다. 셋째, 정책형성과정에서는 적절한 시기에 등장해 활동하는 참여자의 역할이 중요하다고 했는데, 실제로 환경단체 등의 보존옹호연합과 농림부 등의 개발옹호연합이 치열한 게임의 장을 전개시켜 정책결정에 상당한 영향을 미쳤다는 점에서, Kingdon의 주장과 맥을 같이 한다고 볼 수 있다. 넷째, 비공식적 참여자보다는 공식적 참여자의 입장이 보다 비중 있게 작용한다는 결론을 도출한 바 있다. 이러한 주장 역시, 여섯 시기 가운데 1차·2차 중단기를 제외한 나머지 네 시기는 농림부를 위시로 한 공식적 참여자의 의도가 반영되었다는 사실로 확인되었다.

그러나 정책변동이 일어날 가능성은 각 정권의 중·하반기보다는 정권 초기에 더 높다는 주장은 설득력이 약하다고 하겠다.[21] 즉, 착공기는 노태우정권

전략을 구사하는 것을 의미하는 것이다.

21 편의상 한 정권의 5년 임기를 20개월 단위로 3등분하여 초반기, 중반기, 하반기로 구분하였다.

의 하반기, 1차 중단기는 김대중정권의 초반기, 1차 재개기는 중반기, 2차 중단기와 2차 재개기는 노무현정권의 초반기, 그리고 유지기는 중반기에 세부적 정책변동이 발생했기 때문이다.

이외에 추가적 시사점은, 정책중개자의 영향력은 헌법적 기관 중 하나인 대법원의 영향력이 매우 크다는 사실이다. 이 같은 사실은 1차 재개기의 국무총리 산하 민관공동조사단의 조사결과를 근거로 사업재개결정을 내렸던 정부에 대해서는 반발하였으나, 대법원의 결정에 대해서는 모든 참여자들이 대체로 순응적 자세를 보였다는 점에서 확인된다. 또한, 새만금간척사업은 복잡한 변동과정을 내포하고 있지만, 촉발 단계, 정책변동의 창 단계, 정책산출 단계 간의 경계가 명확히 구분된다는 특징을 보이고 있다.

마지막으로, 본 연구에 대한 분석결과와 시사점이 새만금간척사업의 사례연구에만 국한될 수 있다는 가능성에 대해 향후 다양한 정책사례들을 연구함으로써 연구의 객관성을 높여야 할 것이다. 또한, 본 연구에 적용한 MSF는 ACF처럼 다양한 수준의 외적변수 등이 분석과정에 포함되지 못했다는 점에서 이에 대한 보완작업도 이루어져야 할 것이다. 아울러, 원형 MSF는 정책의제에 초점을 맞춘 이론이었기에, 비록 선행연구에서도 보았듯이, 정책결정을 포괄하는 정책변동으로 분석하여도 연구의 객관성을 제고하여 학문적으로 기여한다는 것을 알았지만, 원형 MSF를 활용한 본격적인 정책의제 분석도 차후 과제로 남아 있다고 할 수 있다.

제 3 절

ACMS 모형의 적용 − A [ACMS 모형을 활용한 정책변동 분석: 서울추모공원건립정책을 중심으로]

본 절에서는 전술한 ACMS 모형을 서울추모공원건립정책에 적용하여 본 이론을 좀 더 심도 있게 조명하고자 한다.

I. ▶▶ 서 론

　비선호시설은 국가적·지역적으로 그 필요성이 일반적으로 받아들여지지만 해당 입지지역 차원에서는 해악성이 강하게 부각되는 양면성을 지니는 시설이라고 할 수 있다. 다시 말해서, 이러한 비선호시설에 근거한 입지정책은 공공시설 입지라는 핵심요소를 포함하고 분배정책의 성격을 갖지만, 그 편익이 국가 및 지역사회 전체에 주어지는 반면, 시설입지라는 지리적 특성 때문에 입지 주변지역에는 부정적 효과를 유발시킴으로써 당해 주민 등에게는 편익보다는 비용을 더 느끼게 된다. 따라서 이의 수용을 거부하는 양상을 보인다는 점에서 다른 분배정책과는 일정부분 차이가 있는 것이다. 이러한 대표적 비선호시설이 본 연구에서 조명할 화장장시설이라고 할 수 있다.

　전통적으로 화장을 꺼리고 매장을 선호하는 우리나라의 문화적 배경은 좁은 국토에도 불구하고 많은 토지의 이용을 불가능하게 함으로써 높은 수준으로 사회적 문제를 야기시켜 왔다. 다행히 최근 국민들의 장묘문화는 매장중심적인 사고에서 화장중심적인 선호로 급속하게 변화하고 있는데, 이는 비좁은 국토에 비해 해마다 여의도 면적에 해당하는 토지가 분묘로 변해 가는 것을 걱정하던 중앙정부나 지방정부들로서는 더 없는 희소식이라 할 수 있다. 실제로, 보건복지부〈http://www.mw.go.kr〉에 의하면, 서울시민의 화장률 추이는 2001년 53.2%로 매장률을 처음으로 추월했으며, 2006년에는 68.2%를 기록했고, 2010년 80.4%, 2015년 88.6%, 그리고 2020년에는 91.7%에 이를 것으로 전망하고 있다.

　그러나 이러한 매장중심에서 화장중심으로의 장묘문화 변화는 또 다른 문제를 야기시켜 화장장시설의 확충을 긴급하게 요구하게 되었는데, 특히 우리나라 인구의 5분의 1이 넘는 천만 인구가 생활하고 있는 서울시의 경우 그 문제가 더욱 심각하여 기존의 벽제화장장만으로는 늘어나는 화장수요를 감당하지 못하게 되었다. 실제로, 보건복지부〈http://www.mw.go.kr〉에 의하면, 2008년 말 현재 서울시의 인구 대비 화장로는 29%에 불과하며 차후 상당부분 화장로가 부족할 것으로 내다보고 있다.

이에 서울시는 기하급수적으로 늘어나는 화장수요에 대응하기 위해 서초구 원지동에 서울추모공원의 건립을 시급하게 추진하게 되었다. 그러나 화장장의 필요성 자체는 누구나 인정하고 있으나 이의 입지에 대해서 해당 기초지방정부 및 주민 등은 나름대로의 주장들을 내세워 반대를 함으로써 추모공원의 건립은 파행을 겪게 된 채 이를 시행하려는 서울시 등과 이의 수용을 거부하려는 서초구·서초구민 등 간 높은 수준의 갈등을 노정시키게 되었다.

이에 본 연구에서는 일정기간에 급격한 정책갈등을 겪은 서울추모공원건립정책을 Sabatier의 옹호연합모형(Advocacy Coalition Framework: ACF)과 Kingdon의 다중흐름모형(Multiple Stream Framework: MSF)을 자체적으로 결합시킨 ACMS 모형을 통해 정책변동의 요인 차원에서 그 정책형성과정을 고찰해 보고, 정책변동의 과정 속에서 나타나는 함의는 무엇인지 조명하고자 한다.

한편, 통합모형인 ACMS 모형을 서울추모공원건립정책에 적용시키려는 이유는 본 사례가 높은 수준의 외적 변수를 수반하며, 옹호연합 간 상호작용 또한 치열했고, 정책중개자도 지속적으로 나타났다는 점 등에서, 다른 모형으로는 논리적 분석에 한계가 있다는 판단 때문이다. 결국, ACMS 모형은 한계로 지적했던 부분들 이외에 시작점과 종결점 등이 체계적으로 갖추어져 있다는 점에서 역동적인 본 사례의 이론적 배경이 될 수 있다는 것이다.

Ⅱ. ▶▶ 이론적 고찰

1. 정책변동의 개념

정책변동에 대한 개념정의는 학자들의 접근입장차이로 다양하게 정의되고 있는데, 이를 살펴보면 다음과 같다.

Hogwood & Peters(1983)는 정책변동에 대해 정책평가가 이루어진 다음의 과정에서 정책산출물의 변화가 오는 것이라고 정의하고 있고, Hall(1993)은 정책수단의 수준만이 변동되는 1차적 변동, 정책목표에는 변화가 없으나 정책목표달성을 위해 정책수단을 변경하는 2차적 변동, 정책환경·정책목표·정책수단이 급격히 변동하는 3차적 변동으로 대별한다. 그리고 박해룡(1990)은 정책변동에 대해 사회적·경제적 여건, 정치체제적 변화에 의해서 기존의 정책산출물과 다른 것으로 결정되고 대부분의 정책형성은 기존의 정책산출물을 토대로 이루어지는 것이라고 정의한다. 한편, 정정길(2000)은 정책결정에서 발생하는 정책산출물의 수정·종결만이 아니라 정책집행단계에서 발생하는 것도 포함하는 것으로 개념정의를 하고 있다.

위의 개념정의를 근거로 본 연구에서는 정책변동에 대해 다음과 같이 정의하고자 한다.

즉, 정책변동(policy change)은 정책결정과정의 정책산출물 입안 이후 정책과정에서 정책문제에 대한 변화를 인지하여 다시 '정책의제형성과정'으로 환류되어 이전 정책결정과정에서 산출된 정책을 수정·종결하는 것을 의미하는 것으로서, 이러한 수정·종결산출물이 정책집행·정책평가과정으로 순응할 때, 비로소 완전한 정책변동이 이루어지는 것이다. 정책결정과정의 수정·종결된 정책산출물까지가 1단계 정책변동의 범위이고, 이러한 산출물의 정책집행·정책평가과정으로의 순응이 2단계 정책변동의 범위라고 할 수 있는 것이다.

본 연구에서 다루어지는 서울추모공원건립정책 역시 장묘정책집행과정에서 급증하는 화장장 수요문제 등을 인지하여, 이에 대응할 수 있는 정책을 산출하기 위하여 정책의제형성과정으로 환류시켜, 새로운 정책을 산출하는 정책변동과정인 것이다.

2. 기존 정책변동의 의의

1) ACF의 개념

본 연구에서 직접적으로 활용할 기존 정책변동모형은 Sabatier의 ACF와 Kingdon의 MSF이다. 먼저, ACF는 Sabatier(1988)에 의해 제기된 정책변동모형으로서, 외적변수(external parameters), 옹호연합(advocacy coalition), 신념체계(belief systems), 정책중개자(policy brokers), 정책학습(policy learning), 정책산출(policy output), 그리고 정책변동(policy change) 등으로 구성된다(〈그림 4-6〉 참조).

그림 4-6   ACF의 개념틀

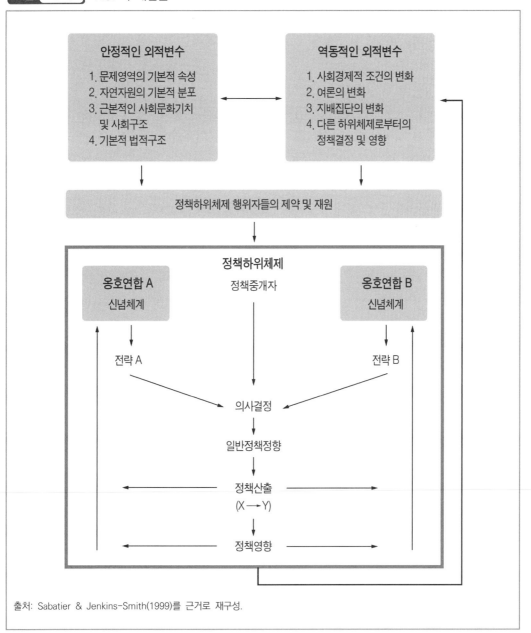

안정적인 외적변수

1. 문제영역의 기본적 속성
2. 자연자원의 기본적 분포
3. 근본적인 사회문화기치
   및 사회구조
4. 기본적 법적구조

역동적인 외적변수

1. 사회경제적 조건의 변화
2. 여론의 변화
3. 지배집단의 변화
4. 다른 하위체제로부터의
   정책결정 및 영향

정책하위체제 행위자들의 제약 및 재원

정책하위체제

옹호연합 A
신념체계

정책중개자

옹호연합 B
신념체계

전략 A

전략 B

의사결정

일반정책정향

정책산출
(X → Y)

정책영향

출처: Sabatier & Jenkins-Smith(1999)를 근거로 재구성.

본 모형에 대한 선행연구를 살펴보면, 전진석(2003b)은 ACF를 의약분업정책에 적용하면서, 수십 년에 걸친 의약분업정책은 정책옹호연합들 간의 상호작용이며, 이들에게 영향을 주는 변수는 안정적인 변수와 역동적인 변수라는 것을 밝혔다. 장지호(2004)는 ACF를 활용하여 경유승용차 판매허용의 정책변동을 조명하면서, 일반적인 산업정책이 정부의 자의적 기준에 의해서 거시적으로 결정되는 것이 아니라 정부부처 및 외부 정책관련 집단들이 각각의 신념에 의해 연합을 형성하고, 그 연합들이 상호작용을 거치면서 정책이 제시되고 수정된다는 것을 제시하였다. 그리고 김순양(2006)은 ACF를 적용하여 1980년 이후부터 1999년 12월에 국민건강보험법 개정으로 일단락된 의료보험 통합일원화 논쟁을 분석하면서, ACF는 동태적인 정책형성 및 변동과정을 분석하는 데에는 유용하지만, 정책중개자의 중개행위나 정책학습 등 일부 구성요소들을 보편적으로 적용하기에는 한계가 있다는 점을 지적하였다.

하지만 이들 ACF 연구는 전반적으로 정책변동과정의 시작인 촉발기제가 부재하고, 상호작용에 있어서도 정책학습의 정책전략 이외에는 별 다른 변수가 없다는 점에서 한계를 갖는다.

2) MSF의 개념

한편, MSF는 Kingdon(1984)에 의해 제기된 정책변동모형으로서, 정책문제흐름(policy problem stream), 정책대안흐름(policy alternative stream), 정치흐름(political stream), 정책변동의 창(window of the policy change), 정책산출(policy output), 그리

그림 **4-7** MSF의 개념틀

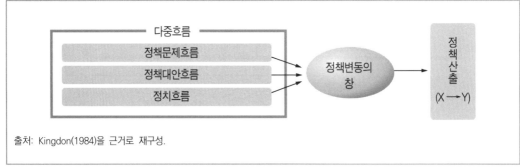

출처: Kingdon(1984)을 근거로 재구성.

고 정책변동(policy change) 등으로 구성된다(〈그림 4-7〉 참조).

　　본 모형에 대해서도 선행연구를 살펴보면, 이병길(1992)은 MSF를 적용하여 1980년에서 1990년 사이의 방송정책의 변동요인과 과정에 대해서 고찰했다. 부형욱(2002)은 방위력 개선사업에서의 정책변동을 Kingdon의 MSF를 활용하여 조명하였다. 그리고 이순남(2004)은 MSF를 활용하여 군간호인력정책의 변동요인과 과정을 단계별로 비교분석하였다.

　　하지만 이들 MSF 연구 역시 전반적으로 높은 수준의 외적변수가 부재하고, 체계적인 정책참여자의 구성체계 및 정체성 등에서 미흡한 모습을 보였으며, 정책중개자의 역할이 부재하였다는 점에서 일정부분 한계가 있다고 할 수 있는 것이다.

3. ACMS 모형의 의의

1) ACMS 모형의 개념

　　ACMS 모형은 본 저자가 연구의 적합성을 위해서 전술한 Sabatier의 ACF와 Kingdon의 MSF를 근거로 자체적으로 결합시킨 모형이다. ACMS는 ACF와 MSF의 앞글자 두 자를 결합시킨 용어이다.

　　두 모형의 결합에 대한 당위성은 전술한 선행연구의 단점을 보완한 것으로 그 내용은 다음과 같다(〈표 4-20〉 참조).

표　4-20　기존 모형의 단점과 ACMS 모형의 장점[22]

구 분	ACF	MSF	ACMS 모형
외적변수	충 실	부 재	충 실
정책변동과정의 시작인 촉발기제	부 재	충 실	충 실
상호작용	미 흡	충 실	충 실
체계적인 정책참여자의 구성 및 신념체계	충 실	미 흡	충 실
정책중개자	충 실	부 재	충 실

---

22 한 모형의 부재·미흡을 다른 모형의 충실로 보완하면 전체가 충실해지는 것을 의미한다.

첫째, ACF는 정책변동의 시작점, 즉 촉발기제가 부재하고, 정책변동과정에 있어서 정책학습의 전략만 있을 뿐 복잡하고 혼돈된 상호작용을 설명하기에는 한계가 있다. 이러한 단점은 정치흐름 등을 통해 정책변동의 촉발기제가 명확하고, 정책변동의 창을 통해 정책변동과정의 혼돈된 상호작용을 정책경로, 정책전략 등 여러 단계별로 강조할 수 있는 MSF에 의해 보완될 수 있을 것이다.

둘째, MSF는 정책하위체제의 외적변수, 즉 정치적 조건, 사회·경제적 조건 등이 부재하여 연구의 객관성을 높이는 데 한계로 작용할 수 있다. 그리고 정책참여자들의 명확한 구성과 그들의 정체성인 신념체계에 대한 설명도 미흡하며, 중재입장에 있는 정책중개자의 역할도 부재하다. 이러한 단점은 안정적이고 역동적인 변수를 가지고 있어 외적변수에 대한 설명에 충실하고, 정책참여자를 옹호연합으로 명확히 다루고 있어 이들의 신념체계를 세부적으로 구성하고 있으며, 정책중개자의 존재를 설명하고 있는 ACF에 의해 보완될 수 있을 것이다.

이러한 두 모형의 장단점을 고려하여 결합한 것이 ACMS 모형이다(〈그림 4-8〉 참조).

ACMS 모형을 간략히 조명해 보면, 안정적인 외적변수와 역동적인 외적변수가 정책하위체제에 영향을 미치며, 이러한 외적변수에 영향을 받아 신념체계를 공유하고 있던 옹호연합이 다중흐름으로서의 촉발기제가 정책변동의 창을 열면서, 게임의 장에 임하게 된다. 창에서는 옹호연합 간 정책경로, 전략 순으로 진행되는 치열한 정책갈등이 이어지며, 정책중개자의 중재에 의해 창이 닫히게 된다. 결국, 정책중개자의 판단을 중심으로 양 옹호연합의 견해를 참고하여 공식적으로 새로운 정책산출물이 생성·변동되는 것으로서, 본 ACMS 모형은 이러한 흐름을 심도 있게 분석하는 모형인 것이다.

이렇게 볼 때, ACMS 모형은 정책형성과정에 국한된 모형이며, ACF와 MSF의 단점을 상호간에 보완함으로써, 다른 정책변동모형에 비해서 차별성을 갖게 되는 것이다. 즉, ACF가 갖지 못한 촉발기제, 옹호연합 간 혼돈된 상호작용과 PSF가 갖지 못한 외적변수, 체계적인 정책참여자의 구성 및 신념체계, 정책중개자를 모두 포괄하는 모형으로서, 다른 정책변동모형에 비해 정책변동의 구체적인 질적 분석을 높일 수 있다는 것이다.

그림 4-8 ACMS 모형의 개념틀

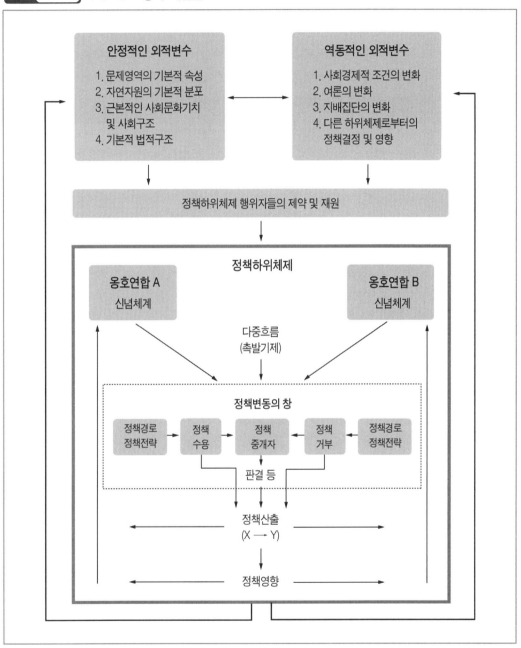

2) ACMS 모형의 세부변수 정의

(1) 외적변수

① 안정적인 외적변수

안정적인 외적변수(stable external parameters)는 변화가 불가능하지는 않지만 마치 종교의 개종처럼 변화의 속도가 매우 더디고, 기본적인 영향을 미친다. 먼저, 문제영역의 기본적 속성은 옹호연합 간 갈등의 쟁점이 무엇인가에 초점을 맞추는데, 사학정책의 경우 사학법이 부정비리에 제대로 대응하고 있느냐 여부가 바로 그것이다. 자연자원의 기본적 분포는 재원의 궁극적 존재역할을 의미하는데, 그린벨트의 경우 존재하는 궁극적 역할이 있을 것이다. 그리고 근본적인 사회문화가치 및 사회구조는 그 사회가 지니는 정체성으로서 전반적인 인식 등을 일컫는다. 마지막으로 기본적 법적구조는 정책산출로 인한 정책변동이 발생할 때까지 정책하위체제 전반에 기본적 영향을 미치는 법률 등을 의미한다.

② 역동적인 외적변수

역동적인 외적변수(dynamic external parameters)는 정책하위체제에 단기간에 큰 영향을 미친다(장지호, 2004: 177). 먼저, 사회경제적 조건의 변화는 오일쇼크, IMF 외환위기 등 사회경제적으로 나타나는 급격한 변화를 의미하고, 여론의 변화는 공공정책에 대한 국민들의 변화된 행태를 의미한다. 그리고 지배집단의 변화는 공공정책을 실질적으로 입안하고 집행하는 관리책임자의 변동 등이며, 다른 하위체제로부터의 정책결정 및 영향은 본 체제 이외에 다른 부문에서 결정하고 영향을 주는 행태로서 유사정책의 결정 등이 그것이다.

(2) 신념체계

정책하위체제를 살펴보면 관련자는 몇 개의 옹호연합으로 구성되는데, 이들은 기본적인 가치, 정책에 대한 인과적 인식, 정책수단에의 동의와 같은 주요한 신념체계(belief systems)를 공유하는 행위자들의 협력체로 구성된다. 이러한 신념체계로서 먼저, 규범적 핵심(normative core)은 신념체계 중 가장 최상위의 수준으로 자유, 평등, 발전, 보존 등의 존재론적인 공리가치의 우선순위를 정하는 것이고, 정책핵심(policy core)은 특정 하위체제에서 실제 운용되는 정책과 밀접히 연관되어 있는 것으로 정책에 관련되어 어떠한 특정목표가 정해질 것인지 혹은 목표달성의 필수조건들이 어떠한 것인지에 관한 인과적 인식을 말하는 것이다. 이에 비해 도구적 측면(instrumental aspect)의 신념은 가장 범위가 좁은 것으로 행정상 혹은 입법상의 운용과정에서 나타나는 정책수단, 예산의 배분, 성과에 대한 평가 등을 의미하는 것이다(장지호, 2004: 178).

(3) 촉발기제

촉발기제(trigger mechanism)란 일반적으로 예기치 못했던 사건이나 위기의 발생으로 기존의 정책 혹은 정책의 우선순위를 변화시키거나 새로운 정책을 탄생시키는 결정적 계기를 말한다. 즉, 잠재해 있던 어떤 문제를 극적으로 부각시키는 사건, 현상 등을 말하는 것이다(안병철, 2000: 44). 다시 말해서, 촉발기제는 정책변동의 창을 여는 시발점이 되는데, 본 연구에서는 기본적으로 정책문제흐름, 정책대안흐름, 그리고 정치흐름 등 다중흐름 중에 하나가 촉발기제가 된다. 이러한 정책흐름 중 정책문제흐름은 지표의 변동, 위기 또는 재난 등으로 인해 발생하며, 정책대안흐름은 정책적 판단활동, 이익집단의 개입 등에 의해 나타난다. 그리고 정치흐름은 정권교체, 국민적인 분위기 등에 의해 발생한다(Kingdon, 1984).

(4) 정책변동의 창
① 정책경로

정책문제를 둘러싸고 벌어지는 정책변동과정은 아무런 규칙 없이 상호작용이 일어나는 것이 아니다. 정책변동은 일정한 경로를 통해 이루어지는 것인데, 정책참여자들의 정책경로(policy channel)는 의도한 정책을 만들어내기 위해 참여자들이 각각의 입장과 영향력을 동원하고 전달하는 절차인 것이다(안병철, 2000: 46). 즉, 정책경로는 정책참여자들이 자신들의 대안을 이행하기 위한 채널인 것이다.

② 정책전략

정책과정을 정치적 과정으로 파악할 경우 가장 중요한 변수는 정책주창자들이 자신에게 주어진 문제해결을 위해서 사용하는 정책전략(policy strategy)이다. 정책참여자들의 전략은 일정한 상황에서 참여자들이 비슷한 행위를 반복적으로 하면서 형성된 행동으로서 정치적 상호작용의 절차, 즉 정책경로를 통해 사용되는 갈등해결의 방법들인 것이다(안병철, 2000: 46-47).

(5) 정책중개자

정책옹호연합 간 대립과 갈등을 중재하는 제3자를 정책중개자(policy brokers)라고 부른다. 정책중개자의 주요 관심은 옹호연합 사이의 갈등을 줄이면서 합리적인 타협점을 찾아내는 것인데, 보통 행정부 내 갈등조정장치 등이 그것이다. 다만, 본 연구에서는 논란의 여지가 있을 수는 있지만 해결되지 못한 사항에 대한 외부개입으로서의 법원 등도 포함시켜서 연구의 범위를 확대하여 분석시야를 넓히려 하는 것이다.

(6) 정책산출과 정책변동

정책중개자에 의해 정책대안이 중재되는 순간 정책변동의 창이 닫히고, 이를 근거로 공식적이고 세부적인 정책산출(policy output)이 발생하여 변동이 나타나게 된다. 즉, 정책산출은 이전과는 다른 정책을 생산하는 변동을 의미하는 것인데, 법원 등에서 큰 틀 차원에서 판결을 한 후 이를 근거로 세부적인 내용을 산출하는 것을 의미하는 것이다.

▶▶ ACMS 모형을 활용한 서울추모공원건립정책의 변동 분석

1. 서울추모공원건립정책의 의의

1) 추진경과

서울추모공원건립정책은 지속적으로 늘어가고 있는 시민의 화장수요에 대처하기 위해 서초구 원지동 76번지 일대에 장묘시설 등을 조성하려는 정책과정으로서, 추진경과를 간략히 살펴보면 다음과 같다.

표 4-21 서울추모공원건립정책의 추진경과

일 시	내 용
2001. 07. 09	서울시, 서초구 원지동을 서울추모공원건립부지로 선정
2001. 07. 19	서울시, 서울추모공원건립추진 기본계획안 수립(화장로 20기, 납골당 5만위, 장례식장 12실 등 장사시설 위주)
2001. 09. 05	서울시, 서울추모공원 도시계획시설결정
2001. 11. 30	서울시, 서울추모공원건립추진 기본계획 확정
2001. 12. 21	서초구민, 도시계획시설결정 취소청구 소송제기
2002. 01-03	'서울시, 서초구·주민 현안문제 협의회' 5차례 개최
2002. 04. 08	건설교통부, 개발제한구역해제 고시
2002. 04. 18	서초구민, 개발제한구역해제결정 취소 소송제기 및 행정처분 효력정지 가처분 신청
2002. 06. 20	서울시, 서울추모공원 착공 유보
2003. 10. 17	서울행정법원, 서초구민 패소판결(서울시·건설교통부 승소)
2003. 10. 20	서울시, 추진계획안 발표(화장로 11기, 추모공원 부지 내 의료원 건립 등 장사시설+종합의료시설로 변경)
2005. 01. 26	서울고등법원, 서초구민 항소 패소판결(서울시·건설교통부 승소)
2007. 04. 12	대법원, 서초구민 상고 패소판결(서울시·국토해양부 승소), 서초구 원지동을 서울추모공원건립부지로 최종 확정
2007. 09. 12	서초구, 서울시에 서울추모공원 내 종합의료시설 입지기반 마련·화장로는 지하화하여 5기 이내 설치·지상은 수림대 조성·화장장은 종합의료시설과 동시건립 등의 대안 제출
2008-2012	서울시, 서울추모공원 내 종합의료시설 건립·화장로는 지하화하여 11기 설치·지상은 수림대공원 조성 등 장사시설+종합의료시설+공원시설을 내용으로 하는 서울추모공원 건립 결정 및 시행

출처: 연합뉴스〈http://www.yonhapnews.co.kr〉를 근거로 구성.

　　기본적으로 서울추모공원건립정책은 2001년 7월 9일 서울시가 서초구 원지동을 건립부지로 선정하면서 본격화된다. 서울시는 화장로 20기, 납골당 5만위, 그리고 장례식장 12실 등 장사시설 위주로 하는 기본계획안을 수립하고, 원지동을 서울추모공원 도시계획시설로 결정하기에 이른다. 또한, 건설교통부가 서울추모공원건립을 위한 개발제한구역해제를 고시함으로써 서초구민 등은 크게 반발하며 도시계획시설결정 및 개발제한구역해제결정을 취소해 달라는 소송을 제기하고, 행정처분 효력정지 가처분 신청을 하게 된다. 아울러 주민의 반발이 보다 직접적 요인으로 작용하여 건립정책이 잠정유보에 이르게 된 것이다. 이후 서울행정법원이 이유 없다며 소송한 서초구민에게 패소판결을 내림으로써 서울시의 서울추모공원건립정책은 탄력을 받게 되지만, 주민들의 반발을 고려해서 화장로 11기, 추모공원 부지 내 국가중앙의료원 건립 등 장사시설뿐만 아니라 종합의료시설로 변경·추진하는 계획안을 발표하게 된다.

하지만 혐오시설이라는 반감으로 인해 계속해서 주민들은 서울고등법원과 대법원에 소송을 제기하게 되는데, 결과는 역시 서초구민이 패소하기에 이른다. 결국, 서초구 원지동을 건립부지로 하는 서울추모공원건립정책은 확정되고, 서초구의 대안 일부를 받아들여 서울추모공원 내 종합의료시설을 건립하고, 화장로는 지하화하여 11기로 설치하며, 지상은 수림대공원으로 조성하는 등 장사시설, 종합의료시설, 그리고 공원시설을 내용으로 하는 서울추모공원건립정책을 2008년부터 본격적으로 시행하기에 이른다(〈표 4-21〉 참조).

2) 선행연구

서울추모공원건립정책과 관련된 선행연구를 간략히 살펴보면, 류학렬(2001)은 추모공원건립이 우리나라 장묘문화 개선의 계기가 되어야 한다는 담론적 결론을 제시하였으며, 백종섭(2002)은 서울추모공원건립정책을 둘러싸고 벌어지는 찬성론자와 반대론자 간의 갈등원인과 해결방안에 대해서 조명하였다. 또한 신범순·양승일·박주용(2006)은 2002년 6월에 서울추모공원이 잠시 유보되었는데, 이에 영향을 미치는 요인에 대해서 서울시와 서초구·서초주민의 갈등을 근거로 결론을 도출하였다.

이러한 선행연구들은 서울추모공원건립정책 연구에 나름대로 의미 있는 기여를 하고 있지만, 논리적인 모형으로 접근하지 않았다는 점에서, 외적변수, 체계적인 상호작용, 그리고 정책중개자 역할 등의 부재를 보였고, 따라서 객관적이고 논리적인 정책진행에 한계를 보였다. 이러한 한계는 후술될 ACMS 모형을 활용한 서울추모공원건립정책의 변동 분석을 통해 보완될 수 있을 것이다.

2. ACMS 모형을 활용한 서울추모공원건립정책의 변동 분석

1) 외적변수

(1) 안정적인 외적변수

안정적인 외적변수로서, 문제영역의 기본적 속성은 '높은 수준의 화장률로 인한 화장장의 부족'이라고 할 수 있다. 보건복지부〈http://www.mw.go.kr〉에 의하면, 서울시민의 화장률 추이는 2001년 53.2%로 매장률을 앞섰으며, 2006년에는 68.2%를 기록했고, 2010년 80.4%, 2015년 88.6%, 그리고 2020년에는 91.7%에 이를 것으로 전망하고 있다. 하지만 서울시 소속 화장장은 23기로 되어 있는 벽제화장장 1곳밖에 없다는 점에서 서울시민은 이용료가 3배가량 비싼 인천, 수원, 성남화장장과 멀리 대전, 춘천화장장까지도 이용하고 있는 실정이다. 실제로, 서울시민 중 타 시도 화장장을 이용하는 비율은 2000년 18.3%에서 2004년 22.4%로 증가추세에 있다. 이를 대변하듯이, 감사원(2005)이 2004년에 실시한 장사시설 감사결과에 따르면, 서울시의 경우 2010년에는 9.5기, 2015년에는 16.8기가 부족할 것으로 분석하고 있다. 결국, 높은 수준의 화장률로 인한 화장장의 부족은 서울추모공원을 시급히 건립하려는 찬성옹호연합에 재원으로 작용하고 있는 것이다.

자연자원의 기본적 분포는 '화장으로 인한 낮은 수준의 국토훼손'이라고 할 수 있다. 2000년 당시를 보면 봉분 묘가 대다수를 차지하는 전통적 장묘문화로 인해 전국이 몸살을 앓고 있는 상태였다. 실제로, 우리나라는 매년 여의도 면적의 1.2배에 달하는 108만 평의 묘지가 새로 생겨나고 있고 더욱이 이들 묘지의 약 41%인 1억 2천 300만 평은 무연고 묘지라는 점에서 제대로 관리조차 되지 않고 있는 것이다. 또한, 개인묘지의 70% 이상은 불법묘지로, 활용이 가능한 땅에 자리잡고 있어 국토의 효율적인 관리와 이용을 저해하고 있고, 우리나라 국민 1인당 평균 주거공간은 4.3평인 데 반해, 묘지면적은 평균 15평으로 묘지가 주거공간의 3.5배에 달하고 있는 것이다. 한편, 지난 1998년 말 현재 우리나라의 묘지는 총 3억 189만 평에 달하며 이는 전국 가용면적의 4%, 서울시 면적의 1.7배에 달하는 수준이라는 점에서, 국토의 효율적인 관리를 위해서는 상대적으로 화장이 필요하다는 점을 나타내고 있는 것이다. 결국, 화장으로 인한 낮은 수준의 국토훼손 역시 찬성옹호연합에 재원으로 작용하고 있는 것이다.

근본적인 사회문화가치 및 사회구조는 '화장시설에 대한 부정적 인식'이라고 할 수 있다. 기본적으로 화장시설에 대한 부정적 인식, 특히 자기지역에 화장시설이 들어설 경우 혐오시설로 인한 재산가치 하락, 낮은 수준의 환경 등을 우려하여 그 정도는 더욱 심각하다고 할 수 있다. 실제로, 한국토지행정학회가 2003년에 장묘문화에 대한 국민의식 설문조사를 실시한 결과, 자기지역에 화장시설이 들어설 경우 찬성할 것인가 아니면 반대할 것인가를 조사했는데, 반대(88%)가 찬성(9%)보다 압도적으로 높았다는 점에서, 이를 잘 반영하고 있는 것이다(연합뉴스〈http://www.yonhapnews.co.kr〉). 결국, 화장시설에 대한 부정적 인식은 부지선정의 불만 등으로 인해 서울추모공원을 반대 및 지연하려는 반대옹호연합에 상대적으로 재원으로 작용하고 있는 것이다.

그리고 기본적 법적구조는 '장사 등에 관한 법률'이라고 할 수 있다. 본 법률은 장사의 방법과 장사시설의 설치·조성 및 관리 등에 관한 사항을 정하여 보건위생상의 위해를 방지하고, 국토의 효율적 이용과 공공복리 증진에 이바지함을 주된 목적으로 하는 법률로서, 서울추모공원건립정책에 영향을 미치는 법적구조라고 할 수 있다. 특히, 2000년 1월 12일에 일부개정되어 명시된 제4조를 보면, "국가 및 지방자치단체는 묘지의 증가로 인한 국토의 훼손을 방지하기 위하여 화장 및 납골의 확산을 위한 시책을 강구·시행하여야 한다"고 규정하고 있어 서울시의 추모공원건립에 대한 정당성을 제공하고 있다. 더 나아가, 2007년 5월 25일에 전부개정된 내용 중 제4조 제2항을 보면, "지방자치단체는 지역주민의 화장에 대한 수요를 충족할 수 있는 화장시설을 갖추어야 한다"고 좀 더 구체적으로 규정함으로써, 서울추모공원건립정책에 대한 명분을 제공하고 있고, 이는 본 정책이 확정된 이후에도 일부에서 불만을 토로하고 있는 지역주민23에게 건립에 대한 근거를 제시하고 있는 것이다(법제처〈http://www.moleg.go.kr〉). 결

---

23 2007년 4월 12일 대법원이 서울추모공원건립정책을 사실상 적법하다고 판결했음에도 불구하고, 이에 대해 일부 주민들이 반발을 했는데, 2007년 12월 10일 양재역에서 서초구민 100여 명이 화장장 반대시위를 펼친 것 등이 그것이다.

국, 장사 등에 관한 법률은 찬성옹호연합에 재원으로 작용하고 있는 것이다.

(2) 역동적인 외적변수

역동적인 외적변수로서, 사회경제적 조건의 변화는 '주민투표로 인한 방폐장의 경주유치'라고 할 수 있다. 화장장과 함께 비선호시설로 분류되는 중저준위 방사성 폐기물 처분장(이하 방폐장) 부지를 선정하기 위해 2005년 11월 2일 경주, 영덕, 포항, 군산 등 4개 시·군에서 일제히 실시된 주민투표에서 경주의 찬성률이 89.5%(투표율 70.8%)로 가장 높았고, 군산의 찬성률은 84.4%(투표율 70.1%), 영덕 79.3%(투표율 80.2%), 포항은 67.5%(투표율 47.2%)를 나타내어 경주가 방폐장 부지로 선정된 것이다. 여기서 주목할 점은 유치에 실패한 세 지역도 50%가 넘는 찬성률을 보였다는 점에서, 과거 높은 수준의 님비현상을 보여 건립이 무산되었던 부안방폐장(2004년 2월 14일 주민투표, 투표율 72.0%, 찬성률 8.2%)과는 다른 양상을 보인 것이다. 즉, 이는 지역의 특성, 인센티브 수준 등을 고려하더라도 주민 등이 비선호시설인 방폐장 유치를 통해 지역의 경제활성화를 촉진시킬 수 있다는 방향으로 의식을 변화시킨 것으로써, 같은 비선호시설인 서울추모공원과는 단순비교가 어렵겠지만 이에 대해 시사하는 바가 큰 것이다(연합뉴스 〈http://www.yonhapnews.co.kr〉). 결국, 주민투표로 인한 방폐장의 경주유치는 찬성옹호연합에 재원으로 작용하고 있는 것이다.

여론의 변화는 '매장중심여론에서 화장중심여론으로의 변화'이다. 한국갤럽이 1994년과 2001년에 각각 여론조사한 결과를 살펴보면, 1994년에는 매장(64.9%)이 화장(32.8%)보다 압도적으로 많았으나, 7년이 지난 2001년 조사에서는 오히려 선호도가 화장(62.2%)이 매장(37.8%)보다 훨씬 높았다는 점에서 매장중심여론이 화장중심여론으로 급격하게 변화되고 있다는 것을 보여주고 있다(한국갤럽〈http://www.gallup.co.kr〉). 특히 서울의 경우는 화장선호도가 더욱 높게 나타났는데, 실제로 2000년 서울시의 여론조사에서는 무려 85.5%가 화장을 유언으로 남기겠다고 응답했다는 점에서, 이를 증명해 주고 있는 것이다(연합뉴스 〈http://www.yonhapnews.co.kr〉). 이는 서울추모공원건립의 선정을 전후하여 매장보다는 화장이 대세라는 것을 보여주는 단적인 사례로서, 매장중심여론에서 화장중심여론으로의 변화는 찬성옹호연합에 재원으로 작용하고 있는 것이다.

지배집단의 변화는 '조순 시장, 고건 시장, 이명박 시장으로의 교체'라고 할 수 있다. 민선 1기 조순 시장(1995. 7. 1~1997. 9. 9)[24]의 경우 공약과 2년여의 시정시책 등에 있어서 두드러진 화장 관련 정책이 발견되지 않은 반면, 민선 2기 고건 시장(1998. 7. 1~2002. 6. 30)의 경우 시정시책 등에서 두드러진 화장 관련 정책이 발견된다. 실제로, 고건 시장은 화장유언남기기 시민운동 시원, 화장납골을 중심으로 하는 장사시설의 확충 등을 적극적으로 추진했는데, 화장유언남기기 시민운동 지원의 경우 1998년 9월 16일 고건시장을 비롯한 사회지도층들이 서울시장공관에 모여 화장유언남기기 운동을 적극 추진하기로 뜻을 모은 후, 9월 30일 사회지도층으로부터 화장을 유언으로 남기는 운동을 솔선수범하고, 시민들의 의식개혁 등을 유도하는 한국장묘문화개혁범국민협의회(이하 장개협)의 창립총회를 여는 데 기여한 것이다. 고건 시장은 이 단체에 대해 행정 및 재정적 지원을 강화해 나가는 한편, 98년 부인, 아들 3명과 함께 화장서약을 했으며 장인·장모상도 화장으로 치른 바 있다. 또한, 화장납골을 중심으로 하는 장사시설의 확충도 두드러지는데, 2002년 말까지 1일 화장능력을 취임 직후 45구에서 90구 이상으로 확대하기로 했으며, 납골시설은 2만 7천 위에서 31만 위로 확충하기로 하는 등 기본적으로 고건 시장의 화장에 대한 정책마인드는 환경의 변화 등을 고려하더라도 이전 시장보다 두드러졌다고 할 수 있는 것이다. 그러나 서울추모공원건립정책은 민선 3기 이명박 시장(2002. 7. 1~2006. 6. 30)이 들어서면서 소강상태를 맞이하게 된다. 이명박 시장은 구체적이고 적극적인 정책추진 없이 법원(서울행정법원·서울고등법원)의 결과를 지켜보고 추진하자는 미온적 태도를 취함으로써 추모공원정책이 장기간 표류하는 데 일정부분 영향을 미친 것이다(연합뉴스〈http://www.yonhapnews.co.kr〉). 결국, 조순 시장에서 고건 시장으로의 교체는 찬성옹호연합에 재원으로 작용한 반면, 고건 시장에서 이명박 시장으로의 교체는 상대적으로 반대옹호연합에 재원으로 작용한 것이다.

　　마지막으로, 다른 하위체제로부터의 정책결정 및 영향은 '주민반발로 인한 화장장건립계획의 백지화결정'이다. 백지화결정이 내려진 대표적인 사례는 가평군이라고 할 수 있는데, 경기도는 2006년 가평군에 광역화장장을 건립하기로

---

24 조순 시장은 대선출마로 인해 임기를 모두 채우지 못했으며, 나머지 임기(1997. 9. 10~1998. 6. 30)는 강덕기 행정 1부시장이 대행하였다.

하고, 건립비용 외에 인센티브로 1,200억원을 제공하는 조건으로 추진하다가 주민들의 격렬한 반대에 부딪쳐 백지화를 결정하기에 이른다. 결국, 주민반발로 인한 화장장건립계획의 백지화결정은 반대옹호연합에 재원으로 작용하고 있는 것이다.

(3) 외적변수의 종합

지금까지 서울추모공원건립정책의 촉발기제를 전후한 외적변수를 정리해 보면, 찬성옹호연합에는 5개 변수, 반대옹호연합에는 2개 변수가 재원으로 작용하고 있다는 점에서, 상대적으로 외적변수가 찬성옹호연합에 유리하게 작용하고 있는 것으로 나타났다(〈표 4-22〉참조). 특히, 찬성옹호연합에 재원으로 작용하는 외적변수는 화장 및 화장장건립이 대세라는 것을 보여주는 것으로서, 자기지역에 서울추모공원이 선정되었다고 해서 지속적으로 반대 및 지연만을 할 수 없는 명분을 제공하고 있는 것이다.

표 4-22 서울추모공원 정책하위체제에 대한 외적변수의 제약 및 재원 결과[25]

안정적인 외적변수	찬성 옹호 연합	반대 옹호 연합	역동적인 외적변수	찬성 옹호 연합	반대 옹호 연합
높은 수준의 화장률로 인한 화장장의 부족	↑	↓	주민투표로 인한 방폐장의 경주유치	↑	↓
화장으로 인한 낮은 수준의 국토훼손	↑	↓	매장중심 여론에서 화장중심 여론으로의 변화	↑	↓
화장시설에 대한 부정적 인식	↓	↑	조순 시장, 고건 시장, 이명박 시장으로의 교체	–	–
장사 등에 관한 법률	↑	↓	주민반발로 인한 화장장 건립계획의 백지화결정	↓	↑

2) 정책옹호연합과 신념체계

서울추모공원건립정책을 둘러싼 정책하위체제의 정책옹호연합은 서초구

---

25 ↓는 제약, ↑는 재원, 그리고 –는 중간적 입장을 의미한다.

표 4-23	서울추모공원건립정책을 둘러싼 정책옹호연합의 신념체계		
찬성옹호연합	신념계층	반대옹호연합
공유재산권의 정당성	규범적 핵심	사유재산권의 정당성
서울추모공원건립정책 고수	정책핵심	서울추모공원건립정책 지양
- 도시계획시설결정 추진 - 개발제한구역해제 추진	도구적 측면	- 도시계획시설결정 반대 - 개발제한구역해제 반대

원지동에 화장장건립을 주장하는 찬성옹호연합과 이를 저지하려는 반대옹호연합으로 대별된다. 찬성옹호연합은 서울시, 환경운동연합, 장개협26 등이며, 반대옹호연합은 서초구, 서초구민, 해당 국회의원 등 정치인, 청계산지키기 시민운동본부 등이다. 이 중 핵심적 정책참여자는 찬성옹호연합의 경우 서울시이며, 반대옹호연합의 경우는 서초구·서초구민인데, 본 연구에서는 분석의 집중도를 제고하기 위해 이들을 중심으로 게임의 장을 전개하고자 한다.

한편, 이들의 신념체계를 살펴보면, 규범적 핵심의 경우 찬성옹호연합은 본 화장장이 전체 시민에게 장묘복지를 제공할 수 있다는 점에서 공유재산권의 정당성을 형성하고 있는 반면, 반대옹호연합은 화장장 주변 지가하락 등 사유재산권의 정당성을 공유하게 된다. 정책핵심의 경우 찬성옹호연합은 서울시 제2화장장인 서울추모공원건립정책을 고수하는 반면, 반대옹호연합은 서초구 원지동에 서울추모공원건립정책이 추진되는 자체를 반대하는 공감대를 형성하게 된다. 그리고 도구적 측면의 경우, 찬성옹호연합은 서울추모공원을 건립하기 위해서 도시계획시설이 결정되고, 이를 위해 개발제한구역이 해제되기를 희망하는 공감대를 형성하는 반면, 반대옹호연합의 경우는 도시계획시설결정과 개발제한구역해제는 있을 수 없다는 논리를 내세운다(<표 4-23> 참조).

3) 촉발기제

본 연구의 촉발기제는 2001년 7월 9일 서울시가 서초구 원지동을 서울추모공원건립부지로 선정한 시점이라고 할 수 있다.

---

26 장개협은 사회지도층 인사로부터 솔선수범하여 화장을 유언으로 남기는 운동을 하고 있으며, 아울러 시민의식의 개혁운동을 전개하는 NGO다.

기본적으로 건립부지를 확정한 데에는 추모공원건립추진협의회(이하 추건협)[27]의 후보추천에 따른 것으로, 추건협은 추모공원의 부지선정을 위하여 각계 시민대표와 전문가들로 구성된 별도의 부지선정위원회를 구성하였으며, 본 기구는 이미 1999년 서울시설관리공단이 선정한 서울시내 13개 후보지[28]를 대상으로 6개 분야 18개 세부항목[29]을 근거로 접근성, 주변지역의 여건, 환경에 미치는 영향, 토지의 효율성, 그리고 경제성 등을 고려하여 입지선정을 위한 심사를 실시하였다. 이후 2001년 7월 5일에 추건협에서 서초구 원지동을 1순위로, 강서구 오곡동을 2순위로 선정하여 서울시에 추천하였으며, 이를 근거로 서울시는 서초구 원지동을 서울추모공원건립부지로 지정하게 된 것이다.

한편, 촉발기제인 서초구 원지동의 서울추모공원건립부지 선정은 정책대안흐름이라고 할 수 있다. 즉, 각계 시민대표·전문가들로 구성된 부지선정위원회와 서울시가 정책적 판단을 통해 선정시켰다는 점에서, Kingdon이 주장한 정책대안흐름이라고 할 수 있는 것이다.

결국, 이를 계기로 서울추모공원건립정책에 대한 변동의 창이 열리게 되며, 정책옹호연합 간에 자신들의 주장을 선점하기 위한 치열한 게임의 장이 이어지게 되는 것이다.

4) 정책변동의 창

서초구 원지동이 서울추모공원건립부지로 선정되면서, 정책변동의 창이 열

---

27 추건협은 장개협(추모공원건립 부지선정 및 부지선정 관련 자문위원단 구성·운영, 시민공청회 및 의견수렴 등), SK(화장장 등 장사시설 건립 후 무상으로 시에 기부채납, 이후 지연 등으로 인한 무상 기부채납 포기), 서울시(건립에 필요한 부지매입, 각종 인·허가, 토지보상 등 행정지원) 등이 참여한 기구로서, 좀 더 객관적이고 시민들의 호응을 얻을수 있는 범사회적인 화장장 건립기구의 필요성에 따라 서울시가 2000년 8월 4일에 설립한 것이다.

28 서울시내 13개 후보지는 동북권(송파구 장지동, 강동구 고덕 1동, 고덕 2동), 남부권(서초구 원지동, 서초구 내곡 1동, 내곡 2동, 내곡 3동, 강남구 자곡동), 서부권(강서구 오곡동, 마포구 상암동, 은평구 신사동), 그리고 북부권(중랑구 망우동, 도봉구 도봉동)을 의미하며, 이들 13개 후보지 주민들의 의견을 수렴하기 위해 2001년 4월 16일, 4월 26일, 그리고 5월 16일에 걸쳐 3차례의 공청회를 개최하기도 했다(연합뉴스 〈http://www.yonhapnews.co.kr〉).

29 6개 분야 18개 세부항목은 접근성(위치, 교통여건, 대중교통 이용의 편리성), 주변지역의 여건(인접민가와의 거리, 인접지역의 주거밀도, 주민과의 합의), 환경에 미치는 영향(산림에 미치는 영향, 주변환경과의 조화, 바람의 방향), 토지의 활용도(토질·경사도, 국·공유지의 비율, 규모의 적정성 여부, 외부지역과의 격리), 경제성(공사비, 예상 이용률), 그리고 기타(수요분포에 대한 충족 가능성, 자연재해 등의 영향, 시설연계성)를 의미한다(연합뉴스〈http://www.yonhapnews.co.kr〉).

리고 창 안에서는 정책옹호연합 간 다양한 경로를 근거로 동시다발적인 전략이 이어지게 된다.

(1) 정책경로
① 협상경로

협상경로는 정책옹호연합들이 자신들의 가치와 이해를 반영시키고 자신들 모두를 만족시키기 위한 채널로서, 이러한 협상경로는 일반적으로 갈등당사자들이 어느 정도 힘의 균형을 이루고 있을 때 효과적이며, 만약 어느 한편이 다른 집단보다 월등히 강하거나 유리한 입장에 있을 경우에는 강한 집단이 일방적인 해결을 추구할 가능성이 높기 때문에 제 기능을 발휘하기가 어려워진다. 그리고 협상경로는 협조성과 독단성을 모두 공유하고 있기 때문에 의견조정에 초점을 맞추게 된다. 한편, 본 연구에서 협상경로는 '서울시, 서초구·주민 현안 문제협의회경로'라고 할 수 있는데, 이는 찬성옹호연합과 반대옹호연합이 모두 핵심적으로 탐색하면서 정책전략을 준비하게 된다.

② 시위경로

시위경로는 요구사항을 적은 플래카드를 들고 슬로건을 외치면서 공개적으로 의사를 표시하고 위력을 지배자에게 과시하는 한편, 여론에 호소하기 위한 방편으로 행해지는 채널인데, 본 연구에서 시위경로는 '1인 시위경로', '범시민규탄대회경로' 등이라고 할 수 있다. 대개 본 연구에서는 서초구·서초구민 등 반대옹호연합이 핵심적으로 이를 탐색하면서 정책전략을 준비하게 되고, 서울시 등 찬성옹호연합은 이에 대한 방어를 준비하게 된다.

③ 홍보경로

홍보경로는 자신들에게 유리한 정책을 대내외적으로 알려서 상황을 유리하게끔 이끌어 가려는 채널로서, '홍보물배포경로', '설문조사공표경로', '기자회견경로' 등 다양하게 접근할 수 있는데, 대개 본 연구에서는 서울시 등 찬성옹호연합이 먼저 이를 탐색하면서 정책전략을 준비하게 되고, 반대옹호연합 역시 '설문조사공표경로'를 활용하여 이에 대한 방어를 취하게 된다.

④ 지연경로

지연경로는 자신들에게 불리하게 조성되는 상황을 유리하게 전환시키기 위해서 상대방이 추진하는 정책을 의도적으로 지연시키는 채널로서, '협상지연경로' 등이 그것이다. 대개 본 연구에서는 서초구·서초구민 등 반대옹호연합이 이를 적극적으로 탐색하면서 정책전략을 준비하게 되고, 서울시 등 찬성옹호연합은 이에 대해 방어의 입장을 취하게 된다.

⑤ 소송경로

소송경로는 지금까지 비선호시설 입지갈등에서 주로 사용되어 왔던 갈등해결의 채널로서, 정치적·사회적 문제해결을 지양하고 중립적인 사법기구의 문제해결과정에 호소하는 것이다. 소송경로에 의한 갈등해결은 결정에 대한 구속력이 높아 정책당사자들의 순응을 확보할 수 있다는 장점이 있는 반면, 높은 수준의 비용과 입지를 지연시키는 단점이 있다. 한편, 본 연구에서 소송경로는 '서울행정법원소송경로', '서울고등법원소송경로', '대법원소송경로'라고 할 수 있는데, 대개 서초구민 등 반대옹호연합이 핵심적으로 이를 탐색하면서 정책전략을 준비하게 되고, 서울시 등 찬성옹호연합은 이에 대한 방어입장을 탐색하게 된다.

(2) 정책전략

① 협상전략

서울시가 서초구 원지동을 서울추모공원건립부지로 선정하면서, 서초구민 등과의 갈등으로 인해 장묘사업이 지연될 것으로 판단하여 건설교통부에 건립의 시급함을 인정해 줄 것을 요청하였으며, 이에 따라 중앙도시계획위원회(이하 중도위)에 안건이 상정되기에 이르고, 이를 통해 서울시는 갈등을 해결하려고 했다. 이에 2001년 12월 13일에 개최한 중도위 심의결과 시급한 현안사업으로 인정하되, 다만 개발제한구역해제를 위한 도시계획입안과정에서 규모, 교통문제 등에 대해서 서초구·서초구민과 충분한 협의를 거칠 것을 전제로 하는 조건부 심의·의결을 함에 따라 서울시는 이들과 협의를 하게 된다.

2002년 1월 18일에 열린 1차 협상에서는 '서울시, 서초구·주민 현안문제협의회'라는 명칭을 정하고 매회 협의·결정된 사항에 대해서는 협의결정서를 작성한 후 서명·날인하기로 하는 등의 합의를 하였으나, 양측대표와 간사 수에 대해서는 이견을 보여 차기회의에서 결정하기로 하였다. 1월 29일에 열린 2차

| 표 | 4-24 | 협상전략의 추진경과 |

구분	일 시	장 소	참석자	협상내용
1차	2002. 01. 08(금) 14:00-18:30	서초구민회관 세미나실 *사회: 서초구 행정관리국장	25명 (서울시 7, 서초구 6, 주민대표 12)	○ 회의진행방법, 절차 등 형식에 관한 합의 - 양측에서 교대로 회의개최 - 회의시기는 징례화하지 않고, 회의시미디 차기회의 일정결정 - 회의녹음 및 회의록 작성 ○ 회의명칭은 가칭 '서울시, 서초구·주민 현안문제협의회'로 잠정결정 ※ 양측대표 및 간사 수에 대해 이견 　　　→ 차기회의에서 결정
2차	2002. 01. 29(화) 14:00-20:00	서울시청 태평홀 *사회: 서울시 사회복지과장	30명 (서울시 9, 서초구 8, 주민대표 13)	○ 대표 및 간사 수 합의 - 대표: 4명(서울시, 서초구, 서초주민대표, 과천주민대표 각 1명) - 간사: 2명(서울시 1, 서초구·주민대표 1) ○ 협의의제 채택 → 화장시설 규모, 교통문제에 대해 의제로 채택하고, 협의회에서 제기된 위치 등 기타 문제에 대해 의제에 포함되는지 여부를 차기회의에서 계속 논의
3차	2002. 02. 15(금) 14:00-20:50	서초구청 기획상황실 *사회: 서초구 행정관리국장	30명 (서울시 8, 서초구 8, 주민대표 14)	○ 서울시: 위치문제는 협의안건으로 채택불가 주장, 화장시설규모·교통문제의 의제채택에 있어 '우선'이라는 용어 삽입 ○ 서초구·주민대표: 절대 불가입장 ○ 차기회의에서 계속 논의
4차	2002. 03. 05(화) 14:00-18:00	서울시청 태평홀 *사회: 서울시 법무담당관	32명 (서울시 10, 서초구 8, 주민대표 14)	○ 서초구·주민대표: 위치문제의 의제채택 주장 ○ 서울시: 절대 불가입장
5차	2002. 03. 14(목) 14:00-20:00	서초구청 기획상황실 *사회: 서초구 행정관리국장	30명 (서울시 9, 서초구 7, 주민대표 14)	○ 위치포함여부에 대하여 양측 이견으로 결론 없이 차기회의에서 결정키로 하였으나, 6차 협의회 이후에는 서초구 및 주민대표의 참석불참 통지로 미개최

출처: 서울시 내부 자료를 근거로 재구성.

협상에서는 1차 협상에서 보류되었던 양측대표와 간사 수에 대해 합의하고, 화장시설규모·교통문제 등에 대해서 의제로 채택하기에 이른다. 하지만 입지를 위한 위치 등 기타 문제에 대해서는 의제에 포함될지 여부를 차기회의에서 계속 논의하기로 하였다. 2월 15일에 개최된 3차 협상에서는 위치 등의 문제는 협의안건으로 채택이 불가하다는 것과 화장시설규모·교통문제의 의제채택에 있어 '우선'이라는 용어를 넣을 것을 서울시는 주장하였으나 이를 반대하는 서초구·주민대표와의 갈등으로 인해 별다른 소득 없이 마무리되게 된다. 3월 5일에 개최된 4차 협상에서는 서초구·주민대표가 자신들이 줄곧 제기한 문제는 위치 등의 사항인 만큼 본 문제가 반드시 의제로 채택되어야 한다는 입장을 주장한 반면, 서울시는 위치변경의 가능성을 내포하고 있는 의제채택은 불가하다는 입장을 지속적으로 제기함으로써 공전하게 되고, 3월 14일에 열린 5차 협상에서도 상호 주장만을 되풀이함으로써 성과를 거두지 못하게 된다.

결국, 차기회의에서 본 문제를 결정하기로 하였으나, 서울시가 5차례 협의회 도중 개발제한구역해제를 추진하는 등 이중적인 태도를 보여 왔고, 위치 등에 대해 적극적으로 협의하지 않는 한 참석하지 않겠다는 서초구·주민대표의 불참통지로 인해 협의회는 무산되기에 이른다(〈표 4-24〉 참조).

실제로, 서울시는 협상기간인 2월 19일에 3-4월 착공을 위해 건설교통부에 개발제한구역해제를 요청하였고, 협의회가 무산된 후 규모, 교통, 보상, 환경 등에 대해서 서초구·서초구민과 충분히 협의할 것을 권고하는 중도위의 심의를 거쳐 건설교통부는 서초구 원지동 일대의 개발제한구역해제를 고시하기에 이른다.

② 시위전략

서초구 원지동을 서울추모공원건립부지로 선정하면서, 서초구민을 중심으로 시위가 벌어지게 되는데, 기본적으로 2002년 6월 20일 서울추모공원의 착공이 유보될 때까지 지속적이고 높은 수준으로 진행되게 된다.

먼저, 2001년 11월 14일부터 서초구민들이 교대로 건교부장관 사택, 청와대, 서울시청, 시장공관, 그리고 민주당사 앞에서 1인 시위를 벌이는 것을 시작으로, 서초구 반대투쟁위원회의 간부 및 주민 12명이 건설교통부장관실을 항의

표　4-25　시위전략의 추진경과 1

구 분	일 시	장 소	참석자	시위내용
1인 시위	2001. 11. 14 ~	건교부장관 사택, 청와대, 서울시청, 시장공관, 민주당사 앞	서초구민들의 교대시위	개발제한구역해제 및 서울추모공원건립 반대 등
건설교통부장관실 항의방문	2002. 03. 16 11:00	건설교통부 장관실	서초구 반대투쟁위원회 간부 및 주민 12명	서울시와 협의 중에 있는 중도위의 심의 개최(03.22) 부당성 설명과 항의 등
청계산 불법화장장 건립강행 범시민규탄대회	2002. 03. 20 10:00-12:00	강남고속터미널 앞 광장	서초구청장, 국회의원, 시의원, 구의원 등 서초구 관내기관대표 등 2,500여 명	건립반대취지 설명 및 구호제창 등
서울시 도시계획국 도시계획 상임기획단 직원에게 인분투척	2002. 03. 29 15:00	새원마을	서초구민들	도시계획상임기획단 강우원 단장 외 2명이 시청소유 티코자동차를 이용하여 마을을 순회하던 중 인분투척을 받음

출처: 연합뉴스〈http://www.yonhapnews.co.kr〉를 근거로 구성.

방문하여 서초구 원지동에 서울추모공원건립에 대한 반대주장을 하게 된다. 그리고 서초구청장, 국회의원, 시의원, 그리고 구의원 등 서초구 관내기관대표 등 2,500여 명이 청계산 불법화장장 건립강행 범시민규탄대회를 열었고, 아울러 2002년 3월 29일 도시계획상임기획단이 마을을 순회하던 중 서초구민들로부터 인분투척을 받기도 했다(〈표 4-25〉 참조).

이와 같은 시위전략은 2002년 4월 8일 건설교통부가 개발제한구역해제를 고시함으로 인해 이전보다 상대적으로 과격성과 치밀성을 띠게 된다. 실제로, 2002년 4월 25일 서초구민 50여 명이 양재동 화물터미널 입구에서 착공부지 측량을 위해 화물터미널 입구에 도착하여 점심식사를 하고 나오던 직원 7명을 감금하였으며, 2002년 4월 30일에는 서초구민들이 만남의 광장에서 건설안전관리본부장 및 직원이 현장확인을 위하여 출장하였다가 억류되는 사태까지 벌어졌다. 아울러, 치밀한 계획도 보였는데 2002년 5월 11일 착공식 저지를 위한

표 4-26	시위전략의 추진경과 2				
구 분	일 시	장 소	참석자	시위내용
서초구민 걷기대회 행사	2002. 04. 08 07:00-08:50	청계산입구에서 개나리골까지	서초구청장, 국회의원 등 2,000여 명	건립반대를 위한 구호제창, 구청장 인사, 국회의원 인사 등
대한컨설턴트 직원 감금	2002. 04. 25 11:00	양재동 화물터미널 입구	서초구민 50여 명	착공부지측량을 위해 화물터미널 입구에 도착하여 점심식사를 하고 나오던 직원 7명을 주민들이 감금
건설안전관리 본부장 및 직원 억류	2002. 04. 30 18:00	만남의 광장	서초구민들	현장확인을 위하여 출장하였다가 주민들에게 억류
추모공원건립부지 토지 및 물건조사 실시방해	2002. 05. 06 10:00-15:00	서울추모공원 건립부지	서초구민 100여 명	주민들이 토지 및 물건조사를 방해
청계산화장장부지 착공반대 궐기대회	2002. 05. 09 10:00	양재동 화물터미널 입구	서초구민 등 20,000여 명	불법적인 서울추모공원건립반대주장 등
착공식 저지를 위한 청계산지키기 시민운동본부 핵심요원 임시회	2002. 05. 11 08:00-08:40	서초구청 소회의실	서초구민 20여 명	착공시 부탄가스를 이용한 1인용 비닐폭탄제조, 차량시위 등 시위방법 토의
지역주민대표 시위관련 대책회의	2002. 05. 11 23:00-23:40	만남의 광장 뒤 지킴이 제3초소	서초구민 4명	고속도로 점거 등 기습시위 결정
진입도로공사를 위한 측량작업 방해	2002. 05. 24 08:00	양재대로에서 주진입로 구간까지	서초구민 100여 명	주민들이 측량방해 및 측량기기 탈취를 시도하여 작업철수
폭력행위 유감표명 및 공사강행 중지촉구	2002. 05. 24	-	청계산지키기 시민운동본부	서울시장 및 시설관리공단 이사장에게 유감표명 및 공사강행 중지 촉구 발신

출처: 연합뉴스〈http://www.yonhapnews.co.kr〉를 근거로 구성.

청계산지키기 시민운동본부 핵심요원 임시회에서 추모공원 착공시 부탄가스를 이용한 1인용 비닐폭탄제조, 차량시위 등 시위방법을 토의하였으며, 지역주민 대표 시위관련 대책회의에서는 서초구에 추모공원건립을 반대하기 위한 고속도로 점거 등 기습시위를 결정하기도 했다(〈표 4-26〉 참조).

　　이러한 시위전략은 서울시에 의해 2002년 6월 20일 서울추모공원 착공이 유보되는 데 상당부분 영향을 미치게 된다. 실제로, 서울추모공원을 담당했던 당시 서울시 고위 관계공무원 A는 "착공유보는 서초구민이 개발제한구역해제결정 취소소송 제기 및 행정처분 효력정지 가처분 신청을 한 면도 있지만, 지속적으로 과격하게 이어지는 시위국면을 희석화시키려는 의도도 있었다"는 진술을 했다. 또한 당시 장개협 핵심요원 A 역시 "서울시의 사업착공유보는 과격하게 이어지는 사업반대운동을 일정부분 전환하려는 의도가 있는 것으로 판단되며, 실제로 서울시 관계자로부터 이 같은 정책방향을 경청했다"는 의견을 밝혔다.

한편, 이후에는 정책중개자인 법원의 판결과정에 따라 과격성과 치밀성을 띤 시위가 상대적으로 줄어들게 되었는데, 이에 대해 당시 청계산지키기 시민운동본부 핵심요원 A는 "법원의 최종판결을 지켜보면서 다음 행동을 하기로 결정한 부분이 있었다"는 진술을 하기도 했다. 또한 당시 서초구 고위 관계공무원 A 역시 "사업반대를 위해 민간부문에 서초구가 지원한 부분도 있었지만 법원의 최종판결까지는 이전보다 상대적으로 저자세를 보인 면이 있었다"는 의견을 밝혔다.[30]

③ 홍보전략

서울추모공원건립부지가 선정되면서, 서울시는 시민들의 호응을 유도하고 서초구민들의 반감을 줄이기 위해 '아름다운 이별을 위하여', '묘지강산을 금수강산으로', '장묘사업소 종합이용안내', '천만시민의 선택 서울추모공원' 등 수십만 부의 홍보물 배포(7회, 336,592부)와 인터넷 홍보 등을 서초구·서초구민을 비롯한 서울시민에게 하게 된다. 아울러, 서울시는 2001년 12월 11일부터 18일까지 한국행정학회, 시민, 그리고 공무원 등 3,500여 명을 대상으로 민선 2기 서울시정 MVP 관련 설문조사를 실시해서 그 결과를 23일에 공표하였는데, '서울추모공원건립'이 계속사업 3위로 선정[31]되어 건립에 대한 지속성을 알리게 된다.

하지만, 청계산지키기 시민운동본부는 서울시의 이러한 홍보전략이 시민들의 혈세로 만든 여론몰이식 발상이며, 아울러 서초구 전 세대·서울시민들에게

---

30 본 인터뷰들은 2008년 12월 13일(토)·14일(일), 2009년 2월 26일(목)에 이루어졌으며, 본인의 희망에 따라 여타사항은 미공개로 하고자 한다. 본 인터뷰에 대한 이 같은 사항은 이후에도 동일하게 이루어진다.

31 • 설문조사를 통한 민선 2기 서울시정 MVP(서울특별시〈http://www.seoul.go.kr〉).
  - 신규사업부문: 1. 대중교통 환승요금 할인제, 2. 난지도 매립가스 재활용, 3. 심야전용버스 운행, 4. 불법·혐오광고물 특별정비, 5. 전국 최초 전자공개 수의계약
  - 계속사업부문: 1. 민원처리 온라인 공개시스템, 2. 제2기 지하철 완전개통, **3. 서울추모공원 건립추진**, 4. 화장실 문화수준 향상, 5. 한강 수질개선 및 생태계 복원

무작위로 배포하여 일방적인 논리로 시민들을 기만하고 서초구민들을 넘비로 내몰고 있다고 주장하면서, 고건 시장이 추진한 베스트(Best) 및 워스트(Worst) 정책 관련 경향신문 설문조사[32] 결과를 토대로 2002년 5월 10일 반박자료를 내게 된다. 즉, 고건 시장이 추진한 정책 중 워스트정책 1위는 '서초구 원지동에 서울추모공원의 건립'[33] 이었으며, 이를 근거로 시민운동본부는 건립의 부당성에 대한 반격을 가하게 되는 것이다.

④ 지연전략

서울추모공원건립부지가 선정되면서, 서초구·서초구민 등 반대옹호연합의 반발이 높은 수준으로 나타났으며, 이에 대해 서울시는 공권력을 동원해서라도 서울추모공원을 건립하겠다고 2002년 5월 14일, 기자회견을 통해 밝히자, 당시 조남호 서초구청장은 같은 날 밝힌 기자회견에서 고건 시장과는 더 이상 추모공원건립문제에 대해 협의하지 않을 것이며, 6.13 지방선거를 거쳐 7월 1일부터 임기가 시작되는 신임시장과 본 문제에 대해 다시 협의하겠다는 입장을 밝힌다. 또한, 만일 서울시가 공권력을 동원해서 추모공원건립을 강행할 경우 서초구민들과 함께 저지할 것임을 분명히 했다. 청계산지키기 시민운동본부 역시 2002년 5월 그들이 배포한 책자를 통해, 현 시장의 임기 중에는 추모공원을 절대 착공할 수 없으며 민선 3기 차기시장과 협의하여 처리할 것임을 밝혔다.

이는 민선 2기 서울시장선거에서, 국민회의 소속 고건 후보(53.4%)가 한나라당 소속 최병렬 후보(44.0%)를 크게 물리쳤음에도 불구하고, 추모공원 부지인 서초구에서는 오히려 최병렬 후보(55.1%)보다 크게 낮은 43.3%를 기록했다는 점에서, 기본적으로 고건 시장과 서초구·서초구민 간에는 정치적 정향의 차이가 있었던 때문으로 분석된다(중앙선거관리위원회〈http://www.nec.go.kr〉). 따라서 민선

---

32 이는 경실련 등 시민단체 활동을 하는 교수 및 각계 전문가 100명을 대상으로 2002년 5월 6일에서 9일까지 이메일을 통해 고건시장이 추진한 정책에 대한 베스트 및 워스트 관련 설문조사이며, 2002년 5월 10일에 기사화된 것이다.

33 • 설문조사를 통한 고건 시장이 추진한 베스트 및 워스트정책(경향신문, 2002. 05. 10)
  - 베스트정책 5 : 1. 1천만그루 나무심기, 2. 지하철·버스 환승요금 할인제, 3. 행정의 투명성 확보, 4. 민원처리 온라인 시스템, 5. 학교담장 개방과 녹화
  - 워스트정책 5 : 1. **서초구 원지동에 서울추모공원의 건립**, 2. 난지도 노을공원 내 골프장 건설추진, 3. 대기오염이 개선되지 않은 점, 4. 노인·장애인 복지정책, 5. 세계최고 높이의 월드컵분수대 설치

3기에는 비슷한 정치적 정향을 가진 신임시장을 기대하며 자신들에게 유리한 상황을 만들기 위해 지연전략을 펼친 것이다. 실제로, 당시 서울시 고위 관계공무원 A는 "서초구·서초구민 등이 6.13 지방선거가 얼마 남지 않아 지연을 통해 차기시장과 협의를 하려고 한다"고 진술했으며, "그럼에도 불구하고 현 시장은 지연과 관계없이 모든 수난을 동원해서라도 임기 안에 추모공원의 착공을 추진하겠다는 의지가 강했다"는 입장을 밝혔다.[34]

⑤ 소송전략

서울시가 서초구 원지동을 서울추모공원건립부지로 선정하게 되면서, 서초구민 등은 서울시와 건설교통부를 상대로 도시계획시설결정과 개발제한구역해제를 취소해 달라는 소송을 서울행정법원, 서울고등법원, 그리고 대법원에 제기하기에 이른다(〈표 4-27〉 참조).

표 4-27 소송전략의 추진경과

구 분	도시계획시설결정취소의 건	개발제한구역해제취소의 건
서울행정법원	• 소송원고: 서초구민 26명 • 소송피고: 서울특별시 • 소 송 일: 2001년 12월 21일	• 소송원고: 서초구민 181명 • 소송피고: 건설교통부 • 소 송 일: 2002년 4월 18일
서울고등법원	• 소송원고: 서초구민 10명 • 소송피고: 서울특별시 • 소 송 일: 2003년 11월 9일	• 소송원고: 서초구민 67명 • 소송피고: 건설교통부 • 소 송 일: 2003년 11월 20일
대법원	• 소송원고: 서초구민 10명 • 소송피고: 서울특별시 • 소 송 일: 2005년 2월 17일	• 소송원고: 서초구민 67명 • 소송피고: 건설교통부 • 소 송 일: 2005년 2월 28일

출처: 각 법원사이트를 근거로 구성.

소송전략을 통해 도시계획시설결정취소 관련 3개 재판에 대한 서초구민과 서울시의 입장을 종합·분석해 보면, 행정절차법, 중장기 계획, 그리고 개발제한구역의 관리계획 등이 쟁점사항으로 부각된다. 먼저, 행정절차법에 대해 서초

---

34 결국 고건 시장 임기 안에 공권력투입은 없었으며, 서울추모공원건립정책은 민선 3기 이명박 신임 시장으로 넘겨지게 된다.

구민의 경우, 권한 없는 자가 공청회 등을 개최하도록 하고 참석자의 제한을 하는 공청회 개최 등은 행정절차법 위반이라는 입장을 피력한 반면, 서울시의 경우, 공청회 등은 서울시가 설립한 추건협이 추모공원의 후보지를 선정하는 과정에서 주민들의 의견수렴을 위해 개최한 것으로 행정절차법을 위반한 것이 아니라는 반론을 펼친다. 중장기계획에 대해 서초구민은 중장기 계획의 수립·시행도 없이 일방적으로 대단위 장사시설을 부지로 선정한 것은 부당하다고 주장한 반면, 서울시는 장사시설을 설치하기 위해서 반드시 중장기 계획을 수립해야 하는 것은 아니라는 입장을 피력하였다. 개발제한구역의 관리계획에 대해서는 서초구민의 경우, 추모공원을 도시계획으로 시행하고자 공람·공고하면서 사전절차인 개발제한구역의 관리계획이 수립되지 않은 것은 부당하다는 입장인 반면, 서울시의 경우 개발제한구역 내에 도시계획시설결정을 하기 위해 사전에 개발제한구역 관리계획을 반드시 수립해야 하는 것은 아니라는 입장을 펼치며, 치열하게 맞서게 된다.

한편, 개발제한구역해제취소 관련 3개 재판에 대한 서초구민과 건설교통부의 입장도 종합·분석해 보면, 해제의 당위성과 재산권 등에 있어서 쟁점사항이 발견되는데, 먼저, 해제의 당위성에 대해 서초구민은 서울추모공원의 건립이 서울시에서 독자적으로 계획한 것이므로 시급한 지역현안사업이 아니라는 점에서 개발제한구역을 해제하는 것은 부당하다는 논리를 펼친 반면, 건설교통부는 본 사업이 해제기준, 요건 등을 심사하여 해제한 것이므로 적법타당하다는 논리를 펼친다. 재산권에 대해서는 서초구민의 경우, 추모공원 부지 내의 토지소유자 및 동 부지로부터 1㎞ 이내에 거주하는 주민들로서는 쾌적한 환경에 거주하면서 행복을 추구할 권리가 있다는 공유재산권의 논리를 주장한 반면, 건설교통부는 토지소유자가 개발제한구역의 해제로 인해 재산상의 불이익이 상대적으로 없어졌다는 점에서 사유재산권의 논리를 주장하는 등, 본 사항 역시 높은 수준의 이분법적 시각을 보이게 된다(〈각 법원사이트의 속기록〉 참조).

5) 정책중개자

본 연구의 정책중개자는 서울행정법원, 서울고등법원, 그리고 대법원 등 법원으로서, 이들은 양 옹호연합 간에 소송전략 등을 참고로 하여 판결을 하게 된다.

먼저, 서울행정법원(제1심)은 서초구민 26명이 서울시를 대상으로 소송을 제기한 도시계획시설결정취소의 건인 행정절차법 위반 여부, 장개협의 추모공원부지 추천행위 위반 여부, 장사 등에 관한 법률 위반 여부, 개발제한구역의 지정 및 관리에 관한 특별조치법 위반 여부, 도시공원법 위반 여부, 도시계획법 위반 여부, 금반언의 원칙 및 신뢰보호의 원칙 위반 여부, 화장장시설 규모의 적정성 여부, 교통상의 문제점, 그리고 환경상의 문제점 등에 대해 심의한 결과, 도시계획시설결정은 적법하다는 점에서 2003년 10월 17일 원고들의 청구를 이유 없다며 기각했다. 또한, 서초구민 181명이 건설교통부를 대상으로 소송을 제기한 개발제한구역해제취소의 건인 추모공원사업이 도시계획변경안수립지침 중 시급한 지역현안사업에 해당되는지 여부, 2002년 3월 22일자 중앙도시계획위원회의 의결이 신뢰보호와 금반언(禁反言)의 원칙에 반하는지 여부, 2002년 3월 22일자 중앙도시계획위원회 의결의 절차상 하자 여부, 그리고 도시계획변경안수립지침 중 시급한 지역현안사업에 관한 규정이 지방자치단체의 자치권을 침해하는지 여부 등에 대해 심의한 결과, 역시 이유 없다며 같은 날 원고들의 청구를 기각했다.

그리고 서울고등법원(제2심, 항소)은 서초구민 10명이 같은 내용으로 소송을 제기한 도시계획시설결정취소의 건을 심의한 결과, 제1심과 같은 결론이 도출되었다는 점에서 이유 없다며 2005년 1월 26일 이를 모두 기각하였고, 서초구민 67명이 같은 내용으로 소송을 제기한 개발제한구역해제취소의 건에 대해서도 제1심과 같은 결론이 나왔다는 점에서 이유 없다며 같은 날 원고들의 항소를 모두 기각하였다.

마지막으로, 대법원(제3심, 상고)은 서초구민 10명이 제기한 도시계획시설결정취소의 건에 대한 소송에서 행정절차법 위반 여부, 장사 등에 관한 법률 위반 여부, 개발제한구역의 지정 및 관리에 관한 특별조치법 위반 여부, 도시공원법 위반 여부, 도시계획법 위반 여부, 금반언의 원칙 및 신뢰보호의 원칙 위반 여부, 도시계획시설결정에 내용상 하자가 있는지 여부, 그리고 형평의 원칙 여부 등에 대해 심의한 결과, 도시계획시설결정은 적법하다는 점에서 2007년 4월 12일 원고들이 청구한 상고를 이유 없다며 모두 기각했다. 또한, 서초구민

67명이 제기한 개발제한구역해제취소의 건인 추모공원사업이 도시계획변경안 수립지침 중 시급한 지역현안사업에 해당되는지 여부, 2002년 3월 22일자 중앙도시계획위원회의 심의에 있어 금반언 및 신뢰보호의 원칙 위반 여부, 절차상의 위법 여부 등에 대해 심의한 결과 역시 이유 없다며 같은 날 원고들의 상고를 기각했다(각 법원사이트의 속기록 참조).

결국, 대법원을 비롯한 법원들은 수요를 고려한 시급한 화장장의 건립, 자기지역의 자기처리원칙, 법령위반의 부재 등을 내세워, 서초구 원지동에 서울추모공원건립을 합법화했으며, 특히 2007년 4월 12일 대법원의 최종판결로 인해 추모공원건립을 둘러싼 정책옹호연합 간 갈등은 큰 틀 차원에서 일단락되어 정책변동의 창이 닫히게 된 것이다.[35]

6) 정책산출과 정책변동

서초구 원지동에 서울추모공원건립이 정당하다는 대법원의 최종판결 이후 2007년 9월 12일에 서초구는 서울시에 서울추모공원 내 종합의료시설의 입지기반을 마련하고 화장로는 지하화하여 5기 이내로 설치하며, 지상은 수림대로 조성하는 등 화장장을 종합의료시설과 동시에 건립하는 세부대안을 제출하였는데, 이에 대해 서울시는 이 중 일부를 받아들여 '장사시설+종합의료시설+공원시설'을 내용으로 하는 서울추모공원건립정책의 최종 정책산출물을 도출하게 된다.

즉, 서울추모공원건립의 정당성을 근거로, 지금까지 주장한 반대옹호연합의 의견을 일부 반영하여 장사시설은 지하화하며 지상은 수림대로 조성하고 화장로는 11기로 조성하기로 했으며, 종합의료시설은 관계당국과 협의하여 국립의료원 유치를 통해 종합적 의료인프라를 구축하기로 했고, 공원시설은 화장장 및 종합의료시설과 어울리는 경관으로 조성하기로 하는 등 2012년까지 171,335㎡ 부지에 2,388억 1천 8백만원을 투입하는 산출물이 만들어진 것이다〈표 4-28〉 참조).

---

[35] 상호작용을 나타내는 정책변동의 창은 대법원의 최종판결에 따라 각 옹호연합이 큰 틀 차원에서 순응하면서 닫히게 된다. 실제로, 찬성옹호연합인 당시 서울시 고위 관계공무원 A와 장개협 핵심요원 A는 2009년 2월 26일(목) 인터뷰에서 당시 최종판결 직후 전적으로 환영했다는 의견을 피력했으며, 반대옹호연합인 당시 청계산지키기 시민운동본부 핵심요원 A와 서초구 고위관계공무원 A도 당시에 사법부의 판단을 존중했다는 의견을 나타냈다.

표 4-28	서울추모공원건립정책의 최종 정책산출물			
구 분	장사시설	종합의료시설	공원시설	기 타
세부시설명	화장장	국립의료원 등	묘지공원	도로 등
면 적	36,453㎡	69,575㎡	58,336㎡	6,971㎡
추진내용	화장장은 지하화하고, 지상은 수림대로 조성, 화장로는 11기로 건립	국토해양부 및 보건복지가족부와 협의하여 2009년 중 국립의료원 유치를 가시화	화장장 및 종합의료시설과 어울리는 경관으로 조성	접근성을 강화하는 방향으로 추진
준공시점	2012년			
총 소요예산	2,388억 1천 8백만원(국비 195억 4천 4백만원 포함)			
총 부지면적	171,335㎡			

출처: 서울시 내부 자료를 근거로 구성.

결국, 본 서울추모공원건립정책은 과거 소극적 화장중심정책에서 과도적 화장중심정책으로 변동되었다고 할 수 있는 것이다.

IV. ▶▶ 결 론

지금까지 분석한 ACMS 모형을 적용한 서울추모공원건립정책의 변동과정을 도식해 보면 〈그림 4-9〉와 같다. 즉, 외적변수에 제약 및 재원을 받은 정책옹호연합들이 서초구 원지동을 추모공원으로 선정한 촉발기제를 기점으로 정책경로, 정책전략 등의 치열한 갈등을 이어가게 되는데, 결국 대법원의 최종판결에 따라 추모공원건립은 확정이 되면서 창은 닫히게 된다. 이러한 최종판결을 근거로 지금까지 주장한 각 옹호연합 간 의견들을 절충하여 세부적인 정책산출이 도출되게 되는데, 이는 과거의 소극적 화장중심정책이 과도적 화장중심정책으로 변동되는 것을 의미하는 것이다.

그림 4-9 ACMS 모형을 활용한 서울추모공원건립정책의 변동 분석 결과[36]

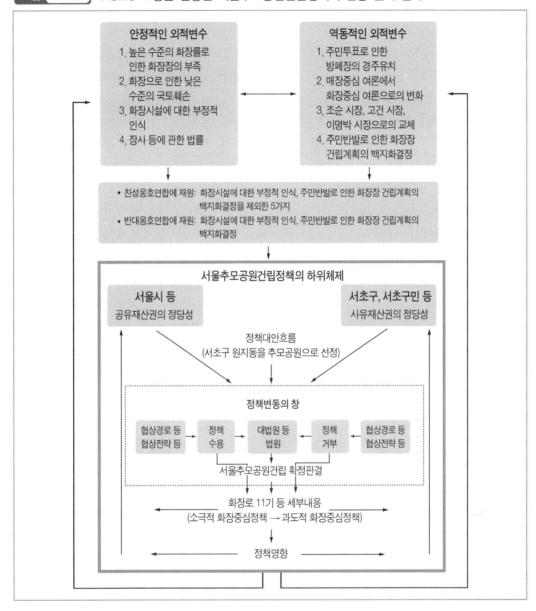

안정적인 외적변수
1. 높은 수준의 화장률로 인한 화장장의 부족
2. 화장으로 인한 낮은 수준의 국토훼손
3. 화장시설에 대한 부정적 인식
4. 장사 등에 관한 법률

역동적인 외적변수
1. 주민투표로 인한 방폐장의 경주유치
2. 매장중심 여론에서 화장중심 여론으로의 변화
3. 조순 시장, 고건 시장, 이명박 시장으로의 교체
4. 주민반발로 인한 화장장 건립계획의 백지화결정

• 찬성옹호연합에 재원: 화장시설에 대한 부정적 인식, 주민반발로 인한 화장장 건립계획의 백지화결정을 제외한 5가지
• 반대옹호연합에 재원: 화장시설에 대한 부정적 인식, 주민반발로 인한 화장장 건립계획의 백지화결정

서울추모공원건립정책의 하위체제

서울시 등
공유재산권의 정당성

서초구, 서초구민 등
사유재산권의 정당성

정책대안흐름
(서초구 원지동을 추모공원으로 선정)

정책변동의 창

협상경로 등 협상전략 등 → 정책 수용 → 대법원 등 법원 ← 정책 거부 ← 협상경로 등 협상전략 등

서울추모공원건립 확정판결

화장로 11기 등 세부내용
(소극적 화장중심정책 → 과도적 화장중심정책)

정책영향

---

36 전술한 바와 같이 조순 시장, 고건 시장, 이명박 시장으로의 교체는 전체적으로 양 옹호연합에 제약 및 재원도 아닌 중간적 입장을 취함에 따라 '찬성 및 반대옹호연합에 재원' 부분에 기술하지 않았다.

한편, 본 연구가 주는 시사점을 조명해 보면 다음과 같다.

첫째, 서울추모공원건립정책의 변동과정은 옹호연합 간 치열한 갈등을 통해 마무리되는데, 이는 혼란 속에 자생적 질서가 나온다는 이치를 시사해 주고 있다. 하지만 각 옹호연합 간 지나치게 긴 정책변동과정은 높은 수준의 혈세낭비를 가져올 수 있다는 점도 증명해 주고 있다. 실제로, 2001년 7월 서울시가 서초구 원지동 지역을 제2화장장 부지로 지정했으나 상당부분 사업추진이 지연되면서 토지보상비가 높게 책정된 것이다. 즉, 2001년 처음 지정당시 건립부지의 공시지가는 169억 2천 5백만원이었으나, 대법원판결 이후 본격적인 토지보상이 이루어진 2008년에는 461억 3천 9백만원으로 7년 동안 2.7배 이상이 상승한 것이다. 따라서 공시지가에 2.2배를 보상지급하는 감정에 따라 국민의 세금이 상당부분 낭비되기에 이른 것이다.[37] 이러한 결과는 서울시 등 찬성옹호연합의 낮은 수준의 민주적 여론수렴과정과 서초구민 등 반대옹호연합의 지나친 님비가 결합된 결과로서, 적정수준 이상의 정책변동과정은 부작용을 수반한다는 사실을 다시 한 번 보여주는 근거가 되고 있는 것이다.

둘째, 전술한 대로 서울추모공원건립정책의 지나친 변동과정은 부작용을 수반한다는 사실을 발견했는데, 이렇게 지연된 요인을 ACF를 근거로 하는 8개의 외적변수와 MSF를 근거로 하는 촉발기제를 대상으로, 전술한 4명의 관계전문가를 근거로 2009년 2월 26(목)에 인터뷰조사한 결과(1명이 3개 변수를 선택), 반대옹호연합에 재원으로 작용하였던 '화장시설에 대한 부정적 인식'에 모두 응답함으로써, 추모공원건립정책의 지연에 가장 큰 영향을 미치고 있는 것으로 판단된다. 다음으로는 '장사 등에 관한 법률'·'조순 시장, 고건 시장, 이명박 시장으로의 교체'·'주민반발로 인한 화장장 건립계획의 백지화결정'·'서초구 원지동을 추모공원으로 선정' 등으로 나타났고, 나머지는 응답이 전혀 없었다(《표

---

37 · 서울추모공원 토지보상부지의 연도별 공시지가(단위: 원)

구 분	필 지	면적(㎡)	공시지가 × 편입면적							
			2001	2002	2003	2004	2005	2006	2007	2008
계	159	171,335	16,925,323,100	16,940,152,600	21,484,194,600	26,047,710,900	25,828,189,100	31,750,051,200	39,883,998,500	46,139,516,900

※ 감정평가예상액(보상지급): 공시지가 × 2.2배 전후 예상

출처: 서울시 내부 자료를 근거로 구성.

표 4-29 서울추모공원건립정책의 지연에 영향을 미친 요인에 대한 인터뷰 결과

구 분		찬성 옹호 연합	반대 옹호 연합	요인 인터뷰 결과
외적 변수 (ACF)	높은 수준의 화장률로 인한 화장장의 부족	↑	↓	0
	화장으로 인한 낮은 수준의 국토훼손	↑	↓	0
	화장시설에 대한 부정적 인식	↓	↑	4(모두 동의)
	장사 등에 관한 법률	↑	↓	2(1/2 동의)
	주민투표로 인한 방폐장의 경주유치	↑	↓	0
	매장중심 여론에서 화장중심 여론으로의 변화	↑	↓	0
	조순 시장, 고건 시장, 이명박 시장으로의 교체	–	–	2(1/2 동의)
	주민반발로 인한 화장장 건립계획의 백지화결정	↓	↑	2(1/2 동의)
촉발기제 (MSF)	서초구 원지동을 추모공원으로 선정			2(1/2 동의)

4-29) 참조). 실제로, 자기지역에 건설될 화장시설에 대한 부정적 인식은 님비(NIMBY)와 결합된 지역이기주의 현상으로서, 재산가치 하락, 쾌적한 환경 위협 등을 우려하여 높은 수준으로 나타났으며, 이는 격렬한 반대운동으로 이어져 정책을 지연하는 데 상당부분 역할을 했던 것이다.

셋째, 정책변동을 가져오는 가장 큰 변수는 헌법적 정책중개자라는 것이다. 즉, 옹호연합 간 치열한 정책갈등 속에서도 서울행정법원, 서울고등법원, 그리고 대법원의 판결이 이어지면서 서울추모공원건립정책은 소극적 화장중심정책에서 과도적 화장중심정책으로 변동되어 마무리가 되었는데, 이는 국민의 합의로 마련된 헌법규정 기관 중 하나인 법원의 영향력이라고 할 수 있는 것이다. 다시 말해서, 모든 정책중개자가 정책을 변동시키는 데 결정적인 영향력을 발휘하는 것은 아니라는 것인데, 일례로 그린벨트정책의 경우 정책중개자로서 건설교통부 산하에 제도개선협의회가 있었으나, 본 협의회의 결정에 대해 보존 옹호연합이 상당부분 불응을 하여 정책수정이 가해졌다는 점에서, 헌법적 정책중개자와 일반적 정책중개자의 결정은 무게 중심에 있어서 상당한 차이가 있다는 것을 다시 한 번 보여주고 있는 것이다.

넷째, 서울추모공원건립정책의 변동과정은 여타 사회현상과 마찬가지로 상당한 복잡성을 내포하지만, 일정한 촉발기제와 정책산출이 나타난다는 것이다. 이들은 정책변동의 경계를 명확히 해 주는 교통질서의 역할을 수행하고 있는 것이다.

다섯째, 본 연구는 정책변동으로 인한 산출물이 집행으로 이어져 순기능으로 작용하는지, 아니면 역기능으로 이어지는지를 모니터링하여 차후 유사정책을 추진하는 데 있어 정책의 채택여부를 결정하는 데 일정부분 참조역할을 제공할 수 있는 것이다.

한편, 본 연구는 일정부분 한계를 노출하고 있는데, 일부 외적변수의 경우 갈등이 최고조에 오른 시점 이후에 사건을 명시했다는 점에서 시간적 선후관계에 한계를 보였기 때문에 차후에는 좀 더 체계적인 접근이 필요할 것으로 판단된다. 또한, 두 모형의 결합이 과연 어느 정도나 사례의 설명에 도움이 되었는지를 확인하기 위해서는 사례를 ACF와 MSF로 각각 분석하고 두 모형이 개별적으로 설명하지 못하는 부분을 파악한 다음 통합된 ACMS 모형으로 제시해야 통합모형의 타당성을 확인할 수 있으나 이러한 부분이 여의치 않았다는 점에서 차후 반드시 연구할 부분이라고 생각된다. 그리고 서울추모공원건립정책의 지연에 영향을 미친 요인을 도출하기 위한 인터뷰에 있어서 당시 관계전문가들에 대한 접근상의 한계로 인해 표본이 적게 선정되었다. 이는 객관화에 한계를 가져올 수 있다는 점에서 차후 개선할 부분으로 판단된다. 마지막으로, ACMS 모형을 서울추모공원건립정책에 적용하여 제 시사점을 도출했는데, 이는 일반화에 한계를 가져올 수 있다는 점에서 차후 다양한 사례적용을 통한 객관화된 연구결과물의 도출이 필요할 것으로 판단된다.

제 4 절
ACMS 모형의 적용 – B [ACMS 모형을 활용한 정책변동 분석: 이명박정부의 한반도대운하사업을 중심으로]

본 절에서는 3절에서 분석한 부분에 시기별 분석 등을 추가하여 좀 더 입체적인 ACMS 모형을 이명박정부의 한반도대운하사업에 적용하여 본 이론을 좀 더 심도 있게 조명하고자 한다.

I. ▶▶ 서 론

최근 정책다원주의(policy pluralism)가 높아지면서, 정책집행과정에 대해 정책형성과정(policy formative process)[38]의 의도와 통제에 따라 움직이는 수동적 존재로만 인식한 고전적 집행관의 가정을 무색하게 하고 있는 것이 주지의 사실이다. 즉, 정책집행과정도 다양한 이해당사자들의 공간이며, 이에 따라 형성된 정책산출물을 불응하는 등 과거보다는 상대적으로 영향력이 높아져가고 있는 것이다. 그렇다고 해도 정책형성과정의 중요성을 간과할 수 없는 것도 중요한 사실이다. 다시 말해서, 정책형성과정은 정책산출물을 도출하는 과정이라는 점에서, 정책집행과정의 방향타 역할을 하는 중요한 과정으로 아무리 그 가치를 강조해도 지나치지 않는 것이다. 아울러, 본 과정은 이해당사자들의 상호작용을 통해 정책산출물이 만들어지는 흐름을 체계적으로 분석할 수 있는 공간이 된다는 점에서, 이해당사자들의 성향, 정책전략 등을 조명할 수 있는 의미 있는 과정이 되는 것이다.

이에 근거해서, 본 연구에서는 이명박정부에서 본격화됐던 한반도대운하사업을 사례로 하여, 정책형성을 중요한 부분으로 다루고 있는 정책변동과정을 조명하고자 한다. 한반도대운하사업은 여론의 추이에 따라 4대강정비사업으로

---

38 정책형성과정은 정책목표를 설정하고 정책집행과정에 활용될 정책산출물을 개발·절충·선택하는 일련의 정책의제형성과정과 정책결정과정으로서, 집행 전까지의 역동적 과정이라고 할 수 있다.

변동하게 되는데, 이해당사자들의 효율성과 비효율성 등 이분법적 이해관계가 첨예하여 정책변동과정에서 높은 수준의 상호작용을 나타낸 대표적인 사례라고 할 수 있다.

이러한 한반도대운하사업의 정책변동과정에 대한 조명은 여러 가지 모형으로 접근할 수 있으나, 본 연구에서는 대표적인 정책변동모형인 ACF와 MSF의 장단점을 절충하여, 좀 더 체계적으로 만든 ACMS 모형을 통해 조명하고자 한다. 한반도대운하사업이 전체적으로 높은 수준의 상호작용을 나타내고 있다는 점에서, 본 모형은 이해당사자들의 성향, 정책전략 등을 근거로 한 입체적인 상호작용을 분석할 수 있는 틀이 되는 것이다.

전술한 사항들을 근거로 본 연구에서는 다음과 같은 목적을 제시하고자 한다.

첫째, ACMS 모형을 한반도대운하사업의 정책변동과정에 적용하여 정책산출이 도출되기까지의 상호작용과 그 요인을 고찰하고자 한다.

둘째, 이러한 상호작용 등의 분석을 통해 도출되는 시사점을 조명하고자 한다. 일례로, ACMS 모형에서 시사하는 주요 연구결과물을 도출하고 사례분석을 근거로 이를 검증하는 것 등이 그것이다.

한편, 본 연구의 사례를 엄밀하게 세분화하면 한반도대운하사업과 4대강정비사업이지만, 4대강정비사업이 한반도대운하사업에서 변동된 사업이고, 본 사업의 뿌리가 한반도대운하사업이라는 점에서, 제목명시 등 큰 틀 차원에서는 한반도대운하사업으로 총칭하고자 한다. 아울러, 중복 등을 피하기 위해 차후 한반도대운사업과 4대강정비사업을 약칭인 대운하사업과 4대강사업으로 혼용·사용하고자 한다.

Ⅱ. ▶▶ 이론적 고찰

1. 정책변동과정 관련 기존 모형

정책변동과정의 상호작용을 다루고 있는 기존 모형은 다양하게 존재하고 있으나, 본 연구에서는 비교적 잘 알려진 ACF와 MSF를 중심으로 살펴보고자

그림 **4-10** ACF의 틀

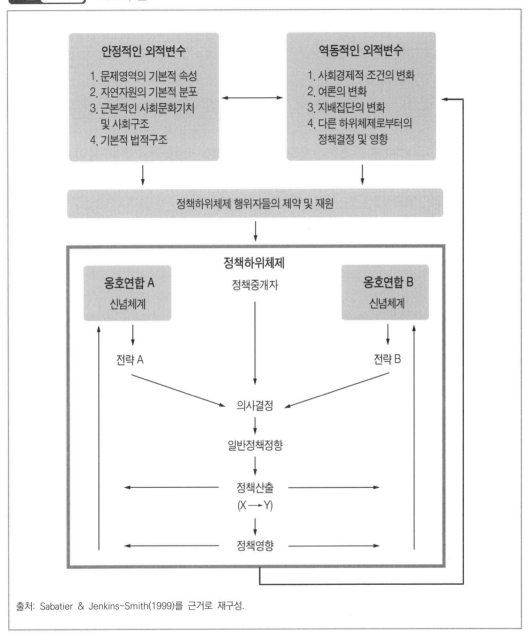

출처: Sabatier & Jenkins-Smith(1999)를 근거로 재구성.

한다. 본 모형들은 집행 전 정책산출물이 도출되는 과정을 조명하는 모형이라는 점에서, 정책형성과정에 초점을 맞추고 있다.

1) ACF의 개념

먼저, ACF(Advocacy Coalition Framework: 옹호연합모형)는 Sabatier(1988)에 의해서 언급된 정책변동모형으로서, 문제영역의 기본적 속성, 자연자원의 기본적 분포, 근본적인 사회문화가치 및 사회구조, 기본적 법적구조 등 안정적인 외적변수와 사회경제적 조건의 변화, 여론의 변화, 지배집단의 변화, 다른 하위체제로부터의 정책결정 및 영향 등 역동적인 외적변수에 일정한 신념체계를 공유하고 있는 옹호연합들이 영향을 받고 있는 상황에서, 자신들의 주장을 이행하기 위한 전략을 펼치게 된다. 이러한 상호작용 속에 이들을 중재하기 위한 정책중개자가 나타나고, 이를 근거로 의사결정이 되어 새로운 정책이 산출되게 되는 것이다(〈그림 4-10〉 참조).

한편, 본 ACF는 높은 수준의 외적변수를 구축하고 있고, 여러 정책행위자들에 대해 일정한 신념체계를 공유하는 옹호연합으로 체계화했다는 점에서 장점을 갖는다. 반면, 상호작용의 시작점이 불분명하고, Sabatier & Jenkins-Smith(1999)가 언급했듯이 전략이 토론회 등 정책학습으로 국한하고 있다는 점에서 전략의 시야가 좁다는 단점을 지니고 있다.

2) MSF의 개념

MSF(Multiple Stream Framework : 다중흐름모형)는 Kingdon(1984)에 의해 제기된 정책변동모형으로서, 대개 정책문제와 정책대안이 흐르고 있는 상황에서 정권교체 등 정치흐름이 작용하여 정책변동의 창이 열리게 된다. 창에서는 정책문제와 정책대안 등을 둘러싸고 제 전략 등을 활용한 상호작용이 벌어지게 되며, 절충을 통해 창이 닫히게 된다. 결국, 이를 근거로 새로운 정책이 산출되게 되는 것이다(〈그림 4-11〉 참조).

한편, 본 MSF는 정치흐름 등 다중흐름에 의한 상호작용의 시작점이 명확하고, 정책변동의 창에 있어서 다양한 전략을 활용할 수 있는 장점을 갖는 반면, 낮은 수준의 외적변수를 가지고 있고, 여러 정책행위자들에 대해 일정한 신념체계를 공유하는 옹호연합으로 체계화하지는 못했다는 점에서 단점으로 작용

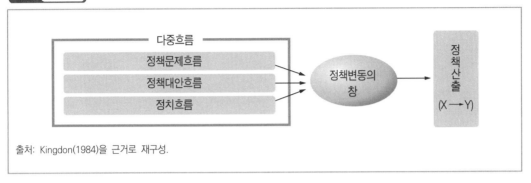

그림 4-11 MSF의 틀

다중흐름
정책문제흐름
정책대안흐름
정치흐름

정책변동의 창

정책산출 (X → Y)

출처: Kingdon(1984)을 근거로 재구성.

한다.

2. ACMS 모형의 의의

1) ACMS 모형의 개념

전술한 ACF와 MSF의 장단점을 고려하여 통합한 것이 ACMS[39] 모형이다. 즉, ACF는 전략 등을 활용한 상호작용의 체계가 상대적으로 미약하여, 이 부분에 강점을 가지고 있는 MSF를 ACF의 전략과 의사결정 부분에 배치함으로써, 본격적인 상호작용의 시작점, 다양한 전략추구 등을 제고할 수 있다. 다시 말해서, 통합은 이러한 과정을 통해 이루어진 것이다(〈그림 4-12〉 참조).

이에 근거해서 ACF와 MSF의 장단점, 그리고 ACMS 모형의 차별성을 조명해 보면 다음과 같다(〈표 4-30〉 참조).

첫째, ACF는 정책변동과정의 본격적인 시작점인 촉발기제가 명확하지가 않고, 전략이 공청회 등 정책학습에 국한되고 있다는 점에서 그 범위가 상대적으로 좁다. 이러한 단점은 정책문제흐름, 정책대안흐름, 정치흐름 등 다중흐름 중 하나를 촉발기제로 삼아 그 시작점을 명확히 할 수 있고, 상대적으로 여러 전략을 활용한 정책변동과정을 체계적으로 조명할 수 있는 MSF에 의해 보완될 수 있을 것이다.

둘째, MSF는 정치·경제·사회·문화적 외적변수 등이 낮은 수준이어서 연

---

[39] ACMS는 ACF와 MSF의 AC와 MS를 결합한 용어이다.

그림 4-12 ACMS 모형의 틀

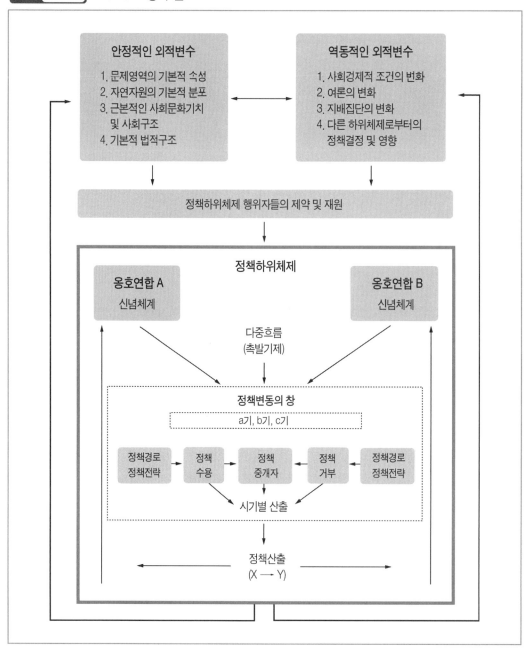

안정적인 외적변수

1. 문제영역의 기본적 속성
2. 자연자원의 기본적 분포
3. 근본적인 사회문화가치 및 사회구조
4. 기본적 법적구조

역동적인 외적변수

1. 사회경제적 조건의 변화
2. 여론의 변화
3. 지배집단의 변화
4. 다른 하위체제로부터의 정책결정 및 영향

정책하위체제 행위자들의 제약 및 재원

정책하위체제

옹호연합 A
신념체계

옹호연합 B
신념체계

다중흐름
(촉발기제)

정책변동의 창

a기, b기, c기

정책경로
정책전략

정책
수용

정책
중개자

정책
거부

정책경로
정책전략

시기별 산출

정책산출
(X ─ Y)

구의 객관성을 제고하는 데 문제가 있으며, 여러 정책행위자들에 대해 신념체계를 공유하고 있는 옹호연합으로 구성하지 않았다는 점에서 그 정체성을 설명하는 데 한계로 작용한다. 이러한 단점은 안정적이고 역동적인 외적변수에 충실하고, 옹호연합으로 정책참여자들의 정체성을 명확히 하며 이에 대한 신념체계도 비교적 체계적으로 다루고 있는 ACF에 의해 보완될 수 있을 것이다.

결국, ACF와 MSF의 장단점을 고려하여 통합한 것이 ACMS 모형이고, 이에 따라 본 모형은 외적변수, 정책행위자의 체계적 구성, 상호작용의 시작점, 그리고 전략의 범위 등에 있어서, 기존 모형과는 다르게 모두 높은 수준을 구축하고 있는 것이다.

표 4-30 ACF와 MSF의 장단점, ACMS 모형의 차별성

구 분	ACF	MSF	ACMS 모형
외적변수	높은 수준	낮은 수준	높은 수준
정책행위자의 체계적 구성 (옹호연합)	높은 수준	낮은 수준	높은 수준
상호작용의 시작점 (촉발기제)	낮은 수준	높은 수준	높은 수준
전략의 범위	낮은 수준	높은 수준	높은 수준

이러한 ACMS 모형은 우리나라의 정책변동과정을 설명하는 데 일정부분 공헌을 하고 있다고 생각된다. 즉, 과거 권위주의체제에서는 정책변동과정은 주로 정부부문이 독점하여 상호작용의 수준은 낮았고, 이로 인해 그렇게 복잡한 정책변동과정을 보이지도 않았다. 하지만 현대 다원주의체제를 맞이하여 정부부문뿐만 아니라 정책대상 등 민간부문도 정책변동과정의 당당한 행위자로써의 역할을 수행함에 따라 상호작용의 수준이 높아졌고, 이로 인해 복잡한 정책변동과정을 보이게 되었다. 이러한 변화는 급격한 민주화와 고도의 경제성장 등을 겪고 있는 우리나라에, 특히 해당되는 부분이다.

즉, 기존의 모형들은 복잡한 정책변동과정을 설명하는 데 간과할 수 있는 틀인 반면, 본 ACMS 모형은 ACF에서 한계로 지적됐던 낮은 수준의 명확한 시

작점, 낮은 수준의 전략의 범위 등과 MSF에서 문제로 지적됐던 낮은 수준의 외적변수, 낮은 수준의 정책행위자들의 정체성 등을 상당부분 개선하여 구축하고 있다는 점에서, 높은 수준의 복잡성을 지향하고 있는 우리나라의 정책변동 과정을 논리적으로 설명하는 데 유리한 틀인 것이다.

2) ACMS 모형의 세부변수 개념

(1) 외적변수

외적변수는 ACF에서 나타나는 특징으로서, 전술한 바와 같이 안정적인 외적변수와 역동적인 외적변수로 대별할 수 있다. 먼저, 안정적인 외적변수(stable external parameters)는 가늘고 길게 정책하위체제 행위자들에게 영향을 미치는 것으로 정의할 수 있다. 즉, 영향강도는 낮은 수준이지만 지속적으로 영향을 미친다는 것이다. 세부변수로서 문제영역의 기본적 속성은 옹호연합 간 갈등의 쟁점(환경권 침해 등)이 무엇인가에 초점을 맞추는 것이고, 자연자원의 기본적 분포는 정책의 궁극적 존재역할(홍수방지 등)을 의미하며, 근본적인 사회문화가치 및 사회구조는 그 사회가 지니는 정체성(권위주의 등)이고, 기본적 법적구조는 정책하위체제 전반에 기본적 영향을 미치는 법률 등을 의미한다.

반면, 역동적인 외적변수(dynamic external parameters)는 굵고 짧게 영향을 미치는 것으로서, 영향강도는 높은 수준이지만 짧게 영향을 미친다는 것이다. 세부변수로서 사회경제적 조건의 변화는 사회경제적으로 나타나는 급격한 변화(IMF 외환위기 등)를 의미하고, 여론의 변화는 공공정책에 대한 국민들의 변화된 행태 및 의견을 의미하며, 지배집단의 변화는 공공정책을 실질적으로 입안하고 집행하는 관리자의 변화(정권교체 등) 등을 말하며, 다른 하위체제로부터의 정책결정 및 영향은 본 체제 이외에 다른 부문에서 결정하고 영향을 주는 행태로서 유사정책의 결정 등이라고 할 수 있다.

(2) 옹호연합과 신념체계

옹호연합과 신념체계는 ACF에서 나타나는 특징이다. 먼저, 옹호연합(advocacy coalition)은 특정 정책에 대해서 공통적으로 공유된 신념체계를 바탕으로 이루어진 참여자로서, 이들은 상대편 옹호연합과의 갈등을 벌이며, 자신의 주장을 선점하기 위해 치열한 전략 등을 펼치게 된다.

한편, 이들이 가지고 있는 신념체계(belief systems)는 규범적 핵심, 정책적 핵심, 그리고 도구적 측면으로 구성되는데, 먼저 규범적 핵심(normative core)은 신념체계 중 가장 최상위의 수준으로 자유, 평등 등의 존재론적인 공리가치의 우선순위를 정하는 것이고, 정책적 핵심(policy core)은 특정 하위체제에서 실제 운용되는 정책과 밀접히 연관되어 있는 것으로 정책에 관련되어 어떠한 특정목표가 정해질 것인지에 관한 인과적 인식을 말하는 것이다. 그리고 도구적 측면(instrumental aspect)의 신념은 가장 범위가 좁은 것으로 행정상 혹은 입법상의 운용과정에서 나타나는 정책수단, 예산의 배분, 성과에 대한 평가 등을 의미하는 것이다(Kingdon, 1984). 결국, 신념체계는 규범적 핵심, 정책적 핵심, 그리고 도구적 측면으로 내려 갈수록 그 범위가 구체화되고 좁아진다고 할 수 있는 것이다.

(3) 촉발기제

촉발기제는 MSF에서 나타나는 특징이다. 촉발기제(trigger mechanism)는 정책변동의 창을 여는 데 있어서 결정적 계기를 의미하며, 예기치 못했던 사건이나 위기의 발생 등을 의미한다. 일반적으로, 촉발기제는 정책문제흐름, 정책대안흐름, 정치흐름 등 다중흐름 중 하나가 작용하게 되는데, 먼저, 정책문제흐름(policy problem stream)은 지표의 변동, 위기·재난 등 문제의 흐름을 의미하며, 정책대안흐름(policy alternative stream)은 정책적 대안제시, 이익집단의 개입 및 주장 등 대안의 흐름을 말한다. 그리고 정치흐름(political stream)은 정권교체, 국민적인 분위기, 국회의석 수의 변화 등을 의미한다(Kingdon, 1984).

(4) 정책변동의 창

정책변동의 창은 MSF에서 나타나는 특징이다. 촉발기제에 따라 정책변동의 창(window of policy change)이 열리게 되면, 그 안에서는 자신들에게 유리한 정책산출이 도출되도록 하기 위해 치열한 상호작용을 펼치게 된다. 즉, 게임의 공간이 되는 것이다. 기본적으로 창 안에서는 옹호연합들이 정책경로와 전략을 펼치게 되는데, 정책경로(policy channel)는 정책행위자들이 자신들의 주장을 이행하기 위해 시위 등의 방법을 탐색하는 절차이다. 즉, 정책문제를 둘러싸고 벌어지는 정책변동과정은 아무런 규칙 없이 상호작용이 일어나는 것이 아니라, 일정한 경로를 통해 이루어지는 것이라는 점에서, 정책행위자들의 정책경로는 의도한 정책을 만들어 내기 위해 참여자들이 각각의 입장과 영향력을 동원하고 전달하는 채널인 것이다. 이러한 경로가 어떻게 구성되느냐에 따라 행위자들이 게임에서 차지하는 위치가 유리하거나 불리한 국면이 이루어진다.

그리고 정책전략(policy strategy)은 탐색된 방법을 사용해서 자신들에게 유리한 위치를 선점하기 위한 실행활동절차를 의미한다. 즉, 정책변동과정을 정치적 과정으로 파악할 경우 가장 중요한 변수는 정책행위자들이 자신에게 주어진 문제해결을 위해서 사용하는 전략인데, 행위자들의 전략은 일정한 상황하에서 참여자들이 비슷한 행위를 반복적으로 하면서 형성된 행동으로서 정책경로를 통해 갈등을 해결하는 것이다(안병철, 2000: 46-48). 이렇게 볼 때, 본 연구에서 정책경로와 정책전략의 가장 큰 차이점은 방법탐색단계와 방법실행단계라고 할 수 있는 것이다.

이러한 상황에서 정책중개자도 나타날 수 있다. 이들은 옹호연합 사이의 갈등을 줄이면서 합리적인 타협점을 찾아내는 것인데, 보통 행정부 내 갈등조정위원회 등이 그것이고, 해결되지 못한 사항에 대한 외부개입으로서 법원 등도 넓은 의미에서 포함시킬 수 있을 것이다.

이러한 정책변동의 창은 시기별로 대별하여 논리적인 객관성을 좀 더 제고시킬 수 있을 것이다. 아울러, 옹호연합 간, 정책중개자 사이에 갈등이 상당부분 완화되면 창은 닫히게 되는 경우가 많다.

한편, 후술할 정책변동의 창에서는 시기별로 공식성 여부와 중요성 여부를 근거로 정책행위자를 나누고자 한다. 공식성여부는 공식적 정책행위자와 비공식적 정책행위자로 구분하고, 중요성 여부는 핵심적 정책행위자와 주변적 정책행위자로 대별한다. 먼저, 공식적 정책행위자는 법규에 근거한 제도적 참여자를 의미하고, 비공식적 정책행위자는 그 외의 비제도적 참여자를 말한다. 이는 현대 다원주의체제를 맞이하여 비공식적 정책행위자의 영향력도 높아졌다는 판단 아래 구성체계에 공식적·비공식적 정책행위자를 기준으로 설정한 것이다. 핵심적·주변적 정책행위자는 공식적·비공식적 정책행위자의 중요성을 차별화시켜 역동성을 제고하려는 의도에서 조작화한 것이다. 이러한 구성체계는 간과할 수 있는 행위자를 포함시켜 상호작용의 객관성을 좀 더 제고하려는 의도가 있다.

(5) 정책산출

정책산출은 ACF와 MSF에서 나타나는 특징이다. 정책변동의 창이 닫히게 되면, 정책산출(policy output)이 나타나게 되는데, 이는 정책변동과정을 일단 마무리하는 것으로서, 이전과는 다른 정책이 생산되는 것을 의미하는 것이다.

3) ACMS 모형에서 시사하는 주요 연구결과물

ACF와 MSF를 통해 ACMS 모형에서 시사하는 주요 연구결과물을 살펴보면 다음과 같다.

첫째, ACMS 모형을 정책사례에 적용하면 모든 외적변수가 도출된다는 것이다.

즉, Sabatier & Jenkins-Smith(1999)는 ACF를 언급하면서, 본 모형을 정책사례에 적용할 경우 문제영역의 기본적 속성, 자연자원의 기본적 분포, 근본적인 사회문화가치 및 사회구조, 기본적 법적구조 등 안정적인 외적변수와 사회경제적 조건의 변화, 여론의 변화, 지배집단의 변화, 다른 하위체제로부터의 정책결정 및 영향 등 역동적인 외적변수에 대응하는 분석결과가 모두 도출된다는 점이다.

이러한 연구결과물은 ACF를 통해 조명한 것이지만, ACMS 모형에서도 그대로 나타난다는 점에서, 본 모형의 사시점이 되는 것이다.

둘째, 상호작용을 통해 만들어진 정책산출은 양 옹호연합에 영향을 준다는 것이다.

즉, Sabatier & Jenkins-Smith(1999)는 ACF를 조명하면서, 양 옹호연합 간 상호작용을 통해 도출된 정책산출로, 정책변동과정의 단계가 끝나는 것이 아니라, 이것이 기존의 양 옹호연합에 영향을 줌으로써, 또 다른 정책변동과정의 가능성을 내포하고 있다는 점이다.

이러한 연구결과물 역시 ACF를 통해 고찰한 것이지만, ACMS 모형에서도 그대로 조명된다는 점에서, 사시점이 되는 것이다.

셋째, ACMS 모형을 거치면 기존 정책이 새로운 정책으로 변동되는 특징이 발견된다는 것이다.

즉, Sabatier & Jenkins-Smith(1999)와 Kingdon(1984)은 ACF와 MSF에서

정책산출에 이를 때, 이전과는 다른 정책변동이 발생한다는 것이다. 즉, 본 모형들을 통해 이전에 X정책이 Y정책으로 변동되는 면이 조명된다는 점이다. 예를 들어, 그린벨트정책의 경우 변동과정을 통해 개발제한정책에서 개발허용정책으로, 저출산정책의 경우 출산억제정책에서 출산장려정책으로, 장묘정책의 경우 매장중심정책에서 화장중심정책으로의 변동 등이 그것이다.

이러한 연구결과물들은 ACF와 MSF를 통해 조명한 것이지만, ACMS 모형에서도 그대로 적용된다는 점에서, 하나의 시사점이 되는 것이다.

넷째, 정책변동과정의 정책산출에 가장 큰 영향을 미치는 변수는 촉발기제, 즉 다중흐름이라는 것이다.

즉, Kingdon(1984)은 MSF를 언급하면서 정책산출에 미치는 변수를 정책문제흐름, 정책대안흐름, 정치흐름 등 다중흐름, 정책변동의 창에서 이루어지는 상호작용 등으로 설명하였으나, 그 중 다중흐름은 공공의제를 정책의제로 변경시키면서 정책변동과정으로 이어져 정책산출을 도출한다는 점에서, 가장 높은 수준의 영향변수라고 할 수 있다는 점이다. 다시 말해서, "시작이 반이다"라는 속담에서 시사하듯이, 촉발기제로서의 다중흐름은 정책산출에 중요한 연결고리가 되는 것이다.

이러한 연구결과물은 MSF를 통해 조명한 것이다. 하지만, 이 부분이 ACMS 모형에서도 존재한다는 점에서, 본 모형에 있어서 시사점이 되는 것이다.

다섯째, 촉발기제는 다중흐름 중에서 나오며 정치흐름이 대부분을 차지한다는 것이다.

즉, Kingdon(1984)은 MSF를 조명하면서, 다중흐름 중 정치흐름이 결정적으로 촉발기제가 된다고 했는데, 기본적으로 정권교체, 국민적인 분위기 등은 정책변동의 창을 여는 데 지대한 영향을 미칠 수 있다는 점에서, 여러 다중흐름 중 가장 중요한 위치를 점할 수 있다는 점이다. 예를 들어, 사학정책의 경우 일부 사학의 부정부패라는 정책문제흐름과 개방형이사제라는 정책대안흐름 속에, 노무현 대통령의 등장이라는 정치흐름으로 인해, 결정적으로 정책변동의 창이 열리게 된 것이다.

본 연구결과물 역시 MSF를 통해 고찰한 것이지만, ACMS 모형에서도 그대로 나타난다는 점에서, 하나의 시사점이 될 수 있는 것이다.

결국, ACF와 MSF는 전술한 연구결과물 중 일부에 해당되지만, ACMS 모형은 모두에 해당된다는 점에서, 개별모형으로 접근할 때, ACMS 모형은 상대적으로 이론적 포괄성을 갖고 있는 것이다. 한편, 전술한 연구결과물은 본 연구의 사례분석을 통해 나타난 결과를 근거로 그 일치여부를 결론부분에서 검증하고자 한다.

Ⅲ. ▶▶ 한반도대운하사업의 의의

1. 한반도대운하사업의 추진경과

한반도대운하사업(Grand Korean Canal Project)이란 한반도에 걸쳐 있는 낙동강, 한강, 영산강, 금강 등을 연결하여 내륙운송 수로를 건설하겠다는 것으로서, 이명박정부에 의해 본격화되었으며, 차후 4대강정비사업으로 변동되기에 이른다. 한편, 4대강사업은 강끼리 연결하지는 않고, 재해예방 및 수질개선 등을 목적으로 추진하는 사업이다.

이와 관련하여 추진경과를 간략히 살펴보면 다음과 같다. 먼저, 2006년 10월 이명박 전 시장은 한반도대운하연구회가 만든 '한반도대운하계획'을 근거로 대운하프로젝트를 공개했으나, 노무현정부 시절 환경부장관이 대운하공약은 비상식적이라며 강하게 비판을 하게 된다. 그럼에도 불구하고, 이명박 후보가 대통령에 당선된 후 빅5 건설사가 경부운하건설 컨소시엄을 구성하게 되고, 인수위원회는 국정과제 중 한반도대운하사업을 선정하기에 이른다. 하지만, 교수 1천 800여 명이 대운하반대교수모임을 발족하는 등 저항이 거세지자 이명박 대통령은 국민이 반대하면 대운하사업을 추진하지 않겠다고 선언하기에 이른다. 이에 따라 국가균형발전위원회는 대운하사업의 대안으로 4대강 살리기 프로젝트 추진을 의결하게 된다. 하지만, 국민소송단은 이 또한 대운하사업을 가장한 것이라며, 4대강 정비사업에 대해 공사시행계획취소 소송 및 집행정지 신청을 하게 되지만, 낙동강 등 모든 소송에 대해 법원이 원고패소 판결을 내리자 4대강정비사업은 정착국면에 이르게 된다(〈표 4-31〉 참조).

표 4-31	대운하사업의 추진경과

일 시	내 용
2006. 10. 25	이명박 전 시장, 한반도대운하프로젝트 공개
2007. 08. 31	이치범 환경부장권, 대운하공약은 비상식적이라고 비핀
2007. 12. 27	빅5 건설사, 경부운하건설 컨소시엄 구성
2008. 02. 05	인수위원회, 국정과제 중 한반도대운하사업 선정
2008. 03. 25	교수 1천 800명, 대운하사업반대교수모임 발족
2008. 06. 19	이명박 대통령, 국민이 반대하면 추진하지 않겠다고 선언
2008. 12. 15	국가균형발전위원회, 4대강 살리기 프로젝트 추진 의결
2009. 11. 26	국민소송단, 한강·낙동강·금강·영산강 정비사업 공사시행계획취소 소송 및 집행정지 신청
2010. 12-2011. 01	법원, 4대강정비사업 원고패소 판결

출처: 연합뉴스〈http://www.yonhapnews.co.kr〉를 근거로 구성.

2. 한반도대운하사업 정책변동의 창 시기별 구분

본 연구에서 대운하사업 정책변동의 창에 대한 시기별 구분기준은 각 시기의 정책산출로 규정하고자 한다. 즉, 시기별 특성을 좌우하는 각각의 정책산출을 기준으로 선정한 것이다. 다시 말해서, 정책산출은 각 시기의 정책변동과정을 대변하는 척도가 된다는 점에서, 경계를 명확히 하는 중요한 변수가 되는 것이다. 이러한 기준에 대한 시기별 설명은 다음과 같다.

1) 시발기(2006. 10-2008. 02)

정책변동과정에 있어서 시발기는 촉발기제인 이명박 전 시장의 한반도대운하프로젝트 공개로부터 정책산출인 대통령직인수위원회의 국정과제 중 '글로벌 코리아' 기반조성을 위한 핵심과제로 한반도대운하사업이 선정되기까지이다. 본 정책산출로 인해 일단 한반도대운하사업이 시작될 수 있는 근거를 마련한 것이다.

2) 변동기(2008. 02-2008. 12)

변동기는 시발기의 정책산출 직후부터 국가균형발전위원회가 4대강 정비사업을 추진하기로 의결한 시점까지이다. 본 정책산출로 인해 시발기의 한반도대운하사업이 4대강정비사업으로 변동되기에 이른다.

3) 정착기(2008. 12-2011. 01)

정착기는 변동기의 정책산출 직후부터 국민소송단이 4대강정비사업을 반대한다며 소송을 제기한 낙동강 등 4대강정비사업에 대해 법원이 모두 원고패소 판결을 내린 시점까지이다. 본 정책산출로 인해 정착기의 4대강사업은 일단 안정국면으로 접어들게 된다.

3. 한반도대운하사업 관련 선행연구

한반도대운하사업과 관련하여 기존 선행연구를 조명해 보면 다음과 같다.

먼저, 김종욱(2008)은 한반도대운하사업에 대한 하천지형학적 검토를 시도했는데, 분석결과, 한강, 낙동강 등 우리나라 하천들은 대부분 유량변동이 크고, 수심이 얕기 때문에, 운하건설에는 적합하지 않다는 것이다. 따라서 운하를 건설하려면 대규모로 하상을 준설하는 것은 물론이고, 수많은 곳에 수위 조절용 댐이나 제방을 쌓아야 한다는 것이다. 이와 같은 토목사업들은 결국, 하천지형과 그 환경생태계를 심각한 수준에서 파괴하거나 변형시킬 것으로 예측되므로, 운하건설은 처음부터 바람직하지 않았다는 것이다.

그리고 임양준(2010)은 한반도대운하사업에 대한 사회적 갈등문제에 대하여 국내 주요 언론들이 어떠한 시각에서 해석하고 평가함으로써 이슈에 대한 성격을 어떻게 규정하는지를 살펴보았는데, 정부주도 대형 국책공사의 성격상 스트레이트 뉴스비율이 가장 높았다는 것이다. 대운하 관련 기사에 대한 프레임 분석결과, 정책집행, 경제적 결과, 그리고 생태환경 프레임 비율이 상대적으로 높았는데, 신문사별로 '조선일보'는 경제적 결과가, '한겨레신문'은 생태환경이, 그리고 '한국일보'는 정책집행 관련 프레임 비율이 높은 것으로 조사되었다는 것이다. 주요 이익집단에 대한 분석을 살펴보면, 한반도대운하 사업주체인 정부여당 관련 보도빈도가 매우 많았는데, 조선일보는 경제전문가집단의 비율이 높은 것으로 나타났고, 한겨레신문은 생태환경 관련 전문가집단의 비율이 상대적으로 높았다는 것이다. 이어서 주요행위자 프레임 분석으로는 정부의 권위적 정책집행과 경제적 결과 프레임에 대한 보도비율이 매우 높았다는 것인데, 이는 대운하건설 주체인 정부가 대국민을 상대로 운하건설에 대한 정당성과 필요성이 아닌 권위적이며 일방적으로 밀어 붙이고 있다는 뜻이기도 하다는 점이다. 마지막으로, 신문사별 틀 짓기 행위 프레임에 대한 특성을 살펴보면, 조선일보는 정부의 열망과 성과 프레임의 비율이 높았으며, 한겨레신문은 손익 프레임과 과정 프레임이, 그리고 한국일보는 정부의 집행과정과 실체에 대한 갈등과 분쟁에 대한 보도비율이 높은 것으로 조사되었다는 점이다.

한편, 대운하사업에서 변동된 4대강정비사업에 대한 선행연구도 고찰하고자 하는데, 김성배(2010)는 이명박정부가 추진하고 있는 4대강정비사업에 대해 여러 법위반 문제가 제시되고 있다는 전제하에, 하천법과 관련되는 쟁점 중 첫째, 수자원공사의 사업대행문제에 대한 법위반의 문제는 발생하지 않았다는 것이다. 둘째, 4대강정비사업과 관련한 보상문제에서 4대강사업에 유리한 여론을 형성하고 지역경제살리기라는 이유로 법의 엄정한 해석과 적용 없는 보상을 한다면 국민경제의 발목을 잡을 뿐만 아니라 법치주의를 해하고 형평의 문제를 가져 올 것이므로 보상에 대해서는 관련 법률의 엄격한 해석과 적용에 근거한 보상이 이루어져야 한다는 결론을 도출하였다.

그리고 안형기(2010)는 기존의 물관리정책이 수량중심에서 수질중심으로 변천해 오는 과정에 있는 역사적 명제하에서 4대강정비사업은 어떤 의미를 지니고 있는지 분석하였는데, 4대강사업의 취지나 역사적 당위성 등은 인정한다 하더라도 세부실천단계로 들어가면 복잡한 정책이슈임을 알 수 있다는 것이다. 그것은 물관리정책에서 고려해야 할 전제조건들과 개념에 대한 통일된 담론이 형성되기도 전에 실행단계로 들어가고 있기 때문이라는 점이다. 4대강사업의 의미와 문제점이 무엇인지 타진하는 작업은 지속적으로 진행되어야 할 것인데, 무엇보다도 정책의 빠른 진행속도 때문에 실행과정에서 많은 문제가 발생하게 될 것임이 분명하다는 것이다. 결론적으로, 4대강사업은 기존의 물관리패러다임의 기본틀을 크게 벗어나지 않는 범위 내에서 점진적 접근방식을 통해 진행되어야 할 것임을 제시하고 있는 것이다.

지금까지 한반도대운하사업 관련 선행연구를 조명해 보면, 대운하사업의 문제점 등 나름대로 의미 있는 접근을 하고 있지만, 본 연구에서 활용할 ACMS 모형에 대한 적용은 전혀 부재했다는 점에서, 상기 모형으로 대운하사업에 대한 체계적인 분석을 하고 있는 본 연구는 기존 선행연구와 일정부분 차별성을 갖고 있는 것이다.

Ⅳ. ▶▶ ACMS 모형을 활용한 한반도대운하사업 정책변동과정의 상호작용 분석

1. 외적변수

안정적인 외적변수로서, 문제영역의 기본적 속성은 환경파괴문제 등이라고 할 수 있다.

대운하사업에 참여하는 현대건설 컨소시엄은 한강과 낙동강 수계를 막고 있는 조령산맥에 대해 우회하는 대신 산맥을 관통하는 터널방식으로 진행하기로 했는데, 관통을 할 경우 주변 18㎞ 구간에 6개의 갑문이 약 3㎞마다 들어서게 된다는 점에서, 환경파괴는 필수적일 수 있다. 그리고 기본적으로 대운하사업과 4대강사업은 토목사업을 수반할 수밖에 없다는 점에서, 수질 악화, 생태계 변화, 생물다양성 감소 등을 가져올 수 있으며, 특히 새로운 보 건설과 준설은 오히려 생물다양성의 손실 등을 초래할 수도 있는 것이다(연합뉴스〈http://www.yonhapnews.co.kr〉). 결국, 이러한 환경파괴문제는 대운하사업과 4대강사업을 지지하지 않는 반대옹호연합에 재원으로 작용하게 되는 것이다.

자연자원의 기본적 분포는 수해예방 등이라고 할 수 있다.

과도하게 쌓인 퇴적물을 제거한다는 점에서 홍수위[40]의 수위가 낮아지고, 보를 건설한다는 점에서, 홍수 및 가뭄 등 수해를 예방할 수 있는 효과가 있을 수 있다. 실제로, 국토해양부에 의하면, 4대강 준설작업 이후 하천 단면형상을 측량·분석한 결과, 전체 준설량의 26%인 1억 3,800만㎥를 준설한 시점에서, 최대 1.7m 홍수위 저감효과를 나타냈는데, 구체적으로는 남한강 여주교-남한

---

[40] 홍수위(flood stage)는 특정 하천에서 홍수가 발생할 수 있는 한계 물높이로 홍수위가 낮아지면 홍수위험이 그만큼 줄어드는 것을 의미한다.

강교 구간 0.66-1.23m, 낙동강 구미보 상류지점 1.7m, 한강 강천보 1m, 낙동강 낙단보 1.49m 등 보 구간에서 평균 0.45m 가량 저감효과가 나타나는 것으로 분석했다(머니투데이⟨http://www.mt.co.kr⟩). 물론, 이 같은 결과는 찬성옹호연합인 국토해양부의 결과이기는 하지만, 전혀 무시할 수는 없다는 점에서, 대운하사업과 4대강사업을 지지하는 찬성옹호연합에 재원으로 작용하게 되는 것이다.

근본적인 사회문화가치 및 사회구조는 성장주의 등이라고 할 수 있다.

성장주의와 분배주의는 한국에서 주로 대립되는 개념으로 존재해 왔는데, 김대중정부에 들어서면서 분배가 현안사항(복지지출 비중, 2002년 기준, 19.9%)이 되었고, 노무현정부(2006년 기준, 27.9%)에서는 주요 현안사항으로 부상되었다. 그럼에도 불구하고, 복지지출의 비중은 OECD 평균 54.7%(2004년 기준)보다 현격하게 차이를 보이고 있다는 점에서, 아직은 성장주의적 사고가 우리나라를 지배하고 있는 것이다. 이러한 상황에서 이명박정부의 탄생은 한국을 지배해 온 성장주의가 여전히 강고하다는 것을 입증하고 있는 것이다(연합뉴스⟨http://www.yonhapnews.co.kr⟩). 기본적으로, 대운하사업과 4대강사업은 분배보다는 일자리창출 등 성장에 초점을 맞추고 있다는 점에서, 성장주의는 찬성옹호연합에 재원으로 작용하게 되는 것이다.

기본적 법적구조는 하천법 등이라고 할 수 있다.

대운하사업과 4대강사업은 유역종합치수계획 및 하천기본계획의 수립·시행 등의 규정을 담고 있는 하천법에 따라 진행되고 있는 사업이다. 이외에도 댐건설장기계획의 수립·시행 등 댐건설사업의 내용을 담고 있는 댐건설 및 주변지역 지원 등에 관한 법률, 농업기반정비사업의 기본계획 및 시행계획 수립·시행 등 농업용저수지 증고사업과 생활환경정비사업의 개발계획 및 시행계획 수립·시행 등 농어촌개발사업의 내용을 담고 있는 농어촌정비법, 수질 및 수생태계 보전계획의 수립·시행 등 수질개선사업의 내용을 담고 있는 수질 및 수생태계 보전에 관한 법률, 그리고 관광개발계획의 수립·시행 등 문화관광자원개발사업의 내용을 담고 있는 관광진흥법 등에도 근거를 두고 있다(국토해양부 4대강살리기 추진본부, 2009: 8). 결국, 하천법 등의 관련 법률은 찬성옹호연합에 재원으로 작용하게 되는 것이다.

아울러, 역동적인 외적변수로서, 사회경제적 조건의 변화는 이동경로의 다변화·지역균형발전 등이라고 할 수 있다.

　우리나라는 급격한 산업화 이후 인구와 산업생산 등이 서울, 인천, 경기 등 수도권에 50% 정도가 집중되어, 특히 주말이나 명절에는 수도권 유입과 유출 등에 있어서 심각한 정체현상을 보이고 있다. 이에 따라, 육로에는 자동차와 기차, 항공로에는 비행기 등 이동경로의 다변화를 추구하고 있는 것이다. 또한, 노무현정부시절 지방에 행정도시, 혁신도시, 기업도시 등으로 대변되는 지역균형발전정책을 획기적으로 도입하여 균형발전을 위한 전환점을 마련했는데, 결국 대운하를 통해 수로를 건설하겠다는 것은 현재의 이동경로 다변화에 합치되고, 지역균형발전에도 도움을 줄 수 있다는 점에서, 찬성옹호연합에 재원으로 작용하게 되는 것이다.

　여론의 변화는 한반도대운하사업 등에 대한 국민의 반대여론 등이라고 할 수 있다.

　조선일보가 대운하사업에 대해 여론조사를 실시한 결과(2008년 5월 31일), 반대(70.7%)가 찬성(17.5%)보다 압도적으로 높았으며, 대체된 4대강사업에 대한 조사결과(2010년 1월 2일) 역시 반대(54.0%)가 찬성(37.9%)보다 높았다. 아울러, 경향신문이 대운하사업에 대해 여론조사를 실시한 결과(2008년 3월 2일), 반대(55.0%)가 찬성(29.8%)보다 압도적으로 높았고, 대체된 4대강사업에 대한 조사결과(2010년 3월 24일) 역시 반대(36.3%)가 찬성(29.0%)보다 높았다. 종합적으로, 보수신문과 진보신문 모두 두 사업에 대해 반대여론을 공개했고, 특이사항으로 대운하사업에서 4대강사업으로 변동되면서 반대와 찬성의 격차는 공통적으로 줄어드는 양상을 보였다(조선일보〈http://www.chosun.com〉, 경향신문〈http://www.khan.co.kr〉). 결국, 이러한 국민의 반대여론은 반대옹호연합에 재원으로 작용하게 되는 것이다.

　지배집단의 변화는 노무현정부에서 이명박정부로의 정권교체 등이라고 할 수 있다.

　2007년 제17대 대통령선거를 앞두고, 한나라당 이명박 후보는 한반도대운하공약을 제시하게 되는데, 그 근거로는 7% 경제성장과 300만 개의 일자리를 창출하기 위해 대운하사업을 통한 성장인프라의 확충은 필수적이라는 것이다. 결국, 2007년 12월 19일에 실시된 선거에서 이명박 후보가 당선되었다는 점에서, 대운하사업에 대한 정책이 없었던 노무현정부에서 이명박정부로의 정권교체는 찬성옹호연합에 재원으로 작용하게 되는 것이다.

다른 하위체제로부터의 정책결정 및 영향은 중국 징항운하의 정비결정 등이라고 할 수 있다.

2006년 6월 중국교통부는 선박과 화물의 심각한 정체로 제 기능을 하지 못해 온 징항운하를 정비해 운하기능을 되살리기로 결정을 했는데, 본 운하는 베이징과 항저우를 잇는 총연장 1,764km로 서기 605년 수양제의 지시로 6년의 공사 끝에 완공된 세계 최장의 내륙수로이다. 하지만, 완공된 지 1,400여 년이 지난 지금 전체의 절반가량인 881km는 곳곳이 끊기고 막혀 운하로서의 역할을 할 수 없는 상태라는 점에서, 중국정부는 11차 5개년 계획 기간(2006-2010년)에 174억 4,000만 위안(약 2조 2,148억원)을 투입해 대운하를 정비한다는 방침에 이른 것이다(동아일보〈http://www.donga.com〉). 결국, 중국 징항운하의 정비결정은 찬성옹호연합에 재원으로 작용하게 된다.

종합적으로, 환경파괴문제(문제영역의 기본적 속성)와 한반도대운하사업 등에 대한 국민의 반대여론(여론의 변화) 등은 사업을 지지하지 않는 반대옹호연합에 재원으로 작용하는 반면, 수해예방(자연자원의 기본적 분포), 성장주의(근본적인 사회문화가치 및 사회구조), 하천법(기본적 법적구조), 이동경로의 다변화·지역균형발전(사회경제적 조건의 변화), 노무현정부에서 이명박정부로의 정권교체(지배집단의 변화), 그리고 중국 징항운하의 정비결정(다른 하위체제로부터의 정책결정 및 영향) 등은 사업을 지지하는 찬성옹호연합에 재원으로 작용한다는 점에서, 상대적으로 정책하위체제의 행위자들 중 찬성옹호연합에 일단 무게중심이 실리게 되는 것이다.

2. 신념체계

옹호연합은 전반적으로 한반도대운하사업 등을 지지하는 찬성옹호연합과 지지하지 않는 반대옹호연합으로 대별할 수 있는데, 그들은 일정한 신념체계를 갖게 된다. 먼저, 규범적 핵심으로 찬성옹호연합은 성장권의 정당성, 반대옹호연합은 환경권의 정당성을 공유하게 된다. 그리고 정책적 핵심으로 전자는 한반도대운하사업 등의 지향, 후자는 한반도대운하사업 등의 지양을 공유하게 되며, 도구적 측면으로 전자는 한반도대운하건설을 위한 특별법 제정 등을 추진하게 되고, 후자는 특별법 제정 반대 등을 지향하게 된다.

3. 촉발기제

본 사례의 촉발기제는 2006년 10월 25일 이명박 전 서울시장이 한반도대운하프로젝트를 공개한 시점이라고 할 수 있다.

유럽을 방문중인 이명박 전 시장은 독일 현지에서 한반도대운하프로젝트를 공개했는데, 대운하사업이 이루어지게 되면, 경부고속도로가 건설된 후 산업이 급속도로 발전한 것처럼 한국경제가 제2의 도약기를 맞을 수 있다는 것이다. 공개자료에 의하면, 한반도대운하는 크게 경부운하, 호남운하, 북한운하 등 3개 운하로 나뉘고, 경제성 논란 끝에 공사가 잠정 중단돼 있는 경인운하도 포함된다는 것이다. 그 중 한강과 낙동강을 연결하는 경부운하가 그 핵심을 이루는데, 문경새재 부근 조령산맥 지점에 터널을 건설하여 한강과 낙동강을 연결하는 총연장 553㎞의 대수로를 만든다는 것이다. 또한, 총연장 200㎞의 호남운하는 영산강 하구와 금강을 거쳐 경부운하로 연결되며 경부운하처럼 별도의 터널은 건설할 필요는 없다는 것이다. 그리고 북한운하는 현재로선 거론조차 하기 힘들지만 청천강 등 북한지역의 3개 강을 연결해 북한 신의주까지 수로를 연결하는 것이 충분히 가능하다는 것이다. 결국, 본 사업은 일자리 창출, 물류비용 절감, 지역균형발전, 수자원의 보존 및 효율적 이용, 그리고 관광산업의 발달 등을 제고할 수 있다는 차원에서 제안한 정책대안이다(국민일보〈http://www.kukinews.com〉).

이를 근거로 촉발기제인 대운하사업에 대한 윤곽공개를 Kingdon(1984)이 언급한 다중흐름차원에서 조명해 볼 때, 이는 정책적 대안제시라는 점에서 정책대안흐름이라고 할 수 있다. 이에 따라 한반도대운하사업에 대한 정책변동의 창이 열리면서, 이해당사자 간에 치열한 게임의 장이 전개되는 것이다.

4. 정책변동의 창

전술한 바와 같이, 이명박 전 시장의 한반도대운하프로젝트 공개를 시작으로 대운하사업을 둘러싼 정책변동의 창이 열리고, 창에서는 시발기, 변동기, 그리고 정착기로 이어지는 상호작용이 나타나게 된다.

1) 시발기

시발기의 정책하위체제 행위자들, 즉 대운하사업을 지지하는 찬성옹호연합과 지지하지 않는 반대옹호연합의 체계를 공식성과 중요성 여부로 대별하여 살펴보면 〈표 4-32〉와 같이 구성할 수 있다.

표 4-32 시발기의 정책하위체제 행위자들 구성체계[41]

구 분		찬성옹호연합		정책중개자		반대옹호연합	
		공식성 여부					
		공식적 정책 행위자	비공식적 정책 행위자	공식적 정책 행위자	비공식적 정책 행위자	공식적 정책 행위자	비공식적 정책 행위자
참여자의 중요성 여부	핵심적 정책 행위자	이명박 예비후보 및 후보, 인수위원회	한반도대운하 연구회, 현대건설 컨소시엄	–	–	정동영 후보	–
	주변적 정책 행위자	한나라당	포럼 푸른한국	–	–	박근혜 예비후보, 문국현 후보, 이치범 환경부장관	한국토지 공법학회

(1) 정책경로

시발기에 있어서 행위자들의 주요 정책경로를 살펴보면, 찬성옹호연합의 경우, 이명박 예비후보와 후보는 연설경로와 공약경로, 대통령직인수위원회는 간담회·국정과제선정경로, 한반도대운하연구회는 학습경로, 현대건설 컨소시엄

---

41 본 구성체계에 배치되는 행위자들은 조선일보, 한겨레신문, 연합뉴스에 모두 등장하는 참여자들로서, 이들을 대한건설학회 박사급회원, 국토해양부 담당전문가, 국회 국토해양위원회 담당보좌진 각각 5명, 총 15명에게 제시하였으며 과반수 이상의 기준으로 핵심적 또는 주변적 정책행위자(핵심적 정책행위자보다 중요성이 낮음)로 구분하였다. 이들에 대한 면접조사는 2011년 1월 8일부터 30일까지 직접방문 또는 전화로 진행되었고, 나머지 사항은 본인들의 희망으로 미공개하고자 한다. 한편, 이와 같은 체계는 이후 시기에서도 같은 맥락으로 진행된다.

은 계약경로, 한나라당은 지원·공수병행경로, 그리고 포럼 푸른한국은 학습경로 등을 탐색하게 된다. 또한 반대옹호연합의 경우, 정동영 후보는 정책자료집 발간경로, 박근혜 예비후보·문국현 후보·이치범 환경부장관은 기자회견경로, 그리고 한국토지공법학회는 학습경로 등을 탐색하게 된다.

(2) 정책전략

창이 열리게 되자, 행위자들은 정책경로를 근거로 그들의 주장을 선점하기 위한 정책전략을 펼치게 된다(조선일보〈http://www.chosun.com〉, 한겨레신문〈http://www.hani.co.kr〉, 연합뉴스〈http://www.yonhapnews.co.kr〉를 근거로 구성).[42]

이명박 전 시장이 한반도대운하프로젝트를 공개하면서, 2007년 2월 7일 이명박캠프의 교수모임인 포럼 푸른한국[43]은 대운하사업이 일자리 창출, 물류비용 절감 등을 가져오는 등 긍정적인 측면이 많다는 정당성을 알리기 위해 한반도대운하 쟁점 대토론회를 개최하기에 이른다(학습전략). 아울러, 이명박 캠프의 정책자문 역할을 하는 한반도대운하연구회[44] 역시 대운하사업은 4만 달러 시대를 여는 성장동력으로 반드시 필요한 국책사업이라는 주장을 펼치는 등 지원사격을 하게 된다(학습전략, 2007.05.21). 이러한 지원사격 속에서 한국토지공법학회가 대운하 추진여부는 비효율적 측면이 많다고 비판하면서, 국민의 의견을 수렴하는 국민투표가 필요하다는 입장을 학술대회에서 밝히게 된다(학습전략, 2007. 05. 22).

이러한 상호작용의 흐름 속에서 이명박 전 시장은 제17대 대선출마를 공식 선언하기에 이른다. 따라서 한나라당의 대선예비후보는 이명박 전 시장과 박근혜 의원의 양자대결 구도로 이어지게 됐는데, 박근혜 예비후보는 이명박 예비후보의 최대 추진사항인 대운하사업에 대해 집중적인 공세를 펼치게 된다.

---

42 본 저자는 시발기인 2006. 10-2008. 02의 기간을 대상으로 본 보수, 진보언론 등의 홈페이지에 '한반도대운하사업', '4대강정비사업' 등을 검색어로 입력하여 수백 개의 기사를 도출한 후 이를 근거로 전략을 분석했다. 한편, 자료수집날짜는 2011. 02. 05-07까지이다.

43 포럼 푸른한국은 이재오 의원 주도로 2005년 6월에 결성된 이명박 캠프의 교수모임으로, 한반도 대운하사업의 추진을 위한 조직이라고 할 수 있다.

44 한반도대운하연구회는 이명박 전 서울시장 재임시절 행정 2부시장을 지낸 장석효 씨가 2006년 9월에 설립하였으며, 이명박 전 시장을 지지하는 교수 100여 명으로 이루어진 이명박 캠프의 자문단이라고 할 수 있다. 본 연구회는 한반도대운하프로젝트를 만드는 등 추진과정에서 적지 않은 영향력을 행사하게 된다.

일례로, 2007년 5월 29일 박근혜 예비후보는 기자회견을 통해, 21세기에 그런 운하를 파서 국가경쟁력을 높인다는 것에 대해 동의하지 않는다며 강한 비판을 하게 된다(기자회견전략). 이러한 비판에 대해 이명박 예비후보는 5천여 명이 참석한 가운데 열린 대구시 경선대책위원회 발대식 연설에서 대운하사업은 대구를 살리고, 한국경제를 살릴 수 있는 미래를 위한 대 프로젝트라며, 박근혜 예비후보와 극명한 차별을 두게 된다(연설전략, 2007. 07. 05). 이러한 두 예비후보 간의 상호작용 속에서 2007년 8월 20일 이명박 예비후보가 제17대 한나라당 대선후보로 확정되기에 이르면서, 대운하사업 추진은 탄력을 받게 된다.

하지만, 노무현정부의 이치범 환경부장관은 기자회견을 통해 대운하공약은 비상식적이라며 비판(기자회견전략, 2007. 08. 31)을 하게 되고, 창조한국당 문국현 대선후보 역시 대운하를 밀어붙이는 사람은 나치수준이라며 강하게 비판을 하게 된다(기자회견전략, 2007. 09. 14). 이러한 반발 속에 한나라당 선대위 출정식에서 이명박 후보는 반드시 정권을 되찾아 포퓰리즘적 공약은 지양하고, 지킬 수 있는 공약만을 지향하여 대운하사업을 추진하겠다는 강도 높은 공약실천의지를 보이게 된다(공약전략, 2007. 10. 10). 이에 더해 한나라당 정책위원회에서는 한나라당이 차기정부에 집권할 경우, 지난 10년간 잃어버린 성장잠재력과 국가경쟁력을 회복하고, 고령사회에 도달하기 전 선진국에 진입하기 위해 대운하사업 추진 등의 10대 기본정책을 발표하여 이명박 후보를 적극적으로 지원하기에 이른다(지원전략, 2007. 11. 04).

이렇게 대운하사업 추진에 대해 탄력이 붙자, 위기감을 느낀 대통합민주신당45 정동영 후보는 대운하사업을 강하게 반박하는 정책자료집을 발간하게 된다. 즉, 내륙운하 가능성 여부, 물류시스템문제, 물동량 전환 가능 여부, 물류운송 경쟁력 제고 여부, 골재판매로 8조원 충당 가능성 여부, 사업비 16조원 문제, 지역발전 가능성 여부, 수질개선 가능성 여부, 하천생태계 안정성 여부, 먹는 물 대체 가능성 여부, 선박사고 위험문제 등 11가지 쟁점에서 한반도대운하

---

45 대통합민주신당은 2007년 8월 5일에 창당한 정당이다. 열린우리당 탈당파 80명, 민주당탈당파 4명, 한나라당에서 탈당한 일부세력과 시민사회세력을 주축으로 출범했으며, 2007년 8월 20일 신당 출범으로 상대적으로 약해진 열린우리당과의 합당을 통해 의석수143석으로 원내 제1당이 되었다. 2008년 2월 11일 새천년민주당과 통합을 선언하였고, 통합민주당으로 합당하여 소멸되었다. 한편, 통합민주당은 같은 해 7월 다시 민주당으로 당명을 변경하게 된다(심지연, 2009).

를 비판하며 적극적으로 반대하고 나섰다(정책자료집발간전략, 2007. 11. 16). 이러한 반박에 대해, 한나라당은 대운하사업에 대해서는 수비에 적극적으로 나서면서, 정동영 후보가 제시한 정책에 대해서는 적극적인 공격을 병행하겠다는 전략을 세우게 된다(공수병행전략, 2007. 11. 17).

결국, 2007년 12월 19일 이러한 상호작용 속에서도 이명박 후보가 압도적인 표차로 제17대 대통령으로 당선됨으로써, 대운하사업의 추진은 높은 수준의 탄력을 받게 된다. 즉, 당선이 되자 대통령직인수위원회에서는 현대건설 등 빅5 건설사와 간담회를 가지면서 적극적으로 대운하사업에 참여해 달라는 의견을 피력하게 된다(간담회전략, 2007. 12. 27). 이에 따라 현대건설 중심의 빅5 건설사가 경부운하 건설 컨소시엄을 구성(2008. 01. 14)하게 되고, SK건설 중심 6-10위 건설사 역시 컨소시엄을 구성(2008. 01. 18)하기에 이른다. 특히, 현대건설 컨소시엄은 경부운하 기술 및 환경평가 용역 계약까지 맺게 된다(계약전략, 2008. 01. 28). 이렇게 대운하사업 추진에 대한 여건이 조성되자, 인수위원회는 국정과제 중 '글로벌 코리아' 기반조성을 위한 핵심과제로 한반도대운하사업을 전격적으로 선정하여, 사업의 시작을 공식적으로 알리기에 이른 것이다(국정과제선정전략, 2008. 02. 05).

전술한 상호작용을 근거로, 시발기에 있어서 행위자들의 상호작용 수준과 힘의 우위를 조명해 보면, 해당 지방자치단체, 주민·국민 등의 정책대상, 시민단체, 그리고 정책중개자 등은 특별히 발견되지 않았다는 점에서, 이후 시기보다는 상대적으로 상호작용의 수준이 낮은 수준이라고 할 수 있다. 그리고 이명박 후보 등 찬성옹호연합이 당선의 분위기를 이용해 그들의 의지대로 대운하사업을 선정·결정했다는 점에서, 힘의 우위는 이들에게 있었던 것이다.

2) 변동기

변동기의 정책하위체제 행위자들 역시, 그 체계를 공식성과 중요성 여부로 대별하여 살펴보면 〈표 4-33〉과 같이 조명할 수 있다.

| 표 **4-33** | 변동기의 정책하위체제 행위자들 구성체계 |

구 분		찬성옹호연합		정책중개자		반대옹호연합	
		공식성 여부					
		공식적 정책행위자	비공식적 정책행위자	공식적 정책행위자	비공식적 정책행위자	공식적 정책행위자	비공식적 정책행위자
참여자의 중요성 여부	핵심적 정책행위자	이명박 대통령, 국토해양부, 청와대, 국가균형 발전위원회	-	-	-	민주당	운하백지화 국민행동, 대운하반대 교수모임
	주변적 정책행위자	한나라당, 영남권 지자체	선진화 국민회의 등 보수 시민단체	-	-	자유선진당, 창조한국당, 진보신당	환경운동연합

(1) 정책경로

변동기에 있어서 행위자들의 주요 정책경로를 살펴보면, 찬성옹호연합의 경우, 이명박 대통령은 기자회견경로, 국토해양부는 기자회견·TV홍보경로, 청와대는 브리핑경로, 국가균형발전위원회는 의결경로, 한나라당은 공약삭제경로, 영남권지자체는 공동건의문경로, 그리고 선진화국민회의 등 보수시민단체는 성명서경로 등을 탐색하게 된다. 또한 반대옹호연합의 경우, 민주당은 연대·여론형성경로, 운하백지화국민운동과 대운하반대교수모임은 발족경로, 자유선진당·창조한국당·진보신당은 연대경로, 그리고 환경운동연합은 성명서경로 등을 탐색하게 된다.

(2) 정책전략

인수위원회가 한반도대운하사업을 핵심국정과제로 선정하자, 행위자들은 정책경로를 근거로 다양한 정책전략을 펼치게 된다(조선일보⟨http://www.chosun.com⟩, 한겨레신문⟨http://www.hani.co.kr, 연합뉴스⟨http://www.yonhapnews.co.kr를 근거로 구성).**46**

---

46 시발기와 마찬가지로 본 저자는 변동기인 2008. 02-2008. 12의 기간을 대상으로 본 보수, 진보 언론 등의 홈페이지에 '한반도대운하사업', '4대강정비사업' 등을 검색어로 입력하여 수백 개의 기사를 도출한 후 이를 근거로 전략을 조명했다. 한편, 자료수집날짜는 2011. 02. 09-11까지이다.

먼저, 이에 대해 반발하는 시민단체 등의 발족이 줄을 이었는데, 전국 350여 개 시민단체로 구성된 운하백지화국민운동 등이 그것이다. 국민운동은 2008년 2월 19일 발족식에서, 운하는 세금폭탄이라며 반발하는 등 새 정부의 운하건설을 강하게 반대하면서, 운하건설 100일 도보순례, 대운하반대국민평화행진 등 다양한 반대활동을 전개해 가기로 한다(발족전략). 아울러, 2008년 3월 25일에는 교수 1,800여 명으로 발족된 대운하반대교수모임 역시, 발족식에서 대운하사업은 효율성 및 환경성 등에 있어서 대재앙을 가져올 것이라며, 강력히 반대하기에 이른다(발족전략). 이러한 반대흐름하에, 2008년 3월 27일 국토해양부에서 내년 4월 대운하착공을 계획하고 있다는 내부보고서가 발견되고, 더 나아가 대운하는 상당부분 타당성이 있다는 입장을 국토부차관이 직접 표명하기에 이르는 등 공세를 펼치게 된다(기자회견전략, 2008. 03. 29).

이러한 상황 속에서 18대 총선(2008. 04. 09)의 최대 쟁점으로 대운하가 대두되기에 이른다. 먼저, 한나라당은 18대 총선 공약으로 12대 비전을 제시하게 되는데, 대운하에 대한 여론의 부정적 분위기를 감안하여, 공약에서 대운하를 삭제하기에 이른다(공약삭제전략, 2008. 03. 27). 그럼에도 불구하고, 민주당은 대운하문제를 18대 총선의 최대 이슈로 잡고 총공세에 나서게 된다. 민주당은 공동기자회견에서 국민의 60-70%가 반대하는 대운하를 일방적으로 추진하는 것은 국민을 무시하는 행위이고, 대운하가 떳떳하다면 왜 총선에서 공약으로 내놓지 않는지 궁금하다며, 이는 총선 이후 일방적으로 밀어붙이겠다는 것으로밖에 판단이 서지 않는다고 강변하면서, 야권에 연대를 제안했다. 이에 대해 자유선진당, 창조한국당, 진보신당 등도 의견을 같이 하게 된다(연대전략, 2008. 03. 30).

이렇게 야권이 총선을 앞두고 대운하를 쟁점화하고 있는 것에 대해, 청와대는 선거판세를 흔들려는 정략공세라며 강하게 비판(브리핑전략, 2008. 03. 30)을 했고, 대운하에 찬성하는 선진화국민회의 등 보수성향의 시민단체 역시, 대운하를 이번 총선에서 쟁점으로 다뤄서는 안 된다며, 대부분의 국민은 물론 지식인조차 깊이 있는 연구 없이 상식적 차원에서 대운하를 무조건 반대하고 있다고 비판하였다(성명서전략, 2008. 04. 06).

대운하를 둘러싼 치열한 상호작용 속에, 18대 총선이 치러졌는데, 결과적으로 이명박 대통령의 최대 공약인 한반도대운하는 사실상 무산위기를 맞게 된다. 그 근거로, 대운하전도사를 자처해 온 이재오 한나라당 의원이 대운하반대를 내건 문국현 창조한국당 후보에게 현격한 차이로 고배를 마셨고, 이 의원과 대운하를 끝까지 추진했던 박승환·윤건영 의원도 낙선되기에 이른 것이다. 또한, 대운하 반대입장을 밝힌 박근혜 의원, 친박연대, 친박 무소속연대가 대거 당선된 것도 이를 뒷받침하고 있다. 이에 대해, 한나라낭 정책위원회는 한 언론과의 통화에서 친박계의 대거 당선으로 대운하사업은 사실상 추진할 수 없게 됐다는 입장을 밝히기에 이른다.

이에 맞춰, 4월 24일에 열린 1차 국정과제보고회에서 청와대는 대운하의제를 제외하기로 한다. 이에 대해 영남권 5개 시도지사들은 이명박정부의 보류 분위기에 맞서 지역균형발전차원에서 낙동강운하를 조기에 추진하도록 공동건의문 등으로 촉구하게 된다(공동건의문전략, 2008. 05. 23). 이에 힘을 받은 국토해양부는 대운하사업에 대한 비판을 정면 돌파하기로 방향을 선회하였으며, 이에 대한 전략으로서, TV에 출연하여 정부가 진행하고 있는 대운하 준비상황을 설명하고 홍보하기에 이른다(TV홍보전략, 2008. 06. 01). 이러한 국토부의 입장에 대해 민주당은 반발하며, 2008년 5월 2일 청계광장에서 시작되어 시민권력이 화두로 등장한 미국산 쇠고기 수입반대 촛불집회를 민주당 최고위원회에서 활용하게 된다. 즉, 쇠고기문제로 제2의 6월 항쟁과 같은 국민저항에 부딪치고 있는 정부가 국민들에게 2차 선전포고와도 같은 대운하를 정면 돌파하겠다고 밝히고 있다며, 지금 촛불집회는 쇠고기뿐만 아니라 대운하사업 등 이명박정부의 전체적인 정책기조에 반대하고 있다는 점을 기자들 앞에서 강조하게 된다. 즉, 민주당 최고위원회에서 여론형성을 통한 사업중단을 강하게 요구한 것이다(여론형성전략, 2008. 06. 02).

이러한 상황 속에서, 청와대는 쇠고기파동으로 민심이반이 심각한 상황에서 대운하 논란까지 추가될 경우, 새 정부 초기 국정혼란이 확대될 것이라고 보고, 이에 따라 일단 보류방침을 밝히기에 이른다(브리핑전략, 2008. 06. 02). 이에 대해 환경운동연합은 대운하에 대해 일단 보류가 아니라 완전 백지화가 정답이라는 성명을 발표하기에 이른다(성명서전략, 2008. 06. 02). 이러한 반대여론에 따라, 대운하는 후순위정책과제로 밀리게 되고, 결국 이명박 대통령은 기자회견을 열어 국민이 반대하면 대운하를 추진하지 않겠다고 선언하기에 이른다(기자회견전략,

2008. 06. 19). 이에 따라, 한반도대운하사업은 백지화의 길에 진입하게 되고, 4대
강정비사업으로 변동하게 되는데, 2008년 12월 15일 국가균형발전위원회가 4
대강 살리기 프로젝트 추진을 의결한 것이 전환점이 된다(의결전략, 2008. 12. 15).

전술한 상호작용을 근거로, 변동기에 있어서 행위자들의 상호작용 수준과
힘의 우위를 조명해 보면, 해당 주민·국민 등의 정책대상, 정책중개자 등은 특
별히 발견되지 않았으나, 해당 지방자치단체, 시민단체 등은 발견이 되었다는
점에서, 이전 시기보다는 상대적으로 상호작용의 수준이 높다고 할 수 있다. 그
리고 이명박 대통령 등 찬성옹호연합이 민주당 등 반대옹호연합에 밀려, 일정
부분 대운하사업을 후퇴시켰다는 점에서, 본 시기에 있어 힘의 우위는 일단 반
대옹호연합에게 있었던 것이다.

3) 정착기

정착기 역시, 참여자들의 구성체계를 공식성과 중요성 여부로 대별하여 살
펴보면 〈표 4-34〉와 같이 조명할 수 있다.

표 4-34 정착기의 정책하위체제 행위자들 구성체계

구 분		찬성옹호연합		정책중개자		반대옹호연합	
		공식성 여부					
		공식적 정책행위자	비공식적 정책행위자	공식적 정책행위자	비공식적 정책행위자	공식적 정책행위자	비공식적 정책행위자
참여자의 중요성 여부	핵심적 정책행위자	이명박 대통령, 국토해양부, 한나라당	–	서울행정법원, 부산·대전· 전주지법	–	민주당, 경남도지사	국민소송단
	주변적 정책행위자	4대강기획단, 서울국토청, 찬성 시도지사	한국기독교 총연합회	서울고등법원, 광주고등법원	–	반대시도 지사	환경운동연합, 4대강사업 저지 범대위

(1) 정책경로

정착기에 있어서 행위자들의 주요 정책경로를 살펴보면, 찬성옹호연합의
경우, 이명박 대통령은 간담회경로, 국토해양부는 기공식·발족·승인·회수경

로, 한나라당은 예산안가결경로, 4대강살리기기획단은 설명회·공청회경로, 서울국토청은 고시경로, 그리고 찬성 시도지사와 한국기독교총연합회는 기자회견경로 등을 탐색하게 된다. 또한 반대옹호연합의 경우, 민주당은 예산안가결저지·국민서명운동경로, 경남도지사는 기자회견·건의·선언경로, 국민소송단은 소송경로, 반대시도지사는 기자회견경로, 환경운동연합은 국민서명운동경로, 그리고 4대강죽이기사업저지범국민대책위원회는 기자회견경로 등을 탐색하게 된다. 아울러, 정책중개자인 법원은 중개경로를 찾게 된다.

(2) 정책전략

국가균형발전위원회가 4대강 살리기 프로젝트 추진을 의결하자, 행위자들은 정책경로를 근거로 다시 한 번 다양한 정책전략을 펼치게 된다(조선일보〈http://www.chosun.com, 한겨레신문〈http://www.hani.co.kr, 연합뉴스〈http://www.yonhapnews.co.kr〉를 근거로 구성).[47]

먼저, 의결에 탄력을 받은 국토해양부는 4대강사업일지라도 적극적으로 추진하여 지역균형발전 등을 추진한다는 근거 아래, 2008년 12월 29일 4대강정비사업의 기공식을 하게 되고(기공식전략), 4대강살리기기획단[48]을 발족시키기에 이른다(발족전략, 2009. 02. 05). 한편, 기획단은 12개 시도에서 4대강 사업의 정당성을 알리기 위한 설명회를 하게 되고(설명회전략, 2009. 05. 07-19), 공청회까지 개최하기에 이른다(공청회전략, 2009. 05. 25). 하지만, 본 공청회에서는 기획단이 미리 자료도 배포하지 않고, 3일 전에 공청회 개최사실을 알리는 등의 문제점으로 인해, 참석한 반대옹호연합 전문가뿐만 아니라, 찬성옹호연합 전문가조차도 강하게 항의를 하게 된다. 즉, 기획단에서 공청회 자체를 요식행위 수준으로 개최한 부분이 있었던 것이다.

이러한 상황에서 서울국토청은 한강살리기 공구 하천공사시행계획을 고시하게 되고(고시전략, 2009. 10.2 3), 국토해양부는 사업실시계획을 승인(승인전략, 2009. 11. 23)하는 등 4대강사업을 속도감 있게 추진하게 된다. 하지만, 이러한 찬성옹

---

47 전술한 시기와 마찬가지로 본 저자는 정착기인 2008. 12-2011. 01의 기간을 대상으로 본 보수, 진보언론 등의 홈페이지에 '한반도대운하사업', '4대강정비사업' 등을 검색어로 입력하여 수백 개의 기사를 도출한 후 이를 근거로 전략을 조명했다. 한편, 자료수집날짜는 2011. 02. 14-16까지이다.

48 본 기획단은 국토해양부가 만든 것으로, 4대강사업 관련 마스터플랜과 실행계획을 수립하고, 인허가협의조정, 그리고 사업홍보 등의 업무를 맡게 된다.

호연합의 발 빠른 움직임에 대해 2009년 11월 26일 국민소송단[49]은 한강, 낙동강, 금강, 영산강정비사업은 법적 절차를 무시한 채, 강행된 위법한 사업이라며 서울행정법원, 부산·대전·전주지방법원 등에 공사시행계획취소 소송 및 집행정지 신청을 동시에 하게 된다(소송전략). 이러한 이분법적 대응전략 속에서, 시민단체 등도 일정한 전략을 행사하게 되는데, 먼저 환경운동연합은 4대강사업 역시 대운하사업처럼 수질오염과 농경지 침수, 그리고 자연경관 파괴 등의 문제를 외면한 채, 밀어붙이기식으로 진행하고 있다며, 서명운동을 통해 무효화시키겠다는 입장을 피력하게 된다(국민서명운동전략, 2010. 01. 21). 반면, 한국기독교총연합회는 기자회견을 통해 지역균형발전차원에서 4대강사업을 지지하며, 타 종교의 반대입장에 대해서는 지극히 일부라며 폄하하기에 이른다(기자회견전략, 2010. 05. 27).

이러한 흐름 속에서, 국민소송단이 제기한 한강, 영산강정비사업에 대한 집행정지신청에 대해, 서울행정법원은 제출한 자료로는 한강에 있어서 회복하기 어려운 피해가 예상되거나 이를 멈추게 할 긴급한 사항이 인정되지 않는다며, 집행정지신청을 기각하게 된다(중개전략, 2010. 03. 12). 그리고 전주지방법원 역시 영산강정비사업으로 인해 토지수용 손해 및 수질오염 등에 있어서 소명이 부족하다는 이유를 들어 기각하게 된다(중개전략, 2010. 05. 04). 이에 대해 국민소송단은 즉각 항고를 하게 되지만, 서울고등법원과 광주고등법원은 유사한 이유로 한강과 영산강정비사업에 대한 집행정지신청을 기각하게 된다(중개전략, 2010. 06. 29·2010. 07. 09). 따라서 4대강사업은 일단 찬성옹호연합에게 유리한 방향으로 흘러가게 된다.

하지만 6.2 지방선거에서 4대강사업을 찬성하고 있는 한나라당이 패배하는 결과를 가져오게 된다. 즉, 전체 16개 시도지사 중 6곳만 차지하고 10곳은 민주당 등 야당이 점유하게 된 것이다. 실제로, 4대강사업과 직접적인 관련이 없는 제주지사를 제외한 15개 시도지사의 당선 후 4대강사업에 대한 기자회견 결과를 정리해 보면, 반대 시도지사는 인천·광주·대전시장, 강원·충북·충남·전북·경남도지사 등으로 찬성 시도지사보다 많아 4대강사업은 반대옹호연합에

---

[49] 국민소송단은 해당지역 시민 1만여 명, 대운하반대교수모임, 4대강죽이기사업저지범국민대책위원회 등 학계, 시민사회 인사들이 대거 참여하였다.

게 유리한 국면으로 반전하기에 이른 것이다. 이러한 형세는 이명박 대통령과 16개 시도지사의 간담회에서도 극명하게 나타났는데, 특히 김두관 경남도지사는 4대강사업이 득보다 해가 많다며, 사업에 반대하는 야당과 환경단체의 의견을 조율해 빠른 시일 안에 상황을 정리해 달라고 건의하게 된다(건의전략, 2010. 07. 23). 하지만, 이명박 대통령은 정치적 색깔보다는 지역발전과 일자리 창출에 중심을 두고 일해 달라며, 사실상 거부입장을 분명히 했다(간담회전략, 2010. 07. 23).

이러한 국면에서, 경남낙동강사업특위는 도지사에게 보 건설과 준설을 비효율적 사업으로 보고하며, 4대강사업의 반대를 주장했다. 이를 근거로 도지사는 사업에 대한 반대선언을 하기에 이른다(선언전략, 2010. 10. 15). 이에 대해 국토해양부는 경상남도가 대행해 온 낙동강 13개 구간에 대해 대행협약을 해제하는 통보를 하여, 사업권을 회수하게 된다(회수전략, 2010. 11. 16). 즉, 찬성옹호연합과 반대옹호연합의 이분법적 게임의 장이 최고조에 달하는 순간이었던 것이다.

이러한 긴장된 국면에서, 2010년 12월 8일 3조 5천억원 규모의 4대강사업 예산을 국회 국토해양위에서 다수여당인 한나라당이 기습통과를 주도했고, 예결위를 거쳐 바로 본회의에 직권상정하게 되는데, 여야 간 극렬한 몸싸움 끝에 재석 166명, 찬성 165명, 반대 1명으로 가결되기에 이른다(한나라당 예산안가결전략·민주당 예산안가결저지전략). 이러한 기습가결에 대해 민주당은 크게 반발하며, 4대강 날치기 예산안에 대한 원천무효를 위한 국민서명운동 발대식을 서울광장에서 개최하기에 이른다(국민서명운동전략, 2010 .12. 09). 아울러, 시민단체 역시 날치기예산에 대한 반발을 하게 되는데, 대표적으로 4대강죽이기사업저지범국민대책위원회[50]는 한나라당 당사 앞에서 기자회견을 열어, 비효율적 4대강사업 예산을 전면 재검토하라는 입장을 주장하기에 이른다. 즉, 4대강사업저지범대위는 4대강사업은 대운하사업으로 가는 과도적 사업이라며 전면 재검토를 요구한 것이다(기자회견전략, 2010. 12. 10).

하지만, 이러한 대응전략에도 불구하고 2010년 12월 3일 서울행정법원, 2010년 12월 10일 부산지방법원, 2011년 1월 13일 대전지방법원, 그리고

---

50 범대위는 2009년 6월 18일에 발족했으며, 450여 개 시민사회단체 등으로 구성되었고, 기본적으로, 혈세낭비, 환경파괴, 국민고통을 가중시키는 4대강사업에 대한 반대를 분명히 하고 있다.

2011년 1월 18일 전주지방법원에서 국민소송단이 제기한 한강, 낙동강, 금강, 영산강에 대한 본안 소송인 공사시행계획취소 소송에 대해 4대강사업은 하천법 등 관련 법령의 절차규정을 위배하지 않았으며, 사업목적의 정당성, 수단의 적절성, 사업시행으로 예상되는 피해의 규모 등을 종합할 때, 정부의 재량권에 해당된다는 점을 이유로 들며, 모두 원고패소판결을 내리게 된다(중개전략).51 물론, 이에 대해 국민소송단은 항소의견을 나타냈지만, 모든 법원에서 4대강사업에 대해 이명박정부의 손을 들어줌으로써, 4대강사업은 전반적으로 정착국면에 접어들게 된 것이다.

한편, 전술한 상호작용을 근거로, 정착기에 있어서 행위자들의 상호작용 수준과 힘의 우위를 조명해 보면, 해당 지방자치단체, 주민·국민 등의 정책대상, 시민단체, 그리고 정책중개자 등이 발견되었다는 점에서, 이전 시기보다는 상대적으로 상호작용의 수준이 높다고 할 수 있다. 그리고 이명박 대통령 등 찬성옹호연합이 민주당 등 반대옹호연합에 밀려, 대운하사업에서 변동된 4대강사업을 추진하기는 했지만, 다수여당의 힘을 앞세운 예산안가결과 법원 등 정책중개자가 사업의 적절성을 판결했다는 점에서, 본 시기에 있어 힘의 우위는 다시 찬성옹호연합에 있었던 것이다.

5. 정책산출

결국, 법원의 원고패소 판결에 따라 4대강사업은 정착국면에 접어들게 되고, 이를 근거로 한 최종적인 정책산출이 도출되는데, 이를 조명해 보면 〈표 4-35〉와 같다. 즉, 2012년 말까지 사업비 15조 4천억원으로 보 16개 등을 건설하여 물확보, 홍수방어 등을 지향하려는 것으로서, 종합적으로 본 정책은 소극적 수자원정비정책에서 적극적 수자원정비정책으로 변동되었다고 할 수 있는 것이다.

---

51 부산지방법원과 대전지방법원은 본안 판결과 함께 집행정지신청 기각판결도 함께 했다.

표 4-35 4대강정비사업 정책산출 현황

구 분	한 강	낙동강	금 강	영산강
사업비	2.1조	9.7조	2.0조	1.6조
준 설	0.18억㎥	4억㎥	0.16억㎥	0.26억㎥
보	3개	8개	3개	2개
생태하천	193km	408km	199km	129km
제방보강	131km	335km	117km	37km
강변저류지	2개	1개	2개	1개
홍수조절지	–	–	–	2개
신규댐	–	3개	–	–
자전거도로	305km	743km	248km	432km
계(종합)	용수확보량 0.5억㎥ 증대, 홍수조절용량 0.9억㎥ 증대	용수확보량 10.2억㎥ 증대, 홍수조절용량 6.1억㎥ 증대	용수확보량 1.1억㎥ 증대, 홍수조절용량 1.0억㎥ 증대	용수확보량 1.2억㎥ 증대, 홍수조절용량 1.2억㎥ 증대

출처: 국토해양부 4대강 살리기 추진본부(2010)를 근거로 구성.

6. 분석의 종합

지금까지 ACMS 모형을 활용하여 한반도대운하사업 정책변동과정의 상호 작용을 분석한 결과, 다음과 같은 내용이 도출되었다.

즉, 환경파괴문제, 수해예방, 성장주의, 하천법 등 안정적인 외적변수와 이 동경로의 다변화·지역균형발전, 한반도대운하사업 등에 대한 국민의 반대여론, 노무현정부에서 이명박정부로의 정권교체, 중국 징항운하의 정비결정 등 역동 적인 외적변수에 제약 및 재원으로 영향을 받은 이명박 대통령 등 찬성옹호연 합과 민주당 등 반대옹호연합이 성장권의 정당성과 환경권의 정당성을 각각 공 유하게 된다. 구체적으로는 환경파괴문제, 한반도대운하사업 등에 대한 국민의 반대여론 등만이 반대옹호연합에 재원으로 작용하고, 나머지는 찬성옹호연합에

그림 4-13 ACMS 모형을 활용한 한반도대운하사업 정책변동과정의 상호작용 분석 결과

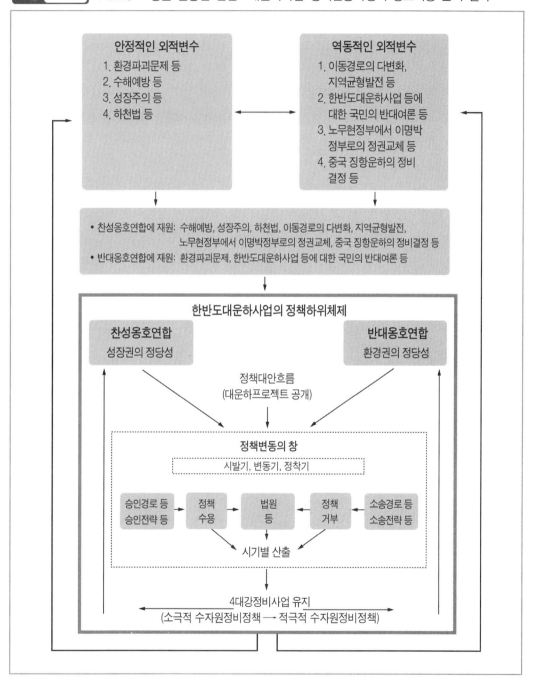

재원으로 나타나게 된다. 이러한 상황에서 이명박 전 시장이 한반도대운하프로
젝트를 공개하고, 이에 따라 정책변동의 창이 열리면서 시발기, 변동기, 그리
고 정착기에 걸쳐 승인·소송경로, 승인·소송전략 등을 활용한 본격적인 상호
작용이 진행되게 된다. 결국, 시기별로 힘의 우위가 바뀌는 등 치열한 게임의
장이 벌어지지만, 법원의 중개로 대운하사업에서 변동된 4대강사업은 정착되
고, 창은 닫히게 된다. 결과적으로, 4대강사업을 본격적으로 추진하게 되어, 소
극적 수자원정비정책이 적극적 수자원정비정책으로 변동하게 된 것이다(《그림
4-13》 참조).

　　아울러, 정책변동의 창은 전술한 대로 시발기, 변동기, 그리고 정착기에 걸
쳐 치열한 상호작용이 벌어지는데, 이를 부연하여 정리하면 〈표 4-36〉과 같다.
　　즉, 시발기에서는 정책중개자 없이 찬성옹호연합과 반대옹호연합이 자신들
의 주장을 반영시키기 위해 상호작용을 펼치는데, 본 시기의 정책산출은 한반
도대운하사업을 핵심적 국정과제로 선정한 부분이 된다. 이러한 과정에 있어서
상호작용의 수준은 낮은 수준을 보였고, 힘의 우위는 이명박 대통령 등 찬성옹
호연합으로 나타났다. 그리고 변동기 역시 정책중개자 없이 양 옹호연합 간에
자신들의 주장을 이행시키기 위해 상호작용을 펼치는데, 이는 4대강 정비사업
추진 의결로 이어지게 된다. 본 시기의 상호작용은 중간 수준을 나타내어 시발
기보다는 높은 모습을 보인다. 아울러, 힘의 우위는 민주당 등 반대옹호연합으
로 바뀌게 된다. 마지막으로, 정착기는 양 옹호연합 간에 치열한 상호작용을
펼치지만, 서울행정법원 등 법원의 중개전략으로 인해 4대강 정비사업은 유지
되게 된다. 결국, 본 시기는 지금까지의 시기와는 다르게 높은 수준의 상호작용
을 펼치게 되고, 힘의 우위는 이명박 대통령 등 찬성옹호연합으로 다시 바뀌게
된다.

표 4-36 정책변동의 창 상호작용 분석 결과[52]

	정책변동의 창		
구 분	시발기	변동기	정착기
찬성옹호연합	이명박 예비후보와 후보, 대통령직인수위원회, 한반도대운하연구회, 현대건설 컨소시엄 등	이명박 대통령, 국토해양부, 청와대, 국가균형발전위원회 등	이명박 대통령, 국토해양부, 한나라당 등
찬성옹호연합의 정책전략	연설전략과 공약전략, 간담회·국정과제 선정전략, 학습전략, 계약전략 등	기자회견전략, TV홍보전략, 브리핑전략, 의결전략 등	간담회전략, 기공식·발족·승인·회수전략, 예산안가결전략 등
반대옹호연합	정동영 후보 등	민주당, 운하백지화국민행동, 대운하반대교수모임 등	민주당, 경남도지사, 국민소송단 등
반대옹호연합의 정책전략	정책자료집발간전략 등	연대·여론형성전략, 발족전략 등	예산안가결저지·국민서명운동전략, 기자회견·건의·선언전략, 소송전략 등
정책중개자	–	–	서울행정법원, 부산·대전·전주지법 등
정책중개자의 정책전략	–	–	중개전략
시기별 산출	한반도대운하사업 핵심적 국정과제로 선정	4대강 정비사업 추진 의결	4대강 정비사업 유지 판결
상호작용 수준	낮은 수준	중간 수준	높은 수준
힘의 우위	찬성옹호연합 ≥ 반대옹호연합	찬성옹호연합 ≤ 반대옹호연합	찬성옹호연합 ≥ 반대옹호연합

---

52 찬성옹호연합, 반대옹호연합, 정책중개자에 명시된 참여자들은 핵심적 정책행위자이며, 각각의 전략 역시 핵심적 행위자들이 실행한 전략을 기술한 것이다. 한편, 상호작용의 수준에 있어서 낮은 수준, 중간 수준, 높은 수준은 상대적 기준에 근거한 것이다.

V. ▶▶ 결 론

지금까지 분석한 결과를 근거로 일정부분 시사점을 도출할 수 있는데, 이를 조명해 보면 다음과 같다.

첫째, ACMS 모형에서 시사하는 주요 연구결과물이 본 사례에 모두 일치하지는 않았다는 점이다.

먼저, ACMS 모형을 정책사례에 적용하면 모든 외적변수가 도출된다고 했는데, 본 사례의 경우 문제영역의 기본적 속성에는 환경파괴문제, 자연자원의 기본적 분포에는 수해예방, 근본적인 사회문화가치 및 사회구조에는 성장주의, 기본적 법적구조에는 하천법 등이 도출되었고, 사회경제적 조건의 변화에는 이동경로의 다변화·지역균형발전, 여론의 변화에는 한반도대운하사업 등에 대한 국민의 반대여론, 지배집단의 변화에는 노무현정부에서 이명박정부로의 정권교체, 다른 하위체제로부터의 정책결정 및 영향에는 중국 징항운하의 정비결정 등 모든 부분에서 조명되었다는 점에서, ACMS 모형에서 시사하는 연구결과물과 일치한다고 할 수 있는 것이다.

그리고 상호작용을 통해 만들어진 정책산출은 양 옹호연합에 영향을 준다는 것인데, 본 사례의 경우 법원의 판결에 따라 4대강정비사업으로의 추진이 산출되면서, 이에 대해 국토해양부 등 찬성옹호연합은 환영브리핑 등을 취한 반면, 국민소송단 등 반대옹호연합은 항소 등으로 맞서게 된다. 즉, 본 사항 역시 ACMS 모형에서 시사하는 연구결과물과 일치한다고 할 수 있는 것이다.

또한, ACMS 모형을 거치면 기존 정책이 새로운 정책으로 변동되는 특징이 발견된다고 했는데, 본 사례의 경우 4대강정비사업으로의 추진이 산출되면서 소극적 수자원정비정책이 적극적 수자원정비정책으로 변경되는 특징이 발견됐다는 점에서, 결과물과는 일정부분 일치한다고 할 수 있는 것이다.

그리고 정책변동과정의 최종 정책산출에 가장 큰 영향을 미치는 변수는 촉발기제로서의 다중흐름이라고 했는데, 본 사례의 경우 이명박 전 시장의 대운하프로젝트 공개가 정책변동의 창을 열었고, 이러한 촉발기제는 결국, 4대강사업으로의 추진을 산출시키는 역할을 했다는 점에서, 핵심적 영향변수라고 할 수 있는 것이다. 실제로, 전술한 행위자들의 구성체계에 자문을 주었던 15명의 전문가에게 핵심적 영향변수에 대한 면접조사를 실시한 결과, 촉발기제가 10명, 정책형성의 창은 2명, 외적변수는 2명, 그리고 신념체계는 1명으로 나타나, ACMS 모형에서 시사하는 연구결과물과 일치한다고 할 수 있는 것이다.

또한, 정책변동과정이 본격적으로 시작되는 시점인 촉발기제는 다중흐름, 즉 정책문제흐름, 정책대안흐름, 정치흐름 중에서 나오며, 특히 정치흐름이 대부분을 차지한다고 했는데, 본 사례의 경우 대운하프로젝트 공개는 정책적 대안제시라는 점에서, 정치흐름이 아닌 정책대안흐름이고, 따라서 연구결과물과는 일치하지 않는다고 할 수 있는 것이다.

종합적으로, 정책변동의 창을 여는 다중흐름은 정치흐름이 아닌 정책대안흐름이었다는 점에서, ACMS 모형에서 시사하는 주요 연구결과물이 모두 일치하지는 않았다는 점을 뒷받침하고 있는 것이다.

둘째, 상당부분의 외적변수에 긍정적 영향을 받은 옹호연합에 전반적으로 유리한 결과가 도출되었다는 점이다.

최소한 외적변수의 양적 측면을 보면 전반적으로 찬성옹호연합에 재원으로 작용하는 변수가 더 많았는데, 결국에는 이러한 변수를 받은 이명박정부 등 찬성옹호연합이 차선책으로 추진하였던 4대강정비사업을 탄력적으로 추진하게 되었고, 반대옹호연합은 상대적으로 자신들의 주장을 성취하지는 못했다는 점에서, 외적변수에 긍정적 영향을 받은 옹호연합에 유리한 결과가 도출될 수 있다는 시사점을 보여주고 있는 것이다.

셋째, 민간부문도 중요한 정책행위자가 되었다는 점이다.

즉, 과거에는 정책형성공간에 있어서 정부부문 위주로 행위자의 모습을 보였으나, 현대에 있어서는 민주화의 진전과 함께 높은 수준의 이해관계가 얽히면서, 민간부문의 영향력이 상대적으로 높아져 가고 있으며 더욱 더 중요한 행위자가 될 것으로 전망된다. 본 사례의 경우 역시 비공식적 정책행위자로 대변되는 국민소송단, 한국기독교총연합회 등 민간부문이 중요한 역할을 담당했으며, 특히 국민소송단은 4대강정비사업에 대해 모두 소송을 하여, 사업을 존폐의 위기로까지 몰고 갔다.

넷째, 복잡하고 치열한 상호작용 속에서도 정책변동과정에는 일정한 경계적 질서가 존재한다는 점이다.

즉, 한반도대운하사업은 높은 수준의 이분법적 게임의 장을 나타내는 등 복잡한 정책현상을 보이고 있었으며, 경계적 질서가 특별히 발견되지 않는 것처럼 보였지만, 실제로는 외적변수, 신념체계, 촉발기제, 시기별 산출을 기준으로 한 정책변동의 창에 있어서 차별화된 상호작용, 그리고 정책산출 등 논리적인 경계적 질서가 존재하였다는 것이다.

다섯째, ACMS 모형이 우리나라의 정책사례를 체계적으로 조명하는 데 일정부분 입증되었다는 점이다.

즉, 기존의 모형인 ACF와 MSF는 외국학자에 의해 만들어졌다는 점에서, 주로 외국의 정책사례를 겨냥한 이론이었다. 그럼에도 불구하고, 두 모형을 통합하여 우리나라의 사례에 적용한 것은 상당한 위험이 있었다. 하지만, ACMS 모형을 통해 복잡한 이명박정부의 한반도대운하사업을 일정부분 논리적으로 조명했다는 점에서, 우리나라의 사례에도 적용할 수 있다는 것이 다소나마 입증되었다.

한편, 전반부에서 제시한 ACMS 모형에서 시사하는 주요 연구결과물은 ACF나 MSF에서도 다룰 수 있다는 점에서 이론적으로 큰 의미부여는 할 수 없다. 따라서 차후 ACMS 모형의 고유영역을 개발하여 학문적 기여를 지향하고자 한다. 아울러, 한반도대운하사업이라는 제한된 사례를 가지고 시사점을 도출하였는데, 이러한 조명은 일반화에 일정부분 한계를 가져왔다고 판단된다.

제 5 절 EAI 모형의 적용 [EAI 모형을 활용한 정책변동 분석: 서울특별시 조례산출과정을 중심으로]

본 절에서는 전술한 EAI 모형(정책집행조직에 의한 정책변동모형)을 서울특별시 조례산출과정에 적용하여 본 이론을 좀 더 심도 있게 조명하고자 한다.

I. ▶▶ 서 론

Pressman & Wildavsky(1984)는 정책집행과정에 대해 결정된 정책산출물이 '진흙탕을 뚫고 나가는 것(mudding through)'이라고 비유하여 험난한 과정으로 표현했다. 즉, 결정된 정책이 어떤 효과를 산출할 것인가는 정책집행의 산출물에 대한 해석과 대응방식에 따라 달라질 수 있는 유동적인 문제이지만, 기존의 고전적 집행관에 입각한 연구들은 집행과정을 결정과정의 의도와 통제에 따라 움직이는 수동적 존재로만 파악하면서 집행과정의 산출물에 대한 해석과 전략의 문제를 그다지 중요하게 다루지 않았던 것이다. 또한, 정책집행과정에 있어서 정책집행조직, 정책대상조직 등의 불응에 따라 동일한 정책이 상이한 효과를 나타낼 수 있다는 가능성에 대해서도 중요하게 언급하고 있지 않았다. 이것은 집행과정이 결정과정과 동일한 입장에서 이익의 논리에 따라 전략을 선택하고 행동하게 될 가능성을 선험적으로 차단하는 오류가 있었던 것이다(채경석, 2000; 양승일·한종희, 2008).

다시 말해서, Pressman & Wildavsky의 표현처럼 현대 정책과정에 있어서 정책집행과정의 중요성은 다원주의시대를 맞이하여 아무리 강조해도 지나치지 않은 상황이 된 것이다. 특히, 정책결정조직이 산출한 정책을 정책집행조직이 여러 가지 이유로 인해 불응하여 새로운 정책이 산출되는 현상이 빈번하게 발생하고 있다는 점에서, 정책집행조직을 소극적 존재로 볼 것이 아니라 적극적 존재로 인식하는 것이 적절하다고 할 수 있는 것이다.

이에 착안해서 본 연구에서는 정책집행조직의 불응에 따른 정책변동 유형을 분석하려고 하는데, 이와 관련된 틀인 EAI 모형을 활용하여 1995년 민선 1기 이후부터 민선 4기까지 재의요구된 서울특별시 조례를 사례로 선정하고자 한다. 즉, 정책결정조직은 조례안을 결정하는 서울특별시의회로 한정하고, 정책집행조직은 이를 시행하는 입장인 서울특별시장[53]으로 정의하고자 하는데, 서울시장이 서울시의회에 의해 결정한 조례안에 대해 불응하며 재의요구를 함에

---

[53] 여기서 서울특별시장은 개인을 의미하는 것이 아니라 지방자치단체에서 결정조직인 지방의회와 함께 한축을 담당하는 지방자치단체의 장으로서, 결정된 사항을 실행하는 집행조직을 말하는 것이다.

따라, 의회가 이전과는 다른 내용의 조례안을 재결정하는 요인 및 유형을 조명하고자 하는 것이다.

이렇게 본다면, 본 연구의 목적은 정책변동이 발생하게 된 요인을 EAI 모형을 통해 살펴보고, 이를 통해 해당 재의요구된 조례안별로 EAI 모형 중 어느 유형에 해당하는지를 조명하여 성책변동의 성체성을 명확히 하고자 하는 것이다. 그리고 이러한 분석을 통해 나타나는 시사점은 무엇인지도 고찰하고자 한다.

한편, 민선 1기 이후 민선 4기까지 서울특별시 조례산출과정을 사례범위로 정한 근거는 상대적으로 민선시기가 관선시기보다 기계적으로 결정된 사항을 순응하며 집행하는 경우가 적을 수 있고, 서울특별시가 다른 지역에 비해 이해관계가 높은 수준이라는 점에서 불응에 의한 정책변동의 확률이 높을 수 있으며 대표성도 어느 정도 가졌다고 보고 있고, 지방자치단체에 있어서 조례는 정책산출물로서 제일 중요한 수단이라는 판단 때문이다.

 **II.** ▶▶ 이론적 고찰

1. 정책변동의 개념

정책변동(policy change)에 대한 개념정의는 학자들의 접근입장차이로 다양하게 정의되고 있어 합의되거나 일치된 견해가 부재한 상황이다. 주요 학자들이 제시하고 있는 개념들을 간략히 살펴보면, 먼저 정책변동에 대한 초반기 연구에 속하는 Hofferbert(1974)는 정책변동에 영향을 미치는 요인으로 크게 5가지를 제시했는데, 역사적·지리적 조건, 사회경제적 구성, 대중정치행태, 정부기구, 그리고 엘리트행태를 들었고, Rose(1976)는 수평축은 시간을, 수직축은 정책목표로 설정하여 4가지의 유형, 즉 정적모형, 순환모형, 선형모형, 그리고 불연속모형을 제시하여, 이를 동적 차원에서 고려하였다.

그리고 중반기 연구에 속하는 Kingdon(1984)은 정책문제흐름, 정책대안흐름, 그리고 정치흐름을 통해 정책변동의 창이 열리면 창 안에서는 일정부분 이해당사자들 간의 상호작용이 이어진 후 창이 닫히게 되는데, 이를 통해 이전과는 다른 정책산출물이 나타는 것으로 정의[54]하고 있었으며, Sabatier(1988)는 안정적인 외적변수와 역동적인 외적변수에 영향을 받은 정책하위체제들이 일정한 신념체계를 바탕으로 몇 개의 옹호연합을 형성하면서 자신들의 주장을 쟁취하기 위해 정책학습 등을 통해 전략을 펼치게 되는데, 결국 정책중개자의 중개를 통해 기존과는 다른 정책산출물이 도출되는 것으로 정의하고 있었다.

마지막으로, 하반기 연구에 속하는 Hall(1993)은 패러다임을 6단계로 세분화하여 정책변동을 조명했는데, 패러다임 안정기, 변이의 축적기, 실험기, 권위의 손상기, 경합기 그리고 새로운 패러다임 정착기가 그것이다. Mucciaroni(1995)는 정책산출물이 현저하게 달라지는 것을 정책변동으로 보았고, 이 같은 변동에 영향을 미치는 변수들을 제도적 맥락과 이슈 맥락으로 나누었는데, 이중 제도적 맥락을 제일 중요시했다.[55]

이상의 논의들을 감안하여 본 연구에서는 정책변동에 대해, 정책결정조직을 통해 산출된 A정책을 집행 또는 집행시키려는 상황 속에서 정책집행조직의 반발 등으로 인해, 정책결정조직이 이전과는 다른 B정책을 산출하는 과정으로 정의하고자 한다.

2. 정책오차의 개념

정책오차(policy error)에 대한 개념정의로 저명한 학자는 김영평(1998)을 들 수 있는데, 김영평은 정책결정조직이 어떤 정책산출물을 채택하는 이유는 그것이 만들어 낼 귀결의 조합이 자기가 바라는 것과 가장 가까울 것이라고 예상하기 때문이지만, 거의 대부분의 정책은 바라는 결과와 예상하지 못한 결과가 함께 나타나기가 보통이고, 따라서 바람직하지 못한 정책의 귀결이 포함될 수 있다는 것이다. 여기에서 정책오차란 바람직하지 못한 정책의 귀결이 나타남을 의미하는 것으로 정의하고 있다. 한편, 정책오차가 발생했다는 판단의 기준은

---

54 물론, 원형 Kingdon(1984)의 정의는 정책의제형성과정에 국한되는 면이 있으나, 본 연구에서는 이를 확대해석하여 제시하고자 하는 것이다.

55 본 연구에서는 정책변동의 선행연구에 대해 1970년대 이전 연구는 초반기, 1980년대는 중반기, 그리고 1990년대 이후는 하반기로 구분하였는데, 이러한 구분은 시간이 상당 부분 흐르게 되면 변화될 수 있을 것이다. 한편, 이러한 구분은 단순히 시간적 근거로만 대별한 것이 아니라 초반기에는 정책변동의 소개에 치중한 반면, 중반기에는 이를 사례에 적용시켜 확산시키는 역할을 했으며, 하반기에는 정책변동에 영향을 미치는 요인을 좀 더 세련되게 제시하였다는 점도 고려했다.

정책을 집행한 후에 있으므로, 정책오차란 정책의 집행결과가 의도했던 것과 다르게 나타난 것이라고 할 수 있다. 즉, 정책이란 가설이고 검증되지 않은 미래의 행동방안이기 때문에 항상 오차가 발생할 가능성이 있으며, 정책오차란 정책의 집행결과가 예상한 기대에 크게 미치지 못한 바람직하지 않은 결과가 나타나는 것으로 규정하였다.

본 연구에서는 이를 근거로 수정된 정책오차의 개념으로 접근하고자 한다. 즉, 전술한 정책 오차는 정책결정과 정책집행 사이에 진행되는 과정 간 불일치를 의미하지만, 본 연구에서 다루어지는 정책오차는 각 과정별로 나타나는 현실상황과 정책 사이의 불일치를 의미한다. 다시 말해서, 정책결정과정의 정책오차는 현실상황과 정책산출물 간의 불일치이며, 정책집행과정의 경우도 현실상황과 정책실현 간의 불일치를 의미하는 것으로, 여기서 현실은 바람직한 정책이 요구되는 문제시되는 현황을 의미하는 것이다. 결국, 두 개념 모두 정책과정의 범위가 다를 뿐 불일치라는 점이 동일한 것이다.

한편, 본 연구에서는 서울특별시의회가 결정한 정책산출물을 서울특별시장에게 이송한 시점부터 공포되기 전까지의 과정도 정책을 본격적으로 집행 준비 또는 판단하는 기간이라는 점에서 정책집행과정으로 규정하고자 한다.

3. 정책집행조직의 순응 및 불응 개념

정책집행조직(policy implementation organization)이란 정책결정조직에 의해 산출된 정책을 시행하는 조직으로서, 과거 고전적 집행관에 입각한 연구들은 정책집행조직을 결정과정의 의도와 통제에 따라 움직이는 수동적인 존재로만 파악하였으나, 현대에 이르러서는 규모가 크고 복잡한 이해관계를 가지고 있는 정책이 많아짐에 따라 정책집행조직도 능동적인 존재로 인식되고 있는 것이 주지의 사실이다. 본 연구에서는 전술한 바와 같이 정책결정조직에 대해 조례안을 직접 발의 및 제안하고 이를 통해 정책을 산출하는 서울특별시의회로 한정했으며, 정책집행조직은 이를 시행하는 서울특별시장으로 규정하였다. 한편, 집행조직은 정책산출물에 내포된 행동규정에 순응하거나 불응을 할 수 있는데, 순응(compliance)은 정책결정조직이 만든 정책을 준수하는 행위인 반면, 불응(non-compliance)은 이를 따르지 않는 행위라고 할 수 있는 것이다.

순응이 발생하는 요인을 기존 학자들의 견해를 통해 살펴보면, Anderson (1975)은 권위에 대한 존중, 합리성과 타당성, 정책의 정당성, 개인의 이익, 제재, 기간과 경과 등을 제시했으며, Rodgers & Bullock(1976)은 법의 명료성, 처벌의 확실성과 정도, 법에 대한 정당성의 인식, 강제시행, 정책에 대한 동의, 순응의 측정능력, 점검의 정도, 강제시행기관의 존재 등을 제시하였다. 그리고 Young(1979)은 개인의 이익, 강제시행, 사회적 압력 등을 피력했다. 한편, 국내 학자들의 견해를 살펴보면, 박용치(1998)는 정책내용의 정확성, 자원의 제공, 대상집단의 설득, 적절한 유인과 제재, 권위의 한계와 대상범위의 합의 등을 피력했고, 정정길(2000)은 정책의 소망성·명확성·일관성, 정책집행자의 태도와 신뢰성, 정책결정·집행기관의 정통성, 대상집단의 능력, 그리고 순응의욕 부족 등을 제시했다.

한편, 정책집행조직의 불응에 대한 요인도 다양하게 접근하고 있는데, 본 연구에서는 개념정의가 비교적 명확하여 널리 인용되고 있는 Combs의 이론을 활용하고자 한다. Coombs(1980)는 불응의 요인을 의사전달체계의 문제에 따른 불응, 자원부족에 따른 불응, 권위의 불신에 따른 불응 등으로 제시했는데, 여기에다 좀 더 객관성을 제고하기 위해 비효율성에 따른 불응과 정치적 이해관계에 따른 불응도 추가하여 조명하고자 한다.

먼저, 의사전달체계의 문제에 따른 불응은 정책집행조직이 정책산출물의 존재나 내용을 제대로 알지 못하여 불응이 일어나는 것으로서, 정책에 대한 집행조직의 무지나 몰이해에서 비롯되는 불응에 대한 치유책은 정책의 내용과 전달을 보다 분명히 하는 데 있다는 것이다. 자원부족에 따른 불응은 정책 자체가 집행조직이 점유하고 있는 재원, 재능, 시간 등을 지나치게 요구할 경우에는 순응의 가능성이 낮아진다는 것이다. 이러한 경우는 필요한 자원을 제공하거나 정책자체를 현실에 부합되도록 수정함으로써 순응을 이끌어 낼 수 있다는 것이다. 그리고 권위의 불신에 따른 불응은 정책집행조직이 정책 자체보다는 정책을 결정하는 정책결정조직을 불신하거나 혐오하기 때문에 나타나는 불응을 의미하는 것이다. 아울러, 비효율성에 따른 불응은 정책을 투입할 경우 객관적으로 정책목표에 접근하기보다는 오히려 부작용이 더 클 수 있다는 판단 아래 불응을 하는 것이고, 정치적 이해관계에 따른 불응은 정책집행조직의 장 등이 선거 등을 의식해서 비인기영합주의적인 정책을 불응하는 것, 또는 정치적 우위를 점하기 위해서 자원을 분배하지 않으려는 것 등이 그것이다.

4. EAI 모형의 유형

전술한 이론들을 근거로 EAI 모형[56]을 조작화할 수 있는데, 본 이론은 자체적으로 만든 것으로 정책집행조직의 순응 및 불응에 의한 정책변동을 다루는 모형으로서, 그 유형으로는 크게 설계오차형, 집행오차형, 그리고 오차부재형으로 대별할 수 있다.

1) 설계오차형

설계오차형은 정책결정조직에 의한 정책산출물이 바람직한 정책을 요구하는 문제시되는 현실을 역행하는 정책내용, 즉 부적절한 정책을 이루는 유형이다. 설계오차형의 세부유형에는 설계오차의 순응형과 설계오차의 불응형으로 대별할 수 있다.

(1) 설계오차의 순응형

설계오차의 순응형은 정책결정조직에 의해 현실이 반영되지 못한 부적절한 정책산출물 체계를 이루고 있으며, 그 정책을 정책집행조직이 그대로 여과 없이 실현하는, 또는 실현하려는 유형으로, 정책변동으로서 새로운 정책의 산출

그림 **4-14** 설계오차의 순응형 개념틀

---

56 EAI 모형에서 EAI는 정책오차인 policy Error와 순응·불응인 Acceptance·nonAcceptance, 그리고 정책집행조직인 policy Implementation organization의 영문결합을 의미한다. 한편, 본 모형은 기존 이론을 근거로 처음으로 시도되는 것이라는 점에서 출처를 생략하였다.

은 낮은 수준이라고 할 수 있다(《그림 4-14》 참조).

(2) 설계오차의 불응형

설계오차의 불응형은 정책결정조직에 의해 현실이 반영되지 못한 부적절한 정책산출물 체계를 이루고 있으며, 그 정책을 정책집행조직이 다르게 집행, 즉 불응하여 현실이 반영된 정책을 실현하는, 또는 실현하려는 유형으로, 정책변동으로서 새로운 정책의 산출은 높은 수준이라고 할 수 있다(《그림 4-15》 참조).

그림 4-15 설계오차의 불응형 개념틀

2) 집행오차형

집행오차형은 정책결정조직에 의한 정책산출물이 현실을 반영한 적절한 체계를 이루고 있으나 정책집행조직이 적절한 정책의 내용을 충실히 따르지 않음으로써, 즉 불응하여 현실이 미반영된 부적절한 정책을 실현하는, 또는 실현

그림 4-16 집행오차형의 개념틀

하려는 유형으로, 본 모형 역시 정책변동의 산출은 높은 수준이라고 할 수 있다(〈그림 4-16〉 참조).

3) 오차부재형

오차부재형은 정책결정조직에 의한 정책산출물이 현실이 반영된 적절한 정책내용을 이루고 있고, 정책집행조직이 적절한 정책의 내용을 충실하게 따르는 유형으로, 정책변동으로서 새로운 정책의 산출은 낮은 수준이라고 할 수 있다(〈그림 4-17〉 참조).

그림 4-17 오차부재형의 개념틀

4) EAI 모형의 유형 종합

EAI 모형에 대한 유형을 정리하면 〈표 4-37〉과 같다. 이 중 설계오차의 순응형과 오차부재형은 정책집행조직에 의한 불응이라는 자극제가 부재하여 당장 정책변동이 일어나지 않는 반면, 설계오차의 불응형과 집행오차형은 정책집행조직의 불응이라는 변수로 인해 상대적으로 정책변동을 유인할 수 있는 것이다. 즉, 복지급여동결이라는 정책산출물의 적절유무에 관계없이 정책집행과정에서 근로자들이 급여동결에 대해 불만을 갖고 파업을 할 경우, 복지급여정책은 높은 수준으로 변동할 수 있다는 것이다. 따라서 본 연구에서는 정책집행조직에 의한 정책변동을 다루고 있다는 점에서 불응이라는 변수에 초점을 맞추고자 한다.

표 **4-37** EAI 모형의 종합적 유형[57]

구 분		정책결정조직에 의한 정책산출물	정책 산출물 순응도	정책집행조직에 의한 정책실현	정책변동 유무	정책변동 산출물의 유지 가능성
설계 오차형	설계오차의 순응형	부적절	순 응	부적절	낮은 수준의 정책변동	–
	설계오차의 불응형	부적절	불 응	적 절	높은 수준의 정책변동	긴 기간의 유지 가능성 높음
집행오차형		적 절	불 응	부적절	높은 수준의 정책변동	짧은 기간의 유지 가능성 높음
오차부재형		적 절	순 응	적 절	낮은 수준의 정책변동	–

　한편, 정상적인 사회를 지향하고 있는 조건에서, 설계오차의 불응형의 경우 현실을 반영하고 있는 적절성을 가지고 정책집행조직에 의한 정책변동이 발생한다는 점에서, 정책변동에 의한 산출물은 긴 기간으로 유지될 가능성이 높은 반면, 집행오차형의 경우는 현실을 반영하고 있지 않은 부적절성을 가지고 정책집행조직에 의한 정책변동이 발생한다는 점에서, 정책변동에 의한 산출물은 짧은 기간으로 유지될 가능성이 높아 조만간 다시 변동될 수 있는 것이다.

5. 정책변동 관련 선행연구[58]

　정책변동모형으로서, 비교적 널리 알려진 것은 ACF[59]와 MSF[60] 등이라고

---

57 '낮은 수준'과 '높은 수준'은 유형 간 상대적 개념에 근거한 것으로, 높은 수준은 낮은 수준에 비해 상대적으로 정책변동의 확률이 높다는 것이다.

58 EAI 모형에 대한 선행연구를 조명하는 것이 원칙이지만 본 모형이 기존 이론을 근거로 처음 시도되는 것이라는 점에서, 대표적인 유사 정책변동모형인 ACF와 MSF만을 기술하였다.

59 본 ACF(Advocacy Coalition Framework: 옹호연합모형)는 Sabatier(1988)가 제시한 정책변동모형으로서, 외적변수, 옹호연합, 신념체계, 정책중개자, 정책학습, 그리고 정책산출 등으로 구성된다.

60 본 MSF(Multiple Stream Framework: 다중흐름모형)는 Kingdon(1984)이 제시한 정책변동모형으로서, 정책문제흐름·정책대안흐름·정치흐름의 다중흐름, 정책변동의 창, 그리고 정책산출 등으로 구성된다.

할 수 있는데, 이들 모형을 충실하게 적용하고 있는 국내 선행연구를 중심으로 조명해 보면 다음과 같다.

먼저, ACF 관련 선행연구를 살펴보면 전진석(2003b)은 1963년 약사법 개정으로 의약분업을 처음 법제화한 이후에 지금까지의 의약분업정책형성 변화연구에 ACF를 적용하였는데, 장기간에 걸쳐서 나타나는 의약분업정책의 변화는 정책옹호연합들의 상호작용이고, 정책하위체제에 영향을 주는 안정적인 외적변수와 역동적인 외적변수들도 확인되었으며, 정책옹호연합들의 믿음체계 수정을 의미하는 정책학습도 장기적이고 점증적인 의약분업정책변화에 중요한 요인이 되는 것 등을 조명하였다.

그리고 남상민(2005)은 새만금간척사업에서의 NGO 역할에 대해 ACF를 적용하여 조명해 보았는데, 이를 통해 정부와 NGO의 다면적 관계성과 정책형성 과정에서의 NGO 역할을 평가하는 데는 유용하다는 결론을 도출하였다.

한편, 김순양(2006)은 보건의료정책형성과정에 ACF를 적용하여 통합일원화 과정을 조명했는데, 분석결과 외적변수가 정책형성과정에 큰 영향을 미친다는 사실을 입증했으며, 행위자들은 상이한 신념체계에 입각한 대립적 옹호연합을 형성하였다는 사실을 발견하였다. 그리고 많은 정책학습의 공간이 있었지만 실제로는 이를 통해서 학습이 발생되지 않았다는 등 ACF는 동태적인 정책형성과정을 분석하는 데는 유용한 분석틀을 제공하였지만, 정책중개자의 중개행위나 정책학습 등 일부 구성요소들은 보편적으로 적용하기에는 한계가 있는 점 등을 조명하였다.

그리고 MSF 관련 선행연구를 조명해 보면, 김병준(2006)은 외국인근로자정책으로서의 고용허가제가 결정되게 된 과정을 MSF를 통해 분석했는데, 분석결과 정책은 그 자체가 정책문제의 해결에 적합한지 여부와 무관히 결정되고, Kingdon이 주장한 바와 같이 정책결정과정에서는 적절한 시기에 등장해 활동하는 정책선도자의 역할이 중요하다는 점을 도출하였다. 또한, 정책결정에서는 대통령과 국회의원 등의 선거직·정무직 공무원의 역할이 일반직 공무원을 비롯한 정책참여자에 비해 훨씬 중요했고, 합리모형에서의 가정과는 달리 정책결정은 합리적으로 이뤄지지 않는다는 결론을 조명하였다. 그리고 민주화시대라고 하는 오늘날에도 비공식적 참여자보다는 공식적 참여자의 역할이 정책결정에서는 더 중요하고, 국민의 여론은 직접 정책결정과정에 반영되지 않고 정책행위자들 간의 정치적인 과정을 거치게 된다는 점을 도출했다. 아울러, 갈등적 사안에 대한 해결책이 되는 정책을 결정하는 데는 개혁의 이름을 빌릴 수 있는 정권초기가 유리하다는 점 등을 도출하였다.

그리고 박하영(2007)은 참여정부 문화예술교육정책의 형성과정을 MSF를 통해 분석한 결과, 문화예술교육정책의 형성과정에서는 기존의 Kingdon의 논의와는 다르게 직업공무원이 정책의제설정과 정책산출물의 구체화과정 모두에서 상당한 영향력을 발휘한 것으로 나타났으며, 아울러, 정책추진을 위해 직업공무원이 고위 임명직 관료인 장관에게 정책을 건의하고 지지를 구하였다는 점에서 Kingdon의 논의와 같이 정책형성과정상 고위 임명직 관료의 영향력은 여전히 중요하다는 등의 시사점을 조명하였다.

한편, 진상은(2008)은 법학전문대학원제도가 결정되게 된 과정을 MSF를 통해 분석하고자 했는데, 분석결과 정책은 그 자체에 대한 적실성·실현가능성 여부와는 관계없이 결정된다는 것이고, 정책결정에서는 정책선도자의 역할이 중요하다는 것을 도출하였다. 또한, 정책은 합리모형에 의하기보다는 정치적 합리성에 의해 좌우되는 경향이 크다는 점과 민주주의의 고착화가 이루어진 현 시점에서도 보조적 참여자보다는 주도적 참여자들의 역할이 더욱 중요했으며, 국민의 여론은 직접 정책결정과정에 반영되지 않고 정책행위자들 간의 정치적인 과정을 거치게 된다는 점 등을 도출하였다.

이상과 같이 ACF, MSF 등 기존의 정책변동모형을 활용한 선행연구는 본 분야에 나름대로 의미 있는 기여를 하고 있지만, 결정적으로 그 범위가 정책집행조직 전까지만 국한된다는 한계를 가지고 있다. 따라서 정책결정조직뿐만 아니라 정책집행조직도 다루고 있는 EAI 모형은 상당부분 차별성을 갖고 있는 것으로 판단되며, 더 나아가 정책집행조직의 불응에 의한 정책변동을 다루고 있다는 점에서 연구의 초점을 명확히 할 수 있다는 장점도 보유하고 있는 것이다. 또한, 기존 모형은 정책이 현실을 제대로 반영하고 있는지에 대해 간과하고 있고, 특히 유형화작업에 대해 전혀 접근을 하고 있지 못하다는 점에서, 본 EAI 모형은 이들 요소를 모두 갖추고 있어 객관성을 제고할 수 있다는 것이다.

Ⅲ. ▶▶ 정책집행조직에 의한 조례산출 변동유형 분석

1. 조례산출과정의 의의

조례는 헌법, 법률, 명령 다음 단계의 법규로서, 지방의회의원이 발의하고, 지방자치단체의 장이 제출함에 따라, 상임위원회에 회부가 된다. 이후 위원회에 상정되어 가결절차를 거쳐 본회의에서 대개 재적의원 과반수 출석과 과반수 찬성으로 의결하게 된다. 조례안이 정책결정조직인 지방의회에서 통과하게 되면 의장은 의결된 날로부터 5일 이내에 정책집행조직인 지방자치단체의 장에게 이를 이송하여야 하고, 이송을 받은 지방자치단체의 장은 20일 이내에 이를 공포하지만, 조례안에 대하여 이의가 있을 경우에는 이유를 붙여 지방의회에 환부하여 그 재의를 요구할 수 있다. 재의를 요구받은 지방의회는 부득이한 사유가 없는 한 재의요구서가 도착한 날로부터 10일 이내에 이를 재의에 붙여서 재적의원 과반수 출석과 2/3 이상 찬성으로 재의결하게 되는데, 대개 원안대로 재의결, 부결, 수정안재의결61 등의 행태로 나타나게 된다. 특히, 재의결로 인해 기존에 의결한 조례안의 내용이 변동되는 행태는 부결과 수정안재의결인데, 먼저 부결이 될 경우에는 기존에 의결했던 조례안이 폐기가 되며, 수정안재의결일 경우에는 기존에 의결했던 조례안이 일부 변경되어 결정되게 되는 것이다.

본 연구에서는 정책집행조직의 불응으로 인한 정책변동을 다루고 있다는 점에서, 부결과 수정안재의결에 초점을 맞출 것이며, 이러한 사례는 서울특별시 민선 1기 이후 민선 4기까지 5건이 발생했다. 이 중 서울특별시 도시 및 주거환경 정비조례안은 정책결정조직인 서울시의회에서 발의 및 제안하여 의결한 것이 아니라 서울시장이 직접 만들어서 제출하였고, 의회에서는 의결만 했다는 점에서, 정책결정조직의 기본적 속성, 즉 정책이 추구하는 미래의 바람직한 상태인 정책목표를 결정할 뿐만 아니라, 정책목표 달성의 수단으로서 정책을 개

---

61 지방자치단체의 장의 일부재의요구나 수정재의요구는 금지되어 있으나, 재의요구에는 그 월권이나 법령위반 등에 대한 시정을 요구하는 취지도 있으므로 재의요구서에 명시된 해당부분을 수정하는 재의결은 가능하다. 다만, 이 경우의 수정안재의결은 지방자치법에서 명시하고 있는 '전과 같은 의결'인 재의결은 아니므로 새로운 의안에 대한 의결로 보아야 할 것이라는 점에서, 재의결정족수는 필요하지 않다. 따라서 이에 대하여 지방자치단체의 장은 다시 재의를 요구할 수 있다.

발·분석·채택하는 일련의 과정을 추진하는 행태는 아니라는 것이다. 또한, 민선 4기 마지막 날인 2010년 6월 30일에 부결된 서울특별시 지역건설산업 활성화에 관한 조례안은 서울시의회와 서울시장 간에 역동적인 상호작용이 타 조례안에 비해 상당부분 낮은 수준이고, 연구기술 페이지상의 한계 등으로 인해 본 연구에서는 제외하기로 했다. 이러한 이유 등으로 인해 후술할 연구에서는 전술한 조례안을 제외한 3건을 EAI 모형에 적용하여 정책변동을 조명하고자 하는 것이다.

2. EAI 모형을 활용한 정책집행조직에 의한 조례산출 변동유형 분석

1) 서울특별시세조례 중개정조례안(이하 시세조례안)

(1) 정책결정조직의 정책전략 분석

① 서울특별시의회의 정책전략 분석

시급한 교육재정 확보를 위한 지방자치단체의 부담금 조달을 위해 1995년 12월 6일 중앙정부는 지방세법을 개정하였는데, 이는 소득세, 법인세, 농지세 등 소득할 주민세의 세율을 한시적으로 기존 7.5%에서 10%로 인상하여 1996년 1월 1일부터 시행하는 내용으로, 이를 반영하기 위해 1996년 2월 27일에 서울특별시의회 재무경제위원회에서는 "세율 10%는 1996년 1월 1일부터 1998년 12월 31일까지 발생하는 소득세, 법인세, 농지세에 적용한다"는 규정을 본 조례 부칙 제2항에 반영하여 재무경제위원장이 제안함에 따라, 참석위원 전원 찬성으로 가결하게 된다. 결국, 본 안은 1996년 2월 29일 제82회 임시회에 상정되어 이의유무 표결을 통해 참석의원 전원찬성으로 의결되었으며, 본 정책산출물을 서울시장에게 이송하게 된다.

즉, 서울시의회는 기존 시세조례에 새로운 규정을 반영시키려는 입법화전략을 추진한 것이다.

② 정책오차 분석

정책결정조직인 서울시의회가 의결시킨 시세조례안 관련 정책산출물이 시급한 교육재정 확보라는 문제시되는 현실상황에 적절하게 대응하고 있는지 살펴보면, 1995년 7월 1일부터 1996년 6월 1일에 종료되는 2개년에 걸친 결산

표	4-38	서울특별시의회의 시세조례안에 대한 정책오차 관련 심층설문조사 결과[62]

전현직 광역의회 전문위원				
← 오차지향				일치지향 →
1	2	3	4	5
6명	5명	1명	2명	1명

☐ N=15 ☐ 보통값 : 3 ☐ 평균값 : 2.13

전현직 국회 전문위원 및 입법조사관				
← 오차지향				일치지향 →
1	2	3	4	5
11명	3명	1명	0명	0명

☐ N=15 ☐ 보통값 : 3 ☐ 평균값 : 1.33

종 합

☐ N=30 ☐ 보통값: 3 ☐ 집단 간 차이 : 0.80 ☐ 평균값 : 1.73

법인의 경우 1995년 7월 1일부터 12월 31일까지는 7.5%를 적용해야 되고, 1996년 1월 1일부터는 10%를 반영해야 된다는 점에서, 세무행정상 그 집행이 상당부분 어려울 것으로 예상된다. 실제로, 전술한 이유 등으로 인해 소득세법과 법인세법 등에서도 총액에 대하여 세율을 적용하도록 법령에 규정하고 있다는 점에서, 세율이원화는 그 집행을 상당부분 지연시켜 시급한 교육재정확보에 저해요인으로 작용할 수 있는 것이다.

좀 더 객관성을 제고하기 위해서 본 사항에 대해 전현직 광역의회 전문위

---

62 본 연구는 객관성을 좀 더 제고하기 위해 심층설문조사를 실시했는데, 본 조사는 2009년 4월 1일부터 8월 31일까지 서울특별시의회를 제외한 전국 15개 광역의회의 관련 전현직 전문위원 1명씩 15명과 전현직 국회 전문위원 및 입법조사관 15명, 총 30명의 전문가를 대상으로 실시한 것이며, 직접방문 또는 우편 등을 통해 이루어졌다. 여타사항은 본인들의 요구에 따라 미공개로 하고자 한다. 한편, 한 집단이 아닌 두 집단으로 표본을 삼은 이유는 좀 더 객관성을 제고하기 위한 방책이다. 아울러, 분석표의 3은 보통값이며, 3을 미만한 값은 현실상황과 정책 사이에 있어서 오차에 근접한 것이며, 3을 초과한 값은 일치에 가까운 것을 의미한다. 한편, 이들 전문가에 대한 질의·응답의 기본형식은 "서울시의회 및 서울시장이 결정 및 주장한 근거가 현실상황을 제대로 반영하고 있지 않으면(오차지향) 1(상대적으로 높은 오차지향), 2(상대적으로 낮은 오차지향)에 체크해 주시고, 현실상황을 제대로 반영하고 있으면(일치지향) 5(상대적으로 높은 일치지향), 4(상대적으로 낮은 일치지향)에 체크해 주십시오. 아울러, 판단을 할 수 없는 보류입장인 경우는 보통값 3에 체크해 주십시오"이다. 전술한 사항들은 이후 분석에서도 동일하게 적용된다.

원과 국회 전문위원 및 입법조사관 등 전문가를 대상으로 심층설문조사를 실시한 결과, 1, 2에 답변한 전문위원 등을 중심으로 전술한 이유 등을 내세우며 현실상황과 정책산출물 사이의 관계는 상당부분 오차, 즉 괴리가 있다는 결론을 도출했는데, 실제로 보통값 3에 훨씬 못 미치는 2.13(전현직 광역의회 전문위원), 1.33(전현직 국회 전문위원 및 입법조사관) 등 종합적으로 1.73을 나타내어 정책산출물이 현실상황에 제대로 대응하지 못하고 있는 것으로 분석되었다. 특히, 광역의회 전문위원보다 국회 전문위원 및 입법조사관이 훨씬 오차지향에 답변을 했는데, 이는 서울시의회가 법을 제대로 이해하지 못한 행태로 상당부분 비효율성의 가능성이 높다는 주장을 좀 더 강도 높게 비판한 것이다(〈표 4-38〉 참조).

(2) 정책집행조직의 정책전략 분석

① 서울특별시장의 정책전략 분석

한편, 본 정책산출물에 대해 이송을 받은 집행조직인 서울시장은 본 규정에 대해 불응을 하게 된다. 기본적으로 그 근거로는 첫째, 지방세법에 의하면 사업연도가 2개년에 걸친 법인의 경우 10%나 7.5% 중 한 개의 세율만을 적용하여야 하며, 둘째, 법인소득은 법인이 정관 등으로 각각 정한 사업연도의 총수입금액에서 총비용을 공제하여 계산할 뿐 소득발생을 연도별로 구분하지 않음에도 불구하고 의결한 조례안을 살펴보면 소득발생 연도별로 이를 구분하여 세율을 적용하도록 하고 있다는 점에서, 사업연도가 2개년에 걸치는 법인의 경우는 세무행정상 그 집행이 불가능하다는 것이다. 이러한 점 등을 고려할 때, 서울시장이 불응하게 된 요인은 세율 이원화라는 정책산출물을 투입할 경우 교육재정 확보라는 정책목표에 접근하기보다는 오히려 집행상의 혼란만 가중될 수 있다는 비효율성에 따른 불응으로 분석할 수 있는 것이다.

결국, 서울시장은 세율 이원화 원칙에 근거해서 의결한 정책산출물을 세율 일원화 원칙으로 실현할 것을 고수하게 되는데, 이에 대한 정당성을 확보하기 위해 1996년 3월 16일에 서울시의회가 재의결해 줄 것을 요구하게 된다. 즉, 재의요구전략을 추구하게 되는 것이다.

② 정책오차 분석

정책집행조직인 서울시장이 세율 일원화 원칙으로 집행할 것을 천명하며,

표 **4-39** 서울특별시장의 시세조례안에 대한 정책오차 관련 심층설문조사 결과

전현직 광역의회 전문위원				
← 오차지향				일치지향 →
1	2	3	4	5
1명	1명	3명	4명	6명

□ N=15　□ 보통값 : 3　□ 평균값 : 3.86

전현직 국회 전문위원 및 입법조사관				
← 오차지향				일치지향 →
1	2	3	4	5
0명	0명	1명	4명	10명

□ N=15　□ 보통값 : 3　□ 평균값 : 4.60

종　합

□ N=30　□ 보통값 : 3　□ 집단 간 차이 : 0.74　□ 평균값 : 4.23

기존에 의결한 정책을 재의요구하게 되는데, 그 내용이 시급한 교육재정 확보라는 문제시되는 현실상황에 적절하게 대응하고 있는지 살펴보면, 기본적으로 지방세법에 의하여 신고하거나 결정된 소득세 및 법인세 등은 총액에 대하여 동일한 세율만을 적용해야 하고, 이를 통해 효율적인 세무행정집행을 지향시켜 시급한 교육재정 확보에 적절하게 대응할 수 있다는 점에서, 현실상황을 적절하게 반영하고 있다고 분석된다.

　　실제로, 본 사항에 대해 심층설문조사를 실시한 결과, 4, 5에 답변한 전문위원 등을 중심으로 전술한 이유 등을 내세우며 현실상황과 정책실현 사이의 관계는 상당부분 일치한다는 견해를 내렸는데, 보통값 3을 초과하는 3.86(전현직 광역의회 전문위원), 4.60(전현직 국회 전문위원 및 입법조사관) 등 종합적으로 4.23을 나타내어 현실상황에 제대로 대응하고 있는 것으로 분석되었다. 특히, 국회 전문위원 및 입법조사관이 훨씬 일치지향에 답변을 했는데, 이는 법을 제대로 이해하여 효율성의 가능성이 높아졌다는 주장을 좀 더 강도 높게 피력한 것이다(〈표 4-39〉 참조).

(3) 정책집행조직에 의한 정책변동 유형 분석

결국, 재의요구를 받은 서울시의회는 세율규정에 대해 명확히 규정하지 못한 부분을 인정하며, 1996년 3월 25일에 기립표결을 통해 재의결을 하게 되는데, 결과적으로 출석의원 2/3 이상의 찬성을 얻지 못하여 기존에 의결한 시세조례안을 부결·폐기하기에 이른다.

아울러, 부결직후 서울시장이 재의요구한 내용을 반영한 규정, 즉 "세율 10%는 1996년 1월 1일부터 1998년 12월 31일까지의 기간 중에 과세기간이 종료되는 소득세, 법인세, 그리고 농지세에 적용하고, 1995년 12월 31일 이전에 과세기간이 종료된 사항은 7.5%를 적용한다"는 내용을 근거로, 새롭게 이의 유무 표결을 한 결과, 출석의원 전원이 이의가 없음에 따라 최종적으로 의결되기에 이른다.

결국, 시세조례안을 둘러싼 서울시의회의 정책결정은 세율이원화정책에서 세율일원화정책으로 변동된 것으로서, EAI 모형의 설계오차의 불응형으로 분석할 수 있다. 즉, 서울시의회에 의한 세율의 이원화가 시급한 교육재정 확보에 부적절한 체계를 이루고 있으나 그 정책산출물을 서울시장이 불응하여 교육재정 확보를 위해서는 세율의 일원화 집행이 필요하다는 점을 강조하면서 재의요구를 하여 기존 의결과는 다른 정책산출물이 도출하게 된 것이다(〈그림 4-18〉 참조).

그림 4-18 시세조례안에 대한 EAI 모형의 유형

2) 서울특별시의회교섭단체 및 위원회구성과 운영에 관한 조례안(이하 교섭
   단체조례안)

(1) 정책결정조직의 정책전략 분석

① 서울특별시의회의 정책전략 분석

정당 간 의견의 효율적인 수렴·조정을 통한 원활한 의회운영을 도모하기
위해 정당별 의원으로 구성된 교섭단체제도를 도입하고, 안 제3조에 교섭단체
의 활동을 보좌할 사무처직원(직업공무원)을 배치함과 아울러, 상임위원회의 정수
를 16-17인으로 하는 규정 등을 골자로 하는 교섭단체조례안을 제정하여 운영
위원장이 1998년 3월 19일에 제안하게 된다. 결국, 같은 날 본회의에서 이의유
무표결을 한 결과, 참석의원 전원찬성으로 본 조례안이 의결되었으며, 본 정책
산출물을 서울시장[63]에게 이송하게 된다.

즉, 서울시의회는 교섭단체조례안이라는 새로운 규정을 제정시키려는 입법
화전략을 추진한 것이다.

② 정책오차 분석

정책결정조직인 서울시의회가 의결시킨 교섭단체조례안 관련 정책산출물
중 가장 현안사항이 되는 부분은 안 제3조에 규정된 교섭단체의 활동을 보좌할
사무처직원을 두는 내용으로서, 이를 정당 간 원활한 소통을 위한 지원부재 등
이라는 문제시되는 현실상황에 적절하게 대응하고 있는지 살펴보면, 보좌관제
도가 없는 지방의회의 현실에서 정치적 중립성을 전제로 하는 사무처직원을 교
섭단체에 배치하여 사무지원을 하게 하는 본 조례안은 현실상황과 비교적 일치
한다고 판단된다.

기본적으로 사무처직원을 둘 수밖에 없는 당위성은, 교섭단체는 조례안뿐
만 아니라 국회법에도 규정이 되어 있고 원내의원으로 구성되어 있기 때문에
제도적 기구의 성격이 강하다는 점, 정당 간 현안안건 조율을 위한 의사소통을
해야 되는 점, 정당의 의사를 담은 대표연설을 해야 하는 점, 상임위원회 위원
조정을 해야 하는 점, 그리고 2009년 8월 현재 서울시의회 교섭단체에 4명의

---

[63] 본 조례안이 처리되는 과정에 있어서 서울특별시장은 조순 시장이 사퇴함에 따라 강덕기 부시장이
대행을 하였다.

표　4-40　서울특별시의회의 교섭단체조례안에 대한 정책오차 관련 심층설문조사 결과

전현직 광역의회 전문위원				
← 오차지향				일치지향 →
1	2	3	4	5
0명	1명	2명	3명	9명

□ N=15　□ 보통값 : 3　□ 평균값 : 4.33

전현직 국회 전문위원 및 입법조사관				
← 오차지향				일치지향 →
1	2	3	4	5
1명	1명	1명	5명	7명

□ N=15　□ 보통값 : 3　□ 평균값 : 4.06

종　합

□ N=30　□ 보통값 : 3　□ 집단 간 차이 : 0.27　□ 평균값 : 4.20

사무처직원이 배치되어 있고 경기도의회의 교섭단체조례에는 사무처직원이 상주하도록 하는 규정이 명시되어 있다는 점 등으로서, 이렇게 볼 때 본 조례안은 현실상황에 적절하게 접근하고 있는 것이다.

　　아울러, 좀 더 객관성을 제고하기 위해 심층설문조사를 실시한 결과, 전술한 당위성을 내세우며 4, 5에 답변한 전문위원 등을 중심으로 현실상황과 정책산출물 사이의 관계는 상당부분 일치한다는 의견을 피력했는데, 실제로 보통값 3을 훨씬 초과하는 4.33(전현직 광역의회 전문위원), 4.06(전현직 국회 전문위원 및 입법조사관) 등 종합적으로 4.20을 나타내어 정책산출물이 현실상황에 적절하게 대응하고 있는 것으로 분석된다. 한편, 두 집단은 모두 4점대 초반을 나타내어 비슷한 반응을 보였다(〈표 4-40〉 참조).

(2) 정책집행조직의 정책전략 분석

① 서울특별시장의 정책전략 분석

　　한편, 본 정책산출물에 대해 이송을 받은 서울시장은 교섭단체의 활동을 보좌할 사무처직원을 두는 사항에 대해 불응을 하게 된다. 기본적으로, 불응을 하게 된 이유는 첫째, 지방자치법에 의하면 '시도의회에는 사무를 처리하기 위

하여 조례가 정하는 바에 의해 사무처와 사무처직원을 둔다'고 규정되어 있는데, 교섭단체는 의회사무처의 하부조직이 아니기 때문에 교섭단체에 직원을 둘수 없다는 것이다. 둘째, 교섭단체에 공무원을 배치하여 활동을 보좌하고 사무를 처리하도록 하는 것은 공무원의 정치적 중립을 저해할 우려가 있다는 점이다(서울특별시의회 전자회의록시스템〈http://council.smc.seoul.kr/dasencgi/login.cgi?v_flag=0〉). 한편, 서울시장이 불응하게 된 실제 요인은 정치적 우위를 점하기 위해 견제하는 입장인 의회에 사무처직원을 제공하지 않으려는 것으로 파악되며, 이는 정치적 이해관계에 따른 불응으로 분석된다. 실제로, 당시 운영위원장과의 인터뷰64에 의하면 "집행부가 교섭단체에 직원을 둘 수 없다고 했는데, 그 실제 요인은 의회가 양적으로 팽창하여 집행부에 대한 견제가 심해질 것이라는 염려가 있는 것으로 본다"고 피력하기도 하였다.

결국, 교섭단체에 사무처직원을 상주시키려는 정책산출물을 실현시키지 않겠다는 입장을 고수하게 되는데, 이에 대한 정당성을 확보하기 위해 서울시의회가 재의결해 줄 것을 1998년 4월 9일에 요구하게 된다. 즉, 재의요구전략을 추구하게 되는 것이다.

② 정책오차 분석

서울시장이 교섭단체에 직원을 두지 않는 상황으로 집행할 것을 천명하며, 기존에 의결한 정책산출물을 재의요구하게 되는데, 그 내용이 정당 간 원활한 소통을 위한 지원부재 등 문제시되는 현실상황에 적절하게 대응하고 있는지 살펴보면, 교섭단체는 사무처의 하부조직이 아니기 때문에 직원을 둘 수 없고, 공무원의 정치적 중립성에도 문제가 된다는 주장을 하며 사무처직원을 통한 지원을 할 수 없도록 한 점은 현실상황을 제대로 반영하고 있지는 못한 것으로 판단된다.

즉, 교섭단체가 사무처의 하부조직이 아니기 때문에 직원을 둘 수 없다는 주장은 설득력이 떨어지는데, 실제로 의장실과 부의장실도 사무처의 하부조직이 아님에도 불구하고 사무처직원이 보좌업무를 하고 있고, 공무원의 정치적 중립성에도 문제가 있다는 주장 역시 정당 소속의 상임위원장이 직접 사무처직

---

64 당시 운영위원장과의 인터뷰는 2009년 5월 9일 시의회에서 이루어졌으며, 여타사항은 본인의 요구에 따라 미공개로 하고자 한다.

표	4-41	서울특별시장의 교섭단체조례안에 대한 정책오차 관련 심층설문조사 결과

전현직 광역의회 전문위원				
← 오차지향				일치지향 →
1	2	3	4	5
9명	4명	1명	1명	0명

□ N=15 □ 보통값 : 3 □ 평균값 : 1.60

전현직 국회 전문위원 및 입법조사관				
← 오차지향				일치지향 →
1	2	3	4	5
7명	4명	3명	1명	0명

□ N=15 □ 보통값 : 3 □ 평균값 : 1.86

종 합

□ N=30 □ 보통값 : 3 □ 집단 간 차이 : 0.26 □ 평균값 : 1.73

원인 전문위원을 지휘·감독하도록 법규에 명시되어 있다는 점에서 설득력이 낮은 것이다.

본 사항에 대해서도 심층설문조사를 실시한 결과, 1, 2에 답변한 전문위원 등을 중심으로 교섭단체는 정당 간 원활한 의사소통 제고를 위해 사무처직원이 필요함에도 불구하고 정치적 이해관계 등으로 인해 이를 반대하는 것은 현실상황과 정책실현 사이의 관계가 상당부분 오차가 있다는 의견을 내렸다. 실제로, 보통값 3에 훨씬 못 미치는 1.60(전현직 광역의회 전문위원), 1.83(전현직 국회 전문위원 및 입법조사관) 등 종합적으로 1.73을 나타내어 현실상황에 제대로 대응하지 못하는 것으로 분석되었으며, 전술한 결과와 마찬가지로 두 집단은 1점대 후반으로 표출되어 유사한 반응을 보였다(〈표 4-41〉 참조).

(3) 정책집행조직에 의한 정책변동 유형 분석

결국, 교섭단체에 사무처직원을 둘 수 없다는 서울시장의 재의요구를 받은 서울시의회는 이에 대해 강한 유감을 표시하면서, 1998년 4월 30일 공직선거 및 선거부정방지법의 개정으로 의원정수가 축소됨에 따라 상임위원회 정수를 기존 16-17인에서 11-12인으로 조정하고, 상임위원은 각 교섭단체 대표의원의 요청으로 기존 의장에서 본회의로 선임 또는 개선되는 내용만을 수정하여 1998년 5월 7일 재의결하게 된다. 본 수정안을 이송받은 서울시장은 불응을 계속했고, 교섭단체에 사무처직원을 둘 수 없다며, 같은 이유로 1998년 5월 19일 다시 재의요구를 하게 된다. 이와 같이 서울시장이 강경하게 나오자 서울시 의회는 일단 교섭단체를 설립하는 선에서 절충하겠다며 1998년 6월 12일, 교섭단체에 사무처직원을 둔다는 안 제3조를 삭제하는 수정안을 본회의에 상정하였고, 이의유무 표결을 한 결과 출석의원 전원찬성으로, 최종적으로 재의결되기에 이른다.

결국, 교섭단체조례안을 둘러싼 서울시의회의 정책결정은 사무지원배치정책에서 사무지원배제정책으로 변동된 것으로서, EAI 모형의 집행오차형으로 분석할 수 있다. 즉, 서울시의회에 의한 사무처직원의 상주화가 정당 간 원활한 소통을 위한 지원부재에 적절한 체계를 이루고 있으나 그 정책산출물을 서울시장이 불응하여 교섭단체의 활동은 사무처직원 없이 집행이 가능하다는 점을 강조하게 된다. 결과적으로, 2번씩이나 재의요구를 하여 기존 의결과는 다른 정책산출물이 도출하게 된 것이다(〈그림 4-19〉 참조).

그림 4-19 교섭단체조례안에 대한 EAI 모형의 유형

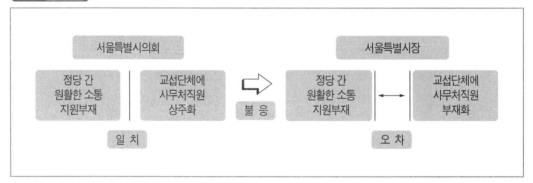

3) 서울특별시도시계획조례 중개정조례안(이하 도시계획조례안)

(1) 정책결정조직의 정책전략 분석

① 서울특별시의회의 정책전략 분석

2005년 4월 26일에 서울특별시의회 도시관리위원회에서는 지방자치의 이념을 구현하고 도시계획시설의 토지이용 규제에 대한 민원 등을 해소하기 위한 의도에서 "도시관리계획의 결정 및 고시 등에 관한 사항 중 대규모점포 및 정기시장에 근거한 시장과 자동차정류장 중 버스차고지에 대한 사무를 자치구청장에 위임한다"는 규정을 본 조례 [별표 3]에 신설하여 도시관리위원장이 제안하게 된다. 결국, 본 안은 2005년 9월 13일 제158회 임시회에 상정되어 무기명 전자표결을 한 결과, 재석의원 67명 중 찬성 34명, 반대 28명, 기권 5명으로 의결되었으며, 본 정책산출물을 서울시장에게 이송하게 된다.

즉, 서울시의회는 기존 도시계획조례에 새로운 규정을 반영시키려는 입법화전략을 추진한 것이다.

② 정책오차 분석

서울시의회가 의결시킨 도시계획조례안 관련 정책산출물이 조직 간 역할구분 불명확화라는 문제시되는 현실상황[65]에 적절하게 대응하고 있는지 살펴보면, 자치구청장에게 시장 및 버스차고지를 위임하는 사항은 시장의 전속적 권한을 침해할 소지가 있다고 판단된다. 즉, 지방자치법에 의하면 "지방자치단체의 장은 조례 또는 규칙이 정하는 바에 의하여 그 권한에 속하는 사무의 일부를 관할자치단체장에게 위임할 수 있다"고 규정하고 있다는 점에서, 전술한 사무에 대한 위임여부 권한은 업무집행에 대한 최종적인 책임을 가지고 있는 서울시장의 고유권한이라고 할 수 있는 것이다. 즉, 지방자치단체 행정사무의 위임여부에 대하여 의원제안으로 정하는 것은 집행부의 권한을 침해하는 월권적 성격이라고 볼 수 있다는 점이다. 실제로, 이와 관련하여 2005년 대법원판례와

---

[65] 지방자치단체는 지방의회와 지방자치단체의 장으로 구성되는데, 원칙적으로는 정책결정조직인 지방의회에서 조례안 등을 발의하는 것이 바람직하겠으나, 지방자치단체의 장이 효율적인 집행을 위해 핵심 업무인 조직, 인사, 사무위임 등에 있어서는 자치단체장이 조례안을 제출하는 것이 적절하다고 판단된다. 그러나 이러한 역할구분의 원칙이 불명확화되는 경우가 빈번하게 발생하고 있는데, 1996년 ○○○ 의원 외 68인이 발의한 서울특별시지방공무원정원조례 중개정조례안 등이 그것이다.

2006년 행정안전부 지침을 보면, 서울시장의 업무인 조직, 인사, 사무위임 등은 집행부의 기본적 골격을 이루는 핵심분야라는 점에서, 본 업무와 관련하여 의원이 조례를 발의할 경우 집행업무의 근간이 흔들릴 수 있으며, 효율적인 업무집행이 불가하다는 점에서, 현실을 상대적으로 직시하고 있는 서울시장이 제출하는 것이 바람직하다는 점을 밝혔다.

특히, 본 조례안에서 규정한 자동차정류장사무는 서울특별시에 대한 종합적인 교통관리 차원에서 총괄·조정하는 광역적 교통사무에 해당한다는 점에서, 이러한 사무를 자치구청장에게 위임하여 개별적·독립적으로 관리하게 하는 것은 통합적인 업무효율성 등을 고려할 때, 공익을 저해하는 행위라는 점에서 문제의 소지가 있을 수 있는 것이다.

따라서 본 정책산출물은 지방자치의 이념을 구현한다는 취지에도 불구하고, 조직 간 역할구분 불명확화에 오히려 저해요인으로 작용할 수 있는 것이다.

한편, 이와 관련하여 심층설문조사를 실시한 결과, 1, 2에 답변한 전문위원 등을 중심으로 시장에 대한 전속적 권한 침해 등을 내세우며 현실상황과 정책산출물 사이의 관계는 상당부분 오차가 있다는 의견을 피력했는데, 실제로

표 4-42 서울특별시의회의 도시계획조례안에 대한 정책오차 관련 심층설문조사 결과

전현직 광역의회 전문위원				
← 오차지향				일치지향 →
1	2	3	4	5
6명	6명	1명	1명	1명
□ N=15 □ 보통값 : 3 □ 평균값 : 2.00				
전현직 국회 전문위원 및 입법조사관				
← 오차지향				일치지향 →
1	2	3	4	5
5명	5명	3명	2명	0명
□ N=15 □ 보통값 : 3 □ 평균값 : 2.13				
종 합				
□ N=30 □ 보통값 : 3 □ 집단 간 차이 : 0.13 □ 평균값 : 2.06				

보통값 3에 훨씬 못 미치는 2.00(전현직 광역의회 전문위원), 2.13(전현직 국회 전문위원 및 입법조사관) 등 종합적으로 2.06을 나타내어 정책산출물이 현실상황에 제대로 대응하지 못하고 있는 것으로 분석되었다. 아울러, 두 집단 간 차이는 0.13으로서 2점대 초반의 비슷한 반응을 보였다(〈표 4-42〉 참조).

(2) 정책집행조직의 정책전략 분석

① 서울특별시장의 정책전략 분석

한편, 본 정책산출물에 대해 이송을 받은 정책집행조직인 서울시장은 본 규정에 대해 불응을 하게 되는데, 그 근거로는 첫째, 전술한 바와 같이 권한위임에 대한 시장의 전속적 권한 침해라는 것이다. 즉, 지방자치법 등에서는 지방자치단체의 장으로 하여금 해당 지방자치단체의 사무를 집행하는 데 있어서 그 위임 등을 고유권한으로 부여함으로써 사무의 효율성을 제고하고 있다는 것이다. 둘째, 법령상 근거가 없는 행정사무를 위임하고 있다는 것이다. 즉, 국토의 계획 및 이용에 관한 법률 등에서 정책산출물의 자동차정류장에 대해 여객자동차터미널, 화물터미널, 그리고 공영차고지로 구분하고 있다는 점에서, 관계법령상 버스차고지의 경우에는 도시관리계획의 자동차정류장에 대한 결정대상이 아니라는 것이다. 아울러, 조례안에서 명시하고 있는 여객자동차운수사업법 제5조는 버스차고지에 대한 근거법령이라기보다는 여객자동차운송사업에 대한 면허·등록의 근거규정이라는 것이다. 이러한 점 등을 고려할 때, 서울시장이 불응하게 된 요인은 사무를 상대적으로 낮게 파악하고 있는 의원이 직접 제안으로 자동차정류장사무 등을 자치구청장에게 위임할 경우 업무비효율성이 가중될 수 있다는 점에서, 비효율성에 따른 불응으로 분석할 수 있는 것이다.

결국, 서울시장은 자동차정류장사무 등의 위임에 근거해서 의결한 정책산출물은 적절하지 않다는 판단을 고수하게 되는데, 이에 대한 정당성을 확보하기 위해 서울시의회가 재의결해 줄 것을 2005년 9월 30일에 요구하게 된다. 즉, 재의요구전략을 추구하게 되는 것이다.

② 정책오차 분석

정책집행조직인 서울시장이 자동차정류장사무 등을 그대로 유지·집행할 것을 천명하며, 기존에 의결한 정책을 재의요구하게 되는데, 그 내용이 서울시

표　4-43 서울특별시장의 도시계획조례안에 대한 정책오차 관련 심층설문조사 결과

전현직 광역의회 전문위원				
← 오차지향				일치지향 →
1	2	3	4	5
1명	0명	1명	6명	7명

□ N=15　□ 보통값 : 3　□ 평균값 : 4.20

전현직 국회 전문위원 및 입법조사관				
← 오차지향				일치지향 →
1	2	3	4	5
0명	1명	3명	5명	6명

□ N=15　□ 보통값 : 3　□ 평균값 : 4.06

종　합

□ N=30　□ 보통값 : 3　□ 집단 간 차이 : 0.14　□ 평균값 : 4.13

의회와 서울시장 간 역할구분 불명확화라는 문제시되는 현실상황에 적절하게 대응하고 있는지 살펴보면, 기본적으로 업무효율성 차원에서 사무위임은 현실을 상대적으로 잘 파악하고 있는 서울시장의 고유권한이라는 점, 버스정류장업무는 광역적 교통사무라는 점, 그리고 법령상 근거가 없는 버스차고지사무 등을 자치구청장에게 위임하고 있는 것은 문제라는 점 등에서 조직 간 역할구분 불명확화라는 현실상황에 적절하게 반응하고 있는 것이다.

　　본 사항에 대해서도 심층설문조사를 실시한 결과, 4, 5에 답변한 전문위원 등을 중심으로 전술한 이유 등을 내세우며 현실상황과 정책실현 사이의 관계는 상당부분 일치한다는 견해를 내렸는데, 실제로 보통값 3을 훨씬 초과하는 4.20(전현직 광역의회 전문위원), 4.06(전현직 국회 전문위원 및 입법조사관) 등 종합적으로 4.13을 나타내어 현실상황에 제대로 대응하고 있는 것으로 분석되었으며, 두 집단 간 차이는 0.14로서 4점대 초반의 유사한 반응을 보였다(《표 4-43》 참조).

　　(3) 정책집행조직에 의한 정책변동 유형 분석

　　결국, 재의요구를 받은 서울시의회는 찬반양론이 엇갈린 상황에서 2005년 12월 13일에 무기명 전자투표를 통해 재의결을 하게 되고, 투표결과 재석의원

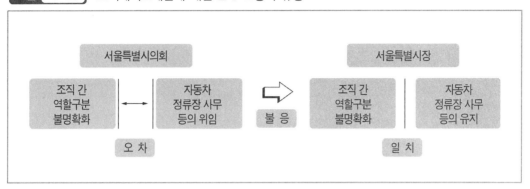

그림 4-20 도시계획조례안에 대한 EAI 모형의 유형

67명 중 찬성 34명, 반대 28명, 기권 5명으로, 출석의원 2/3 이상의 찬성을 얻지 못하여 기존에 의결한 도시계획조례안을 부결·폐기시키게 된다.

결국, 도시계획조례안을 둘러싼 서울시의회의 정책결정은 역할불명확화정책에서 역할명확화정책으로 변동된 것으로서, 시세조례안과 마찬가지로 EAI 모형의 설계오차의 불응형으로 조명할 수 있는 것이다. 즉, 서울시의회에 의한 자동차정류장 등의 사무를 자치구청장에게 위임하는 것은 서울시의회와 서울시장 간 역할구분 불명확화에 부적절한 체계를 이루고 있으나 그 정책산출물을 서울시장이 불응하여 효율적인 업무수행차원에서 사무를 그대로 집행하는 것이 필요하다는 점을 강조하게 된다. 따라서 이에 대한 정당성을 확보하기 위해 재의요구를 하게 되는데, 결과적으로 기존 의결과는 다른 정책산출물이 도출하게 된 것이다(〈그림 4-20〉 참조).

3. 정책집행조직에 의한 조례산출 변동유형 분석 결과

지금까지 정책집행조직에 의한 조례산출 변동유형을 EAI 모형을 활용해서 분석한 결과를 정리해 보면 〈표 4-44〉와 같다.

즉, 시세조례안과 도시계획조례안에 있어서 서울특별시의회는 입법화전략을 통해 오차지향을 나타냈지만, 서울특별시장은 불응을 하며 일치지향을 표출했고, 이를 정당화하기 위해서 재의요구전략을 추진한 것이다. 기본적으로 서울시장이 불응을 하게 된 요인은 비효율성에 따른 것으로 나타났고, 결국 재의요

표 4-44 EAI 모형을 활용한 정책집행조직에 의한 조례산출 변동유형 분석 결과[66]

구 분	조례산출과정					
	정책결정조직-서울특별시의회			정책집행조직-서울특별시장		
	시세 조례안	교섭단체 조례안	도시계획 조례안	시세 조례안	교섭단체 조례안	도시계획 조례안
정책오차 여부	오 차	일 치	오 차	일 치	오 차	일 치
정책순응· 불응 여부	-	-	-	불 응	다 중 불 응	불 응
불응 요인	-	-	-	비효율성에 따른 불응	정치적 이해관계에 따른 불응	비효율성에 따른 불응
조직의 전략	입법화 전략	다중 입법화 전략	입법화 전략	재의요구 전략	다중 재의요구 전략	재의요구 전략
정책집행 조직에 의한 정책변동 결과	세율이원화 정책 → 세율일원화 정책	사무지원배치 정책 → 사무지원배제 정책	역할구분 불명확화 정책 → 역할구분 명확화 정책	-		
EAI 모형의 유형에 근거한 정책변동 요인	일치(현실 반영)에 근거한 서울시장의 재의요구 전략	오차(현실 미반영)에 근거한 서울시장의 반복된 재의요구 전략	일치(현실 반영)에 근거한 서울시장의 재의요구 전략	-		
사례별 EAI 모형의 유형	□ 시세조례안 : 설계오차의 불응형 □ 교섭단체조례안 : 집행오차형 □ 도시계획조례안 : 설계오차의 불응형					

66 서울시의회에 의한 입법화전략은 본회의 의결로서, 자신들의 의지에 의한 전략을 의미하고, 마지막 재의결은 서울시장에 의한 의결이라는 점에서 입법화전략에 포함시키지는 않고자 한다. 아울러, '다중'이라는 용어는 특정전략을 2번 이상 반복하는 것을 말한다.

구를 통해 서울시의회가 재의결을 한 결과, 각각 세율이원화정책에서 세율일원화정책으로, 역할구분불명확화정책에서 역할구분명확화정책으로 변동되었으며, EAI 모형에 있어서 설계오차의 불응형을 나타낸 것이다. 반면, 교섭단체조례안에 있어서 서울시의회는 다중입법화전략을 통해 일치지향을 나타냈지만, 서울시장은 계속해서 불응을 하며 오차지향을 피력했고, 이를 쟁취하기 위해서 반복적인 재의요구전략을 보인 것이다. 기본적으로 서울시장이 불응을 하게 된 요인은 정치적 이해관계에 따른 것이었으며, 결국 반복된 재의요구를 통해 재의결을 한 결과, 사무지원배치정책에서 사무지원배제정책으로 변동되었으며, 집행오차형을 나타낸 것이다.

종합적으로, EAI 모형의 유형에 근거한 정책변동 요인을 살펴보면 시세조례안과 도시계획조례안은 현실반영의 일치에 근거한 서울시장의 재의요구전략인 반면, 교섭단체조례안은 현실미반영의 오차에 근거한 서울시장의 반복된 재의요구전략이라고 할 수 있는 것이다.

Ⅳ. ▶▶ 결 론

조례산출과정에서 나타나는 정책집행조직에 의한 정책변동 유형을 EAI 모형을 활용해서 분석한 결과 다음과 같은 시사점이 도출되었다.

첫째, 정책집행조직인 서울시장에 의한 정책변동이 모두 바람직하지는 않았다는 점이다. 즉, 서울시의회에 의해 발의되고 의결된 시세조례안, 교섭단체조례안, 그리고 도시계획조례안에 대해 서울시장이 현실을 반영하지 못했다며 재의요구를 하여 재의결을 한 결과, 서울시장의 의견이 모두 반영되었지만, 교섭단체조례안은 오히려 현실과 역행된 면이 존재했다는 점에서 이를 증명해 주고 있는 것이다. 이는 일종의 필터역할을 하는 재의요구제도가 정책적 판단보다는 정치적 판단에 의해 본질을 흐리게 할 수 있다는 점을 나타내고 있는 것이다.

둘째, 정책집행조직의 중요성이다. 즉, 기존의 고전적 집행관에 입각한 연구들은 정책집행조직은 정책결정조직의 의도와 통제에 따라 순응하기만 하는 수동적 존재로만 파악했지만, 본 연구의 경우 비록 서울시의회와 서울시장이

기관대립형의 구조를 가졌다는 것을 고려하더라도, 정책집행조직의 영향력은 매우 높은 수준이었으며, 이는 수동적 존재가 아니라 이미 적극적 존재로 전환하였다는 것을 보여주는 단적인 사례가 되는 것이다.

셋째, 불응요인에 대한 다양한 행태로의 전환이다. 전술한 바와 같이, 정책집행조직의 불응에 대한 요인에 있어서 비교적 널리 인용되고 있는 Combs의 이론에 의하면, 대부분 불응에 대한 요인은 의사전달체계의 문제에 따른 불응, 자원부족에 따른 불응, 그리고 권위의 불신에 따른 불응 등으로 나타난다고 했으나, 본 연구에서는 본 이론에서 언급한 요인 외에 비효율성에 따른 불응과 정치적 이해관계에 따른 불응만으로 나타났다는 점에서, 복잡한 사회현상만큼이나 정책집행조직에 의한 불응요인도 다양하게 나타나고 있음을 알 수 있었다.

넷째, 정치적 이해관계에 따른 정책변동은 양 조직 간 게임의 장이 상대적으로 높은 수준이라는 것을 보여주고 있다. 즉, 교섭단체조례안의 경우 다른 조례안과는 다르게 서울시장은 2번의 불응과 재의요구를 했고, 서울시의회는 자신들에게 유리한 위치를 점하기 위해서 의결과 재의결을 합쳐 3번씩이나 거쳤다는 것 등이 이를 말해 주고 있는 것이다.

다섯째, 복잡한 변동과정도 명확한 구분이 존재한다는 것이다. 즉, 조례산출과정은 복잡한 변동과정을 내포하고 있지만, 시의회의 의결단계, 시장의 불응단계, 재의요구단계, 그리고 시의회의 재의결단계 간 경계가 명확히 구분된다는 특징을 보여주고 있는 것이다.

여섯째, 전술한 바와 같이 설계오차의 불응형과 집행오차형은 정책집행조직의 불응이라는 변수로 인해 상대적으로 높은 수준의 정책변동을 유인할 수 있는 것으로 가정했는데, 이러한 사항이 일정부분 입증되었다고 할 수 있는 것이다.

한편, 정책오차를 판단할 수 있는 충분한 근거와 기준, 이론제시가 필요함에도 불구하고 자료확보의 한계로 인한 낮은 수준의 근거제시와 제한된 설문조사방법만으로 판단을 했다는 점에서 차후 이에 대한 면밀한 검토가 필요할 것으로 본다. 그리고 서울특별시의 조례산출과정은 전체 시도의 그것보다 대표성을 갖고 있다고 볼 수도 있으나 지나치게 제한된 지역의 제한된 사례만을 가지고 접근했다는 점에서 일반화에 일정부분 한계를 가져왔다. 따라서 차후에는 대표성 있는 정책사례들을 연구함으로써 분석의 일반화를 제고하는 데 노력해야 할 것으로 생각된다. 아울러, 전술한 이론설명에서 설계오차의 불응형과 집행오차형의 경우, 정책변동 산출물의 유지 가능성에 있어서 차이가 있다는 점을 기술하였으나 페이지상의 한계 등으로 인해 이러한 부분이 간과되었다는 점에서, 차후 본 부분에 대해서도 심도 있는 검토가 필요할 것으로 판단된다.

제 6 절
EAT 모형의 적용[EAT 모형을 활용한 정책변동 분석: 노무현정부의 사학정책을 중심으로]67

본 절에서는 전술한 EAT 모형(정책대상조직에 의한 정책변동모형)을 활용한 분석틀을 이용하여 노무현정부의 사학정책에 적용함으로써 본 이론을 좀 더 심도 있게 조명하고자 한다.

I. ▶▶ 서 론

사회가 복잡·다양화되면서 정책에 있어 변화의 속도와 빈도가 급속하게 높아져 가고 있다. 정부가 정책문제에 대한 인식변화가 있거나, 꾸준하게 집행되어 온 정책이 환경변화에 따라 정책문제의 우선순위가 바뀌고, 새로운 정책문제가 대두되어 이전시기와는 현저하게 다른 정책이 산출되는 현상이 발생하고 있는 것이다. 특히, 환경적 요구에 따른 정책변동이 급속히 증가하고 있는데, 과거 권위주의적 시대에서는 정책변화를 요구하는 시민단체, 이익집단 등이 미미하였으나 다원주의적 시대를 맞이하여, 이들에 의한 정책변동이 급속하게 증가하고 있는 것이다.

이러한 환경적 요구 중에서 정책에 직접적 영향을 받는 정책대상조직에 의한 정책변동이 높은 수준으로 나타나고 있는데, 기본적으로 정책대상조직은 정책과정에서 정책주체와 함께 정책의 목표달성에 가장 중요한 역할을 담당하는

67 양승일·한종희(2008)를 근거로 재구성한 것이다.

행위자라는 점에서 이들의 반응에 대한 관심을 세심하게 귀 기울일 필요가 있는 것이다. 즉, 권위주의적 정책관행에 있어서는 국민을 통치의 대상으로 여기는 유교주의적 사고방식으로 인해 정부정책에 무조건 복종해야 했다는 점에서, 정책대상조직의 순응과 불응문제는 중요하지 않았다. 하지만 현대에 있어서는 정책대상조직의 의식이 높아지고 자신들의 목소리를 내세우려는 경향이 강화되어 정책과정상에서 차지하는 영향력이 매우 커졌다는 점에서, 이들의 불응현상 등으로 인한 정책변동이 높은 수준으로 발생하고 있는 것이다.

본 연구에서는 이러한 정책대상조직에 착안하여, 이들에 의한 정책변동을 노무현정부의 사학정책을 통해 조명하고자 한다. 사학정책은 노무현정부 2년째인 2004년 10월 복기왕 의원이 개방형 이사제 도입 등을 주요골자로 하는 개정안을 당론으로 발의하면서 시작되었는데, 사학비리로 인해 학생들에게 적절한 복지혜택 등이 제공되지 않는다는 의견과 일부사학에 국한된다는 의견 등 공유재산권과 사유재산권을 둘러싼 2번에 걸친 치열한 정책변동이 발생하게 된다.

따라서 본 연구에서는 정책결정과정뿐만 아니라 정책집행과정의 정책변동도 다루고 있는 분석틀을 활용해서 사학정책의 변동요인 등을 조명해 보고, 이러한 분석이 갖는 시사점을 도출하려는 것이다.

Ⅱ. ▶▶ 이론적 배경 및 분석틀

1. 정책변동의 개념

정책변동(policy change)에 대한 개념정의는 학자들의 접근입장차이로 다양하게 정의되고 있는데, Hogwood & Peters(1983)는 정책변동을 정책평가가 이루어진 다음의 과정에서 정책의 변화가 오는 것으로 정의하고 있고, 박해룡(1990)은 사회적·경제적 여건, 정치체제적 변화에 의해서 기존의 정책과 다른 것으로 결정되고 대부분의 정책형성은 기존의 정책을 토대로 이루어지는 것이라고 정의한다. 그리고 정정길(2000)은 정책결정에서 발생하는 정책의 수정·종결만이 아니라 정책집행단계에서 발생하는 것도 포함하는 것으로 개념정의를 하고 있다.

이를 근거로 본 연구에서는 정책변동에 대한 개념을 다음과 같이 정의하고자 한다. 즉, 정책변동은 정책결정과정의 정책산출 이후 정책문제를 감지하여 '정책의제형성과정'으로 환류시켜 이전 정책결정과정에서 산출된 정책을 수정·종결하는 것을 의미하는 것으로서, 이러한 수정·종결이 정책집행·정책평가과정으로 순응할 때, 비로소 완전한 정책변동이 이루어지는 것이다. 정책결정과정의 수정·종결된 정책산출물까지가 1단계 정책변동의 범위이고, 이러한 산출물의 정책집행·정책평가과정으로의 순응이 2단계 정책변동의 범위라고 할 수 있는 것이다.

2. 정책오차의 개념

정책오차(policy error)에 대한 개념정의는 김영평(1998) 등이 조명해 오고 있는데, 그는 불확실성으로 인해 정책산출물은 바라는 결과와 예상하지 못한 결과가 함께 나타나기가 보통이라는 점에서, 정책오차란 정책산출물의 집행결과가 예상한 기대에 크게 미치지 못한 바람직하지 않은 결과가 나타나는 것으로 규정하였다. 즉, 김영평의 정책오차는 정책결정과정과 정책집행과정 사이에 진행되는 과정 간 불일치를 의미하지만, 본 연구에서 다루어지는 정책오차는 이를 근거로 일정부분 수정하여 각 과정별로 나타나는 현실상황과 정책 사이의 불일치를 의미하는 것으로 정의하고자 한다. 다시 말해서, 정책결정과정의 정책오차는 현실상황과 정책산출물 간의 불일치이며, 정책집행과정의 경우도 현실상황과 정책실현 간의 불일치를 의미하는 것으로, 여기서 현실은 바람직한 정책산출물이 요구되는 문제시되는 현황을 말하는 것이다.

3. 정책대상조직의 순응·불응 개념

정책대상조직(policy target organization)이란 특정정책의 적용을 받는 집단 등을 말하며, 이들은 정책에 내포된 행동규정에 순응하거나 불응을 할 수 있는데, 정책순응(policy compliance)은 정책이나 법규에서 요구된 행동규정을 준수하는 행위인 반면, 정책불응(policy non-compliance)은 이를 위반하는 행위라고 할 수 있는 것이다.

정책순응이 발생하는 요인을 기존 학자들의 견해를 통해 간략히 살펴보면,

Anderson(1975)은 권위에 대한 존중, 합리성과 타당성, 정책의 정당성, 개인의 이익, 제재, 기간과 경과 등을 제시했으며, Rodgers & Bullock(1976)은 법의 명료성, 처벌의 확실성과 정도, 법에 대한 정당성의 인식, 강제시행, 정책에 대한 동의, 순응의 측정능력, 점검의 정도, 강제시행기관의 존재 등을 제시하였다. 그리고 Young(1979)은 개인의 이익, 강제시행, 사회적 압력 등을 피력했다. 한편, 박용치(1998)는 정책내용의 정확성, 자원의 제공, 대상집단의 설득, 적절한 유인과 제재, 권위의 한계와 대상범위의 합의 등을 피력했으며, 정정길(2000)은 정책의 소망성·명확성·일관성, 정책집행자의 태도와 신뢰성, 정책결정·집행기관의 정통성, 대상집단의 능력, 그리고 순응의욕 부족 등을 제시하였다.

한편, 정책대상조직의 불응에 대한 요인도 다양하게 접근하고 있는데, 본 연구에서는 개념정의가 비교적 명확하여 널리 인용되고 있는 Combs의 이론을 활용하고자 한다. Coombs(1980)는 불응의 요인을 의사전달체계의 문제에 따른 불응, 자원부족에 따른 불응, 정책회의에 따른 불응, 손익계산에 따른 불응, 권위의 불신에 따른 불응 등 다섯 가지로 제시했으나 본 연구에서는 좀 더 명확성을 기하기 위해서 정책회의에 따른 불응을 제외한 네 가지로 조명하고자 한다.

먼저, 의사전달체계의 문제에 따른 불응은 정책대상조직이 정책의 존재나 내용을 제대로 알지 못하여 불응이 일어나는 것으로, 정책에 대한 대상조직의 무지나 몰이해에서 비롯되는 불응에 대한 치유책은 정책의 내용과 전달을 보다 분명히 하는 데 있다는 것이다. 자원부족에 따른 불응은 정책규정 자체가 대상조직이 점유하고 있는 재원, 재능, 시간 등을 요구할 경우에는 순응의 가능성이 낮아진다는 것이다. 이러한 경우는 필요한 자원을 제공하거나 정책자체를 현실에 부합되도록 수정함으로써 순응을 이끌어 낼 수 있다는 것이다. 그리고 손익계산에 따른 불응은 정책에 규정된 행위가 스스로의 손익계산에 맞지 않아 불응하는 경우로서, 불응은 시간, 에너지, 금전 등을 절약하려는 계산된 전략에서 비롯되며 효용성의 측면에서 기대가치가 순응가치를 능가하게 되면 불응을 하게 된다는 것이다. 마지막으로, 권위의 불신에 따른 불응은 정책대상조직이 정책자체보다는 정책을 결정하고 집행하는 주체를 불신하거나 혐오하기 때문에 나타나는 불응을 의미한다.

4. 연구의 분석틀

전술한 정책변동, 정책오차, 그리고 정책대상조직의 정책순응·불응 등을 근거로 본 연구에서 다루어질 사학정책의 적용 분석틀을 구성해 보면 〈그림 4-21〉과 같다. 즉, 정책결정과정의 정책주체에 의해 문제시되는 또는 적절한 정책산출물 체계를 이루고 있는 상황에서 이를 정책대상조직이 불응 또는 순응을 하게 된다. 이러한 상황에서 정책대상 또는 정책주체조직에 의해 1차 정책변동이 발생하게 되고, 이러한 정책변동의 산출물을 자의든 타의든 정책집행과정의 정책주체에 전달하여 문제시되는 또는 적절한 집행이 이루어지는 상황에서, 정책대상조직이 불응 또는 순응을 함에 따라 정책대상 또는 정책주체조직에 의한 2차 정책변동이 발생하게 되는 것이다. 이를 통해 본 연구는 정책대상조직에 의한 정책변동이 어느 정책과정에서 나타나는가를 분석하는 것이다.

본 연구에서 다루어질 분석틀과 비교할 대표적인 기존 정책변동모형은

그림 4-21 분석틀의 구성

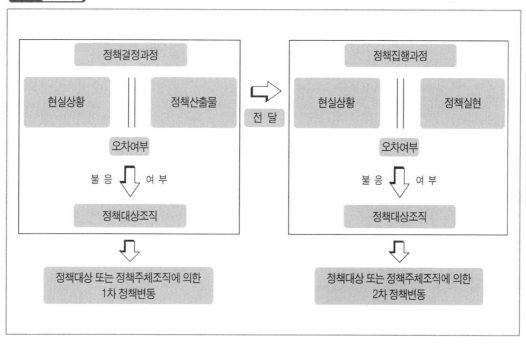

Sabatier의 옹호연합모형(Advocacy Coalition Framework: ACF)과 Kingdon의 다중흐름모형(Multiple Stream Framework: MSF) 등으로, 이를 간략히 조명해 보면 다음과 같다.

먼저, ACF는 Sabatier(1988)에 의해 제기된 정책변동모형으로서, 외적변수(external parameters), 정책옹호연합(policy advocacy coalition), 신념체계(belief systems), 정책중개자(policy brokers), 정책학습(policy learning), 그리고 정책산출(policy output) 등으로 구성된다.

본 모형에 대한 선행연구를 살펴보면, 전진석(2003b)은 ACF를 의약분업정책에 적용하면서, 수십 년에 걸친 의약분업정책은 정책옹호연합들 간의 상호작용이며, 이들에게 영향을 주는 변수는 안정적인 변수와 역동적인 변수라는 것을 밝혔다. 장지호(2004)는 ACF를 활용하여 경유승용차 판매허용의 정책변동을 조명하면서, 일반적인 산업정책이 정부의 자의적 기준에 의해서 거시적으로 결정되는 것이 아니라 정부부처 및 외부 정책관련 집단들이 각각의 신념에 의해 연합을 형성하고, 그 연합들이 상호작용을 거치면서 정책산출물이 제시되고 수정된다는 것을 제시하였다. 그리고 김순양(2006)은 ACF를 적용하여 1980년 이후부터 1999년 12월에 국민건강보험법 개정으로 일단락된 의료보험 통합일원화 논쟁을 분석하면서, ACF는 동태적인 정책형성 및 변동과정을 분석하는 데에는 유용하지만, 정책중개자의 중개행위나 정책학습 등 일부 구성요소들을 보편적으로 적용하기에는 한계가 있다는 점을 지적하였다.

한편, MSF는 Kingdon(1984)에 의해 제기된 정책변동모형으로서, 정책문제흐름(policy problem stream), 정책대안흐름(policy alternative stream), 정치흐름(political stream), 그리고 정책변동의 창(window of policy change) 등으로 구성된다.

본 모형에 대한 선행연구를 살펴보면, 이병길(1992)은 MSF를 적용하여 1980년에서 1990년 사이의 방송정책의 변동요인과 과정에 대해서 고찰했고, 부형욱(2002)은 방위력 개선사업에서의 정책변동을 MSF를 활용하여 조명하였다. 그리고 이순남(2004)은 군간호인력정책의 변동요인과 과정을 단계별로 비교분석하였다.

선행연구 등을 통해 전술한 기존 정책변동모형의 한계를 살펴보면, 분석범위가 정책결정과정에만 한정되어 있고 정책집행과정은 전혀 언급되지 않고 있다는 점이다. 현대 정책집행과정은 매우 중요한 의미를 갖는데, 고전적 집행론에 있어서 정책집행과정은 정치적 영역에서 정책이 결정되기만 하면 정책결정가가 기대하는 대로 자동적으로 이루어지는 것으로 보았으며, 정치행정이원론에서는 정책결정과정이 정치의 영역에 속하고 행정은 단지 정해진 정책을 집행하는 것이라고 보았다는 점에서, 정책집행과정에 대한 중요성은 매우 낮은 수준이었다. 그러나 현대적 정책집행론에 있어서는 정책집행과정이 다양한 변수들의 상호작용 등으로 인해 복잡하고 동태적인 과정으로 변화했다는 점에서, 실제의 효과로 나타나기 전까지는 수많은 변수들이 개입하게 됐다는 것이다. 따라서 이 변수들의 작용에 따라 기존에 결정된 정책의도와 실제로 달성된 성과 사이에는 높은 수준의 괴리가 발생한다는 점에서, 현대에 있어서 정책집행과정의 변동분석은 매우 중요한 의미를 갖는 것이다.

어쨌든, 본 연구에서 다루어질 분석틀은 ACF와 MSF의 단점을 보완함으로써, 다른 정책변동모형에 비해서 차별성을 갖게 되는 것이다. 즉, ACF와 MSF가 갖지 못한 정책집행과정 등을 포괄하는 틀이라는 점에서, 다른 정책변동모형에 비해 정책변동의 구체적인 질적 분석을 높일 수 있는 것이다.

Ⅲ. ▶▶ 정책대상조직에 의한 사학정책변동 분석

1. 사학정책의 추진경과

사학정책의 추진경과에 대해 노무현정부를 중심으로 간략히 조명해 보면 다음과 같다. 1963년 6월 사립학교법이 제정된 이후 2005년 현재까지 수십 차례의 사학법이 개정되면서, 사학정책에는 많은 변화가 전개되어 왔다. 특히, 노무현정부 2년째인 2004년 10월 복기왕 의원이 개방형 이사제 도입 등을 주요 골자로 하는 개정안을 당론으로 발의하면서 또 다른 변화를 맞게 된다. 학교법인의 권한축소 내용을 담고 있는 본 개정안을 둘러싸고 찬성론자와 반대론자 간의 치열한 갈등이 이어지지만, 여야 간 협상은 실패로 끝나게 되고, 이에 따라 김원기 의장은 학교운영위원회에서 2배수를 추천해 법인이 선택하게 하는 수정된 개방형 이사제 등의 중재안을 제시하게 된다. 결국, 본 개정안은 여야

간 치열한 몸싸움 끝에 2005년 12월 본회의에서 가결하게 된다.

그러나 사학법인 등의 강력한 저항 등으로 인해 또 다른 안이 도래하게 되는데, 학교운영위원회·대학평의원회와 법인에 의해 각각 절반으로 위원을 구성하여 만든 개방이사추천위원회를 통해, 2배수로 추천된 개방형 이사를 법인이 임명하게 되는 내용 등을 담고 있는 재개정안이 2007년 7월 국회를 통과하여

표 4-45 노무현정부 사학정책의 추진경과

일 시	내 용
2004. 10. 20	사학법인 권한축소를 내용으로 하는 사립학교법 개정안을 열린우리당 복기왕 의원이 대표발의
2004. 12. 07	국회 교육위원회 전체회의에 개정안 상정
2004. 12. 14	교육위, 법안심사소위에 개정안 회부
2004. 12. 28	우리당·민노당 교육위원, 김원기 국회의장에게 본회의 직권상정 요청, 의장은 유보
2005. 06. 28	의장, 개정안의 심사기간을 9월 16일로 지정, 여야 사학법 협상기구 구성
2005. 09. 20	의장, 심사기간 10월 19일로 재지정
2005. 10. 19	여야 사학법 협상 실패, 개정안 직권상정 유보
2005. 11. 30	의장, 중재안 제시하고 정기국회 회기 내 처리 천명
2005. 12. 07	우리당·민주당·민노당, 국회의장 중재안 사실상 수용
2005. 12. 09	한나라당 실력저지 속에 개정안 본회의 가결
2005. 12. 29	사립학교법 제7802호로 개정공포
2006. 02. 24	사학법인 권한확대를 내용으로 하는 사립학교법 재개정안을 한나라당 이재오 의원이 대표발의
2006. 04. 24	여야 사학법 재개정 협상 결렬
2006. 09. 06	여 지도부, 사학법 재개정 불가당론 고수
2006. 12. 01	사학법인 권한확대를 내용으로 하는 사립학교법 재개정안을 열린우리당 이은영 의원이 대표발의
2007. 06. 29	한나라당·열린우리당, 6월 임시국회에서 사립학교법을 타결하기로 합의
2007. 07. 03	재개정안 국회 본회의 가결
2007. 07. 27	사립학교법 제8545호로 재개정공포

출처: 연합뉴스〈http://www.yonhapnews.co.kr〉를 근거로 구성.

공포에 이르게 된 것이다(〈표 4-45〉 참조).

2. 정책과정의 사학정책변동 분석

1) 정책결정과정의 사학정책변동 분석

노무현정부 사학정책의 결정과정은 복기왕 의원이 사학법인의 권학축소의 내용을 담고 있는 사립학교법안을 발의한 시점인 2004년 10월 20일부터, 본 법률안을 근거로 개정공포된 시점인 2005년 12월 29일까지로 한정한다. 본 기간에서 분석되는 정책대상조직은 언론기관, 즉 보수언론격인 조선일보, 동아일보와 진보언론격인 한겨레신문, 경향신문에 모두 언급된 기관으로서 직접적 정책대상인 사학법인 관련 기관으로 한정하고자 한다.

(1) 정책오차 분석

본 정책결정과정의 기간에 있어, 기본적으로 사학은 높은 수준의 비리가 존재하는 것으로 나타났다. 실제로, 교육인적자원부가 1999년에서 2005년 7월까지 7년에 걸쳐 전체 318개 사립대 가운데 51개교에 대해 감사를 실시한 결과, 사립대 5곳 중 1곳이 대학당국에 의해서 횡령 또는 부당운영을 하고 있었는데, 이는 전체 20% 정도에서 문제의 소지가 있을 수 있다는 예측을 가능하게 하는 것이다. 그 손실액도 3,671억 5,290만원으로 나타나, 사학에 대한 현실상황은 일정부분 부정·비리 등 문제시되는 현실을 나타내고 있는 것이다.

이러한 현실 속에서 사립학교법의 정책주체인 열린우리당과 교육인적자원부 등은 이전의 내용과는 현저하게 다른 개정안을 추진하게 되는데, 기존에 부재했던 개방형 이사제를 도입하여 학교운영위원회·대학평의원회가 2배수를 추천해서 그 중 절반을 법인이사회에서 선택하여 이사정수의 1/4 이상을 채우도록 했으며, 임시이사의 경우 기존에 임기가 2년 중임이었으나 정상화될 때까지 연임이 가능하도록 하는 규정을 추진하였다. 그리고 이사장 친인척의 학교장 취임을 금지하였으며, 학교장의 임기는 기존에는 부재했으나 4년 중임으로 제한하였다. 한편, 파면·해임된 법인임원의 복귀에 있어서 기존에는 2년간 복귀를 불허하였으나, 파면 5년, 해임 3년간 복귀를 불허하는 것으로 규정을 변경하였으며, 친족이사 비율도 이사정수의 1/3 이내에서 1/4 이내로 변경하였다.

이러한 개정안에 대해 정책주체는 부정·비리 등 문제시되는 현실을 개선하기 위한 것으로서 추진되는 것일 뿐만 아니라 사학은 국가지원과 학생등록금으로 운영되므로 구성원의 참여를 허용해야 하며, 교육의 공공성을 확보하기 위해서 불가피한 조치라는 입장을 취하게 된다.

기본적으로 부정·비리 등 문제시되는 현실만을 볼 때, 전술한 정책산출물들은 이전보다 상대적으로 문제시되는 현실에 근접해 가는 규정으로 볼 수 있다는 점에서, 일치지향이라고 할 수 있는 것이다.

실제로, 정책결정과정의 정책오차에 대한 객관성을 좀 더 제고시키기 위해 교육전문가를 상대로 인터뷰[68]를 실시한 결과, 개방형 이사제 등을 근간으로 하는 사학정책의 결정과정이 문제시되는 현실에 접근하는가의 질문에 대해 사학 자체가 사유재산권보다는 공유재산권에 근접하다는 점에서 일치지향이라는 의견을 피력한 전문가 10명 중 7명, 즉 70%에 이르렀다(〈표 4-46〉 참조).

표 4-46 정책결정과정의 정책오차에 대한 전문가 인터뷰 분석결과

구 분	일치(지향)	괴리(지향)	보 류
교육전문가 A	√	–	–
교육전문가 B	–	√	–
교육전문가 C	√	–	–
교육전문가 D	√	–	–
교육전문가 E	–	√	–
교육전문가 F	√	–	–
교육전문가 G	√	–	–
교육전문가 H	–	–	√
교육전문가 I	√	–	–
교육전문가 J	√	–	–
비 율	70%	20%	10%

---

68 본 인터뷰는 연구의 객관성을 제고하기 위해서 사학정책 관련 연구원 및 대학에 근무하고 있는 전문가를 대상으로 추진한 것으로, 2007년 12월 8-9일에 이루어졌으며, 익명의 요구로 여타 사항은 미공개로 하고자 한다. 본 인터뷰 자료는 사실적 진술에 근거해서 학술논문의 성격에 맞게 재정리했으며, 정책집행과정의 정책오차에서도 활용된다.

한편, 이러한 개정안에 대해서 한국사학법인연합회 등 사학 관련 조직들은 강력한 불응을 하게 된다.

(2) 정책대상조직의 불응·순응 분석

기본적으로 사학법 개정안에 대해 사학 관련 조직들은 자유시장경제의 원리에 위배되며, 사학법인의 학교운영권 등 사유재산권을 침해하고 있다는 입장을 취하게 된다.

즉, 사학경영주체인 법인기능이 무력화되어 사학의 존립기반이 상실되는 것은 우리나라가 그동안 사유재산제도와 국민교육권을 바탕으로 인정해 온 사립학교제도가 부정됨을 뜻하는 것이라는 것이다. 그리고 사학의 특수성인 건학이념의 유지·계승이 어렵게 되며, 종단에서 설립한 종교계 학교는 종교교육을 못하게 된다는 것이다. 아울러, 학교가 구성원들 간의 이념·권한투쟁의 장으로 변하고, 특정이념교육이 강화되어 교육의 수준은 급격히 저하되며 그 피해는 아동·학생 및 국민전체가 입게 되고, 정부의 교육개혁 방향인 '자율화 추진'에서 일탈한 기형적인 정책모델이 될 것이라는 것이다. 또한 본 개정안에 대해 특정정파의 사립학교 통제를 위한 수단이라는 의견도 피력하며 강력하게 반발하고 있는 것이다.

이러한 입장은 개정안 자체가 사학법인 관련 조직 등이 점유하고 있는 사립학교의 경영권을 개방하여 공유하라는 것으로 볼 수 있다는 점에서, '자원부족에 따른 불응'이라고 할 수 있다. 이러한 불응은 다양한 사학법인 관련 조직 등이 기존 사학법을 유지하려는 정책유지전략으로 나타난다.

(3) 정책대상조직의 정책유지전략 분석

정책유지전략을 추진하는 정책대상조직은 한국사립초중고등학교법인협의회·한국전문대학법인협의회·한국대학법인협의회로 구성되는 한국사학법인연합회, 한국기독교총연합회 대표회장·천주교 주교·원불교 교정원장·성균관장·천도교 교령·한국민족종교협의회 회장으로 구성되는 한국종교지도자협의회, 그리고 한국사립초등학교장회, 대한사립중고등학교장회, 한국사립전문대학학장협의회, 한국사립대학총장협의회 등으로, 한국사학법인연합회는 국회와 청와대에 개방형 이사제 도입을 근간으로 하는 개정 사립학교법에 대해 반대입장을 분명히 하는 청원 등을 행사하게 되며, 한국종교지도자협의회는 개정안에 대한 불가입장을 표명하는 성명서와 한나라당을 적극적으로 동참시키기 위한 격려의 전략을 펼치게 된다. 그리고 한국사립초등학교장회, 대한사립중고등학교장회, 한국사립전문대학학장협의회, 한국사립대학총장협의회 역시 사학법 반대 가정통신문, 사학법 개정 반대를 위한 집회, 사학법 개정안 철회를 촉구하는 긴급

표 4-47 정책대상조직의 주요 정책유지전략

구 분	추진명	일	내 용	전략유형
한국사학법인연합회	사학 관련 법 개정법률안 유보에 대한 청원	2005. 09	개정안 내용의 위헌성 문제, 교육 발전과 경쟁력 저해문제, 사학인의 자율정화기회 부여, 사학 관련 법 개정반대의견 존중요구	국회청원전략
	사립학교법 개정법률안에 대한 대통령의 거부권 행사요청 청원	2005. 12	사립학교법 국회통과는 개악, 정부의 재의요구	청와대청원전략
한국종교지도자협의회69	사립학교법 개정에 대한 종교계의 입장	2004. 12	사립학교법 개정에 대한 종교계의 입장은 불가	성명서전략
	사립학교법에 대한 종교계 지도자의 격려의 말씀	2005. 06	사학법개정은 국가백년대계를 포기하는 것이며, 나아가 자유민주주의에 역행하는 것	대야격려전략
한국사립초등학교장회	사학법 반대 가정통신문	2004. 11	교육의 내실강화를 위해 개정안 반대에 동참요망	통신문전략
대한사립중고등학교장회	사학법 개정 반대를 위한 집회	2004. 11	사학법이 개정될 경우 학교폐쇄도 불사	집회전략
한국사립전문대학학장협의회	사학법 개정안 철회를 촉구하는 긴급 학장회의	2004. 12	신입생모집 중지와 학교폐쇄 불사의결	의결전략
한국사립대학총장협의회	사립학교법 재개정을 위한 성명서	2004. 12	사회적 합의 없는 사립학교법개정 중단, 사립학교의 설립이념과 다양성 보장, 신입생 선발권 포함 대학 자율권 제도화, 사립학교 재정지원 확대	성명서전략

출처: 연합뉴스〈http://www.yonhapnews.co.kr〉를 근거로 구성.

---

69 2007년 말 현재 종교계에서 세운 종립학교는 기독교계 373개, 가톨릭계 27개, 불교계 55개, 원불교계 12개, 기타 23개 등 490개로 전체 사학(1,955개)의 25%를 차지하고 있다.

학장회의, 사립학교법 재개정을 위한 성명서 등을 각각 추진하는 등 개방형 이사제 도입 등의 내용을 담고 있는 개정 사립학교법안을 반대하고, 이 부분 등의 규정이 부재한 기존 사립학교법을 고수하려는 유지전략을 펼치게 된다.

이러한 정책대상조직의 정책유지전략에도 불구하고 정책주체인 열린우리당과 교육인적자원부 등은 별 다른 반응을 보이지 않는다. 실제로, 사학정책 관련 국회보좌진과 공무원 10명을 대상으로 전문가 인터뷰[70]를 실시한 결과, "한국사학법인연합회 등 정책대상조직에 대해 정책주체는 무심할 정도로 반응을 보이지 않았다"는 의견을 모두 피력했다.

어쨌든, 전체적으로 본 시기에 있어 정책대상조직의 전략은 조직적이라기보다는 분산적으로 각각 추진되었다고 할 수 있다(〈표 4-47〉 참조).

이러한 사학법인 관련 조직의 정책유지전략에도 불구하고, 사립학교법 개정안은 열린우리당과 노무현정부에 의해 개정되게 된다. 즉, 2004년 10월 20일 사학법인의 권한축소의 내용을 담고 있는 복기왕 의원의 사립학교법 개정안이 당론으로 발의가 되어 정책대상조직과 정책주체조직이 자신들의 주장을 선점하기 위한 치열한 게임의 장이 이어졌으며, 양 조직 간의 갈등으로 인해 협상이 결론에 이르지 못하자 김원기 국회의장은 2005년 11월 30일에 중재안을 제시하고 정기국회 회기 내에 이를 처리하기로 한다. 국회의장이 중재한 주요 골자를 살펴보면 개방형 이사제의 경우, 열린우리당의 안을 채택하되 기존 안인 1/3 이상을 1/4 이상으로 하면서 학교운영위원회·대학평의원회가 2배수를 추천해서 그 중 절반을 법인에서 선택하도록 하는 내용 등을 담고 있다. 그러나 정책대상조직이 여전히 개방형 이사제 도입을 골자로 하는 국회의장의 중재안에 대해 반대를 함에 따라, 열린우리당은 민주당·민주노동당과의 공조를 통해 2005년 12월 9일 사학법 개정안을 가결시키기에 이른다.[71] 결국, 2005년 12월 29일 노무현정부는 사립학교법을 개정공포하여 결정하기에 이르며, 정책

---

[70] 본 인터뷰는 연구의 객관성을 제고하기 위해서 사학정책 입안에 직접 관여했던 국회 교육위원회 보좌공무원 5명, 교육인적자원부 공무원 5명을 대상으로 추진한 것으로, 2007년 11월 10-18일에 이루어졌으며, 익명의 요구로 여타 사항은 미공개로 하고자 한다. 본 인터뷰 자료는 사실적 진술에 근거해서 학술논문의 성격에 맞게 재정리했으며 정책집행과정의 전략분석에서도 활용된다.

[71] 이날 사립학교법 개정안은 한나라당의 실력저지 속에 재석 154석, 찬성 140석, 반대 4석, 기권 10석으로 가결되었다.

집행과정으로 이어지게 된다.

2) 정책집행과정의 사학정책변동 분석

노무현정부 사학정책의 집행과정은 전술한 산출시점인 2005년 12월 29일부터, 다시 사학법인의 권학확대의 내용을 담고 있는 사립학교법이 재개정공포되는 시점인 2007년 7월 27일까지로 한정한다. 본 기간에서 분석되는 정책대상조직은 기존의 사학 관련 기관들이 연합한 사학수호국민운동본부로 한정하고자 한다.

(1) 정책오차 분석

본 정책집행과정의 기간 역시 정책결정과정과 마찬가지로, 사학은 높은 수준의 부정·비리를 노출한다. 실제로, 감사원이 2006년 3월 13일부터 5월 31일까지 124개교(대학 24, 중·고 100)를 대상으로 감사를 실시한 결과, 90여 개교에서 250여 건의 문제점을 적발하였고, 22개교(대학 7, 중·고 5)에서 설립자 및 이사장 등 비리 관련자 48명을 업무상 횡령과 배임 등의 혐의로 검찰에 고발하였다. 범죄 유형과 피해액을 살펴보면, 교비손실 443억원, 교비횡령 231억원, 조세포탈 150억원 등 총 953억원의 손실이 발생한 것이다(국민일보〈http://www.kukinews.com〉). 즉, 정책집행과정 역시 사학에 대한 현실상황은 부정·비리 등 문제시되는 현실을 나타내고 있는 것이다.

이러한 현실 속에서 열린우리당과 교육인적자원부 등에 의해 개정된 개방형 이사제 도입 등의 내용을 담고 있는 개정사학법이 정책집행과정으로 이어지게 되는 것이다. 일례로, 교육인적자원부와 각 시도교육청의 독려로 인해, 정관개정을 미루고 사태를 관망하던 사학법인 등이 정관개정을 집행하기에 이른다. 실제로, 2007년 1월 현재 55.4%에 지나지 않았던 정관변경이 2007년 7월에는 전체 법인 1,137개교(초중고교 841개교·전문대 106개교·대학교 190개교) 중 946개교 83.2%(초중고교 722개교 85.9%·전문대 81개교 76.4%·대학교 143개교 75.3%)가 변경하여 개정사학법에 대한 정책집행이 본격화된 것이다(교육인적자원부〈http://www.moe.go.kr〉).

어쨌든, 정책집행과정의 부정·비리 등 문제시되는 현실만을 볼 때, 개정사학법의 집행은 이전보다 상대적으로 문제시되는 현실에 근접해 가는 규정으로 볼 수 있다는 점에서, 일치지향이라고 할 수 있다.

표 4-48	정책집행과정의 정책오차에 대한 전문가 인터뷰 분석결과[72]		
구 분	일치(지향)	괴리(지향)	보 류
교육전문가 A	–	–	✓
교육전문가 B	–	✓	–
교육전문가 C	✓	–	–
교육전문가 D	✓	–	–
교육전문가 E	–	✓	–
교육전문가 F	✓	–	–
교육전문가 G	✓	–	–
교육전문가 H	–	–	✓
교육전문가 I	✓	–	–
교육전문가 J	✓	–	–
비 율	60%	20%	20%

실제로, 정책집행과정의 정책오차에 대한 객관성을 좀 더 제고시키기 위한 인터뷰에서 사학정책의 집행과정이 문제시되는 현실에 접근하는가의 질문에 대해 사학 자체가 공유재산권에 무게를 두고 있다는 점에서 일치지향이라는 의견을 피력한 전문가가 10명 중 6명에 이르렀다(〈표 4-48〉 참조).

한편, 개정사학법의 집행에 대해서 사학수호국민운동본부 등은 강력하게 불응하면서 사립학교법의 재개정을 요구하게 된다.

(2) 정책대상조직의 불응·순응 분석

기본적으로, 사학수호국민운동본부는 개정사학법에 대해 사유재산권을 침해하는 규정이며, 자유시장경제의 원리에 위배된다는 입장을 강력하게 표출하게 된다.

즉, 개방형 이사제에 대해서, 이사 선임권 자체가 건학이념의 인적승계 장치로서 설립자 또는 사학법인의 기본권에 속하는데, 법인과 고용관계에 있는

---

72 교육전문가 A의 경우, 개방형 이사제를 근간으로 하는 사학정책에 대해 정책결정과정에 있어서는 일치지향이었으나, 이에 대한 정책집행과정에서는 보류입장을 보였다. 이는 정책대상조직의 불응 등으로 인해 제대로 집행이 되지 않았다는 견해 때문이다.

피고용인이 이사를 추천하도록 하는 일은 법인의 기본권행사를 침해하는 행태가 된다는 것이다. 그리고 이사회는 사학의 권리·의무의 주체로서 대내외적인 법적·재정적 책임을 지는 기관으로서 이사회를 구성하는 이사 중 일부를 교원 등이 추천할 경우 이들은 권한만 행사하고 책임은 지지 않으려고 할 것이라는 점에서 이사회 임원 간 갈등을 유발하여 이사회 운영을 어렵게 만들고 학교경영에 악영향을 미치게 된다는 것이고, 국·내외를 막론하고 어떤 사적 법인체도 직원이 임원을 추천하도록 제도화한 사례가 없으며 공익목적으로 운영되는 병원이나 복지기관 등 사법인의 경우에도 이사선임권을 구성원들에게 이양한 예가 없다는 점에서, 학교 구성원 등 제3자에 의한 이사 추천권을 법적 강제하려는 것은 사학기본권의 본질적인 내용을 침해하는 내용이라는 것이다.

이사장 친인척의 학교장 취임금지에 대해서는, 이사장의 친인척이라 하여 학교의 장에 임용되는 것을 금지하는 것은 헌법 제15조(직업선택의 자유), 제10조 제1항(인간으로서의 존엄과 가치, 행복추구권), 제11조(법앞에 평등), 그리고 제37조 제2항(자유와 권리의 본질적인 내용 침해불가)의 규정을 위반하게 되어 위헌의 소지를 안게 된다는 점에서, 반대를 분명히 했다. 그리고 학교장 임기에 대해서는, 1차 중임을 포함하여 8년으로 제한했는데, 사립학교장의 임기를 국·공립학교와 같이 중임제로 전환할 경우 학교장의 교무 장악력이 약화되어 교육에 악영향을 미치게 되고, 학교법인의 인사권을 제약하게 되며 이는 법인 기본권의 본질적인 내용을 침해한다는 것이고, 대학의 장에게까지 적용하려는 것은 헌법 제31조 제4항(대학의 자율성)을 위반하게 된다는 점에서, 문제가 있다는 것이다.

마지막으로, 친족이사 비율과 파면·해임된 재단임원 복귀의 경우, 임원의 친인척 비율을 1/3에서 1/4로 강화하고, 비리관련자의 복귀제한을 공무원수준 이상으로 강화한 개정안은 사법인의 자치권과 재산권을 침해하는 것으로 볼 수 있다는 것이다(기존의 여러 자료를 근거로 구성한 것임).

이러한 입장은 정책결정과정과 마찬가지로 개정 자체가 사학법인 관련 조직 등이 점유하고 있는 사학의 경영권을 일정부분 공유하라는 것으로 볼 수 있다는 점에서, '자원부족에 따른 불응'이라고 할 수 있다. 이러한 불응은 정책결정과정시기보다 높은 수준을 보이며, 사학수호국민운동본부 등이 개정된 기존 사학법을 재개정하려는 정책변동전략으로 나타난다.

(3) 정책대상조직의 정책변동전략 분석

본 시기에 있어서 사학수호국민운동본부는 한국기독교총연합회, 사학법인 협의회, 뉴라이트전국연합 등 400여 개 종교·교육단체와 시민단체로 구성되었 는데, 사립학교법 개정공포 직후인 2005년 12월 29일에 발족하여 법률 불복종

표 4-49 사학수호국민운동본부의 주요 정책변동전략

추진명	일 시	내 용	전략기호
사학법 반대 1,000만인 서명운동	2006. 01	사학법 개정은 자유민주주의를 억압하는 행위, 사학법 재개정 강력촉구	A전략 (서명운동)
사학수호를 위한 목회자 구국기도회	2006. 01	사학법 개정은 자유민주주의와 시장경제원리에 역행하는 내용, 학교 법인의 이사 선임권과 재산권을 침해	B전략 (기도회)
사학법 재개정 촉구 범국민대회	2006. 02	사학법 재개정 관철, 사학 스스로의 자정노력 지속, 국민저항운동 전개	C전략 (집회)
사학법 재개정을 위한 성명서	2006. 04	개정사학법은 즉시 철폐되어야 하며 재개정이 마무리될 때까지 1,000만인 서명운동 지속	D전략 (성명서)
기자회견	2006. 06	현 개정사학법은 위헌소지가 있으므로 불복종 지속	E전략 (기자회견)
사학법 재개정 촉구 비상대책회의	2006. 06	사학법 재개정 강력촉구	F전략 (대책회의)
기자회견	2006. 06	헌법재판소는 개정사립학교법이 7월 1일 시행되기 전에 이 법의 위헌 여부 판단을 조속히 내려줄 것을 촉구	G전략 (기자회견)
사학법 재개정 촉구청원	2006. 06	사학법 재개정을 위한 서명부 제출과 촉구	H전략 (청원)
재개정을 촉구하는 긴급대책 연석회의	2006. 07	대규모 집회 개최 및 적극 참여, 법 재개정시까지 학교법인 정관개정 유보, 현 정관에 따라 건학이념 구현	I전략 (연석회의)
대한민국을 위한 비상구국기도회	2006. 09	사학법 재개정과 종교교육 말살 중단을 강력히 요구	J전략 (기도회)
개정사학법에 대한 조속한 위헌결정을 요구하는 집회	2006. 12	헌법재판소는 개정사학법에 대한 위헌성을 즉시 결정할 것을 촉구	K전략 (집회)

출처: 연합뉴스〈http://www.yonhapnews.co.kr〉를 근거로 구성.

운동 등 사학법 무효화 투쟁을 전담하게 된다. 실제로, 사학수호국민운동본부는 확정된 개정사학법을 무효화시키기 위해 1,000만인 서명운동, 사학수호를 위한 목회자 구국기도회, 사학법 재개정 촉구 범국민대회, 그리고 대한민국을 위한 비상구국기도회 등을 조직적으로 전개하여 높은 수준의 불응을 추진하기에 이른다(〈표 4-49〉 참조).

실제로, 이러한 전략들은 열린우리당과 노무현정부 등 정책주체조직의 반응에 영향을 미치게 된다. 먼저, 2006년 1월 30일에 여야가 국회정상화 및 사학법 재개정 논의에 합의하게 되는데, 이는 사학수호국민운동본부의 A전략(사학법 반대 1,000만인 서명운동·2006. 01), B전략(사학수호를 위한 목회자 구국기도회·2006. 01) 등이 영향을 미치게 된다. 이는 국회 A·C 보좌공무원들의 인터뷰에서도 나타났는데, 합의과정에서 정책주체조직들이 "서명운동과 구국기도회 등에 대해 부담을 느낀다"는 입장을 비공식적으로 밝혔다는 점에서, 영향전략으로 분석된다.

그리고 협상이 결렬된 후 2006년 4월 29일에 노무현대통령이 열린우리당에 양보를 권고하게 되는데, 이는 C전략(사학법 재개정 촉구 범국민대회·2006. 02), D전략(사학법 재개정을 위한 성명서·2006. 04)이 일정부분 영향을 미쳤다는 것이 국회 B 및 교육인적자원부 A·B 공무원의 의견이었다. 1개월 후 무렵 2006년 6월 14일에 여야는 임시국회에서 사학법 재개정을 다시 검토하기로 합의하는데, 여기에는 E전략(기자회견·2006. 06), F전략(사학법 재개정 촉구 비상대책회의·2006. 06) 등이 영향을 미치게 된다. 실제로, 국회 A·B·D 공무원의 인터뷰에서도 나타났는데, 정책주체조직들이 "기자회견과 비상대책회의가 생각보다는 저항이 심했다"는 의견을 피력했다고 밝혔다.

이러한 상황에서 2006년 12월 1일에 열린우리당 이은영 의원이 사학법 재개정안을 제출하게 되는데, G전략(기자회견·2006. 06), H전략(사학법 재개정 촉구청원·2006. 06), I전략(재개정을 촉구하는 긴급대책 연석회의·2006. 07), J전략(대한민국을 위한 비상구국기도회) 등이 영향을 미치게 된다. 실제로, 국회 B·C·E 공무원은 열린우리당의 사학법 재개정안의 제출은 정책대상조직의 전략에 상당부분 영향을 받아 이루어진 것으로 피력하였다.

더 나아가 한나라당과 열린우리당은 2월 임시국회에서 사학법 재개정을 합의하였으나 지연되는 상황에서 다시 협상을 재개하여 6월 임시국회에서 재개정안을 처리하기로 타결한다. 이는 한나라당과 열린우리당의 원내대표 오찬회동에서 구체적인 합의점이 도출되게 된다. 이러한 일련의 과정은 각각 J전략(대한민국을 위한 비상구국기도회·2006. 09), K전략(개정사학법에 대한 조속한 위헌결정을 요구하는 집회·2006. 12) 등에 영향을 받게 되는데, 실제로 국회 A·B·C, 교육인적자원부 C·E 공무원에 의하면, 합의과정에서 정책주체조직이 "구국기도회에서는 7만 명이 참여하는 등 예상보다 정책대상조직의 저항이 컸다는 점에서, 일정부분 절충이 필요하다"는 의견을 피력했다는 것이다.

결국, 이러한 정책대상조직의 정책변동전략은 개정사학법을 재개정에 이르게 한다. 즉, 2007년 7월 3일 국회를 통과[73]하여 공포에 이르게 된 것이다. 재개정의 주요내용은 학교운영위·대학평의원회와 법인에 의해 각각 절반으로

표 4-50 정책대상조직의 전략에 따른 정책주체조직의 반응 분석[74]

반응일시	반응내용	영향전략	전문가 인터뷰 근거
2006. 01. 30	여야, 국회정상화 및 사학법 재개정 논의 합의	A·B전략	국회 A·C
2006. 04. 29	노무현 대통령, 열린우리당에 양보 권고	C·D전략	국회 B, 교육 A·B
2006. 06. 14	여야, 임시국회에서 사학법 재개정 검토 합의	E·F전략	국회 A·B·D
2006. 12. 01	열린우리당 이은영 의원, 사학법 재개정안 제출	G·H·I·J전략	국회 B·C·E
2007. 02. 27	한나라당-열린우리당, 2월 임시국회에서 사학법 재개정 합의	J·K전략	국회 B, 교육 C·E
2007. 06. 29	한나라당-열린우리당, 6월 임시국회에서 처리하기로 합의	J·K전략	국회 A·C, 교육 C
2007. 07. 02	한나라당-열린우리당, 원내대표 오찬회동에서 합의점 도출	J·K전략	국회 A·C, 교육 C

---

73 이날 사립학교법 재개정안은 민주노동당 등 일부의원의 실력저지 속에서 재석의원 186명 중 찬성 143표, 반대 26표, 기권 17표로 가결되었다.

74 영향전략은 정책주체조직에 영향을 미치는 〈표 4-49〉의 정책대상조직의 전략으로서, 이에 대한 근거는 전술한 사학법 관련 국회 및 교육인적자원부 공무원 각각 5명의 진술을 근거로 이루어졌으며, 2명 이상의 공통된 응답이 도출된 전략으로 한정하였다.

위원을 구성하여 만든 개방이사추천위원회[75]를 통해, 2배수로 추천된 개방형 이사를 법인이 임명하게 되는 규정을 담고 있다는 점에서, 개정사학법 이전수준으로 회귀하게 된 것이다(《표 4-50》 참조).

전체적으로 본 시기에 있어 정책대상조직의 전략은 분산적이라기보다는 단일조직을 통해 조직적으로 전개되었다고 할 수 있다.

즉, 정책결정과정에 있어서는 정책대상조직의 정책유지전략에도 불구하고 개정사학법이 산출되었으나, 정책집행과정에 있어서는 확정된 개정사학법을 이전으로 회귀시키기 위해서 이전보다 훨씬 강도가 높은 전략빈도와 강도를 나타냈던 것이다. 실제로, 정책대상조직의 전략빈도와 강도 등 전략파워에 관해 국회보좌진과 공무원을 대상으로 전문가 인터뷰를 시행한 결과, 사학수호국민운동본부로 대표되는 정책대상조직의 횟수 등 전략빈도가 정책결정과정시기보다 높았다는 응답이 10명 중 8명이었으며, 나머지 2명은 비슷하다는 답변을 피력하였다. 그리고 집중력 등 전략강도에 있어서는 9명이 이전과정보다 높았다고 답변하였다. 즉, 정책결정과정에 있어서는 정책대상조직에 불리하게 형성되는 과정이었지만 당장 확정되지는 않았던 반면, 정책집행과정에 있어서는 정책대상조직에 불리한 사학정책이 확정되었고 실제로 집행되는 과정이라는 점에서, 정책이 정책대상조직에 직접적으로 영향을 미쳐, 이전과정보다는 불응에 따른 전략빈도와 강도가 높았던 것이다.

이러한 정책집행과정에 있어서 높은 수준의 빈도와 강도는 개정사학법의 변동을 가져오게 되는데, 실제로 인터뷰결과에서도 나타나듯이, 재개정을 가져온 핵심적 요인으로서는 사학수호국민운동본부 등의 정책대상조직이라는 응답이 모두 9명·90%였으며, 로스쿨법안과의 딜은 60%에 그쳤다는 점에서, 정책집행과정에 있어서 정책대상조직의 전략은 개정사학법을 재개정사학법으로 변동시키는 데 상당부분 영향력을 미쳤던 것이다(《표 4-51》 참조).

---

[75] 재개정으로 만들어진 개방이사추천위원회는 5인 이상의 홀수로 구성되는데, 일반사학의 경우 학교운영위·대학평의원회가 과반수 위원을 추천하도록 규정했다. 가령, 학교정관이 개방이사추천위원회의 정수를 11명으로 규정할 경우, 학교운영위·대학평의원회는 추천위원이 6명, 법인은 5명이 되는 것이다. 하지만, 종교사학의 경우 정수가 11명이라면 학교운영위·대학평의원회는 5명, 법인은 추천위원이 6명이 되는 것이다.

표 **4-51** 정책대상조직의 전략파워 및 정책변동 요인에 관한 전문가 인터뷰[76]

구 분	정책결정과정 대비 정책대상조직 전략파워 비교		2차 정책변동의 핵심요인		
	빈도(양)	강도(질)	정책대상조직	로스쿨법안과의 딜	기타
국회 A	○	○	✓	✓	–
국회 B	○	○	✓	–	–
국회 C	○	○	✓	✓	✓
국회 D	○	○	✓	–	✓
국회 E	≒	○	✓	✓	–
교육인적자원부 A	○	○	✓	–	✓
교육인적자원부 B	≒	○	✓	✓	–
교육인적자원부 C	○	≒	–	–	✓
교육인적자원부 D	○	○	✓	✓	–
교육인적자원부 E	○	○	✓	✓	–
비 중	80%	90%	90%	60%	40%

3. 정책대상조직에 의한 사학정책변동 분석 결과

지금까지 정책대상조직에 의한 사학정책의 변동을 분석한 결과, 큰 틀 차원에서 보면, 정책결정과정에 있어서는 사학법인의 부정비리 등 문제시되는 현실에 일정부분 접근된 정책산출물 체계가 이루어졌으나, 이에 대해 사유재산권 등을 요구하는 사학법인 등의 불응이 발생하게 된다. 그럼에도 불구하고 본 정책산출물은 정책집행과정으로 이어지게 되지만 집행과정에 있어서 사학법인 등이 높은 수준으로 불응하자 정책대상조직에 의한 정책변동이 발생하게 된 것이다.

이러한 사학정책의 변동은 현행, 1차 정책변동, 2차 정책변동으로 대별할 수 있는데, 1차 정책변동은 정책결정과정의 산출물이고, 2차 정책변동은 정책집행과정에서 정책대상조직에 의해 산출된 정책이라고 할 수 있다. 이러한 정

---

[76] 본 표에서 ○은 우위, ≒은 유사, ✓은 해당, 그리고 –은 미해당을 나타낸다.

표　4-52　노무현정부의 사학정책 변동추이

구　분	현　행	개정(1차 정책변동)	재개정(2차 정책변동)
개방형 이사제	없　음	이사정수의 1/4 이상 (학교운영위원회·대학평의원회가 2배수를 추천하면 이 중 절반을 법인이 임명)	이사정수의 1/4 (개방이사추천위원회를 구성하고 위원회는 학교운영위·대학평의원회와 법인에서 각각 절반을 추천하여 구성한 후 이들이 2배수를 추천하면 이 중 절반을 법인이 임명)
임시이사 임기	2년 중임	정상화 때까지 연임가능	임기 3년 이내로 제한
이사장 친인척의 학교장 취임	허　용	금　지	가　능 (이사회 2/3 찬성과 관할청 승인시)
학교장 임기	없　음	4년 중임	중임제한 철회
파면·해임된 재단임원 복귀	2년간 복귀 불허	파면 5년, 해임 3년간 복귀 불허	파면 5년, 해임 3년간 복귀 불허
친족이사 비율	이사정수의 1/3 이내	이사정수의 1/4 이내	이사정수의 1/4 이내

출처: 연합뉴스〈http://www.yonhapnews.co.kr〉를 근거로 구성.

책흐름을 간략히 살펴보면, 현행규정에는 개방형 이사제가 전무했으나, 1차 정책변동에서는 이사정수의 1/4 이상을 개방형 이사로 하고 학교운영위원회·대학평의원회가 2배수를 추천하면 이 중 절반을 법인이 임명하는 내용으로 개정했으며, 2차 정책변동에서는 개방이사추천위원회를 설치하여 학교운영위·대학평의원회와 법인에서 추천한 인사로 각각 절반을 구성하고 이들이 2배수를 추천하면 이 중에서 절반을 법인이 임명하는 내용으로 재개정하게 된다. 임시이사 임기에 있어서는 현행 2년 중임에서 정상화 때까지 연임이 가능하도록 개정했으며, 다시 임기 3년 이내로 제한하는 내용의 재개정을 하게 된다. 그리고 이사장 친인척의 학교장 취임은 허용, 금지, 가능으로, 학교장 임기는 없음, 4년 중임, 중임제한 철폐 등으로 변동하게 된다(〈표 4-52〉 참조).

결과적으로, 정책대상조직에 의한 사학정책변동 분석 결과를 살펴보면, 모든 과정에서 정책오차는 일치지향을 나타냈으며, 정책순응·불응 여부에 있어서는 정책결정과정이 낮은 수준의 불응을, 정책집행과정은 높은 수준의 불응을 보였다. 그리고 이러한 불응의 요인으로서는 자원부족에 따른 것으로 나타났

표 4-53 정책대상조직에 의한 사학정책변동 분석 결과

구 분	사학정책과정	
	정책결정과정	정책집행과정
정책오차 여부	일치지향	일치지향
정책순응·불응 여부	불응(낮은 수준)	불응(높은 수준)
요 인	자원부족에 따른 불응	자원부족에 따른 불응
전 략	정책유지전략	정책변동전략
전략행태	분산적 행태	조직적 행태
정책주체조직의 전략	정책변동전략	정책유지전략
정책변동 결과	커튼유인정책 → 투명지향정책	투명지향정책 → 커튼유인정책
특 징	정책대상조직과 괴리된 정책변동 (정책주체조직에 의한 정책변동)	정책대상조직과 일치된 정책변동 (정책대상조직에 의한 정책변동)

고, 이를 위한 전략으로서는 정책결정과정은 정책유지전략, 정책집행과정은 정책변동전략을 나타낸 것이다.

이러한 전략의 행태에 있어서 정책결정과정에 있어서는 여러 조직들이 분산적으로 요구한 행태이며, 정책집행과정은 단일조직을 통해 집중적으로 요구하는 행태를 보인다. 결국, 정책결정과정은 정책대상조직과 괴리된 정책변동을 나타냈고 커튼유인정책이 투명지향정책으로 변동되었다고 할 수 있는 반면, 정책집행과정은 정책대상조직과 일치된 정책변동을 보였고 투명지향정책이 커튼유인정책으로 다시 변동되었다고 할 수 있는 것이다(〈표 4-53〉 참조).

Ⅳ. ▶▶ 결 론

지금까지 노무현정부 사학정책의 변동을 정책대상조직 차원에서 분석한 결과, 사학정책에 대한 정책대상조직의 불응은 그 빈도와 강도에 있어서 정책결정과정보다는 정책집행과정에서 높은 수준으로 나타났다. 즉, 사학재단 등 정

책대상조직에 의한 정책변동은 이전과정보다는 정책집행과정에서 이루어진 것이다. 다시 말해서, 정책결정과정에 있어서는 사학정책이 정책대상조직에 불리하게 형성되는 과정이었지만 당장 확정되지는 않아 피부에 직접적으로 닿지 않았던 반면, 정책집행과정에 있어서는 정책대상조직에 불리한 사학정책이 확정되었고 실제로 집행되는 과정이라는 점에서, 정책이 정책대상조직에 직접적으로 영향을 미쳐, 이전과정보다는 불응에 따른 전략빈도와 강도가 높았고, 이는 개정사학법을 재개정으로 변동시키는 결정적 요인으로 작용한 것이다.

이러한 연구결과는 정책과정에 일정부분 시사점을 제시할 수 있는데, 정책집행과정의 중요성이 그것이다.

정책결정과정은 인식방법론상의 지위이며, 가설이라는 점에서 결정된 정책이 의도했던 효과를 나타내기 위해서는 집행의 과정을 거쳐야 한다. 그러나 정책이 결정되어 집행과정에 진입했다고 해서 그것이 결정자체의 종결을 의미하는 것은 아니며 집행되는 과정 또한 정책대상조직 등 무수히 많은 결정점들을 포함하게 된다. 이러한 결정점들은 순조로운 집행을 방해하는 거부점으로 작용할 수 있으며, 집행을 원래의 정책의도에서 벗어나게 만들 수도 있다. 결정된 정책은 이처럼 정책자체가 갖는 가설적 지위와 복잡성, 불확실성 등으로 인해 정책집행과정에서 항상 해석의 대상이 된다.

특히, 본 연구의 사학정책 등 규모가 크고 복잡한 이해관계를 가지고 있는 정책일수록 집행과정에서 정책대상조직 등의 변수가 많이 포함되며 집행과정 자체가 고도로 정치화될 수 있다. 따라서 집행과정에서 정책의 근본내용이 변동될 가능성이 상존되며, 때로는 집행과정에서 정책목표까지 수정될 가능성까지 내포하고 있는 것이다.

이에 대해 프레스만과 윌답스키(Pressman & Wildavsky)는 결정된 정책이 집행되는 과정을 '진흙탕을 뚫고 나가는 것(mudding through)'이라고 비유하여 험난한 과정을 표현하기도 하였다. 즉, 결정된 정책이 어떤 효과를 산출할 것인가는 정책집행의 정책에 대한 해석과 대응방식에 따라 달라질 수 있는 유동적인 문제이지만 기존의 고전적 집행관에 입각한 연구들은 집행과정을 결정과정의 의도와 통제에 따라 움직이는 수동적인 존재로만 파악하면서 집행과정의 정책에 대한 해석과 전략의 문제를 그다지 중요하게 다루지 않았다. 또한, 정책집행과정에 있어서 정책대상조직의 불응에 따라 동일한 정책이 상이한 효과를 나타낼수 있다는 가능성에 대해서도 중요하게 언급하고 있지 않다. 이것은 집행과정이 결정과정과 동일한 입장에서 이익의 논리에 따라 전략을 선택하고 행동하게될 가능성을 선험적으로 차단하는 오류가 있는 것이다(채경석, 2000: 3-6).

이러한 점에 착안해서 보면, 노무현정부 사학정책의 집행과정은 고전적 집행관에서 가정했던 행태와는 달리 역동적인 과정이었다는 점에서, 그 정책대상조직의 전략비중 및 영향력 등이 정책결정과정보다 높은 수준이었다는 것이다.

마지막으로, 본 연구는 자료의 한계로 전문가의 인터뷰분석에 치우친 면이있다는 점에서, 차후에는 치밀한 인과관계 조명이 필요할 것으로 본다. 아울러, 정책오차를 판단할 수 있는 충분한 근거와 기준, 이론제시가 필요함에도 불구하고 이러한 기준산출에 한계를 노출했다는 점에서, 차후 이에 대한 면밀한 검토가 필요할 것으로 본다.

제 7 절 MSICF의 적용[MSICF를 활용한 정책변동 분석: 스크린쿼터 정책을 중심으로]

본 절 역시 앞에서 언급한 MSICF를 스크린쿼터정책에 적용하여 본 이론을좀 더 심도 있게 고찰하고자 한다.

I. ▶▶ 서 론

일반적으로 정책변동(policy change)은 기존의 정책산출물이 정책집행과정, 정책평가과정 등을 거친 후 피드백(feedback)되어, 이전과는 다른 정책산출물이도출되는 행태를 의미한다. 이러한 정책변동은 권위주의시대에서는 그 강도와빈도수에 있어서 낮은 수준을 보였으나, 현대 다원주의시대에서는 정부관료제뿐만 아니라 이익집단(interest group) 등 민간부분의 정책요구수준이 제고되어 과거에 비해 상대적으로 높은 수준을 나타내고 있는 것이 주지의 사실이다.

이에 따라 정책변동은 상대적으로 높은 수준의 복잡성과 역동성 등을 노출하게 되었고, 그 중요성도 높아졌다는 점에서, 이러한 행태를 논리적으로 분석하는 것도 상당부분 의미가 있다고 판단된다. 이러한 점에 착안하여 본 연구에서 MSICF를 활용하여 정책변동을 분석하고자 한다. 기본적으로 본 모형은 이익집단의 위상 변동까지 체계적으로 접근하고 있는 이론으로서, Kingdon의 MSF와 Mucciaroni의 ICF의 장단점을 결합하여 조작화한 모형이다. 본 모형은 일반적인 정책변동뿐만 아니라 정책변동에 상당부분 영향을 미치는 이익집단의 위상 변동까지 다루고 있다는 점에서, 기존 정책변동모형과는 일정부분 차별성을 갖고 있는 것이다. 한편, 본 모형에 근거하여 본 연구에서 다룰 이익집단은 민간부분의 영역이면서 그들의 사적이익을 추구하는 조직으로 접근하고자 한다.[77]

이에 근거하여 MSICF를 검증할 연구사례로는 1992년 9월부터 2006년 1월까지로 한정하고자 한다. 본 시기의 스크린쿼터정책은 쿼터축소를 둘러싸고 그 어느 시기보다도 찬성옹호연합과 반대옹호연합 간에 치열한 상호작용이 벌어졌으며, 특히 전국극장연합회와 한국영화인연합회 간에 치열한 게임의 장이 펼쳐지기도 했다. 결국, 본 시기의 스크린쿼터정책은 복잡하고 역동적인 정책변동의 모습을 나타냈으며, 결론까지 도출되었다는 점에서, 이에 대한 모형인 MSICF를 설명하기에도 적절한 사례라고 판단되는 것이다.

결국, 전술한 설명을 근거로 본 연구에서는 다음과 같은 목적을 제시하고자 한다.

첫째, 기존의 원형모형을 결합한 MSICF를 스크린쿼터정책에 적용하여 체계적인 정책변동을 조명하고자 한다.

---

[77] 이와 관련해서 다음 표를 활용하여 이익집단을 좀 더 구체적으로 조명해 보면 다음과 같다.

구 분		민관행태	
		민간부문	공공부문
이익행태	사 익	I형(이익집단 등)	III형(공사 등)
	공 익	II형(시민단체 등)	IV형(부·처·청 등)

이를 근거로, 본 연구에서는 이익집단을 전국극장연합회와 한국영화인연합회에 초점을 맞춰 진행하고자 한다.

둘째, 이를 근거로 이익집단의 위상과 관련된 변동을 조명함으로써, 적지 않은 영향력을 행사하고 있는 이익집단의 행태를 입체적으로 고찰하고자 한다.

셋째, 이러한 분석을 통해 제 시사점을 조명함으로써, 유사연구에 일정부분 학술적 기여를 하고자 한다.

Ⅱ. ▶▶ 이론적 배경 및 분석틀

1. 기존 원형모형

1) MSF의 개념

MSF(Multiple Streams Framework)는 Kingdon(1984)에 의해 제시된 정책변동 모형으로서 다중흐름모형이라고 할 수 있다. 기본적으로 MSF는 정책문제흐름(policy problem stream)·정책대안흐름(policy alternative stream)·정치흐름(political stream)의 다중흐름(multiple streams), 정책변동의 창(window of policy change), 그리고 정책변동(policy change)으로 구성된다. 즉, 다중흐름을 통해 정책변동의 창이 열리고, 창에서는 치열한 상호작용이 벌어지면서 이후 창은 닫히게 된다. 이를 통해 이전과는 다른 정책이 산출되는 정책변동이 발생하는 것이다(〈그림 4-22〉 참조).

그림 4-22 MSF의 개념틀

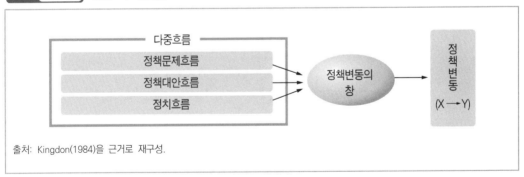

출처: Kingdon(1984)을 근거로 재구성.

2) ICF의 개념

ICF(Interest Group Standing Change Framework)는 Mucciaroni(1995)에 제시된 정책변동모형으로서 이익집단 위상 변동모형이라고 할 수 있다. 기본적으로 ICF는 정책변동(policy change), 제도맥락(institutional context)과 이슈맥락(issue context)에 의한 이익집단 위상의 변동(interest group standing change)으로 구성된다. 즉, 이전과는 다른 정책이 산출되어 정책변동이 발생한 후 이를 근거로 정책변동에 참여했던 이익집단의 위상도 변동되는 것이다. 다시 말해, 제도맥락과 이슈맥락에 의해 위상상승(fortunes rose), 위상유지(fortunes maintained), 위상저하(fortunes contained), 그리고 위상쇠락(fortunes declined)이 이익집단에서 나타나는 것이다(〈그림 4-23〉 참조).

그림 4-23 ICF의 개념틀

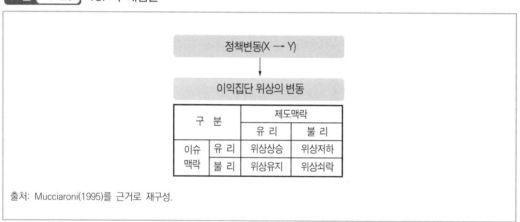

출처: Mucciaroni(1995)를 근거로 재구성.

2. MSICF의 의의

1) MSICF의 개념

전술한 두 모형의 장단점을 결합하여 MSICF를 도출할 수 있는데, 여기서 약칭 MSICF는 MSF의 MS와 ICF의 IC, 그리고 공통된 F를 반영하여 만든 것이다. MSICF는 기본적으로 다중흐름, 정책변동의 창, 정책변동, 그리고 이익집단 위상의 변동을 모두 포괄하는 정책변동모형으로서 기존 원형이론들에 비해 복잡한 정책변동현상을 좀 더 논리적으로 접근하는 모형인 것이다.

먼저, 본 모형은 전술한 바와 같이 정책문제흐름, 정책대안흐름, 정치흐름의 다중흐름으로 시작되는데, 정책문제흐름은 사회문제, 재난 등의 바람직한 현실에 역행되는 흐름으로, 사립학교의 부정부패와 이에 따른 부작용 등이 이에 해당된다. 정책대안흐름은 정책적 판단활동, 이익집단 개입 등의 대안을 탐색하는 흐름으로, 사립학교의 부정부패를 방지하기 위한 대안으로서 개방형이사제 제시 등이 그것이다. 정치흐름은 정권교체, 정치권의 공약, 국회의석 수 변화, 협정체결 등의 정치활동과 관련된 흐름으로, 개방형이사제 도입을 지지하는 노무현대통령으로의 정권교체 등이 그것이다. 이러한 다중흐름 중 세 가지 흐름이 동시에 결합되어 정책변동의 창이 열리기도 하고, 이 중 하나의 흐름이 사건화되어 결정적으로 창을 여는 데 영향을 미치기도 한다.

이러한 다중흐름에 의해 정책변동의 창이 열리게 되면 창에서는 이해당사자들 간에 제 전략을 펼치며 치열한 상호작용이 이어지게 된다. 이해당사자들은 정부관료제 등 제도적 참여자로만 구성될 수도 있지만, 현대 다원주의시대에서는 제도적 참여자뿐만 아니라 이익집단 등 비제도적 참여자도 이해당사자의 당당한 한 축을 담당하고 있는 것이 주지의 사실이다. 한편, 이러한 참여자들의 상호작용을 통해 정책변동의 창은 상대적으로 시간의 길고 짧은 차이만 있을 뿐 결국 닫히게 되는데, 그 경로는 국회의결, 법원판결 등으로 나타나게 된다.

창이 닫히게 되면 정책변동이 나타나게 되는데, 본 MSICF는 여기에 멈추지 않고 이를 근거로 이익집단 위상의 변동으로까지 확대된다. 전술한 바와 같이, 현대에 있어 이익집단은 높은 수준의 영향력을 발휘하고 있다는 점에서, 이들의 위상변동 관련 연구 역시 중요한 영역으로 간주되고 있는데, 본 모형에서는 제도맥락과 이슈맥락의 유리·불리를 기준으로 하여 접근하고자 한다.

여기에서 제도맥락은 정부관료제 등 제도적 참여자가 정책을 공식적으로 결정 또는 발표하여 산출시키는 것(정책산출)이 이익집단에 영향을 미치는 것을 말하고, 이슈맥락은 시기의 시작점으로서 이해당사자들 사이에 논쟁의 중심에 서 있는 쟁점(촉발기제)이 이익집단에 영향을 미치는 것이라고 할 수 있다. 이를 근거로 제도맥락과 이슈맥락이 이익집단에 유리하면 이들의 위상은 기존보다

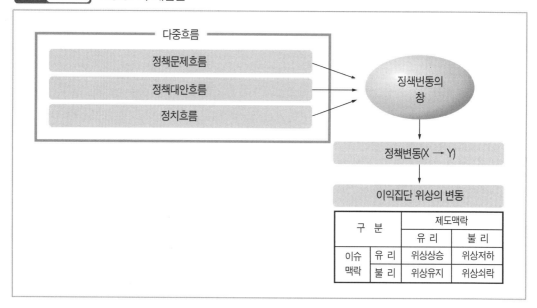

그림 4-24 MSICF의 개념틀

다중흐름
- 정책문제흐름
- 정책대안흐름
- 정치흐름

정책변동의 창

정책변동(X → Y)

이익집단 위상의 변동

구 분		제도맥락	
		유 리	불 리
이슈 맥락	유 리	위상상승	위상저하
	불 리	위상유지	위상쇠락

상승하고, 불리하면 기존보다 쇠락해지는 것이다. 그리고 제도맥락이 유리하고 이슈맥락이 불리하면 위상은 최소한 유지되고, 그 반대의 경우가 되면 위상이 저하가 되는 것이다. 이는 구속력 있는 정책이 산출되는 제도적 맥락이 이슈맥락보다 더 큰 영향력을 발휘하고 있는 반증인 것이다.

이러한 4가지 변동유형을 이익집단이 선호하는 순서대로 나열하면 위상상승, 위상유지, 위상저하, 위상쇠락 순이며, 변동의 폭으로 나열하면 위상쇠락, 위상상승·위상저하, 위상유지 순이 된다(《그림 4-24》 참조).

2) MSICF의 차별성

전술한 MSICF는 원형모형인 MSF와 ICF에 비해 차별성을 갖는데, 우선 정책변동의 창을 여는 촉발기제(triggering mechanisms)[78]에 대해 MSF는 조작화되어 있는 반면, ICF는 부재되어 있다. 아울러, 이해당사자 간 상호작용에 있어서도 전자는 조작화되어 있지만, 후자는 상호작용에 대한 모습이 발견되지 않는다. 한편, 이익집단의 위상 변동에 있어서 MSF는 부재되어 있는 반면, ICF는 명확

---

[78] 촉발기제는 정책변동의 창을 여는 결정적인 사건, 사고 등을 의미한다.

표 **4-54** MSF와 ICF에 대비되는 MSICF의 차별성

구 분	MSF	ICF	MSICF
촉발기제	조작화	부 재	조작화
상호작용	조작화	부 재	조작화
위상변동	부 재	조작화	조작화
맥락설치	부 재	조작화	조작화

하게 조작화되어 있다. 맥락설치의 경우 역시 전자는 부재하지만, 후자는 제도 맥락과 이슈맥락으로 조작화되어 있어 그 기준을 명확히 하고 있다.

이렇게 볼 때, MSF와 ICF는 단점이 분명히 존재하는 한계가 있는 원형모 형이지만, 이들을 결합한 MSICF는 이들의 장단점을 고려하여 객관성을 제고하 고 있다는 점에서, 상대적으로 원형모형에 비해 혼돈된 정책변동과정을 상당부 분 반영하여 차후 유사정책에 체계적인 시사점을 제공할 수 있기에 일정부분 가치를 갖는 모형이라고 할 수 있는 것이다(〈표 4-54〉 참조).

3) MSICF의 시사점

전술한 MSICF에서는 다음과 같은 시사점이 발견된다. 본 시사점은 Kingdon 이 말한 MSF와 Mucciaroni가 제시한 ICF의 시사점, 즉 가설을 종합한 것이다.

첫째, 현실적으로 정책변동의 창을 여는 촉발기제는 다중흐름 중 정치흐름 에 의해 결정적으로 열린다는 것이다. 즉, 이론적으로는 정책변동의 창이 열리 는 추진력은 3가지 다중흐름이 하나로 합쳐질 때 결정되지만, 대부분 창을 여 는 다중흐름은 정권교체, 공약, 국회의석 수 변화, 협정체결 등 정치흐름에 의 해 이루어진다는 점이다.

본 시사점은 MSF의 가설이다.

둘째, 정책변동 창에서의 상호작용은 옹호연합을 이루어 진행된다는 것이 다. 즉, 공식적 정책참여자이든 비공식적 정책참여자이든 그들은 자신들의 주장 을 관철하기 위해서 개별적으로 행동하기보다는 옹호연합(advocacy coalition)을 기반으로 전략을 추구한다는 점이다. 일례로, 그린벨트정책을 둘러싼 개발옹호

연합과 보존옹호연합을 둘러싼 상호작용이 그것이다.

본 시사점 역시 MSF의 가설이다.

셋째, 이전과는 다른 정책변동이 발생하면 이를 포괄적으로 나타낼 수 있는 정체성을 설명할 수 있다는 것이다. 즉, 저출산고령사회위원회의 설치는 출산제한정책에서 출산장려정책으로 나타낼 수 있고, 개발제한구역의 지정 및 관리에 관한 특별조치법의 제정은 개발제한정책에서 개발허용정책으로 표시할 수 있으며, 사립학교법 개정은 커튼유인정책에서 투명지향정책으로의 전환을 나타내고 있는 점이다.

본 시사점은 MSF와 ICF의 공통된 가설이다.

넷째, 이익집단 위상의 변동은 제도맥락에 의해 좌우된다는 것이다. 즉, 아무리 이슈맥락이 불리하더라도 제도맥락이 유리하면 최소한 이익집단의 위상은 유지된다는 것이고, 이슈맥락이 유리하더라도 제도맥락이 불리하면 위상은 저하된다는 점 등이다.

본 시사점은 ICF의 가설이다.

한편, 전술한 시사점들은 결론부분에서 사례분석을 통해 입증하고자 한다.

3. 정책변동 관련 선행연구

본 연구의 이론대상이 되는 정책변동 관련 선행연구를 조명해 보면 다음과 같다.

먼저, Hofferbert(1974)는 정책산출 변동모형(policy output change framework)을 제시하면서, 정책산출에 영향을 미치는 요인을 역사적·지리적 요건, 사회적·경제적 구성, 대중정치행태, 정부기구, 엘리트행태로 분석하였다. 이들 요인은 정책산출에 직접적 또는 간접적으로 영향을 미치면서 정책이 산출되고 이를 통해 정책변동의 특성이 좌우된다는 것을 제시하였다.

Rose(1976)는 동적모형(dynamics framework)을 제시하면서, 수평축은 시간을, 수직축은 목표로 설정하여 정책변동을 동적 차원에서 고려하였다. 동적모형을 세부적으로 살펴보면 네 가지로 구분할 수 있는데, 정적모형(static framework), 순환모형(cyclical framework), 선형모형(linear framework), 그리고 불연속모형(discontinuous framework)이 그것이다.

Sabatier(1988)는 옹호연합모형(advocacy coalition framework)을 제시하면서, 외적변수(external parameters), 정책옹호연합(policy advocacy coalition), 신념체계(belief systems), 정책중개자(policy brokers), 정책학습(policy learning), 정책산출(policy output) 등의 과정을 통해 정책변동이 도출된다는 구조틀을 제시하였다.

Hall(1993)은 패러다임 변동모형(paradigm change framework)을 제시하면서, 정책변동의 과정을 패러다임에 입각하여 제시하였다. 즉, 1단계 기존정책인 패러다임의 안정기, 2단계 변이의 축적기, 3단계 실험기, 4단계 권위의 손상기, 5단계 경합기를 거쳐 최종적으로 6단계에서 정책변동이 도래되며, 이를 통해 새로운 패러다임이 정착된다는 것을 제시하였다.

한편, 이동규·박형준·양고운(2011)은 국내 아동성폭력 사건 이후의 정책변동을 설명하기 위하여 사건중심 정책변동모형(event-related policy change model)을 바탕으로 실제 정책과정이 어떤 변화를 가져왔는지를 분석하였다. 분석결과, 첫째, 초점사건의 분류유형으로 피해규모의 정도에 따른 사건뿐만 아니라 국민의 정서에 대한 충격의 정도도 고려될 수 있다는 것이다. 둘째, 사건중심 정책변동모형에서 제 단계들의 순서를 사례에 적용함에 있어 유연하게 변화 가능할 수 있으며, 따라서 본 모형에서 초점사건의 분류에 있어 그 피해정도를 포함하여 충격의 정도 역시 고려해야 함을 알 수 있었다는 것이다. 그리고 본 모형에서 단계별 진행순서는 초점사건으로 분류되는 사건들에 한하여, 사례에 따라 일정 부분 수정이 가능함을 발견할 수 있었다는 것이다.

김윤미(2011)는 단절균형이론(punctuated equilibrium theory)을 기반으로 단절적 정책변동과 균형적 정책변동을 보이는 우리나라의 장기적인 모성보호정책변동 과정을 분석하였다. 분석결과, 첫째, 우리나라 모성보호정책변동은 지속적으로 대내외적인 정책환경의 영향을 크게 받았음을 알 수 있다는 것이다. 둘째, 우리나라의 모성보호정책네트워크는 시간이 지날수록 수와 유형이 확대되어 정책네트워크의 규모가 커졌으며, 정책네트워크 내의 주도적 역할도 점차 정부부문에서 민간부문으로 옮겨지는 양상을 보였다는 것이다. 셋째, 우리나라 모성보호정책네트워크에서는 행위자들의 협력적 상호작용이 갈등적 상호작용보다 정책변동에 더 큰 영향을 미친 것으로 나타났다는 것이다. 넷째, 우리나라 모성보호정책네트워크의 구조는 폐쇄적·수직적 연계구조에서 개방적·수평적 연계구조로

그림 4-25 분석틀의 구성

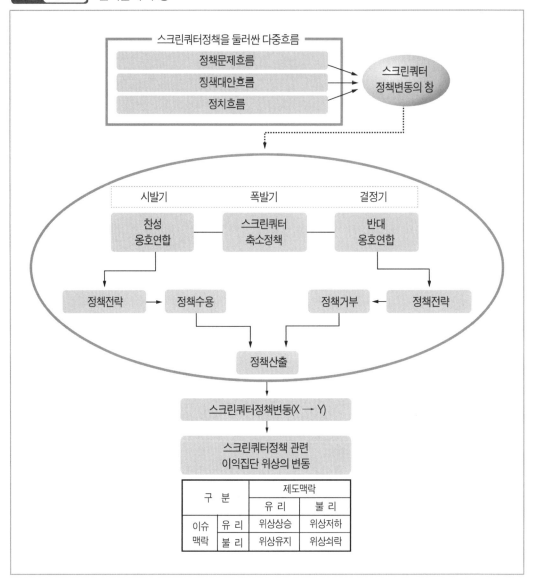

변하는 양상을 보인다는 것이다. 다섯째, 우리나라 모성보호정책네트워크는 하위정부모형에서 정책공동체모형을 거쳐 이슈네트워크형태로 변화하였다는 것이다. 여섯째, 우리나라의 모성보호정책변동유형은 장기적이고 연속적인 관점에서 노태우정부 시기에는 '단절적 정책변동 후 불안정한 균형', 김영삼정부 시기는 '균형적 정책변동', 김대중정부 시기에는 '단절적 정책변동 후 안정적 균형', 노무현정부 시기는 '지속적인 균형적 정책변동' 유형으로 나타났다는 것이다.

지금까지 정책변동 관련 선행연구를 국내외적으로 조명해 본 결과, 전반적으로 특정한 이론을 가지고 정책변동을 설명하고 있다는 점에서, 본 분야에 나름대로 의미 있는 기여를 하고 있다. 하지만, 본 연구에서처럼 MSF와 ICF를 결합한 MSICF로 접근하여 정책변동을 분석하고 있는 선행연구는 전무하다는 점에서, 본 연구는 선행연구에 비해 상당부분 차별성을 갖고 있는 것으로 판단된다.

한편, 전술한 이론적 배경을 근거로 연구의 분석틀을 도출해 보면 다음과 같다.

4. 연구의 분석틀

스크린쿼터정책을 둘러싼 다중흐름, 즉 정책문제흐름, 정책대안흐름, 정치흐름이 하나로 결집되거나, 이 중 하나가 결정적으로 촉발기제화되어 정책변동의 창을 열게 되면, 스크린쿼터축소를 둘러싸고 찬성옹호연합과 반대옹호연합이 제 전략을 활용하여 치열한 상호작용이 벌어지게 된다. 이를 통해 공식적인 정책산출이 만들어지고, 스크린쿼터정책 관련 정책변동이 발생하게 되며, 본 과정에 참여했던 이익집단들에 대한 위상의 변동도 조명할 수 있는 것이다. 한편, 본 연구는 기본적으로 시발기, 폭발기, 결정기로 구분되어 이루어진다(〈그림 4-25〉 참조). 아울러, 이러한 MSICF를 활용한 분석틀을 스크린쿼터정책에 적용하여, 이를 통해 제 시사점을 도출하고자 하는 것이다.

Ⅲ. ▶▶ 스크린쿼터정책의 의의

본격적인 분석에 앞서 본 연구의 사례인 스크린쿼터정책의 이해를 제고시키기 위해 추진경과, 선행연구를 간략히 살펴보면 다음과 같다.

1. 스크린쿼터정책의 추진경과

스크린쿼터정책(Screen Quota Policy)은 국내영화산업을 보호하기 위해 자국영화의 의무 상영일수를 규정하고 집행하는 정책을 의미한다. 이러한 정책에 대해 우리나라의 추진경과를 간략히 조명해 보면 다음과 같다(〈표 4-55〉 참조).

표 4-55 스크린쿼터정책의 추진경과

일 시	주요내용
1992. 09	한중, 한중투자보장협정(IPPA) 체결
1993. 01	한국영화인연합회, 스크린쿼터감시단을 산하기구로 설치
1994. 06	전국극장연합회, 스크린쿼터를 규정한 영화진흥법에 대한 헌법소원 제기
1995. 07	헌법재판소, 스크린쿼터를 규정한 영화진흥법의 합헌판결
1998. 06	한미정상, 한미투자협정(BIT) 체결을 추진하기로 합의
1999. 06	한국영화인연합회, 임권택 감독 등 삭발항의
2004. 07	국회, 여야의원 38명 스크린쿼터의 현행 일수를 법률에 규정하는 영화진흥법 개정안 발의
2004. 10	공정거래위원회, 스크린쿼터 축소·폐지 입장 표명
2006. 01	재정경제부, 스크린쿼터 현행 146일을 73일로 축소하는 내용 발표

출처: 연합뉴스〈http://www.yonhapnews.co.kr, 조선일보〈http://www.chosun.com〉, 한겨레신문〈http://www.hani.co.kr〉을 근거로 구성.

1992년 9월 한국과 중국은 한중투자보장협정을 체결하게 된다. 이는 문화투자 등에 있어서 장애요소가 없어야 한다는 협정으로서, 스크린쿼터의 축소분위기에도 영향을 주는 시작점이 되었다. 이에 대해 한국영화인연합회는 스크린쿼터감시단을 산하기구로 설치하여 극장 쪽에서 제대로 지켜지는지를 감시하는 등 쿼터축소에 대한 경계입장을 나타나게 된다. 하지만, 전국극장연합회는 스크린쿼터를 규정한 영화진흥법은 사유재산권 등 경제논리를 무시한 것이라며 헌법소원을 제기하기에 이른다. 이에 대해 헌법재판소는 스크린쿼터를 규정한 영화진흥법은 국내영화산업을 보호하기 위한 필연적인 정책이라는 점을 강조하며 합헌판결을 내리게 된다.

이러한 상황에서 한미정상은 한미투자협정 체결을 추진하기로 합의하게 되면서 새로운 국면을 맞게 된다. 이에 대해 한국영화인연합회는 강력히 반발하며 삭발항의 등을 하게 되고, 국회의 여야의원이 스크린쿼터의 현행 일수를 법률에 규정하는 영화진흥법 개정안을 발의하여 현행 스크린쿼터정책을 고수하려는 입장을 취하게 된다. 하지만, 한미 FTA를 염두에 둔 공정거래위원회는 스크린쿼터의 축소·폐지 입장을 공식적으로 표명하게 되고, 결국 2006년 1월 스크린쿼터가 현행 146일을 73일로 축소하는 내용이 확정되어 발표하기에 이른다.

한편, 전술한 스크린쿼터정책의 추진경과를 근거로 시기구분을 할 수 있는데, 기본적으로 본 연구에서는 스크린쿼터정책을 갈등이 시작되는 시발기, 갈등이 최고조에 달하는 폭발기, 갈등이 마무리되어 절충되는 결정기로 구분하고자 한다. 이에 대한 구분기준으로는 시작점과 정책산출로 조작화하고자 하는데, 시작점(starting point)은 해당시기를 여는 결정적인 사건 등을 의미하며, 이를 시작으로 공식적인 산출물이 도출되는 것을 정책산출(policy output)이라고 할 수 있다. 따라서 해당시기는 시작점, 연결과정, 정책산출 등으로 구성되는 것이다.

2. 스크린쿼터정책 관련 선행연구

스크린쿼터정책 관련 선행연구에 대해 비교적 체계적 분석을 시도한 국내 연구 위주로 살펴보면 다음과 같다.

먼저, 정미정(2006)은 스크린쿼터에 대한 이슈를 우리 언론이 어떻게 다루고 있는지를 비판적으로 검토하고자 하였다. 분석결과 첫째, 우리 언론은 스크린쿼터를 FTA를 위해 처리해야만 하는 장애물로 규정하여 스크린쿼터제가 축소되어야만 한다는 정부의 입장을 정당화하고 있었다. 둘째, 우리 언론은 스크린쿼터를 정부와 영화계의 대립구도로 묘사하며, 영화계만의 문제로 축소시키고 있었다. 셋째, 스크린쿼터가 영화계에만 주어지는 특혜로 묘사하고 있었다. 넷째, 한국영화 경쟁력의 우수함만을 강조함으로써 정부의 스크린쿼터 축소근거를 강화시켰다. 종합적으로 평가해 볼 때, 우리 언론은 첨예하게 대립되는 스크린쿼터 문제에 있어 철저하게 미국과 한국정부의 논리를 대변하고 있음이 드러났다. 이는 언론이 사회적으로 중요한 본 사안에 있어 시민들에게 객관적인 정보를 제공하지 못하고, 또한 보다 공정한 논의의 장을 제공하지 못함을 보여준다는 것이다. 스크린쿼터에 대한 뉴스담론은 본 사안이 위치한 사회적 맥락인 FTA의 진행에서 결코 자유로울 수 없음을 알려준다는 것이다. 한 걸음 더 나아가서, 우리 영화산업에 대한 논의는 항상 스크린쿼터의 축소와 유지라는 담론의 맥락에서 진행되어 왔음을 추론해 볼 수 있다는 점이다.

양경미(2010)는 한국영화산업과 영화시장의 보호정책과 개방정책을 분석하였는데, 분석결과 첫째, 한국의 영화산업과 시장의 보호정책은 효과적이었다는 것이다. 즉, 한국의 영화산업을 지금과 같이 성장시킨 것도 그동안의 보호정책 때문이었다고 할 수 있다는 것이다. 둘째, 한국은 개방정책을 수행함에 있어 수입과 배급 그리고 상영의 각 단계별로 점진적인 개방을 통해 한국영화산업에 미치는 영향을 최소화하였다는 점도 긍정적으로 평가할 수 있다는 것이다. 즉, 보호정책을 사용함에 있어 외국영화의 수입에서부터 배급, 그리고 상영에 이르는 각 단계마다 동원가능한 모든 다양한 비관세 보호정책을 사용하였다는 것이다. 셋째, 보호정책을 완화 또는 폐지하는 과정도 점진적이었으며, 또한 시장개방에 있어서도 수입에서 배급 그리고 마지막으로 상영을 개방하는 순서를 밟았던 것이다. 즉, 수입과 배급에 대한 보호정책은 1985년부터 1994년까지 점진적으로 폐지하거나 완화하였으며 마지막 상영에 대한 규제인 스크린쿼터정책은 2006년까지 남겨놓아 한국영화산업과 시장을 보호하였다는 것이다. 넷째, 이익집단들의 활동은 공공선택론에서 제시하고 있는 이익집단이론과 부합되었다는 것이다. 즉, 먼저 개방에 반대하고 기존의 제도를 지키려는 이익집단은 더 강력하게 반발하였다는 것이다. 다섯째, 이익집단이론이 제시하는 것과 같이 무임승차자가 적은 소수의 이익집단이 더 강력한 이익집단으로서 한국의 영화산업 보호정책에 영향을 미쳤다는 것이다. 즉, 영화시장개방에 찬성하는 이익집단인 미국영화인협회, 외국영화수입업자, 그리고 경제 5단체 등은 모두 무임승차자가 적은 소수의 구성원으로 구성되어 있고, 결국 이들의 주장이 정책에 더 강력하게 반영되어 스크린쿼터가 완화되어 영화시장 개방이 결정되었다는 것이다.

최용제(2011)는 우리나라 영화시장의 시계열 자료를 분석하여 스크린쿼터가 국산영화를 보호하는 효과와 함께 영화 관련 인프라에 대한 투자를 위축시키고 궁극적으로 국산영화의 관객점유율을 축소시키는 부정적 효과를 갖고 있는 것으로 파악하고 있다. 기존 연구에서는 스크린쿼터의 두 가지 상반되는 효과가 상쇄되어 스크린쿼터의 국산영화 보호효과가 나타나지 않은 것으로 해석된다는 것이다. 본 논문은 영화의 무역에 대한 학문적 연구에 기여할 뿐만 아니라 정책적 시사점도 제공하였는데, 국산영화의 경쟁력 강화를 위해서는 보호무역주의적 규제정책보다 인프라에 대한 투자를 가로막는 각종 규제를 완화 또는 폐지하고 정책적으로 지원이 가능한 범위 내에서 인프라 구축을 지원하는 것이 필요하다는 것이다. 보호무역주의적 정책은 국산영화의 활성화라는 정책적 목표를 달성하기보다는 우리나라 영화시장의 인프라를 축소시켜 국내 영화산업 전체를 침체시키는 효과를 초래할 가능성이 있기 때문이라는 것이다.

김정수(2011)는 영화계의 강력한 저항 때문에 그토록 손대기 어려웠던 스크린쿼터정책이 어떻게 해서 파격적으로 축소되었는지를 고찰했다. 스크린쿼터정책은 우리나라의 영화산업 및 문화정체성 보호를 위한 가장 대표적이고 상징적인 정책으로 여겨졌다는 것이다. 1998년 한미 BIT협상 과정에서 미국측은 스크린쿼터가 한국 영화시장으로의 접근을 가로막는 장벽이라며 축소 내지 폐지를 강력히 요구했다. 그러나 한국 영화계의 극렬한 반발로 인하여 스크린쿼터 축소문제는 누구도 건드릴 수 없는 '뜨거운 감자'가 되었다. 그러나 7년이 넘도록 해결되지 않던 이 사안은, 2006년에 이르러 기존 146일의 50%인 73일로 전격적인 축소결정이 단행되었다. 그토록 뜨거웠던 감자가 문자 그대로 반토막 나게 되었던 요인은 무엇이었는가? 본 논문에서는 미국의 계속된 요구, 문화관광부의 입장 선회, 노무현 대통령의 강한 의지, 스크린쿼터 지지세력의 위세 약화, 그리고 대중 감정 및 여론의 변화를 정책변동의 주요 요인으로 제시하였다.

지금까지 살펴본 스크린쿼터정책 관련 선행연구의 전반적인 연구경향은 스크린쿼터 축소를 둘러싸고 보호정책과 개방정책에 초점을 맞춰 다양한 각도로 분석을 하였다는 점에서, 본 분야에 나름대로 의미 있는 기여를 하고 있다. 하지만, 본 연구에서처럼 스크린쿼터정책을 MSF와 ICF를 결합한 MSICF에 적용하여 복잡한 정책변동과정을 논리적으로 기술하고 있지 않고, 더 나아가 관련 이익집단의 위상까지 다루고 있지는 않다는 점에서, 기존 연구와는 일정부분 차별성을 갖고 있는 것이다.

한편, 전술한 부분을 근거로 MSICF의 적용을 통한 스크린쿼터정책의 변동을 본격적으로 분석해 보면 다음과 같다.

Ⅳ. ►► MSICF의 적용을 통한 스크린쿼터정책의 변동 분석

1. 다중흐름

1) 정책문제흐름

기본적으로, 스크린쿼터정책으로 인해 다음과 같은 다양한 정책문제흐름이 제기되었다.

첫째, 스크린쿼터정책으로 인해 수준미달의 영화가 양산되어 장기적으로 영화산업경쟁력을 약화시킬 수 있다는 것이다.

둘째, 스크린쿼터정책으로 인해 외국과의 형평성 있는 상호투자가 어려워짐에 따라, 외국의 입장에서는 우리나라에 대한 투자를 기피하게 되고, 결국에는 경제성장에 부정적 영향을 미친다는 것이다.

셋째, 헌법에 의하여 보장된 직업선택의 자유는 그 선택한 직업을 자유롭게 수행할 권리를 포함하는데, 영화상영을 목적으로 하는 극장의 영업을 하면서 어떠한 종류의 영화를 상영할 것인가 하는 것을 자유롭게 자율적으로 결정하지 못하도록 제한하는 것은 헌법상의 권리인 직업선택의 자유에 대한 침해라는 것이다(김정수, 2004: 131-134).

2) 정책대안흐름

이러한 정책문제흐름에 대응하기 위한 정책대안흐름은 스크린쿼터정책의 폐지 또는 축소로 대별된다. 즉, 영화진흥법에서 규정하고 있는 스크린쿼터정책을 삭제하여 본 정책을 폐지하자는 대안이 전자의 내용이고, 스크린쿼터의 현행일수인 146일을 50% 이상 축소해야 한다는 대안이 후자의 내용으로서 흐르고 있는 것이다. 이를 통해 영화산업의 경쟁력을 높이고, 외국과의 투자를 활성화시키며, 헌법에 위배되지 않는 직업선택의 자유를 보장하자는 것 등이다.

3) 정치흐름

이러한 스크린쿼터정책의 문제흐름과 대안흐름의 상황 속에서, 노태우 대통령이 중국 양상곤(楊尙昆) 국가주석과 함께 1992년 9월 30일 한중투자보장협정(Investment Promotion and Protection Agreement: IPPA)[79]을 전격적으로 체결하게 된다. 즉, 협정내용에는 투자기업의 재산보전은 물론, 투자상대국에서 수용이나 국유화를 단행하는 경우에는 정당한 법절차에 따라 신속하고 효과적인 보상을 실시하고, 시장가격을 기준으로 보상하고 보상금에 대한 본국 송금도 자유에 맡기며, 필요에 따라서는 정부가 기업을 대신하여 손해 등에 대한 청구를 할 수 있다는 내용 등이 들어 있다.

본 협정은 양국 간 형평성 있는 투자를 촉진하는 경제논리의 약속으로서, 문화투자 등에 있어서 스크린쿼터정책과 같은 장애요소가 최소화되어야 한다는 논리와도 일맥상통한다. 결국, 이러한 한중투자보장협정은 결정적으로 정책변동의 창을 열어 스크린쿼터 축소를 둘러싸고 치열한 상호작용을 촉진하는 촉발기제가 되는 것이다.

2. 정책변동의 창

정치흐름인 한중투자보장협정의 체결로 정책변동의 창이 열리게 되고, 이에 따라 스크린쿼터축소정책을 둘러싸고 찬성옹호연합과 반대옹호연합[80] 사이에 치열한 상호작용이 벌어지게 된다. 이러한 옹호연합은 제 전략(strategy)[81]을 가지고 시기별로 다양한 모습을 보이게 된다(연합뉴스〈http://www.yonhapnews.co.kr〉, 조선일보〈http://www.chosun.com〉, 한겨레신문〈http://www.hani.co.kr〉).

1) 시발기(1992. 09-1998. 06)

스크린쿼터축소정책을 둘러싸고 시발기의 찬성옹호연합은 전국극장연합회, 노태우 대통령 등이고, 반대옹호연합은 한국영화인연합회, 헌법재판소 등이다.

본 시기의 시작점은 정책변동의 창을 여는 데 결정적인 역할을 한 정치흐름인 한중투자보장협정 체결시점이라고 할 수 있다. 1992년 9월 30일 노태우 대통령은 국가 간 투자를 촉진하기 위해 중국과 투자보장협정을 체결(협정체결전

---

79 투자보장협정은 국가 간 투자를 촉진·보호하기 위하여 외국기업에게 자유로운 사업활동이나 이익의 국외송금을 보장하고 해외투자 리스크 등을 회피하는 내용을 정부 간 상호 보장하는 협정을 의미한다(네이버지식사전〈http://terms.naver.com〉).

80 본 연구에서 옹호연합의 선정기준은 해당시기에 보수신문격인 조선일보, 진보신문격인 한겨레신문, 중립신문격인 연합뉴스에 모두 언급된 이해당사자를 기준으로 한 것이다.

81 본 연구에서 전략은 문제해결을 위한 행동방법을 의미한다.

략)하게 되는데, 이는 스크린쿼터정책에 부정적 영향을 주는 사건으로서, 축소에 무게중심이 실리게 되는 것이다.

이에 대해 위기감을 느낀 한국영화인연합회[82]는 국내영화산업의 보호를 위해 산하기구로 스크린쿼터감시단을 만들어 현행 스크린쿼터 일수인 146일이 제대로 지켜지는지 극장 등을 감시(감시전략, 1993. 01. 29)하게 된다. 이에 맞서 선국극장인연합회[83]는 정부여당과 국회에 보낸 호소문(호소문전략, 1993. 06)을 통해 스크린쿼터정책과, 외화와 방화를 번갈아가며 상영하도록 되어 있는 교호상영제에 대해 직업선택권과 소비자선택권을 저해한다며 강한 불만을 내세우기에 이른다. 이에 대해 한국영화인연합회도 더 강한 전략을 구사했는데, 임권택 감독, 배우 안성기·박중훈 등 영화인연합회 300여 명이 영화진흥공사 시사실에서 스크린쿼터 축소 반대 규탄대회를 개최(집회전략, 1993. 10)하기에 이른다.

이러한 갈등 속에서, 전국극장연합회는 자신들의 의견이 관철되지 않자 스크린쿼터정책을 규정하고 있는 영화진흥법에 대해 헌법재판소에 위헌이라며 헌법소원을 제기(헌법소원전략, 1994. 06)하기에 이른다. 하지만, 헌법재판소는 헌법이 규정한 경제활동의 자유가 자유방임적 시장경제를 의미하지는 않으며, 외화의 수입자유화상태를 방치하면 국산영화가 황폐해질 것이기 때문에 현재의 정책은 합헌이라는 판결(판결전략, 1995. 07. 21)을 내려 극장연합회의 주장을 기각하게 된다. 결과적으로, 본 시기의 정책산출인 헌법재판소의 합헌판결로 인해 일단 정책갈등은 마무리된 것이다.

한편, 본 시기는 이익집단, 정부관료제, 헌법재판소 등 3개 영역으로 구성되었다는 점에서, 다원주의체제[84]는 이후 시기에 비해 낮은 수준을 나타냈고, 노태우 대통령과 한국영화인연합회 간·한국영화인연합회와 전국극장연합회 간·전국극장연합회와 헌법재판소 간 3개 영역으로 갈등의 상호작용이 나타

---

82 미군정 시기인 1945년에 결성된 대한영화협의회를 모체로 삼고 있으며, 이후 대한민국 영화와 영화인의 이익을 보호하기 위한 활동을 해 왔다. 1960년대와 1970년대에는 영화법의 폐지운동과 영화인궐기대회를 통한 영화계 쇄신 주장을 꾸준히 펼쳐 1971년에 새 영화법 제정을 실현시킨 것이 대표적이다. 아울러, 1990년대부터는 스크린쿼터정책의 사수운동에 적극 나서기도 했다(위키백과사전〈http://ko.wikipedia.org〉).

83 1946년에 창립되었으며, 극장경영주들의 상호협조와 복지증진 등을 기하고 업계의 질서를 확립하기 위함을 목적으로 설립하였다.

84 본 연구에서 다원주의체제는 다양한 이해당사자들로 구성되어 있는 체제를 의미한다.

났다는 점에서, 갈등수준[85] 역시 이후 시기보다 낮은 수준을 나타냈다.

2) 폭발기(1998. 06-2004. 10)

스크린쿼터축소정책을 둘러싸고 폭발기의 찬성옹호연합은 전국극장연합회, 김대중 대통령, 재정경제부, 문화관광부, 미국무역대표부 등이고, 반대옹호연합은 한국영화인연합회, 국회, 우리영화지키기시민사회단체공동대책위원회(이하 공대위) 등이다.

본 시기의 시작점은 1998년 6월 9일 미국을 방문한 김대중 대통령이 클린턴 대통령과의 정상회담에서 한미투자협정(Bilateral Investment Treaty: BIT)[86]의 체결을 추진하기로 합의(추진합의전략)한 시점이라고 할 수 있다. 이는 IMF 외환위기라는 국가적 사태를 해결하기 위한 절박한 노력의 일환이었다는 점에서, 우리정부가 훨씬 적극적이었다. 즉, 한미투자협정은 한중투자보호협정에 비해 투자에 있어서 동등한 권리가 훨씬 높은 수준을 나타내고 있다는 점에서, 미국에 존재하지 않는 스크린쿼터정책의 폐지 또는 축소를 받아들여야 하는 위치에 놓이게 된 것이다.

이에 대해 전국극장연합회는 직업선택권이 제고될 수 있다며 환영성명서(성명서전략, 1998. 06)를 발표했으나, 한국영화인연합회 등은 국내영화산업의 발전을 위해 한미투자협정은 절대 불가하다며 이전 시기보다 훨씬 더 강력한 반대 입장을 취하게 된다.

먼저, 문성근, 한석규 등 영화인들은 정부종합청사 앞에서 스크린쿼터정책 폐지반대와 한미투자협정에서 영화분야를 제외할 것을 주장하는 집회를 개최했고, 임권택 감독, 배우 안성기·박중훈 등 영화인들 700여 명은 광화문에서 '한국영화죽이기음모규탄대회'를 개최(집회전략, 1998. 07; 1998.12)하기에 이른다. 이러한 상황에서 국회는 스크린쿼터정책의 현행 유지를 촉구하는 결의안을 채택(결의안채택전략, 1999. 01)하기에 이른다. 하지만, 문화관광부는 문화부문의 동등한

---

85 본 연구에서 갈등수준은 이해당사자들 간 갈등의 상호작용 경로를 의미한다.

86 국가 간 투자협정은 양자 간 투자협정을 말하며 원칙적으로 내외국인을 구별하지 않고 투자에 관한 동등한 권리를 부여하는 것을 의미한다. 즉, 외국인투자가도 내국인처럼 투자와 관련한 각종 행위를 할 수 있도록 법적으로 보장해 주는 것으로 국가 간 투자활동에 대한 규제를 없애는 것을 의미한다(네이버지식사전〈http://terms.naver.com〉).

투자교류를 위해서는 스크린쿼터정책의 축소가 불가피하다며 내부적으로 단계적 축소를 검토(내부검토전략, 1999. 06. 09)하기에 이른다.

상황이 반대옹호연합에 불리하게 흘러가자, 강제규·임순례 감독 등 한국영화인연합회는 대학로 동숭아트홀에서 삭발을 단행(삭발전략, 1999. 06. 16)하는 등 강력한 반대입장을 나타내고, 산하기구인 스크린쿼터사수를위한범영화인비상대책위원회(이하 비대위)는 광화문빌딩 앞에서 700여 명의 영화인들이 참석한 가운데 집회를 열어(집회전략, 1998. 06. 18) 한미투자협정의 반대를 천명하게 된다. 하지만, 이러한 한국영화인연합회의 반대입장에도 불구하고 문화관광부는 스크린쿼터정책의 축소가능성을 공식적으로 천명하게 된다(기자회견전략, 1999. 06. 24). 이러한 입장에 대해 시민단체인 공대위 소속 회원과 시민, 대학생 등 1천여 명이 광화문에서 스크린쿼터 축소 결사 저지와 굴욕적 한미투자협정 반대를 위한 범국민 보고대회를 개최(보고대회전략, 1999. 06. 24)하여 대응하게 되고, 비대위 소속 배우 명계남 등은 단식농성에 돌입(단식전략, 1999. 06. 25)하게 된다. 또한 임권택 감독과 배우 안성기·박중훈 등은 프레스센터에서 열린 토론회에서 스크린쿼터정책 축소 논의 중단과 한미투자협정 체결의 거부를 촉구(정책학습전략, 2003. 06. 12)하게 된다.

하지만, 이러한 강력한 반대입장에도 불구하고 재정경제부는 투자활성화를 통한 경제위기극복을 위해서는 스크린쿼터 축소가 계속 추진되어야 한다는 입장을 피력하게 된다(기자회견전략, 2003. 06. 15). 이에 따라 한국영화인연합회는 좀 더 체계적으로 대응하기 위해 한미투자협정저지와스크린쿼터지키기영화인대책위원회(이하 대책위)를 결성(결성전략, 2003. 07. 02)하기에 이르고, 대책위는 서울스카라극장에서 한미투자협정 저지와 스크린쿼터 지키기 영화인 결의대회를 개최(결의대회전략, 2003. 07. 09)하기에 이른다. 하지만, 이러한 전방위적 반대전략의 상황 속에서도, 미국무역대표부는 스크린쿼터를 줄여야 한미투자협정의 체결이 가능하다는 입장(기자회견전략, 2003. 10. 22)을 나타내며 압박을 가했고, 문화관광부는 영화산업의 미래를 위해 스크린쿼터 일수를 축소 조정해야 할 시점이라며 축소를 기정사실화(기자회견전략, 2004. 06. 11)했다. 이러자 한국영화인연합회는 하루 동안 제작을 전면 중단하였고, 스크린쿼터 사수를 위한 영화진흥법 개정을 촉구하는 대국민 보고대회를 개최하는 것으로 그 대응수준을 높이게 된다(파업전략·

보고대회전략, 2004. 07. 14).

이러한 한국영화인연합회의 적극적인 요구를 받아들여 국회 여야의원 38명은 스크린쿼터 현행일수를 영화진흥법에 규정하는 개정안을 발의(발의전략, 2004. 07. 15)하게 된다. 결과적으로, 본 시기의 정책산출인 국회의 스크린쿼터 현행일수를 고정시키는 개정안 발의로 인해 추이를 지켜보자는 상황 속에서, 일단 높은 수준의 정책갈등은 마무리된 것이다.

한편, 본 시기는 이익집단, 정부관료제, 국회, 시민단체, 미국무역대표부 등 5개 영역으로 구성되었다는 점에서, 다원주의체제는 어느 시기보다 높은 수준을 나타냈고, 김대중 대통령·한국영화인연합회 간, 전국극장연합회·한국영화인연합회 간, 국회·문화관광부 간, 한국영화인연합회·문화관광부 간, 공대위·문화관광부 간, 한국영화인연합회·재정경제부 간, 한국영화인연합회·미국무역대표부 간 7개 영역으로 갈등의 상호작용이 나타났다는 점에서, 갈등수준 역시 어느 시기보다 높은 수준을 나타냈다.

3) 결정기(2004. 10-2006. 01)

스크린쿼터축소정책을 둘러싸고 결정기의 찬성옹호연합은 전국극장연합회, 노무현 대통령, 공정거래위원회, 재정경제부, 미국무역대표부 등이고, 반대옹호연합은 한국영화인연합회 등이다.

본 시기의 시작점은 과거시기에 나타나지 않았고, 영화거래에 있어 중추적 역할을 담당하는 공정거래위원회가 2004년 10월 17일 공식적으로 스크린쿼터정책의 축소·폐지에 대해서 입장을 표명(기자회견전략)한 시점부터이다. 즉, 국내 영화산업도 이제는 스크린쿼터정책의 과도한 보호장치 없이 자체적인 경쟁력 향상으로 외국영화와 경쟁할 필요가 있고, 스크린쿼터정책은 오히려 질 낮은 국산영화의 생산에 따른 인적·물적 자원의 낭비를 조장하고 있으며, 영화관람객의 소비자선택권과 극장경영주의 직업선택권을 침해한다고 본 것이다.

이에 대해 전국극장연합회에서는 즉각적으로 환영성명서를 발표(성명서전략, 2004. 10)하지만, 한국영화인연합회에서는 국내 영화산업을 붕괴시키려는 구상이라며 반발하기에 이른다(집회전략, 2004. 10). 하지만, 미국무역대표부는 스크린쿼터정책이 축소되어야만 대규모 투자가 있을 수 있다며 지속적 요구(기자회견전략,

2005. 06. 03)를 하게 되고, 이에 발맞춰 재정경제부는 공정거래위원회 등과 스크
린쿼터 축소를 전향적으로 추진하겠다는 입장을 피력(기자회견전략, 2005. 11. 04)하
게 된다.

더 나아가 노무현 대통령은 신년연설에서 우리경제의 미래를 위해 한미자
유무역협정(FTA: Free Trade Agreement)[87]을 맺어야 한다는 입장(연설전략, 2006. 01.
18)을 나타내기에 이른다. 한미자유무역협정은 두 나라 간 투자에 있어 위치가
동맹수준으로 격상된다는 점에서, 이전 시기의 협정들에 비해 투자제약이 더욱
더 존재하지 않아야 한다는 것으로서, 이에 따라 스크린쿼터정책의 축소·폐지
는 기정사실로 접근되어가고 있는 것이다. 이에 대해서도 한국영화인연합회는
반발했지만, 재정경제부는 스크린쿼터축소정책에 반대하는 반대옹호연합에 대
해 집단이기주의가 존재한다는 말로 기선을 제압(기자회견전략, 2006. 01. 20)하게 된
다. 결국, 재정경제부는 스크린쿼터 현행일수를 146일에서 50% 줄인 73일로
축소해 2006년 7월부터 시행한다는 것을 공식적으로 발표(발표전략, 2006.01. 26)
하게 된다. 결과적으로, 본 시기의 정책산출인 재정경제부의 스크린쿼터 축소발
표로 인해 일단 정책갈등은 마무리된 것이다. 즉, 창이 닫히게 된 것이다.

한편, 본 시기는 이익집단, 노무현 대통령, 정부관료제, 미국무역대표부 등
4개 영역으로 구성되었다는 점에서, 다원주의체제는 시발기보다는 높지만 폭발
기보다는 낮은 중간 수준을 나타냈고, 공정거래위원회·한국영화인연합회 간,
전국극장연합회·한국영화인연합회 간, 한국영화인연합회·미국무역대표부 간,
노무현 대통령·한국영화인연합회 간, 한국영화인연합회·재정경제부 간 5개 영
역으로 갈등의 상호작용이 나타났다는 점에서, 갈등수준 역시 중간 수준을 나
타냈다.

참고적으로, 본 시기는 정책이 최종적으로 결정되는 시기라는 점에서 가장
높은 수준의 다원주의체제와 갈등수준을 나타낼 것으로 예상됐으나, 본 시기가
다른 시기에 비해 1년여 기간의 짧은 기간 동안 급박스럽게 형성되었고, 보다
근본적인 이유는 2004년 이후 한국영화의 점유율이 50% 전후를 나타내고 있

---

[87] 자유무역협정은 두 나라 혹은 그 이상의 국가가 공동으로 동맹하여 상호간 무역자유화를 꾀하고 비
가맹국에 대해서는 무역상의 차별적 조치를 취하는 지역적 협력협정을 의미한다(네이버지식사전
〈http://terms.naver.com〉).

어, 축소로 인해 한국영화가 붕괴로까지 이어지지 않을 것이라는 견해가 지배적이었기 때문에 높은 수준의 다원주의체제와 갈등수준은 나타나지 않았던 것이다.

3. 정책변동

먼저, 정책변동의 창을 통한 시기별 정책변동을 살펴보면, 시발기는 정책산출인 스크린쿼터정책이 헌법재판소의 합헌판결로 인해 기존 현행일수 146일이 유지되었다는 점에서, 영화보호정책이 그대로 유지되었고, 폭발기 역시 현행일수를 법률에 규정시키는 국회의 영화진흥법 개정안이 발의되면서 영화보호정책이 유지되었다. 그러나 결정기의 경우 재정경제부가 스크린쿼터 현행일수를 50%로 축소 발표함에 따라 영화보호정책이 영화개방정책으로 변동된 것이다.

결과적으로, 스크린쿼터정책 전체적으로는 영화보호정책이 영화개방정책으로 변동된 것이다.

4. 이익집단 위상의 변동

전술한 정책변동은 전국극장연합회, 한국영화인연합회의 위상 변동에 영향을 주었는데, 먼저 시발기의 경우 제도맥락인 헌법재판소의 합헌판결은 전국극장연합회에 불리한 영향을 미쳤고 한국영화인연합회에 유리한 영향을 준 반면, 이슈맥락인 한중투자보장협정 체결은 전국극장연합회에 유리한 영향을 주었고 한국영화인연합회에 불리한 영향을 미쳤다는 점에서, 전국극장연합회의 위상은 저하되었고, 한국영화인연합회의 위상은 유지로 나타났다.

폭발기의 경우, 제도맥락인 국회의 영화진흥법 개정안 발의는 전국극장연합회에 불리한 영향을 주었고, 한국영화인연합회에 유리한 영향을 미친 반면, 이슈맥락인 한미투자협정 체결 추진 합의는 전국극장연합회에 유리한 영향을 미쳤고 한국영화인연합회에 불리한 영향을 주었다는 점에서, 역시 이전시기와 마찬가지로 전국극장연합회의 위상은 저하되었고, 한국영화인연합회의 위상은 유지로 나타났다.

결정기의 경우, 제도맥락인 재정경제부의 스크린쿼터 현행일수 50% 축소발표는 전국극장연합회에 유리하게 작용했고, 한국영화인연합회에는 불리하게 영향을 주었다. 그리고 이슈맥락인 공정거래위원회의 스크린쿼터정책의 축소·폐지입장 표명 역시 전국극장연합회에 유리하게 영향을 주었고, 한국영화인연합회에는 불리하게 작용했다는 점에서, 전국극장연합회의 위상은 상승되었고, 한국영화인연합회의 위상은 쇠락으로 나타났다.

결과적으로, 전국극장연합회는 전체적으로 위상저하가 위상상승으로 변농되었고, 한국영화인연합회는 위상유지에서 위상쇠락으로 변동된 것이다.

한편, 전술한 바와 같이 이러한 결과에 결정적인 변수로 작용한 것은 구속력 있고 공식적인 정책산출인 제도맥락의 유리 및 불리에 초점이 맞춰진 것이며, 이를 중심으로 이익집단의 위상에 변동이 온 곳이다.

5. 분석의 종합

지금까지 MSICF의 적용을 통한 스크린쿼터정책의 변동을 분석한 결과, 이를 간략히 조명해 보면 〈표 4-56〉과 같다.

즉, 스크린쿼터정책을 둘러싼 다중흐름의 경우 정책문제흐름은 영화산업경쟁력 약화·외국투자 축소·직업선택의 자유 침해, 정책대안흐름은 스크린쿼터정책의 폐지 또는 축소, 그리고 정치흐름은 한중투자보장협정 체결로 나타났다. 특히, 정치흐름으로 인해 정책변동의 창이 열렸으며, 이를 통해 시발기의 경우 한중투자보장협정 체결에서 헌법재판소의 합헌판결까지, 폭발기의 경우 한미투자협정 체결 추진 합의에서 국회의 영화진흥법 개정안 발의까지, 결정기의 경우, 공정거래위원회의 스크린쿼터정책의 축소·폐지입장 표명에서 재정경제부의 스크린쿼터 현행일수 50% 축소 발표까지로 이어졌으며, 이를 통한 정책변동은 전체적으로 영화보호정책에서 영화개방정책으로 변동된 것이다.

이를 통해 이익집단의 위상도 변동되었는데, 전체적으로 전국극장연합회는 위상저하에서 위상상승으로, 한국영화인연합회는 위상유지에서 위상쇠락로 변동이 이어진 것이다.

표　4-56　MSICF의 적용을 통한 스크린쿼터정책의 변동 분석 결과

스크린쿼터정책을 둘러싼 다중흐름	정책문제흐름	영화산업경쟁력 약화, 외국투자 축소, 직업선택의 자유 침해		
	정책대안흐름	스크린쿼터정책의 폐지 또는 축소		
	정치흐름	한중투자보장협정 체결(촉발기제)		
스크린쿼터 정책변동의 창	구 분	시발기	폭발기	결정기
	시작점	한중투자보장 협정 체결	한미투자협정 체결 추진 합의	공정거래위원회의 스크린쿼터정책의 축소·폐지입장 표명
	찬성옹호연합의 전략	협정체결전략, 호소문전략, 헌법소원전략 등	추진합의전략, 성명서전략, 내부검토전략 등	기자회견전략, 성명서전략, 연설전략 등
	반대옹호연합의 전략	감시전략, 집회전략 등	집회전략, 결의문채택전략, 삭발전략 등	집회전략 등
	정책산출	헌법재판소의 합헌판결	국회의 영화진흥법 개정안 발의	재정경제부의 스크린쿼터 현행일수 50% 축소 발표
	다원주의체제	낮은 수준	높은 수준	중간 수준
	상호작용	낮은 수준	높은 수준	중간 수준
스크린쿼터 정책변동	구 분	시발기	폭발기	결정기
	시기별	영화보호정책 → 영화보호정책	영화보호정책 → 영화보호정책	영화보호정책 → 영화개방정책
	전 체	영화보호정책 → 영화개방정책		
스크린쿼터정책 관련 이익집단 위상의 변동	구 분	시발기	폭발기	결정기
	제도맥락	헌법재판소의 합헌판결	국회의 영화진흥법 개정안 발의	재정경제부의 스크린쿼터 현행일수 50% 축소 발표
	이슈맥락	한중투자보장 협정 체결	한미투자협정 체결 추진 합의	공정거래위원회의 스크린쿼터정책의 축소·폐지입장 표명
	전국극장연합회 / 시기별	위상저하	위상저하	위상상승
	전국극장연합회 / 전 체	위상저하 → 위상상승		
	한국영화인연합회 / 시기별	위상유지	위상유지	위상쇠락
	한국영화인연합회 / 전 체	위상유지 → 위상쇠락		

V. ▶▶ 결 론

지금까지 분석한 내용 등을 근거로 시사점을 조명해 보면 다음과 같다.

첫째, 전술한 MSICF에서 발견된 시사점이 상당부분 일치하였다는 것이다.

즉, 현실적으로 정책변동의 창을 여는 흐름은 정치흐름에 의해 열린다고 했는데, 본 연구에서 정치흐름인 한중투자보장협정에 의해 결정적으로 정책변동의 창이 열려 치열한 게임의 장이 이루어졌다는 점에서 MSICF의 시사점과 일치한다고 할 수 있는 것이다. 그리고 정책변동 창에서의 상호작용은 옹호연합으로 진행된다고 했는데, 실제로 스크린쿼터축소정책을 둘러싸고 찬성옹호연합과 반대옹호연합이 형성되어 전략을 추구하였다는 점에서 일치한다고 할 수 있는 것이다. 또한 이전과는 다른 정책변동이 발생하면 이를 포괄적으로 보여줄 수 있는 정체성이 나타난다고 했는데, 본 연구에서 영화보호정책에서 영화개방정책으로 변동되었다는 점에서 이 또한 일치한다고 할 수 있는 점이다. 그리고 이익집단 위상의 변동은 제도맥락에 의해 좌우된다고 했는데, 실제로 전국극장연합회는 주로 제도맥락에 의해 위상저하, 위상상승이 나타났고, 한국영화인연합회 역시 위상유지, 위상쇠락을 보였다는 점에서 MSICF의 시사점과 상당부분 일치한다고 할 수 있는 것이다.

둘째, 특정기제는 다양한 영역에 걸쳐 동일하게 적용된다는 점이다.

즉, 정치흐름인 한중투자보장협정은 정책변동의 창이 열리자, 시발기의 촉발기제로도 작용했다는 점에서 특정기제는 다양한 부문에 걸쳐 의미 있는 역할을 할 수 있다는 것을 보여주고 있는 것이다.

셋째, 이해당사자로서의 이익집단 등의 위상 변동은 다양성을 나타낸다는 것이다.

즉, 무시할 수 없는 중요한 정책참여자인 전국극장연합회, 한국영화인연합회는 치열한 상호작용 속에서 위상저하에서 위상상승, 위상유지에서 위상쇠락을 나타냈다는 점에서, 일정한 위상이 아닌 개인별로도 다양한 위상 변동을 나타내고 있다는 점이다.

넷째, 정책과정은 혼란 속에 자생적 경계가 나온다는 점이다.

즉, 스크린쿼터정책은 높은 수준의 혼란적 과정을 나타냈지만, 그럼에도 불구하고 다중흐름, 정책변동의 창, 정책변동, 그리고 이익집단의 위상 변동 등 자생적 경계가 명확해, 혼란한 정책과정상에서도 일정한 정체성이 나타난다는 것이다.

아울러, 본 연구는 전 기간에 걸친 스크린쿼터정책을 조명하여 체계적으로 분석해야 했음에도 불구하고 일정시기만 분석대상으로 삼았다는 점에서 한계로 지적된다. 물론, 이 부분이 가장 치열한 게임의 장이 진행된 시기이고, 연구의 페이지 등도 고려했으나, 이는 차후 해결과제라고 할 수 있다. 또한, 대상 이익 집단 위상의 변동을 좀 더 입체적으로 분석해야 했으나 자료상의 한계 등으로 이 부분이 부족했다는 점에서 아쉬움으로 남는다. 또한 MSICF에 스크린쿼터정 책을 적용하여 제 시사점을 조명했는데, 이는 일반화에 한계가 있을 수 있다.

제 8 절
Hogwood & Peters의 정책변동 유형이론 적용[Hogwood & Peters의 정책변동 유형이론을 활용한 정책변동 분석: 신행정수도건설정책을 중심으로]

본 절 역시 앞에서 언급한 Hogwood & Peters의 정책변동 유형이론을 신 행정수도건설정책에 적용하여 본 이론을 좀 더 심도 있게 조명하고자 한다.

I. ▶▶ 서 론

2002년 9월 노무현 대선후보가 충청권에 신행정수도를 건설하겠다고 공약 을 제시하고 당선으로 이어지자 신행정수도건설정책을 둘러싼 논쟁이 이분법적 으로 본격화되었으며, 국가적 수준의 갈등으로까지 치닫게 되었다. 이러한 갈등 은 공주·연기에 신행정수도건설정책, 행정중심복합도시건설정책, 그리고 교육 과학중심경제도시건설정책 등으로 이어지는 역동성을 보이게 되는데, 기본적으 로 행정부처 이전에 있어서 이전옹호연합은 지역균형발전 등을 내세우고 있으 며, 유지옹호연합은 비효율성 등을 반대의 근거로 주장하며 치열한 게임의 장을 펼치게 된 것이다.

　이러한 높은 수준의 갈등은 우리나라에만 해당되는 것은 아닌데, 실제 독일은 통일 이듬해인 1991년 독일 연방의회가 서독 임시수도였던 본에서 통일 독일의 수도로 정해진 베를린으로 연방의회와 행정부를 이전하기로 결의하였지만 본과 지역출신 의원들의 거센 반대로 인해 높은 수준의 갈등으로 이어진 것이다. 결국, 정치적 타협이 필요했고 1994년 4월 연방하원에서 '베를린-본 법안'이 통과되었는데, 이 법은 15개 행정부처 가운데 총리실과 9개 부처를 베를린으로 옮기고 나머지 6개 부처는 본에 남기는 내용이었으며, 행정부처 분할은 1999년 9월 완료된 것이다. 즉, 8년여의 기간 동안 이전과 유지를 둘러싼 치열한 정책갈등으로 상당부분 부작용도 수반되었던 것이다.

　이렇듯 국가를 이끌어가는 행정부처의 이전문제는 우리나라뿐만 아니라 외국에서도 국운을 건 쟁점이 되고 있다는 점에서, 중요한 문제가 되고 있는데, 이에 따라 갈등과정을 정확히 조명할 때, 비로소 여타 유사정책 등의 추진에 있어서 시사점을 제공하여 사회적 비용절감 등 정책효율성을 제고할 수 있는 것이다.

　본 연구에서는 이를 위해 수정된 Hogwood & Peters의 이론을 신행정수도건설정책에 적용하고자 한다. 원형이론에 제 변수를 조작화한 본 이론은 시기별로 정책갈등이 어떻게 진행되었고, 어떠한 정체성을 갖는지 다양한 변수를 통해 명확히 분석할 수 있는 흔치 않은 이론이라는 점에서, 본 연구사례를 이해하는 데 유용하리라 생각된다. 다만, 본 이론은 현상을 체계적으로 분석하는 것이지 가치판단적 성격은 아니라는 점에서, 본 사례에 대한 옳고 그름은 가급적 지양하고자 한다.

　따라서, 본 연구에서는 수정된 Hogwood & Peters의 이론을 신행정수도건설정책에 적용하여 시기별로 정책변동 유형을 도출해 보고, 이를 통하여 Hogwood & Peters의 이론에서 말하는 연구결과를 규명하는 등의 제 시사점을 조명하고자 하는 것이다. 한편, 시기별로 신행정수도건설정책, 행정중심복합도시건설정책 등으로 그 정책이 변동되고 있지만 본 연구에서는 그 시작이 신행정수도건설정책이라는 점에서, 연구제목을 신행정수도건설정책으로 포괄하고자 한다. 또한, 행정중심복합도시는 세종시로 공식화되지만 정체성이 모호한 개

넘이라는 점에서, 본 연구에서는 행정중심복합도시 또는 행복도시로 축약하여 명명하고자 한다.

Ⅱ. ▸▸ 이론적 배경 및 분석틀

1. 정책변동의 개념

정책변동(policy change)에 대한 개념정의는 다양하게 제시되고 있어 현재 합의되거나 일치된 견해가 부재한 상황이다. 기존의 정책변동에 대한 개념정의를 살펴보면 다음과 같다.

먼저, Hofferbert(1974)는 정책산출 변동모형(Policy Output Change Framework: POCF)을 제시하면서, 정책변동에 영향을 미치는 요인으로서 역사적·지리적 조건, 사회경제적 구성, 대중정치행태, 정부기구, 그리고 엘리트행태를 들었으며, 이들이 직접 또는 간접적으로 영향을 미치는 것으로 정의하였고, Rose(1976)는 동적모형(Dynamic Framework: DF)을 제시하면서, 수평축은 시간을, 수직축은 정책목표를 설정하여 4가지로 나타냈는데, 이러한 시간과 정책목표가 변동요인으로 작용한다고 보았다. 또한, Kingdon(1984)은 다중흐름모형(Multiple Stream Framework: MSF)을 제시하면서, 정책문제흐름, 정책대안흐름, 그리고 정치흐름의 결합에 의해 정책변동의 창이 열리고, 창에서의 상호작용을 통해 정책변동이 나타난다고 정의하였다.

한편, Sabatier(1988)는 옹호연합모형(Advocacy Coalition Framework: ACF)을 제시하면서, 안정적인 외적변수·역동적인 외적변수의 8가지 세부변수가 정책하위체제 행위자들의 제약 및 재원으로 작용하며 정책하위체제의 옹호연합 간 상호작용을 통해 정책변동이 나타난다고 설명하였고, Hall(1993)은 패러다임 변동모형(Paradigm Change Framework: PCF)을 제시하면서, 정책변동은 1단계 패러다임 안정기, 2단계 변이의 축적기, 3단계 실험기, 4단계 권위의 손상기, 5단계 경합기, 그리고 6단계 정책변동이 나타난다고 설명했으며, Mucciaroni(1995)는 이익집단위상 변동모형(Interest group standing Change Framework: ICF)을 제시하면서, 제도적 맥락과 이슈맥락이 정책변동을 가져온다고 정의하면서 이 중 제도적 맥락에 의한 영향이 더 크다고 설명하였다.

그리고 국내학자들도 정책변동에 대한 개념정의를 하고 있는데, 박해룡(1990)은 정책변동에 대해 사회적·경제적 여건, 정치체제적 변화에 의해서 기존의 정책산출물과 다른 것으로 결정되고 대부분의 정책형성은 기존의 정책을 토대로 이루어지는 것이라고 정의하였고, 정성실(2000)은 정책결정에서 발생하는 정책산출물의 수정·종결만이 아니라 정책집행단계에서 발생하는 것도 포함하는 것으로 개념정의를 하였다.

이들을 근거로 본 연구에서는 정책변동에 대해, 결정적으로 국면을 전환시키는 촉발기제로 인해 기본성격, 법률, 조직, 그리고 예산측면이 변화하여 이전과는 다른 행태의 정책이 산출되는 일련의 과정으로 정의하고자 한다.

2. 정책변동의 유형

기존 이론 중 정책변동과 관련하여 유형을 다루고 있는 이론은 흔치 않은 실정이며, 더욱이 유형별로 제 측정변수를 동원하고 있는 이론은 많지 않은 상황이다. 이렇게 볼 때, Hogwood & Peters의 이론은 드물게 각 유형별로 측정변수를 설정하여 정체성 및 객관성 등을 비교적 명확히 제고하고 있다는 점에서, 본 연구에서는 본 이론을 활용하여 신행정수도건설정책을 분석하고자 한다.

Hogwood & Peters(1983)는 정책변동의 유형을 정책혁신, 정책유지, 정책승계, 그리고 정책종결로 대별하였는데, 각 유형에는 기본성격, 법률측면, 조직측면, 그리고 예산측면의 측정변수를 설정하였다.

먼저, 정책혁신(policy innovation)은 의도적 성격으로서, 기존 법률·조직·예산이 부재한 것으로 과거에 집행되지 않았던 정책을 처음으로 도입하는 정책변동을 의미하고, 정책유지(policy maintenance)는 의도하지 않은 적응적 성격으로서, 대개 기존 법률·조직·예산을 유지하는 것으로 낮은 수준의 정책변동을 의미한다.

그리고 정책승계(policy succession)는 의도적 성격으로서, 제정 및 기존 법률의 개정이 있고, 기존 조직의 개편이 있으며, 기존 예산의 조정이 있는 것으로, 큰 틀 차원의 정책목표는 유지한 채 정책변동이 높은 수준으로 일어나는 것을 의미한다. 마지막으로 정책종결(policy termination)은 의도적 성격으로서, 기존 법

표 4-57 수정된 Hogwood & Peters의 이론

구 분	정책혁신	정책유지	정책승계	정책종결
기본성격	의도적 성격	적응적 성격	의도적 성격	의도적 성격
법률측면	기존 법률 부재	기존 법률 유지	제정 및 기존 법률의 개정	기존 법률 폐지
조직측면	기존 조직 부재	기존 조직 유지, 정책상황에 따라 조직보완 가능	기존 조직의 개편	기존 조직 폐지
예산측면	기존 예산 부재	기존 예산 유지	기존 예산 조정	기존 예산 폐지
세부유형	– 창조형 – 반복형	– 순응형 – 불응형	– 선형형 – 정책통합형 – 정책분할형 – 부분종결형 – 비선형형	– 폭발형 – 점감형 – 혼합형

출처: Hogwood & Peters(1983), 유훈(2002)을 근거로 재구성.

률·조직·예산이 폐지되는 것으로, 정책을 완전히 없애면서 새로운 정책으로 대체하는 것도 없는 정책변동을 의미한다.

한편, 전술한 원형 Hogwood & Peters의 이론을 세분화시켜 정체성 및 객관성 등을 좀 더 제고시키기 위해 각각의 유형에 맞는 세부유형을 조작화했는데, 이를 통해 본 연구에서는 수정된 Hogwood & Peters의 이론으로 접근하고자 한다(〈표 4-57〉 참조).

먼저, 정책혁신의 세부유형으로 창조형과 반복형을 제시할 수 있는데, 창조형은 기존에 정책집행뿐만 아니라 정책결정도 하지 않았던 정책을 새롭게 창조하여 도입하는 세부유형이고, 반복형은 기존에 정책결정은 하였으나 정책집행으로 이어지지 못했던 정책을 참고하여 새롭게 도입하여 집행하는 유형을 의미한다. 정책유지의 세부유형으로는 순응형과 불응형이 있는데, 이는 정책유지가 결정되었을 때 이해당사자들이 대체적으로 순응했느냐 불응했으냐에 따라 나눈 것이다.

그리고 정책승계는 선형형, 정책통합형, 정책분할형, 부분종결형, 그리고

그림 4-26 정책승계의 세부유형

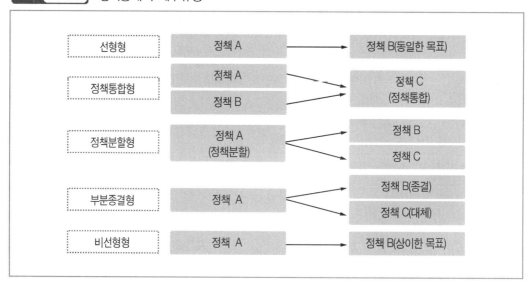

비선형형으로 나눌 수 있는데, 선형형은 동일한 목표 아래 정책이 변동되는 것을 의미하고, 비선형형은 상대저으로 상이한 목표 아래 정책이 변동되는 것을 말한다. 그리고 정책통합형은 정책 A, B가 하나의 정책으로 통합되는 것이고, 정책분할형은 반대가 되는 세부유형이다. 부분종결형은 정책 중 일부는 종결이 되고, 일부만 대체되는 것을 의미한다(〈그림 4-26〉 참조).

마지막으로, 정책종결은 폭발형, 점감형, 그리고 혼합형으로 나눌 수 있는데, 폭발형은 아무 예고 없이 갑작스럽게 종결되는 정책을 의미하고, 점감형은 예고를 통해 비교적 장기적으로 서서히 없어지는 정책을 말한다. 그리고 혼합형은 종결되는 시기가 전술한 양 세부유형의 중간지점으로서 단계적으로 소멸되는 것을 의미한다.

3. Hogwood & Peters의 이론에서 말하는 주요 연구결과

Hogwood & Peters의 이론에서 말하는 주요 연구결과를 정리하면 다음과 같다(Hogwood & Peters, 1983). 본 연구결과는 수정된 Hogwood & Peters의 이론에서도 그대로 나타난다.

첫째, 정책변동 유형 간에 역동적 관계가 존재한다는 것이다.

즉, 처음 정책이 만들어진 정책혁신 후 환경변화에 따라 정책에 대한 낮은 수준의 수정·보완, 즉 기본골격이 남아있는 정책유지가 이루어진다. 이러한 정책유지가 환경변화에 따라 더욱 더 누적되면 높은 수준의 수정·변경, 즉 정책승계가 도래하게 되고, 환경변화에 따라 필요성이 없는 정책은 종결하게 된다. 한편, 승계된 정책은 다시 환경변화에 따라 정책이 유지되게 되는 등 4가지 유형은 순환 등을 통해 역동성을 띠게 된다는 것이다.

둘째, 정책변동 유형을 결정짓게 하는 것은 비공식적 정책참여자보다는 공식적 정책참여자가 압도적이라는 것이다.

즉, 촉발기제에 따라 기본성격, 법률·조직·예산측면 등에서 변화가 오게 되고 이를 통해 정책변동 유형이 결정되게 되는데, 이러한 촉발기제를 가져오는 데 결정적인 역할을 하는 것은 비공식적 정책참여자보다는 공식적 정책참여자라는 것이다.

셋째, 최고관리자가 원하는 정책변동 유형을 이루기 위해서는 정권후반기보다는 전반기가 유리하다는 것이다.

즉, 상대적으로 정권후반기보다는 정권전반기에 제 부문에서 지지를 보내는 밀월기간(honeymoon period)이 높다는 점에서, 자신이 원하는 정책변동을 하는 데는 전반기가 유리한 환경이라는 것이다.

넷째, 정책변동 유형의 제 측정변수는 공식적 조직에 의해 결정된 공식적 법률, 조직, 예산 등이라는 것이다.

즉, 법률 등의 측정변수는 모두가 인정하는 공식적 조직에 의해 결정되어야만 신뢰를 받을 수 있고, 이에 따라 정책변동 유형에 대한 권위가 제고된다는 것이다.

다섯째, 정책변동 유형의 제 측정변수는 고안단계에 머무르지 않고 집행단계까지 이른다는 것이다.

즉, 일례로 법률이 안으로만 머무르지 않고, 재개정을 통해 시행에까지 이르러야만 실질적으로 정책변동 유형의 측정변수로서의 가치를 갖는다는 것이다. 다시 말해서, 정책형성만 하고 정책집행이 되지 않는 변수는 큰 의미가 없다는 것이다.

4. 연구의 분석틀

전술한 수정된 Hogwood & Peters의 이론 등을 근거로 본 연구에서 다루어질 분석틀을 구성해 보면 〈그림 4-27〉과 같다(안형기·양승일, 2006을 근거로 구성). 즉, 기본성격, 법률측면, 조직측면, 그리고 예산측변 등의 변수들 시기별 신행정수도건설정책에 적용하여 시기별로 기본유형을 분석한 후 이를 근거로 세부유형을 조명하여, 이에 대한 이론 규명 등의 시사점을 도출하려는 것이다.

한편, 분석틀을 근거해서 세부적인 사항을 조명해 보면, 후술할 촉발기제가 각 시기의 시작이라는 점에서, 이후 새로운 촉발기제 직전에 제 측정변수가 나타난다고 할 수 있는 것이다. 이러한 측정변수는 〈표 4-54〉에서 보듯이, 법률측면의 경우 기존 법률 부재(정책혁신), 기존 법률 유지(정책유지), 제정 및 기존 법률 개정(정책승계), 그리고 기존 법률 폐지(정책종결) 등으로 측정하게 되는 것이다. 그리고 기존 정책변동 유형연구에서는 모호하게 정책산출물 등으로만 그 측정변수를 설정했으나, 본 측정변수는 기본성격, 법률측면, 조직측면, 그리고 예산측면 등 4가지로 잡고 있다는 점에서, 그 객관성을 좀 더 제고할 수 있다는 것이 Hogwood & Peters(1983)의 주장이다.

아울러, 촉발기제에 도달하기까지의 상호작용 분석을 위해 참여자의 구성체계를 시기별로 계속 제시할 예정인데, 이는 참여자의 정체성을 명확히 하여

그림 4-27 신행정수도건설정책의 분석틀

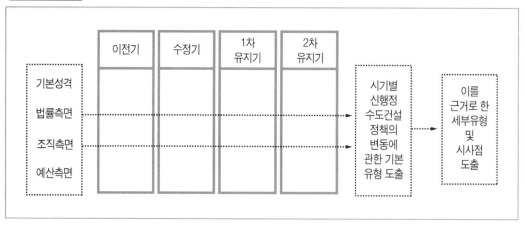

복잡한 상호작용 현상을 논리적으로 분석하기 위한 것이다. 그리고 본 구성체계에서 공식적·비공식적 정책참여자는 Hogwood & Peters(1983)가 언급한 사항이고, 핵심적·주변적 정책참여자는 공식적·비공식적 정책참여자의 중요성을 차별화시켜 역동성을 제고하려는 의도에서 조작화한 것이다. 이러한 구성체계는 생략할 수 있는 참여자를 포함시켜 상호작용의 객관성을 좀 더 제고할 수 있다는 점에서, 나름대로 의미를 갖는다고 할 수 있는 것이다.

Ⅲ. ▶▶ 신행정수도건설정책의 변동 유형 분석

1. 추진경과 및 시기별 구분

1) 추진경과

신행정수도건설정책의 추진경과를 간략히 살펴보면, 2002년 9월 노무현 대선후보는 지역균형발전 차원에서 충청권에 신행정수도건설을 공약으로 제시하게 되고, 이를 위한 신행정수도의 건설을 위한 특별조치법을 제정하게 된다. 하지만 이석현 변호사 등이 관습법 위반이라는 점 등을 주장하며 본 법에 대해 헌법소원을 하게 되고, 헌법재판소는 수도는 서울이라는 관습헌법을 들어 위헌 판결을 내리게 된다. 결국, 노무현정부는 이에 대한 차선책으로 일부 행정부처만을 충청권에 이전시키는 행정중심복합도시 건설을 위한 특별법을 공포하게 되지만, 이에 대해서도 수도이전반대국민연합은 수도를 분할할 수 없다며 위헌 소송을 제기하게 된다. 이에 대해 헌법재판소는 각하판결을 내려 행복도시추진은 탄력을 받게 되지만 효율성 등을 강조하는 이명박정부가 2010년 1월 행정 부처 이전 백지화 등을 포함하는 행복도시 수정안을 발표하게 되자 행복도시는 위기를 맞게 된다. 하지만 수정안 발표 이후 6.2 지방선거에서 한나라당이 패배함에 따라, 수정안을 담은 행정중심복합도시 건설을 위한 특별법 전부개정법률안이 국회 본회의에서 부결되고, 이에 따라 행복도시는 유지되기에 이른 것이다(〈표 4-58〉 참조).

표 4-58	신행정수도건설정책의 추진경과

일 시	주요 내용
2002. 09. 30	노무현 대선후보, 충청권에 신행정수도 건설 공약 제시
2004. 01. 16	신행정수도의 건설을 위한 특별조지법 제성
2004. 06. 02	이석현 변호사 등 헌법소원대리인단, 신행정수도의 건설을 위한 특별조치법 헌법소원
2004. 10. 21	헌법재판소, 신행정수도의 건설을 위한 특별조치법 위헌판결
2005. 03. 18	신행정수도건설 후속대책을 위한 연기·공주지역 행정중심복합도시건설을 위한 특별법(약칭 행정중심복합도시 건설을 위한 특별법) 제정
2005. 06. 15	수도이전반대국민연합, 행정중심복합도시 건설을 위한 특별법 위헌소송 제기
2005. 11. 24	헌법재판소, 행정중심복합도시 건설을 위한 특별법 각하판결
2006. 01. 01	'행정중심복합도시건설청' 공식출범
2009. 09. 03	정운찬 총리 후보자, "행복도시 계획 수정 추진해야"
2010. 01. 11	이명박정부, 행정부처 이전 백지화 등을 포함하는 행복도시 수정안 발표
2010. 06. 02	한나라당, 6.2 지방선거 패배
2010. 06. 29	수정안을 담은 행정중심복합도시 건설을 위한 특별법 전부개정법률안 국회 본회의 부결

출처: 연합뉴스〈http://www.yonhapnews.co.kr〉를 근거로 재구성.

2) 시기별 구분

시기별 구분의 기준은 다양하게 정의되지만 본 연구에서는 법률, 조직, 그리고 예산측면 등을 집행으로까지 이끄는 결정적인 촉발기제(triggering mechanisms)에 의해 구분하고자 한다. 즉, 촉발기제에 영향을 받아 유형을 결정짓는 법률측면 등 측정변수가 변화 및 유지하게 되는 것이다.

(1) 이전기(2002. 09 – 2004. 10)

이전기는 현재의 역사적 수도인 서울을 충청권으로 이전하여 계획적 수도로 만들기 위한 시기이다. 본 시기의 촉발기제는 2002년 9월 30일 노무현 후보가 충청권에 신행정수도를 건설하겠다는 공약으로서, 이러한 공약을 구체화 시키기 위해 신행정수도의 건설을 위한 특별조치법 등을 제정·공포하게 된다.

(2) 수정기(2004. 10 – 2005. 11)

수정기는 신행정수도의 건설을 위한 특별조치법의 위헌판결에 따라, 차선책으로 여야가 절충하여 일부 행정부처를 연기·공주지역으로 이전하는 행정중심복합도시를 만들기 위한 시기로서, 이를 위해 행정중심복합도시 건설을 위한 특별법 등이 만들어졌다. 결국, 본 시기의 촉발기제는 2004년 10월 21일 헌법재판소가 '특별조치법'에 대해 내린 위헌판결[88]이라고 할 수 있다.

(3) 1차 유지기(2005. 11 – 2010. 06)

1차 유지기는 행정중심복합도시 건설을 위한 특별법의 위헌소송에 대한 각하판결에 따라, 연기·공주지역에 행복도시건설을 본격화하는 시기이다. 따라서 본 시기의 촉발기제는 2005년 11월 24일 헌법재판소가 '특별법'에 대해 내린 각하판결[89]이라고 할 수 있다.

(4) 2차 유지기(2010. 06 – 현재)

2차 유지기는 이명박정부가 연기·공주지역에 행복도시건설을 백지화하는 대신 교육과학중심경제도시로 대체하려는 수정안을 국회에 제출했으나 부결되어 행복도시가 다시 유지되는 시기이다. 따라서 본 시기의 촉발기제는 2010년 6월 29일 행복도시 수정안이 국회 본회의에서 부결[90]된 것이라고 할 수 있다.

3) 신행정수도건설정책 관련 선행연구

비교적 충실하게 적용하고 있는 국내연구를 중심으로 신행정수도건설정책 관련 선행연구를 조명해 보면 다음과 같다.

먼저, 김정완(2006)은 신행정도시 건설에 대한 공공선택론적 분석을 하면서, 열린우리당 등 이전론자들은 현실에 있어 지역균형개발이라는 표면상의 목

---

[88] 신행정수도의 건설을 위한 특별조치법에 대한 헌법재판소의 판결은 위헌의견이 8명, 합헌의견이 1명으로 나타나 위헌판결이 내려졌다.

[89] 행정중심복합도시 건설을 위한 특별법에 대한 헌법재판소의 판결은 각하의견이 7명, 위헌의견이 2명으로 나타나, 사실상 합헌판결이 내려졌다.

[90] 수정안을 담은 행정중심복합도시 건설을 위한 특별법 전부개정법률안은 재적의원 291명 중 275명이 참석했고 찬성 105명, 반대 164명, 그리고 기권 6명으로 부결되었다.

적보다는 향후 정치상황에 주도권을 확보하기 위해 행정수도 분할정책을 제기했다고 주장하면서, 이에 대해 충청권 지역주민들은 전형적인 이익집단의 행태를 보였다고 주장하였다. 즉, 행정수도 유치에 따른 편익을 독점하면서 소요경비를 전체국민에게 전가시키는 지대추구의 조건을 최대한 활용한 것이라는 것이다. 이에 반해, 주권자로서 일반국민과 헌법재판소는 자신의 효용과 편익을 유지하는 데 안주하여, 일반국민들은 합리적 무지를 나타냈고, 헌법재판소는 여론의 동향과 충청권의 압력에 순응하여 현실 안주적인 판결을 내렸다는 결론을 도출하였다.

한편, 송광태(2007)는 신행정수도 건설에 대해 그 타당성을 검토하고자 했는데, 이를 위해서 정부의 신행정수도 건설안의 골자를 중심으로 쟁점사항을 도출하고 그 타당성을 분석하고자 했다. 이어서 외국의 수도이전 사례와 경험에서 우리가 얻을 수 있는 점이 무엇인지를 분석하고 향후 방안에 대해서도 조명하였다. 아울러, 이춘기(2007)는 신행정수도 건설의 쟁점과 배경을 알아보고 입지선정의 타당성 등을 논의했다.

결과적으로, 전술한 연구들은 신행정수도건설정책에 대해 나름대로 이해를 제고시키는 데 기여를 하고 있지만, 전반적으로 정책의 쟁점과 타당성 등에만 초점을 맞추고 있다. 하지만 본 연구에서는 수정된 Hogwood & Peters의 이론을 신행정수도건설정책에 적용하였을 뿐만 아니라, 시기별로 그 유형을 도출하고 있고 이를 통해 정체성을 제고하는 한편, 정책변동의 요인도 조명하고 있다는 점에서, 기존 선행연구와는 상당부분 차별성을 갖는 것이다.

2. 시기별 정책변동 유형 분석

본격적으로 시기별 정책변동 유형을 분석하기 전에 우선 촉발기제가 도래하게 되는 과정을 참여자들의 상호작용을 중심으로 조명하고자 한다.

1) 이전기 정책변동 유형 분석

(1) 촉발기제에 도달하기까지의 상호작용

표 4-59 　참여자의 구성체계[91]

구 분		이전옹호연합		유지옹호연합	
		공식성 여부		공식성 여부	
		공식적 정책참여자	비공식적 정책참여자	공식적 정책참여자	비공식적 정책참여자
참여자의 중요성 여부	핵심적 정책참여자	민주당 대선후보 노무현	-	-	-
	주변적 정책참여자	민주당 상임고문 노무현	-	-	-

　　본 시기에 있어서 촉발기제는 2002년 9월 30일 민주당 대선후보로 확정된 노무현 후보에 의한 충청권으로의 신행정수도건설 공약이다.

　　먼저, 새천년민주당 상임고문인 노무현 후보는 제16대 대선을 위한 민주당 경선출마 기자회견(2002.2.24)에서 "강력한 지방육성·지방분권 등 지방화정책을 펼치겠다"고 피력했으며, 이는 2002년 4월 27일 제16대 민주당 대선후보로 확정된 직후 수락연설에서 "균형 있게 잘사는 나라를 만들겠다"는 청사진으로 이어졌다. 결국, 이러한 신념은 2002년 9월 30일 민주당중앙선거대책위원회 발족식에서 충청권으로의 신행정수도 이전을 통한 지역균형발전을 공식 공약으로 제시하기에 이른 것이다. 이러한 공약은 대통령 당선 후 구체화된다.

---

91 〈표 4-59〉의 구성체계는 보수적 성향의 조선일보, 진보적 성향의 한겨레신문, 그리고 중립적 성향을 보이고 있는 연합뉴스에 게재된 관련 기사내용들을 분석하여 공통적으로 언급된 정책참여자들을 관련 업무 전·현직 국회보좌진 및 행정관료 각각 5명, 총 10명에게 제시하여 과반수기준(A정책참여자가 중요성을 기준으로 핵심적 정책참여자 또는 주변적 정책참여자 중 어느 부분에 해당되는지를 구체적으로 질문한 후 6명 이상에 답변한 부분에 분류)으로 핵심적·주변적 정책참여자를 구분하였다. 이들에 대한 면접조사는 2010년 8월 20일부터 22일까지 이루어졌으며, 여타사항은 그들의 강력한 요청으로 공개하지 않기로 한다. 아울러, 공식성 여부는 법규에 근거한 경우 공식적 정책참여자로, 그 외에는 비공식적 정책참여자로 규정해 구분하였다. 이 같은 분류기준은 이후에도 동일하게 적용된다.

한편, 본 시기에 있어서 촉발기제가 도래하게 되는 과정을 살펴보면, 당시 새천년민주당 내부에서만 진행되는 과정이었다는 점에서, 양 이해당사자 간의 상호작용보다는 노무현 후보의 주장이 일방향으로 진행되었던 시기였던 것이다. 어쨌든, 본 시기의 촉발기제로 인해 신행정수도건설정책과 관련하여 기본성격, 법률, 조직, 그리고 예산측면에 변화가 오게 된다.

(2) 이전기 정책변동 유형 분석

① 기본성격

이전기의 기본성격은 '의도적'이라고 할 수 있다. 최소한 피상적으로나마 노무현정부는 신행정수도건설정책을 통해, 국가균형발전과 안보상의 한계를 극복하고자 한 것이다.

국토분단의 아픔을 딛고 시작된 성장위주의 경제발전정책은 '한강의 기적'이라고 불릴 만큼 큰 성과를 거뒀지만 동시에 세계에서 유례없는 수도권 집중을 초래, 서울과 지방, 도시와 농촌에 각각 성장과 낙후라는 이분법적 결과를 가져왔다. 생산, 소비, 투자 등 모든 경제활동 분야에서 수도권은 팽창하는데, 여타 지역은 상대적으로 위축되는 지역 간 불균형이 심화하고 있는 상황에서 수도를 비수도권으로 이전하는 것이 국가균형발전을 위해서 긴요하다는 것이다. 또한, 남북대치상황에서 일차적 공격대상은 정부 중요 기관이 밀집해 있는 수도가 될 것이므로 이를 후방으로 이전시켜 주요 핵심부를 다소나마 보호하고자 하는 의도도 포함되어 있었다고 할 수 있다(국정브리핑, 2005. 01. 24).

② 법률측면

노무현 후보가 충청권으로의 신행정수도 이전을 공약할 당시에는 이를 추진하기 위한 근거인 법률 자체가 부재하였다. 이에 노무현정부는 2004년 1월 16일 '신행정수도의 건설을 위한 특별조치법'[92]을 제정하게 된다.

본 특별조치법에서는 수도권 집중에 따른 부작용을 해소하고 세계화와 지방화가 동시에 진행되는 시대적 조류에 부응하기 위해 신행정수도를 건설하는 방법 및 절차를 규정하였다. 국가의 정치·행정의 중추기능을 법률에 의해 정해

---

[92] 본 특별조치법은 여야합의로 2003년 12월 29일 국회 본회의에서 재석의원 194명 중 찬성 167표, 반대 13표, 기권 14표로 가결되었다.

지는 지역으로 이전하도록 한 것이다. 그런데 본 특별조치법은 제정 전후부터 국민들의 여론이 충분히 반영하지 않았다는 근거로 인해 이전옹호연합과 유지 옹호연합 간 논쟁의 중심에 휩싸이더니, 결국 헌법재판소의 위헌판결에 따라 2004년 10월 21일 유명무실해지는 운명을 맞게 된다.

③ 조직측면

16대 대선에서 노무현 후보가 충청권으로의 신행정수도 이전을 공약하기 전까지 이를 추진하기 위한 조직은 부재하였다. 그러나 노무현정부는 신행정수도를 적극적으로 추진하기 위해 2004년 5월 21일 '신행정수도건설추진위원회'를 공식 출범시킨다.

신행정수도건설추진위원회는 크게 추진위원회, 자문위원회, 추진단, 그리고 실무기구로 구성되었다. 추진위원회는 국무총리, 국무위원, 그리고 국회 사무총장 등 당연직 위원 13명과 민간전문가 17명 등 총 30명으로 구성되었으

그림 4-28 신행정수도건설추진위원회의 조직도

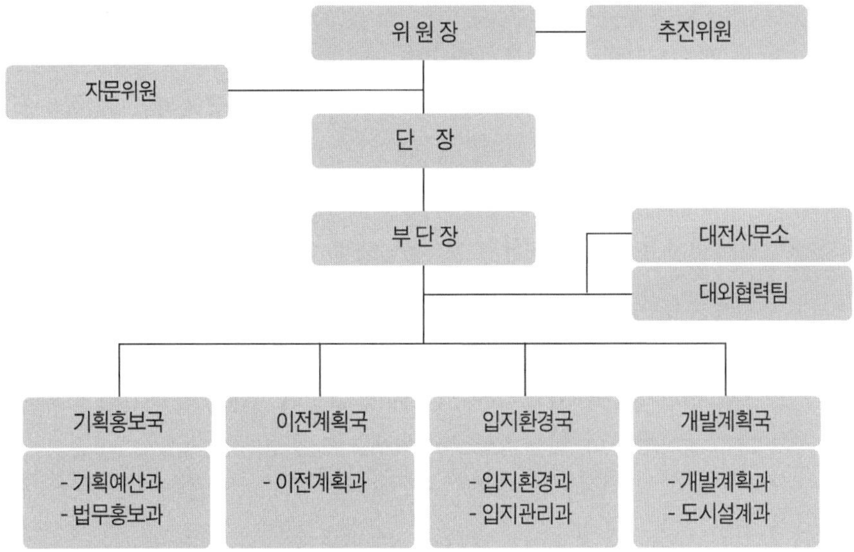

출처: 신행정수도 후속대책위원회(2005: 25)를 근거로 재구성.

며, 위원장은 국무총리와 민간위원장이 공동으로 맡았다. 한편, 자문위원회는 추진위원회에서 결정하는 중요한 정책사항에 대해 자문역할을 수행하도록 하였고, 추진단은 추진위원회의 업무수행을 실무적으로 뒷받침하는 기능을 담당하였으며, 실무기구는 부단장을 중심으로 4국 7과가 설치되었다(〈그림 4-28〉 참조).

이상과 같은 신행정수노건설추신위원회는 2004년 6월 8일에 신행정수도로 옮길 행정부처 등 73개를 선정·발표하고, 세부 추진 일정을 밝히는 등 나름대로 적극적인 활동을 전개하였으나 특별조치법에 대한 헌법재판소의 위헌판결에 따라 2004년 10월 21일에 조정되는 운명을 맡게 된다.

④ 예산측면

신행정수도 이전을 위한 소요재원은 정부부담 건설비용 등으로 이루어지는데 국가중추관리기관 건축비 및 용지비, 기타 공공기관건축비 및 용지비, 그리고 광역교통시설비 등 총 '11조 2천 8백억원' 가량이 책정되었다(행정중심복합도시건설추진위원회, 2005).

그러나 신행정수도건설을 위한 예산 역시 헌법재판소의 특별조치법 위헌판결에 따라 조정되는 운명을 맞게 된다.

⑤ 유형도출

이전기를 부문별로 분석한 결과, 기본성격이 의도적이고, 법률·조직·예산 측면 등이 새롭게 만들어졌다는 점에서, 이전기의 정책변동 유형은 정책혁신이라고 할 수 있다.

아울러, 신행정수도이전문제는 박정희정부가 1977년에 서울인구 750만 명이 넘어서자 충남·대전지역으로 행정도시 이전을 지목하였고, 구체적인 계획까지 세운 바 있는데, 이러한 정책추진을 참고로 하여 예산을 실제로 조달하고 조직을 구성하며 법률까지 만들어 시행(신행정수도의 건설을 위한 특별조치법 2004년 4월 16일부터 시행)하는 등 집행까지 하였다는 점에서 신행정수도건설정책의 이전기는 종합적으로 '반복형 정책혁신'이라고 할 수 있는 것이다.

2) 수정기 정책변동 유형 분석

(1) 촉발기제에 도달하기까지의 상호작용

표 4-60 참여자의 구성체계

구 분		이전옹호연합		유지옹호연합	
		공식성 여부		공식성 여부	
		공식적 정책참여자	비공식적 정책참여자	공식적 정책참여자	비공식적 정책참여자
참여자의 중요성 여부	핵심적 정책참여자	노무현 대통령	–	한나라당 대선후보 이회창	헌법소원 대리인단, 수도이전반대 범국민 운동본부
	주변적 정책참여자	건설교통부, 법무부	–	서울특별시	수도이전반대국민포럼

본 시기에 있어서 촉발기제는 2004년 10월 21일 헌법재판소가 신행정수도의 건설을 위한 특별조치법에 대해 위헌판결을 내린 사항이다.

노무현 후보의 신행정수도 이전 공약에 따라 위기감을 느낀 당시 한나라당 이회창 대선후보는 2002년 12월 17일에 "행정수도이전공약은 충청인을 속이는 졸속공약에 불과하다"는 의견을 주장하며 반대입장을 분명히 했다. 이후 노무현 후보가 대통령으로 당선된 후 신행정수도 관련 법률, 조직, 예산작업을 본격화하자, 수도이전반대국민포럼 등이 특별조치법 폐지를 위한 국회청원(2004. 4. 30)을 하게 된다. 이에 대해 노무현 대통령은 7월 8일 기자회견을 통해 "수도이전 반대는 대통령을 불신임하는 것으로 본다"는 내용의 의미심장한 발언을 하였으나, 헌법소원대리인단이 수도이전은 명백한 관습헌법 위반이라면서 특별조치법에 대해 7월 12일 헌법소원을 하게 된다.

이러한 상황에서 건설교통부는 신행정수도 헌법소원 각하를 위한 의견서를 헌법재판소에 제출(2004. 8. 6)하게 되고, 신행정수도 예정지를 연기·공주지역으로 확정발표(2004. 8. 11)하게 된다. 또한, 법무부 역시 헌법재판소에 헌법소원 각하 의견서를 제출(2004. 8. 12)하는 등 위헌결정을 막기 위한 전략을 펼치게 된다. 이에 대해 유지옹호연합도 강력한 대응을 하게 되는데, 한나라당 이명박 시장이 단체장을 맡고 있는 서울특별시 역시 헌법재판소에 수도이전은 위헌이라는 의견서를 제출(2004. 8. 14)하게 된다. 또한, 헌재결정을 1달여 앞둔 2009년 9월 17일 수도이전반대범국민운동본부가 출범하게 되는데, 본 단체는 출범과 함께 수도이전반대 1천만서명운동에 들어갔고, 2004년 10월 28일에 서울광장에서 수도이전반대 백만인 결의대회를 계획하는 등 적극적으로 수도이전 반대입장을 전개해 나갔다(연합뉴스〈http://www.yonhapnews.co.kr〉).

　　결국, 지역균형발전 등을 내세운 이전옹호연합과 관습헌법 위반 등을 내세운 유지옹호연합 사이의 치열한 상호작용 속에서 2004년 10월 21일 헌법재판소는 관습헌법상 수도는 서울이라는 점 등을 내세우며 유지옹호연합의 손을 들어주게 된다. 즉, 특별조치법에 위헌판결(위헌 8명-관습헌법 위반 7명·국민투표 부재 1명, 합헌 1명)을 내리게 된 것이다.

　　한편, 본 시기에 있어서 촉발기제가 도래하게 되는 과정을 살펴보면, 노무현정부 등의 이전옹호연합과 헌법소원대리인단 등의 유지옹호연합 사이에 치열한 상호작용이 진행되는 과정이었다는 점에서, 이전시기보다는 상호작용의 정도가 높은 수준이었다고 할 수 있다. 어쨌든, 본 시기의 촉발기제로 인해 행정중심복합도시건설정책과 관련하여 기본성격, 법률, 조직, 그리고 예산측면에 변화가 오게 된다.

(2) 수정기 정책변동 유형 분석

① 기본성격

　　신행정수도의 건설을 위한 특별조치법의 위헌판결로 인해 신행정수도의 이전은 백지화되었지만, 노무현정부는 지역균형발전을 위해 차선책인 행정중심복합도시의 건설을 '의도적'으로 추진하게 된다. 헌법재판소의 위헌판결로 인해 신행정수도 이전을 통한 높은 수준의 지역균형발전은 불가능할 것처럼 보였으나 수도는 서울로 유지한 채 12부 4처 2청 등 일부 행정부처를 이전시켜 세계화·지방화에 대처하고, 국민통합과 제2의 국가도약 달성을 위한 새로운 국가발전 패러다임을 마련하겠다는 의지를 보였다. 즉, 노무현정부는 행복도시건설의 효과를 최대화함으로써 신행정수도건설정책의 수준만큼 바라는 목표를 달성하고자 했던 것이다(행정중심복합도시건설추진위원회, 2005).

② 법률측면

이전기의 신행정수도 건설을 위한 특별조치법이 헌법재판소에서 위헌판결을 받음에 따라 그 기능이 상실되었고, 이에 따라 행정중심복합도시 건설을 위한 새로운 법률 제정이 필요했는데, 이것이 2005년 3월 18일에 공포된 '행정중심복합도시 건설을 위한 특별법'[93]이다.

본 특별법은 연기·공주지역에 행정기능을 이전하는 자족형의 친환경, 인간중심, 문화정보도시를 건설한다는 것으로 국가의 소요재원 상한선과 이전을 위한 추진위원회의 구성 및 기능 등에 대한 내용을 담고 있다. 본 법률은 이전 대상 부처까지 구체적으로 명시하고 있는데 행정부처 가운데 재경·교육·문화관광·과기·농림·산자·정통·보건복지·환경·노동·건교·해양수산부 12부와 기획예산처·국가보훈처·국정홍보처·법제처 4처, 그리고 국세청·소방방재청 2청 등이 포함되어 있다.

본 법안은 여야 간 합의에 따라 제정되었다는 점에서 의미가 있으나 이 역시 실질적인 천도라고 주장하는 유지옹호연합이 제기한 헌법소원에 의해 존폐위기를 맞는다.

③ 조직측면

이전기의 조직인 신행정수도건설추진위원회는 헌법재판소의 위헌판결로 인해 그 기능을 상실하게 되었다. 따라서 행복도시의 건설을 적극적으로 추진하기 위해 2005년 4월 7일 '행정중심복합도시건설추진위원회'가 출범됨으로써, 기존 신행정수도건설추진위원회는 일정부분 개편에 직면하게 된다.

행정중심복합도시건설추진위원회는 신행정수도건설추진위원회의 조직에 비해 막료조직인 대외협력팀이 계선조직인 기획총괄국으로 편입됐고, 기존의 기획홍보국이 운영지원과, 기획법무과, 그리고 대외홍보팀으로 구성된 기획총괄국으로 개편되었다는 점 등이 변경사항이다(〈그림 4-29〉 참조). 결국, 출범 당시 위원기준으로 인적구성이 추진위원 18명, 자문위원 77명 등 95명으로, 이전기 신행정수도건설추진위원회의 119명보다는 작은 규모를 나타냈다. 이상과 같은

---

[93] 본 특별법은 여야합의로 2005년 3월 2일 국회 본회의에서 재석의원 177명 중 찬성 158표, 반대 13표, 기권 6표로 가결되었다.

그림 4-29 행정중심복합도시건설추진위원회의 조직도

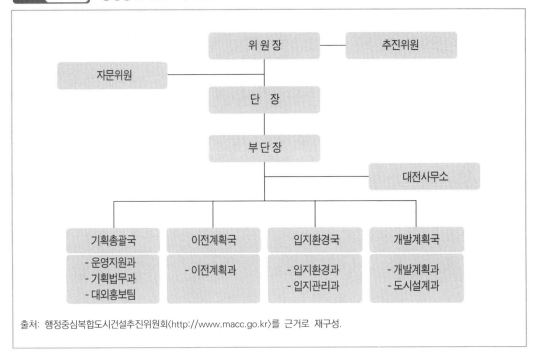

출처: 행정중심복합도시건설추진위원회(http://www.macc.go.kr)를 근거로 재구성.

행정중심복합도시건설추진위원회는 수도분할에 따른 비효율성을 근거로 내세운 유지옹호연합의 위헌소송에 따라 해체위기에 놓이게 된다.

④ 예산측면

신행정수도건설을 위하여 책정된 예산 11조 2천억원이 헌재의 위헌판결에 따라 행정중심복합도시 건설을 위한 소요재원으로 다시 책정되기에 이른다. 수정기의 행복도시를 위한 소요재원도 정부부담 건설비용 등으로 이루어지는데 국가중추관리기관 건축비 및 용지비, 기타 공공기관건축비 및 용지비, 그리고 광역교통시설비 등 총 '8조 5천억원' 규모로 책정됨으로써 신행정수도건설 예상비용인 11조 2천억원보다는 2조 7천억원 가량이 줄었다(행정중심복합도시건설추진위원회, 2005).

그러나 수정된 소요재원을 둘러싸고도 논쟁이 끊이질 않았는데, 유지옹호연합들은 이전의 무용론을 주장하며 그 예산을 차라리 복지예산으로 돌리자는

그림 4-30 수정기 정책변동의 세부유형도[94]

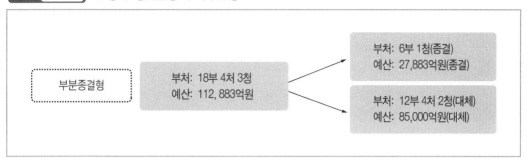

등 반격을 재기하기에 이르고, 2005년 11월 24일로 예정되어 있는 헌법재판소의 판결에 따라 운명의 기로에 서게 된다.

⑤ 유형도출

수정기 부문별 분석한 결과를 살펴보면, 기본성격은 의도적이고, 법률·조직·예산측면은 헌재의 위헌판결로 인해 대체적으로 높은 수준의 조정이 있었다는 점에서 정책승계라고 할 수 있다.

아울러, 신행정수도건설안에서는 18부 4처 3청 및 11조 2,883억원이 공주·연기지역으로 이전 및 소요책정되었으나, 행정중심복합도시건설안에서는 나머지는 종결되고 12부 4처 2청 및 8조 5,000억원이 충청권으로 이전 및 소요책정되었다는 점(부산일보, 2005. 02. 25)에서, 종합적으로 '부분종결형 정책승계'의 유형을 나타낸 것이다(〈그림 4-30〉 참조).

---

94 행정부처와 정부부담 건설비용을 기준으로 작성한 것이다.

3) 1차 유지기 정책변동 유형 분석

(1) 촉발기제에 도달하기까지의 상호작용

표 4-61 참여자의 구성체계

구 분		이전옹호연합		유지옹호연합	
		공식성 여부		공식성 여부	
		공식적 정책참여자	비공식적 정책참여자	공식적 정책참여자	비공식적 정책참여자
참여자의 중요성 여부	핵심적 정책참여자	노무현 대통령, 열린우리당, 한나라당	–	–	수도이전반대 국민연합
	주변적 정책참여자	건설교통부, 법무부, 행정중심복합도시건설 추진위원회, 충청남도	–	서울특별시	수도분할반대 범국민 운동본부

본 시기에 있어서 촉발기제는 2005년 11월 24일 헌법재판소가 행정중심 복합도시 건설을 위한 특별법에 대해 각하판결을 내린 사항이다.

2004년 10월 21일 헌법재판소가 신행정수도 건설을 위한 특별조치법에 대해 위헌판결을 내리자, 곧바로 노무현 대통령은 신행정수도는 불가하게 되었지만 최소한의 지역균형발전을 위한 신행정수도후속대책을 지시하게 된다. 이는 현 수도를 유지한 채 일부 행정부처를 이전시켜 지역균형발전을 제고하겠다는 행정중심복합도시로 구체화된다. 이에 대해 2005년 2월 23일 여당인 열린우리당과 야당인 한나라당은 12부 4처 2청 등을 이전범위로 합의하는 등 나름대로 협조적인 분위기를 나타냈다. 하지만 2005년 6월 15일에 수도이전반대국민연합이 실질적인 천도라는 점을 강조하면서 행정중심복합도시 건설을 위한 특별법에 대해 헌법소원을 제기하기에 이른다. 이에 대해 건설교통부는 수도를 이전하는 사항이 아닌 만큼 합헌이라는 의견서를 제출(2005. 7. 18, 9. 26)하게 되고, 법무부 또한 법적으로 문제가 없다며 합헌의견서를 제출(2005. 7. 21)하게 된다. 또한, 행정중심복합도시건설추진위원회에서도 합헌의견서를 제출(2005. 7. 18)

하게 된다. 충청남도 역시 행정기관만의 이전은 전혀 문제가 없다는 의견서를 제출(2005. 8. 12)하게 되고, 열린우리당 의원 144명도 최소한의 지역균형발전과 행정부의 재량권차원에서 문제가 없다는 합헌의견서를 헌재에 제출(2010. 10. 19)하게 된다.

이러한 이전옹호연합의 파상공세에 낮은 수준이나마 유지옹호연합도 대응을 하게 되는데, 서울특별시는 수도분할로 인한 비효율성 등의 의견을 내세우며 위헌의견서를 제출(2005. 7. 18)하였고, 아울러 위헌찬성을 위한 수도분할반대 범국민운동본부도 출범(2005. 4. 13)을 하는 등 나름대로 대응을 하게 된다(연합뉴스⟨http://www.yonhapnews.co.kr⟩).

결국, 최소한의 지역균형발전 등을 내세운 이전옹호연합과 수도분할로 인한 비효율성 등을 내세운 유지옹호연합 사이의 상호작용 속에서 2005년 11월 24일 헌법재판소는 수도이전이 아닌 행정부처를 이전시키는 것은 판결의 대상이 될 수 없다는 각하판결을 내림으로써 이전옹호연합의 손을 들어주게 된다. 결국, 특별법은 사실상 합헌판결(각하 7명, 위헌 2명)을 받게 된 것이다.

한편, 본 시기에 있어서 촉발기제가 도래하게 되는 과정을 살펴보면, 수도이전이라는 쟁점이 사라진 채 행정부처만을 이전시키는 문제에 대해 위헌소송을 제기하였다는 점에서, 지역균형발전과 행정부의 재량권이라는 명분으로 강하게 압박을 하였던 이전옹호연합에 대해 서울특별시 등 유지옹호연합은 상대적으로 이전시기보다 소극적으로 대응을 하였으며, 이는 균형적이고 치열한 상호작용이라기보다는 무게중심이 이전옹호연합에 다소 실리는 행태를 보인 것이다. 어쨌든, 본 시기의 촉발기제로 인해 기본성격, 법률, 조직, 그리고 예산측면은 거의 변화가 없게 된 것이다.

(2) 1차 유지기 정책변동 유형 분석

① 기본성격

1차 유지기의 기본성격은 '적응적'이라고 할 수 있다. 2005년 11월 24일 헌법재판소는 행정중심복합도시 건설을 위한 특별법에 대해 합헌판결을 내림으로써, 노무현정부는 행정중심복합도시 건설을 지속적으로 유지할 수 있게 됐다. 즉, 수정기에서 1차 유지기로 진행되는 과정에서 법률·조직·예산측면 등에 대한 높은 수준의 의도적 변화 없이 그대로 적응해 가는 연착륙이라고 할 수 있는 것이다.

② 법률 및 예산측면

1차 유지기의 법률 및 예산측면을 살펴보면, 특별법에 대한 헌재의 각하판결, 즉 사실상의 합헌판결로 인해 '행정중심복합도시 건설을 위한 특별법'과 정부부담 건설비용 기준 소요재원 책정액 '8조 5천억원'이 이전시기와 마찬가지로 유지하게 된다.

다만, 본 사항은 차후 이명박정부의 행복도시 수정안 발표에 따라 조정의 위기에 직면하게 된다.

③ 조직측면

헌법재판소의 각하판결로 인해 수정기의 행정중심복합도시건설추진위원회가 1차 유지기에도 존속하는 결과를 가져왔는데, 다만 추진위원회를 보다 더

그림 4-31 행정중심복합도시건설청의 조직도

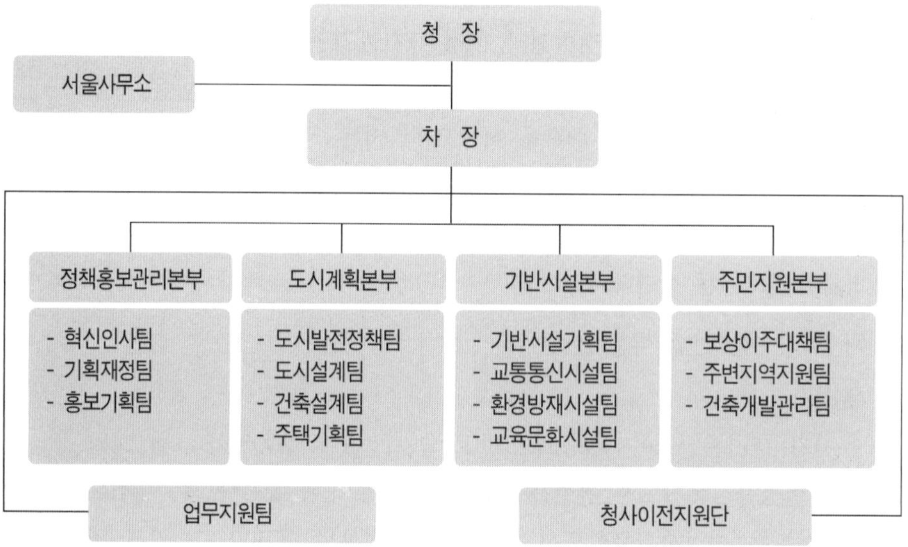

출처: 행정중심복합도시건설청〈http://www.macc.go.kr〉을 근거로 재구성.

효율적으로 지원하기 위해 추진위원회의 추진단과 실무기구를 확장 개편하여 2006년 1월 1일 '행정중심복합도시건설청'을 공식 출범시키게 된다. 건설청은 4본부 1단 15팀 1소로 구성된 실무기구로 행복도시가 완전히 마무리되는 2030여 년까지 유지되는 한시적 조직이다《그림 4-31》 참조). 다만, 본 조직 역시 이명박정부가 행정부처 이전 백지화 등을 포함하는 행복도시 수정안을 발표함에 따라 조정의 위기에 직면하게 된다.

④ 유형도출

지금까지 조명한 1차 유지기의 부문별 분석결과를 살펴보면, 기본성격은 적응적이며, 이전시기와 비교하여 법률·조직·예산측면에서 거의 변화가 없었다는 점에서, 정책유지라고 할 수 있다.

표 4-62 헌재 합헌판결 직후 순응도에 대한 설문조사[95]

서울특별시의회 의원				
← 불응지향				순응지향 →
1	2	3	4	5
3명	2명	2명	10명	3명

□ N=20 □ 보통값: 3
□ 평균값(Mean): 3.40 □ 최빈값(Mode): 4.0 □ 중앙값(Median): 4.0

경기도의회 의원				
← 불응지향				순응지향 →
1	2	3	4	5
1명	2명	4명	8명	5명

□ N=20 □ 보통값: 3
□ 평균값(Mean): 3.70 □ 최빈값(Mode): 4.0 □ 중앙값(Median): 4.0

종 합

□ N=40 □ 보통값: 3
□ 평균값(Mean): 3.55 □ 최빈값(Mode): 4.0 □ 중앙값(Median): 4.0

---

95 본 설문조사는 2005년 11월 25일부터 30일까지 당시 서울특별시 및 경기도의회 의원 20명씩, 총 40명을 대상으로 실시한 것이며, 직접방문 또는 우편 등을 통해 이루어졌다. 여타사항은 본인들의 요구에 따라 미공개로 하고자 한다. 분석표의 3은 보통값이며, 3을 미만한 값은 불응에 근접한 것이며, 3을 초과한 값은 순응에 가까운 것을 의미한다. 한편, 이들 40명은 이전기(2003. 07. 01

아울러, 헌재의 합헌판결 직후, 경기도는 "이번 판결을 계기로 행정중심복합도시와 관련한 논란을 종결하고 수도권과 지방이 상생 발전해 나가야 한다"고 밝혔고, 서울특별시는 성명을 통해 "헌법재판소의 결정으로 행정중심복합도시 건설을 위한 특별법의 위헌여부에 대한 논란은 종결된 것으로 보이지만 특별법 자체가 위헌이 아니라고 해도 수도분할은 결코 좋은 정책이 아니라고 본다. 그렇지만 헌재판결은 존중한다"는 뜻을 표명했다(국정브리핑, 2005. 11. 24). 물론, 이들의 내심은 2006년 6월 지방선거당시에 한나라당 출신 경기, 인천, 서울 광역자치단체장 후보들 간의 '수도권협의회' 설치와 '대수도론' 주창으로 드러나게 되지만, 행정중심복합도시 건설에 반대입장에 서 있던 서울시 등이 헌재의 결정을 일단 겸허히 수용하겠다는 견해를 피력하며 대체적으로 순응하는 모습을 보인 것이다.

이러한 사항을 좀 더 객관화시키기 위해 헌재의 합헌판결 직후 이해당사자인 서울특별시 및 경기도의회 의원들에게 합헌판결에 대한 순응도를 설문조사한 결과, 서울특별시의회에서는 3.40(최빈값: 4.0, 중앙값: 4.0)을 나타내 순응에 다소 근접했으며, 경기도의회에서는 3.70(최빈값: 4.0, 중앙값: 4.0)을 나타내어 서울특별시의회보다 더 높은 순응도를 보였는데, 이는 서울특별시가 수도로서 좀 더 이해당사자에 가깝다는 점에서 순응도가 상대적으로 낮아진 것으로 분석된다. 어쨌든, 종합 평균값이 3.55(최빈값: 4.0, 중앙값: 4.0)로 나타나서, 전체적으로 불응보다는 순응에 좀 더 가까운 행태를 보인 것이다(〈표 4-62〉 참조). 이러한 결과는 수도이전이라는 높은 수준의 쟁점에서 벗어나 행정부처만의 이전이라는 데에서 그 요인을 찾을 수 있을 것이다.

결국, 1차 유지기의 정책변동 유형은 일단 '순응형 정책유지'를 나타냈다고 볼 수 있는 것이다.

설문조사)와 수정기(2005. 07. 01 설문조사)에 행정부처를 이전하는 것에 대해 모두 불응을 했던 표본이다.

4) 2차 유지기 정책변동 유형 분석

(1) 촉발기제에 도달하기까지의 상호작용

표 4-63 참여자의 구성체계

구 분		이전옹호연합		유지옹호연합	
		공식성 여부		공식성 여부	
		공식적 정책참여자	비공식적 정책참여자	공식적 정책참여자	비공식적 정책참여자
참여자의 중요성 여부	핵심적 정책참여자	민주당, 친박계	-	이명박 대통령, 정운찬 총리, 세종시민관 합동위원회, 친이계	-
	주변적 정책참여자	자유선진당	진보시민단체	-	보수시민단체

　　본 시기에 있어서 촉발기제는 2010년 6월 29일 이명박정부가 만든 수정 안을 국회 본회의에서 부결하게 된 사항이다.

　　2005년 11월 24일 헌법재판소가 행정중심복합도시 건설을 위한 특별법에 대해 각하판결을 내린 이후, 2007년 7월에 행복도시 기공식이 열리는 등 본 사 항에 대해서 한동안 별다른 갈등이 없었다. 하지만 2008년 2월 이명박 대통령 이 집권하고 1년 6개월여 지난 2009년 9월 29일 신임 정운찬 총리가 취임식에 서 자족기능을 갖추지 못한 행복도시는 비효율적이며, 문제해결을 위해 명예를 걸겠다는 발언을 하면서 잠재되어 있던 갈등이 수면 위로 나타나기에 이른다. 이에 대해 2009년 9월 30일 제1야당인 민주당은 정운찬 총리의 발언을 강하게 비판하며, 취임인사 방문을 거절하기에 이른다. 즉, 여야합의로 만들어진 행정 중심복합도시 건설을 위한 특별법을 정면으로 부정하는 행위에 대해 만날 가치 도 없다는 논리를 펼치게 된 것이다. 아울러, 친박계와 대전·충남에 기반을 두 고 있는 자유선진당 역시 같은 입장을 취하게 된다.

　　하지만, 이러한 반대주장에도 불구하고 2009년 11월 4일 정운찬 총리는 이명박 대통령에게 내년 기회회견을 통해 행복도시 수정안과 이를 위한 세종시 민관합동위원회 신설계획을 밝혔으며, 이 대통령의 재가를 얻어 16일 민간위원 16명과 정부위원 7명으로 구성된 민관합동위원회를 만들게 된다. 본 위원회는 2009년 11월 16일부터 2010년 1월 8일까지 8차례에 걸친 전체회의를 통해 행복도시를 수정하는 방향으로 전개해 나갔다. 이렇게 위원회가 활동하는 과정 속에서, 이명박 대통령은 11월 27일 '대통령과의 대화'를 통해 지난 대통령 후보시절 행복도시문제를 원안대로 추진하겠다는 뜻을 밝힌 것에 대해 공식 사과하며 향후 수정안을 고수하겠다는 입장을 분명히 밝히기에 이른다. 이에 대해 민주당은 지난 대통령 선거과정에서 사실상 행복도시를 추진할 계획이 없었음에도 불구하고 대통령에 당선되기 위해 10여 차례에 걸쳐 거짓말을 했다며, 맹비난을 하였고 전방위적 대응으로 이어갈 것을 밝혔다.

이러한 상황에서 시민단체도 일정부분 입장을 표명했는데, 분권균형발전전국회의, 지방분권국민운동, 수도권과밀반대전국연대 등 진보시민단체는 행복도시를 수정하는 것은 균형발전 및 분권정책을 백지화하는 것으로 문제가 많다며, 이를 위한 공동선언문을 결의(2009. 12. 23)하기도 하였다. 반면, 국민운동본부, 자유주의진보연합 등 보수시민단체는 수정안이 담아야 할 비전을 발표하고 수정안을 확정 짓는 것이 충청도민을 위하는 일이라고 주장하며, 정부의 결단을 촉구(2009. 12. 28)했다(연합뉴스⟨http://www. yonhapnews.co.kr⟩).

결국, 지역균형발전 등을 내세운 이전옹호연합과 수도분할로 인한 비효율성 등을 내세운 유지옹호연합 사이의 상호작용 속에서, 2009년 12월 7일 이명박정부는 민관합동위원회에 행정부처 이전 백지화를 위한 초안을 전달하였고, 이러한 사항 등을 근거로 위원회는 수정안을 만들어 조율한 후 2010년 1월 6일 공동위원장인 정운찬 총리가 대통령에게 보고하게 된다. 이후 수정안에 대한 최종 조율을 위해 공식발표 하루 전인 10일 총리공관에서 당정청 협의를 거쳐, 11일 행복도시에 대한 공식 수정안(최종안)을 발표하게 된다.[96] 기본적으로

---

[96] 내용체계상 수정안 발표를 2차 수정기의 촉발기제로 설정하여 또 다른 시기로 나누는 것이 설득력이 있지만, 본 수정안 발표로 인해 제 측정변수, 특히 행정중심복합도시 건설을 위한 특별법 전부 개정법률안이 시행되지 않았다는 점에서 전술한 결정적인 촉발기제는 아니라는 것, 타 시기는 촉발기제로 인해 제 측정변수가 집행되었으나 본 시기의 경우는 구상만 했다는 점에서 균형이 맞지 않는다는 것, 그리고 이에 따라 시기 간 논리적이고 일관된 연계에 한계가 왔다는 것 등을 고려하여

수정안은 행정부처의 이전 백지화와 입주기업·대학 등에 대한 인센티브 제공 등을 통해 교육과학중심경제도시건설을 지향하고 있는 내용으로서, 16조 5천억 원을 투자하여 2020년까지 도시를 집중개발하고, 이를 통해 산업·대학·연구기 능으로 전환하려는 것이다.

이러한 수정안 발표에 대해 한나라당의 친이계는 수도분할로 인한 비효율 성 등을 최소화할 수 있는 최적의 대안이라고 환영한 반면, 친박계는 국민에 대한 약속을 저버린 배신행위로 정치에 대한 신뢰만 떨어뜨렸다며 원안추진을 촉구하였다. 민주당 역시 지역균형발전과 국민에 대한 약속 등을 내세우며 수 정안 반대입장을 분명히 했다.

이러한 상황에서 한나라당이 6.2 지방선거에서 패배함에 따라, 6월 14일 이명박 대통령은 국회가 이번 회기에 수정안을 표결처리해 주길 바라며, 표결 로 내린 결정을 존중할 것이라는 승부수를 걸게 된다. 그러나 현실적으로 민주 당과 친박계 등이 반대하는 입장에서 수정안의 부결은 기정사실화된 것이다. 실제로, 6월 22일 국회 국토해양위에서 열린 전체회의에서 수정안을 담은 행정 중심복합도시 건설을 위한 특별법 전부개정법률안 등이 부결되었으며, 부결된 안건을 다시 본회의에 부의한 결과 역시 가결되지 못하여 수정안은 백지화된 것이다(2010. 06. 29).

한편, 본 시기에 있어서 촉발기제가 도래하게 되는 과정을 살펴보면, 민주 당, 한나라당의 친박계 등의 이전옹호연합과 이명박정부, 한나라당의 친이계 등 의 유지옹호연합 사이에 치열한 상호작용이 진행되는 등 한나라당 내에서도 극 한 대립이 표출되는 과정이었다는 점에서, 이전시기보다는 상호작용의 정도가 높은 수준이었다고 할 수 있다. 어쨌든, 본 시기의 촉발기제로 인해 기본성격, 법률, 조직, 그리고 예산측면에 거의 변화 없이 행복도시는 유지가 된 것이다.

(2) 2차 유지기 정책변동 유형 분석

① 기본성격

2차 유지기의 기본성격은 '적응적'이라고 할 수 있다. 국회 본회의에서 수 정안을 담은 행정중심복합도시 건설을 위한 특별법 전부개정법률안이 부결됨에

새로운 시기를 추구하는 것은 차후과제로 남겨두고 아쉽지만 보류했다.

따라 행정중심복합도시 건설을 지속적으로 유지할 수 있게 된 것이다. 즉, 1차 유지기에서 2차 유지기로 진행되는 과정에서 법률·조직·예산측면 등에 대한 높은 수준의 의도적 변화 없이 적응해 가는 연착륙적 행태를 다시 보여주고 있는 것이다.

② 법률·조직·예산측면

2차 유지기의 법률·조직·예산측면을 살펴보면, 수정안 부결에 따라 본 측면에 있어서 1차 유지기와 마찬가지로 큰 변동 없이 유지하게 되는데, '행정중심복합도시 건설을 위한 특별법'과 정부부담 건설비용 기준 소요재원 책정액 '8조 5천억원', 그리고 '행정중심복합도시건설추진위원회'와 이를 지원하기 위한 '행정중심복합도시건설청'이 이전시기와 마찬가지로 유지하게 된다.[97]

다만, 수정안 부결 이후 원안 + 알파(α)를 둘러싸고 일정부분 조정의 가능성이 있을 수는 있다는 점에서, 본 측면들에 있어서 차후 다소나마 변화의 가능성을 내포하고 있는 것이다.

③ 유형도출

지금까지 조명한 2차 유지기의 부문별 분석결과를 살펴보면, 기본성격은 적응적이며, 이전시기와 비교하여 법률·조직·예산측면에서는 거의 변화가 없었다는 점에서, 정책유지라고 할 수 있는 것이다.

아울러, 국회의 수정안 부결 직후 이명박정부는 안타까운 일이지만 국회의 결정을 존중한다는 뜻을 밝혔다. 일례로, 2010년 6월 30일 대국민담화에서 정운찬 총리는 "원안대로라면 대통령은 서울에, 총리와 장관들은 충청권으로 나뉘게 되고, 급박한 국가적 현안이 발생했을 때 의사결정이 늦어져 위기 수습이 어려울 수도 있다고 지적하면서도 국회의 결정이 내려진 만큼 더 이상의 국론분열은 안 된다며 안타깝지만 원안대로 행정중심복합도시를 만드는 데 최선을 다하겠다"고 밝혔다(KTV〈http://www.ktv.go.kr〉).

결국, 종합적으로 2차 유지기의 정책변동 유형은 1차 유지기와 마찬가지로 '순응형 정책유지'를 나타냈다고 볼 수 있는 것이다.

---

97 이러한 법률·조직·예산측면에 따라 9부 2처 2청이 이전하게 되었는데, 원래 행복도시로 이전예정인 행정부처는 12부 4처 2청이었으나 이명박정부가 집권하면서 정부조직 개편으로 인해 9부 2처 2청이 된 것이다.

3. 분석의 종합

수정된 Hogwood & Peters의 이론을 적용하여 시기별 신행정수도건설정책의 변동 유형을 분석한 결과, 〈표 4-64〉와 같은 내용이 도출되었다.

먼저, 이전기에서 기본성격은 의도적, 법률측면은 신행정수도의 건설을 위한 특별조치법 제정, 조직측면은 신행정수도건설추진위원회 신설, 예산측면은 정부부담 건설비용 기준 11조 2천 8백억원을 새롭게 조성하는 것으로 되어 있고, 과거 박정희정부의 수도이전정책을 일정부분 참고했다는 점에서, 반복형 정책혁신의 유형을 나타냈다. 아울러, 이러한 유형을 결정하는 촉발기제는 노무현 대선후보의 충청권으로 이전 공약이었으며, 촉발기제에 도달하기까지의 상호작용의 정도는 별 다른 저항 없이 추진되었다는 점에서 낮은 수준이었다. 결과적으로, 본 시기의 기능은 행정부처 기준 18부 4처 3청 등 대부분의 기관이 이전한다는 점에서, 높은 수준의 행정기능을 나타내는 시기라고 할 수 있는 것이다.

수정기에서 기본성격은 의도적, 법률측면은 행정중심복합도시 건설을 위한 특별법 제정, 조직측면은 행정중심복합도시건설추진위원회로 개편, 예산측면은 정부부담 건설비용 기준 8조 5천억원으로 조정하여 일부부처를 이전백지화했다는 점에서, 부분종결형 정책승계의 유형을 나타냈다. 아울러, 이러한 유형을 결정하는 촉발기제는 특별조치법에 대한 헌법재판소의 위헌판결이었으며, 상호작용의 정도는 상대적으로 높은 수준이었다. 결과적으로, 본 시기의 기능은 기존의 18부 4처 3청 중에서 12부 4처 2청만이 이전한다는 점에서, 중간 수준의 행정기능을 나타내는 시기라고 할 수 있는 것이다.

1차 유지기에서 기본성격은 적응적, 법률측면은 행정중심복합도시 건설을 위한 특별법 유지, 조직측면은 행정중심복합도시건설추진위원회 유지, 예산측면은 8조 5천억원을 유지하였고, 촉발기제에 대해 순응을 나타냈다는 점에서, 순응형 정책유지의 유형을 보였다. 아울러, 이러한 유형을 결정하는 촉발기제는 특별법에 대한 헌법재판소의 각하판결이었으며, 상호작용의 정도는 상대적으로 중간 수준이었다. 결과적으로, 본 시기의 기능은 기존의 12부 4처 2청을 조직개편에 따라 같은 수준인 9부 2처 2청으로 이전시킨다는 점에서, 역시 중간 수준의 행정기능을 나타내는 시기라고 할 수 있는 것이다.

표 4-64 신행정수도건설정책의 변동유형 분석 결과[98]

구 분	이전기	수정기	1차 유지기	2차 유지기
촉발기제	노무현 대선후보의 충청권 이전 공약	특별조치법에 대한 헌법재판소 위헌판결	특별법에 대한 헌법새판소 각하판결	수정안 국회 본회의 부결
기본성격	의도적 성격	의도적 성격	적응적 성격	적응적 성격
법률측면	신행정수도의 건설을 위한 특별조치법 제정	행정중심복합도시 건설을 위한 특별법 제정	행정중심복합도시 건설을 위한 특별법 유지	전부개정 없이 행정중심복합 도시 건설을 위한 특별법 유지
조직측면	신행정수도건설 추진위원회 신설	행정중심복합도시건설추진위원회로 개편	행정중심복합도시건설 추진위원회 유지	행정중심복합도시건설추진위원회 유지
예산측면	정부부담 건설비용 기준 11조 2천 8백억원 새롭게 조성	정부부담 건설비용 기준 8조 5천억원으로 조정	정부부담 건설비용 기준 8조 5천억원 유지	정부부담 건설비용 기준 8조 5천억원 유지
유 형	반복형 정책혁신	부분종결형 정책승계	순응형 정책유지	순응형 정책유지
촉발기제에 도달하기까지의 핵심적 참여자	민주당 대선후보 노무현	노무현 대통령, 대선후보 이회창, 헌법소원 대리인단, 수도이전반대 범국민운동본부	노무현 대통령, 열린우리당, 한나라당, 수도이전반대 국민연합	민주당, 친박계, 이명박 대통령, 정운찬 총리, 세종시민관 합동위원회, 친이계
촉발기제에 도달하기까지의 상호작용의 정도	낮은 수준	높은 수준	중간 수준	높은 수준
지배집단의 범위	노무현 대통령 당선 및 집권기	노무현 대통령 집권기	노무현·이명박 대통령 집권기	이명박 대통령 집권기
기 능	높은 수준의 행정기능	중간 수준의 행정기능	중간 수준의 행정기능	중간 수준의 행정기능

98 낮은 수준, 중간 수준, 높은 수준은 시기별 상대적 개념에 근거한 것이다.

마지막으로, 2차 유지기에서는 1차 유지기와 마찬가지로 기본성격은 적응적, 법률측면은 행정중심복합도시 건설을 위한 특별법 유지, 조직측면은 행정중심복합도시건설추진위원회 유지, 예산측면은 8조 5천억원을 유지하였고, 촉발기제에 대해 순응을 나타냈다는 점에서, 역시 순응형 정책유지의 유형을 보였다. 아울러, 이러한 유형을 결정하는 촉발기제는 수정안의 국회 본회의 부결이며, 상호작용의 정도는 한나라당 내에서도 내분이 있었다는 점 등에서 상대적으로 높은 수준이었다. 결과적으로, 본 시기의 기능은 기존의 9부 2처 2청이 이전된다는 점에서, 역시 중간 수준의 행정기능을 나타내는 시기라고 할 수 있는 것이다.

Ⅳ. ▶▶ 결 론

전술한 바와 같이 수정된 Hogwood & Peters의 이론을 신행정수도건설정책에 적용하여 변동에 관한 유형을 시기별로 분석한 결과, 반복형 정책혁신, 부분종결형 정책승계, 순응형 정책유지, 그리고 순응형 정책유지로 나타났다. 이러한 분석과정에서 일정부분 시사점도 도출되었는데, 이를 정리하면 다음과 같다.

첫째, Hogwood & Peters의 이론에서 말하는 연구결과가 반드시 맞는 것은 아니라는 것이다.

먼저, 정책혁신은 정책유지로 이어지고, 이는 정책승계 또는 정책종결로 귀착되며, 정책승계는 다시 환경의 변화에 따라 정책유지가 되는 역동성을 띠게 된다고 했는데, 본 사례의 경우, 시기별로 정책혁신이 정책승계, 정책유지, 그리고 다시 정책유지로 이어졌다는 점에서, 반드시 전술한 이론에 합치되는 것은 아니라는 것이다. 그리고 정책변동 유형을 결정짓게 하는 것은 비공식적 정책참여자보다는 공식적 정책참여자가 압도적이라는 것인데, 수정기의 경우 헌법소원 대리인단 등 비공식적 정책참여자가 촉발기제인 신행정수도 건설을 위한 특별조치법에 대한 위헌판결을 이끌어 내어 기본성격, 법률·조직·예산측면 등에 변화가 오게 하여, 이를 통해 신행정수도 건설을 좌절시켰다는 점에서, 반드시 공식적 정책참여자가 정책변동 유형을 결정짓게 한다는 주장은 전술한 이론과 합치되는 것은 아니라는 것이다. 또한 최고관리자가 원하는 정책변동 유형을 이루기 위해서는 정권후반기보다는 전반기가 유리하다는 것인데, 노무현정권의 경우는 정권전반기에 본인이 원하는 정책혁신을 이루었으나, 이명박정부는 본인의 의견과 반하는 정책유지가 이루어졌다는 점에서, 본 사항 역시 Hogwood & Peters의 이론에서 나타나는 연구결과와 합치된다고는 할 수 없는 것이다.

반면, 정책변동 유형의 제 측정변수는 공식적 조직에 의해 결정된 공식적 법률, 조직, 예산 등이라는 것인데, 본 사례의 모든 시기에서 공식적 조직인 국회와 정부 등에서 법률측면 등을 결정하였다는 점에서, Hogwood & Peters의 이론과 합치된다고 할 수 있는 것이다. 그리고 정책변동 유형의 제 측정변수는 고안단계에 머무르지 않고 집행단계까지 이른다는 것인데, 이 또한 수정기 등 모든 시기에서 제 측정변수가 정책형성에만 머무르지 않고 실질적으로 집행이 되었다는 점에서, 전술한 이론과 합치된다고 할 수 있는 것이다. 즉, 모든 시기에서 법률이 시행되고, 이를 근거로 조직이 신설, 조정 및 유지되며, 예산이 책정 및 집행된 것이다.

둘째, 정책과정의 성격은 지배집단의 교체에 따라 극명하게 차이가 난다는 점이다.

즉, 본 사례에서도 나타나듯이, 수정기의 시작점인 촉발기제가 도래되는 과정은 노무현정부가 집권하고 있었다는 점에서 기본적으로 행정부처를 공주·연기로 이전시켜 지역균형발전 등을 제고하려고 한 것인 반면, 2차 유지기의 시작점인 촉발기제가 도래되는 과정은 이명박정부가 집권하고 있었다는 점에서 이전으로 인한 비효율성 등을 제거하기 위해 행정부처 이전자체를 백지화시키려고 했던 것이다. 따라서 지배집단의 교체는 정책과정의 성격에 주요한 변수로 작용하고 있다는 점을 다시 한 번 입증하고 있는 것이다.

셋째, 정책변동의 유형에 가장 중요하게 영향을 미치는 변수는 촉발기제였으며, 그 다음으로는 법률측면이었다는 점이다.

즉, 이전기 등 본 사례에서 나타난 네 시기 모두 국면을 결정적으로 전환시키는 촉발기제에 의해 법률이 제·개정 및 유지되었으며, 이에 따라 조직 및 예산측면 등도 수반되는 행태를 보인 것이다. 다시 말해서, 촉발기제 및 법률측면에 따라 해당시기의 정책변동 유형이 결정되었다는 것이다.

넷째, 시기별로 나타나는 정책변동 유형과정은 일정부분 일관성이 있다는 점이다.

즉, 신행정수도건설정책의 변동과정은 여타 사회현상과 마찬가지로 높은 수준의 복잡성을 내포하지만, 일정한 촉발기제에 의해 경계를 명확히 해 주고 있으며, 이를 통해 시기별 정체성을 나타내주고 있다는 점에서, 교통질서의 역할을 수행하고 있는 것이다.

다섯째, 제도적으로 구속력 있는 결정은 새로운 정책변동 유형을 방지하는 역할을 할 수 있다는 점이다.

즉, 이명박정부는 행정부처의 분할로 인한 비효율성 등을 주장하며 공주·연기지역으로의 행정부처 이전을 백지화하려고 했으나 헌법기관인 국회의 다수결 표결로 인해 부결되어 1차 유지기의 내용이 그대로 이어진 것이다. 다시 말해서, 대통령의 강력한 의지에도 불구하고 국회결정은 제도적 구속력을 갖는 것이라는 점에서, 높은 수준의 영향력을 지녔다고 볼 수 있는 것이다.

한편, 본 연구는 정책변동 유형의 결과에 근거해서 일정부분 시사점을 조명했는데, 이를 신행정수도건설정책이라는 제한된 사례로만 고찰했다는 점에서, 일반화에 한계를 가져왔다고 판단된다.

참고문헌

□ 국내문헌

[국내저서]

김번웅 외(1997), 『환경행정론』, 대영문화사.

김영평(1998), 『불확실성과 정책의 정당성』, 고려대학교 출판부.

김영평·송하중(2006), 『정책성공과 실패의 대위법』, 나남출판.

김형렬(2002), 『정책학』, 법문사.

남궁근·이희선·김선호·김지원 역(2005), 『정책분석론』, 법문사.

노화준(2003), 『정책학원론』, 박영사.

박성복·이종렬(2003), 『정책학 강의』, 대영문화사.

박용치(1998), 『현대행정학원론』, 경세원.

성경륭·김태성(2000), 『복지국가론』, 나남출판.

심지연(2009), 『한국정당정치사』, 백산서당.

오석홍·김영평 편(2000), 『정책학의 주요이론』, 법문사.

유훈(2002), 『정책학원론』, 법문사.

이성복(1993), 『도시행정론』, 법문사.

이종범(1986), 『국민과 정부관료제』, 고려대학교 출판부.

정정길(2000), 『정책학원론』, 대명출판사.

정정길·최종원·이시원·정준금(2005), 『정책학원론』, 대명출판사.

조선일(1995), 『정책학개론』, 학문사.

조흥식 외(2001), 『여성복지학』, 학지사.

채경석(2000), 『정책집행의 논리와 현실』, 대영문화사.

최병선(1997), 『정부규제론』, 법문사.

[국내논문]

강성태(1998), "파견근로자 보호 등에 관한 법률의 제정과 과제," 한국노동법
      학회.

강은숙(2001), "정책변동 원인에 관한 연구: 그린벨트 정책사례를 중심으로,"
      서울대학교 박사학위논문.

_____(2002), "정책변동의 정책네트워크론적 분석: 그린벨트정책을 중심으로,"
      한국사회와 행정연구, 13(1).

강정운·김정기(2009), "동·서·남해안권발전특별법의 정책형성과정 사례연구,"
      지역발전연구, 9(1).

강제상·김종래(1996), "수질규제정책에 대한 정책대상집단의 순응에 관한 연
      구," 한국정책학회보, 5(2).

김병준(2006), "외국인근로자 고용허가제 결정과정 분석: Kingdon의 정책흐름
      모형 적용을 중심으로," 서울대학교 석사학위논문.

김상화(1986), "정책의 실패요인에 관한 연구," 성균관대학교 석사학위논문.

김순양(2006), "보건의료 정책형성과정의 동태성: 옹호연합모형을 통한 의료보
      험통합 일원화 논쟁의 해석," 한국정책학회보, 15(3).

_____(2009), "권위주의적 발전국가의 사회정책형성과정 분석: 제2차 의료보
      험법 개정과정을 중심으로," 한국행정논집, 21(1).

김성배(2010), "4대강 정비사업과 하천법관련 공법적 쟁점," 토지법학, 26(1).

김영종(2009), "고용정책형성과정의 동태성 분석," 한국정책과학회보, 13(2).

김영평(1982), "정책오차의 수정에 대한 정당성," 한국행정학보, 16.

김윤미(2011), "여성정책변동에 관한 정책네트워크 연구: 모성보호정책의 사
      례," 연세대학교 박사학위논문.

김준현(2002), "정책변동요인에 관한 연구: 새만금지구 종합개발사업과 영월 동
      강댐 건설사업의 비교," 서울대학교 석사학위논문.

김종욱(2008), "한반도 대운하 건설 계획에 대한 하천지형학적 검토," 한국지형
      학회지, 15(1).

김정수(2004), "스크린쿼터제: 한국영화 의무상영제도," 한국정책학회보, 13(5).

_____(2011), "'뜨거운 감자' 반토막 내기: 스크린쿼터 축소 결정에 대한 사례

연구," 문화와 사회, 10.

김정완(2006), "신행정도시 건설에 대한 공공선택론적 분석," 한국정책과학학회
　　　보, 10(4).

고경훈(2004), "중앙-지방정부 간 관계의 정책형성 연구: 성남시의 수도권 남부
　　　저유소 입지선정 결정과정 사례를 중심으로," 한국행정학보, 38(2).

공병영(2003), "교원정년정책 변동과정 연구: Kingdon의 정책흐름모형을 중심
　　　으로," 서울대학교 석사학위논문.

남윤희(2002), "정책변동의 요인에 관한 연구: 영월댐 건설정책과 그린벨트정책
　　　을 중심으로," 고려대학교 석사학위논문.

남상민(2005), "정책과정에서의 NGO: 정책옹호동맹체모형(ACF)과 새만금사업
　　　에서의 NGO역할," 한국정책학회보, 14(1).

류학렬(2001), "서울추모공원, 장묘문화 개선의 계기 되어야," 지방자치, 156.

박상원(2009), "방송통신위원회 조직 출범에 대한 정책형성과정 분석: 김대중정
　　　부와 노무현정부의 논의과정 비교를 중심으로," 국가정책연구, 23(3).

박순열(2007), "새만금개발의 사회적 갈등구조와 지역발전담론에 관한 연구,"
　　　서울대학교 박사학위논문.

박용성(2004), "정책네트워크의 동태적 유형분석에 관한 연구: 한강 및 낙동강
　　　유역정책 수립 및 입법화과정을 중심으로," 한국행정학회 2004년 하
　　　계학술대회논문집.

박용치·윤순진·신동주(2000), "환경정책집행 대상집단의 정책순응에 관한 연
　　　구: 구리시 자원회수시설의 사례를 중심으로," 한국행정학회 동계학술
　　　대회논문집.

박천오·유병복(1999), "한국의료전달체계의 실패원인: 정책대상집단의 불응을
　　　중심으로," 한국행정학보, 33(4).

박재근(2004), "환경갈등해결과정에서 전문가 위원회의 역할: 새만금 간척사업
　　　민관공동조사단을 중심으로," 서울대학교 석사학위논문.

박하영(2007), "참여정부의 문화예술교육정책 형성과정 연구: Kingdon의 정책
　　　흐름모형을 중심으로," 서울대학교 석사학위논문.

박해룡(1990), "정책변동에 관한 연구," 대구경북행정학회보, 2.

부형욱(2002), "방위력 개선사업에서의 정책변동: Kingdon의 정책흐름(Policy Stream)모형과 관료정치모델의 설명력 고찰을 중심으로," 국방정책연구, 55.

백종섭(2002), "서울시 추모공원 건립정책의 갈등원인과 해결방안," 한국행정학회하계학술대회논문집.

서희자(2000), "개발제한구역의 생태도시론적 관리방안," 한국행정학회 2000년 동계학술대회논문집.

송광태(2007), "신행정수도 건설의 쟁점과 타당성 분석," 도시행정학보, 17(1).

송하진(1994), "정책실패의 제도화에 관한 연구," 고려대학교 박사학위논문.

신범순·양승일·박주용(2006), "장묘복지를 둘러싼 조직 간 정책갈등 분석: 제2화장장 입지선정을 둘러싼 서울시와 서초구·서초주민을 중심으로," 한국조직학회보, 3(1).

안병철(2000), "정책형성과정에서의 역동성 분석: 의약분업정책의 참여자 간 상호작용을 중심으로," 고려대학교 박사학위논문.

안형기(2010), "물관리정책의 진화과정과 4대강정비사업," 한국정책과학학회보, 13(4).

안형기·양승일(2006), "신행정수도 건설정책과정의 이론적 해석: Hogwood & Peters의 정책동태론의 관점," 한국지역개발학회지, 18(3).

양경미(2010), "한국영화산업의 보호정책과 이익집단의 역할에 관한 연구: 스크린쿼터를 중심으로," 한양대학교 박사학위논문.

양승삼(2009), "교원능력개발평가 정책형성과정에서 나타난 갈등연구," 한국교원대학교 박사학위논문.

양승일(2005), "옹호연합모형(ACF)을 활용한 정책변동 분석: 그린벨트정책을 중심으로," 한국도시지리학회지, 8(1).

_____(2006), "규제정책의 변동 분석: ACPS 모형의 그린벨트정책 적용을 중심으로," 고려대학교 박사학위논문.

_____(2009), "장묘시설을 둘러싼 복지정책형성과정의 역동성 분석: 서울추모공원건립정책을 중심으로," 한국행정학보, 43(1).

_____(2010), "정책집행조직에 의한 정책변동 유형 분석: 서울특별시 조례산

출과정에 대한 EAI 모형의 적용," 지방행정연구, 24(2).

_____(2011), "수자원정책형성과정의 상호작용 분석: 이명박정부의 한반도대운하사업을 중심으로," 한국정책학회보, 20(3).

양승일·신범순(2006), "정책과정과 현실 사이의 정책오차 분석: 보조연기자(extra)에 대한 사회보험제도를 중심으로," 정부학연구, 12(1).

양승일·한종희(2008), "정책대상조직에 의한 교육복지정책의 변동 분석: 노무현정부의 사학정책을 중심으로," 한국조직회보, 5(1).

양현모(2002), "한국 NGO 의사결정과정의 특징과 한계: 경실련과 참여연대 사례를 중심으로," 한국정책과학학회보, 6(1).

유흥림·양승일(2009), "정책흐름모형(PSF)을 활용한 정책변동 분석: 새만금간척사업을 중심으로," 한국정책학회보, 18(2).

유현종(2002), "한국 환경거버넌스의 제도화에 관한 연구: 새만금간척사업을 중심으로," 서울대학교 석사학위논문.

이동규·박형준·양고운(2011), "초점사건 중심 정책변동 모형의 탐색: 한국의 아동 성폭력사건 이후 정책변동을 중심으로," 한국정책학회보, 20(3).

이병길(1992), "정책변동의 요인과 과정에 관한 연구: 방송정책(1980-1990)변동사례를 중심으로," 서울대학교 박사학위논문.

이순남(2004), "Kingdon의 정책흐름모형을 적용한 정책변동 연구: 국군간호사관학교 사례를 중심으로," 한국공공관리학보, 18(2).

이종길(1972), "개발제한구역의 합리적인 관리방안에 관한 연구: 서울개발제한구역을 중심으로," 서울대학교 박사학위논문.

이종범(1988), "다원화시대에 있어서 행정의식의 문제점," 전국경제인연합회.

이지연(2010), "한국 모성보호정책형성과 여성의 시민권," 현대사회와 문화, 30.

이춘기(2007), "신행정수도 이전에 따른 쟁점 및 과제," 도시행정학보, 17(1).

이하행(1985), "정책오차의 원인귀인과 오차수정에 관한 연구," 고려대학교 석사학위논문.

이학수(1998), "한국개발제한구역정책의 비일관성에 관한 연구," 고려대학교 박사학위논문.

임동완(2003), "새만금 간척사업에 대한 게임이론적 분석: 행위자들의 전략변화를 중심으로," 서울대학교 석사학위논문.

임양준(2010), "공공사업 관련 사회적 갈등보도에 대한 뉴스 프레임 분석: 한반도대운하건설사업을 중심으로," 한국언론정보학보, 49.

장지호(2004), "경유승용차 판매허용의 정책변동연구: 옹호연합모형의 적용," 한국행정학보, 38(1).

전진석(2003a), "새만금 간척사업의 정치경제와 정책옹호연합모형," 한국사회와 행정연구, 14(2).

_____(2003b), "의약분업 정책변화에 대한 연구: 정책옹호연합모형을 적용하여," 한국정책학회보, 12(2).

정미정(2006), "스크린쿼터에 관한 뉴스보도 담론분석," 한국언론정보학보, 35.

정연미(2010), "옹호연합모형을 적용한 독일 기후변화정책 형성과정의 동태성 분석," 한독사회과학논총, 20(3).

정은영·성석주·최봉기(2009), "언론보도가 지방정부의 정책형성과정에 미치는 영향 분석: 울산광역시 공무원의 인식을 중심으로," 한국지방자치연구, 11(1).

정진술(2003), "새만금 간척사업과 영월댐 건설사업의 정책결정과정 비교연구," 서울대학교 석사학위논문.

주기석(1978), "개발제한구역 내 토지형질변경에 관한 연구: 자연환경보호를 중심으로," 서울대학교 석사학위논문.

주재현(2007), "정책형성 담론의 국가 간 비교분석: Schmidt의 제도적 담론분석적용," 현대사회와 행정, 17(1).

조남식(2006), "NGO의 활동과 정책결정의 관계: 영월다목적댐 백지화와 새만금간척사업 사례연구," 서울대학교 석사학위논문.

진상은(2008), "법학전문대학원 설치·운영법 제정과정에 관한 연구," 서울대학교석사학위논문.

최용제(2011), "스크린쿼터의 국산영화 보호효과에 관한 연구," 국제지역연구, 15(3).

□ 국외문헌

[국외저서]

Almond, G. A. & Powell, B. P.(1980), *Comparative Politics*, 3rd ed., Boston: Little Brown.

Anderson, J. E.(1975), *Public Policy Making*, New York: Praeger Publishers.

_____(1984), *Public Policy-Making*, 3rd ed., New York: Holt, Rinehart and Klinston.

Baker, R. F.(1976), *Public Policy Development*, New York: John wily and Sons.

Cartwright, D. & Zander, A.(1968), *Group Dynamics: Research and Theory*, New York: Harper & Row.

Cyert, R. & March, J.(1963), *Behavioural Theory of the Firm*, Englewood Cliffs, New Jersey: Prentice-Hall.

Deutsch, K. W.(1980), *Politics and Government*, Boston: Houghton Mifflin Company.

Downs A.(1996), *Inside Bureaucracy*, Boston: Little, Brown & Co.

Dror, Y.(1971), *Design for Policy Sciences*, New York: American Elsevier.

_____, *Ventures in Policy Sciences*, New York: American Elsevier.

Dye(1981), *Understanding Public Policy*, Englewood Cliffs, New Jersey: Prentice Hall.

Easton, D.(1953), *The Political System*, New York: Knopf.

Etzioni, A.(1964), *Modern Organization*, Englewood Cliffs, New Jersey: Prentice-Hall.

_____(1968), *The Active Society*, New York: The Free Press.

Eyestone, R.(1971), *The Threads of Public Policy*, Indianapolis: Bobbs Merrill.

_____(1978), *From Social Issues To Public Policy*, New York: John

Wiley & Sons, Inc.

Goldenberg, D.(1983), *Developmental indicators for the assessment of learning-revised*, NJ: Childcraft Education.

Hofferbert, R.(1974), *The Study of Public Policy*, Indianapolis: Bobbs-Merrill.

Hogwood, B. & Peters, B. G.(1983), *Policy Dynamics*, New York: St. Mar-tin's Press.

Jenkins, W. I.(1978), *Policy Analysis,* London: Martin Roberton.

Jones, C. O.(1977), *An Introduction to the Study of Public Policy*, North Scituate: Duxbury Press.

Kingdon, J. W.(1984), *Agendas, Alternatives and Public Policies*, Boston: Little, Brown and Co.

Kuhn, T. S.(1970), *The Structure of Scientific Revolution*, Second Enlarged Edition, Chicago: University of Chicago Press.

Lasswell, H. D. & Kaplan, A.(1970), *Power & Society*, New Haven: Yale University Press.

Lasswell, H. D.(1956), *The Decision Process: Seven Categories of Functional Analysis,* College Park: University of Maryland.

Lindblom, C. E.(1980), *The Policy-Making Process,* Englewood Cliffs, New Jersey: Prentice-Hall.

March, J. G. & Simon, H. A.(1958), *Organizations*, New York: John Wiley.

Mazmanian, D. A. & Sabatier, P. A.(1981), *Effective Policy Implementation*, MA: Health.

_____(1983), *Implementation and Public Policy*, Glenview: Scott, Foresman and Co.

Meier, K. J.(1985), *Regulation: Politics, Bureaucracy and Economics*, New York: St. Mar-tin's Press.

Mitchell, J. M. & Mitchell, W. C.(1969), *Political Analysis and Public*

Policy, Chicago: Rand McNally Publishing Co.

Mitnick, B. M.(1980), *The Political Economy of Regulation*, New York: Columbia University Press.

Mucciaroni, G.(1995), *Reversals of Fortune: Public Policy and Private Interests*, Washington D. C.: Brookings Institution.

Munro, J. E.(1993), *California Water Politics: Explaining Policy Change in a Cognitively Polarized Subsystem*, Boulder: Westview Press.

Palumbo, D. J.(1988), *Public Policy in America: Government in Action*, New York: Har-court Brace Jovanovich Publisher.

Polsby, N. W.(1984), *Political Innovation in America*, New Haven: Yale University Press.

Pressman, J. L. & Wildavsky, A.(1984), *Implementation*, 3rd ed., Berkeley: University of California Press.

Richardson, J.(1982), *Policy Styles in Western Europe*, London: George Allen and Unwin.

Riply, R. B. & Franklin, G. A.(1986), *Policy Implem-entation and Bureaucracy*, Chicago: Dorsey.

Rogers, H. R. & Bullock, C. S.(1976), *Coercion to Compliance*, Lexington Books.

Rose, R.(1976), *The Dynamics of Public Policy*, Beverly Hills: Sage Publish.

Sabatier, P. A. & Jenkins-Smith, H. C.(1999), *The Advocacy Coalition Framework: An Assessment*, Boulder: Westview Press.

Tropman, J. E.(1976), *Strategic Perspectives on Social Policy*, New York: Pergamon Press.

Wilson, J. Q.(1980), *America Government: Institutions and Politics*, Lexington: D.C. Health and Co.

Young, O. R.(1979), *Compliance & Public Authority*, Baltimore: Johns Hopkins University Press.

[국외논문]

Cobb, R. W. & Ross, J. K. & Ross, M. H.(1976), "Agenda Building as a Comparative Political Process," *American Political Science Review*, 70(1).

Cohen, M. & March, J. & Olsen, J.(1972), "A Garbage Can Model of Organizational Choice," *Administrative Science Quarterly*, 17(1).

Coombs, F. S.(1980), "The Bases of Noncompliance with a Policy," *Policy Studies Journal*, 8(6).

Elmore, R.(1978), "Organizational Models of Social Program Implementation," *Public Policy*, Spring.

Friedrich, C. J.(1940), "The Nature of Administrative Responsibility," *Public Policy*, 1.

Gouldner, A.(1959), "Organizational Analysis," in Robert K. Merton, et al.,(ed), *Sociology Today*.

Hall, P. A.(1993), "Policy Paradigms, Social Learning and the State: The Case of Economic Policymaking in Britain," *Comparative Politics*, 25(3).

Higginson, M. V.(1966), "Management Policies I: Their Development as Corporate Guides," *Research Study*, 76.

Lowi, T. J.(1972), "Four Systems of Policy, Politics and Choice," *Public Administration Review*, 16.

Matland, R. E.(1995), "Synthesizing the Implementation Literature: The Ambiguity-Conflict Model of Policy Implementation," *Journal of Public Administration Research and Theory*, 5(2).

May, J. M.(1991), "Reconsidering Policy Design Policies and Politics," *Journal of Public Policy*, 11(2).

Sabatier, P. A.(1988), "An Advocacy Coalition Framework of Policy Change and the Role of Policy-oriented Learning Therein," *Policy Sciences*, 21.

Smith, T. B.(1973), "The Policy Implementation Process," *Policy Sciences*, 6.

Van Meter, D. S. & Van Horn, C. E.(1975), "The Policy Implementation Process: A Conceptual Framework," *Administration and Society*, February.

Warner, W. K.(1967), "Problems in Measuring the Goal Attainment of Voluntary Organizations," *Journal of Adult Education*, Fall.

Wildavsky, A.(1966), "The Political Economy of Efficiency: Cost Benefit Analysis, Systems Analysis and Program Budgeting," *Public Administration Review*, 26(4).

Winter, S.(1986), "How Policy Making Affects Implementation: The Decentralization of the Danish Disablement Pension Administration," *Scandinavian Political studies*, 9(4).

□ **Web-Site**

감사원⟨http://www.bai.go.kr⟩

경향신문⟨http://www.khan.co.kr⟩

건설교통부⟨http://www.moct.go.kr⟩

경제정의실천시민연합⟨http://www.ccej.or.kr⟩

교육인적자원부⟨http://www.moe.go.kr⟩

국민일보⟨http://www.kukinews.com⟩

국회⟨http://www.assembly.go.kr⟩

근로복지공단⟨http://www.welco.or.kr⟩

네이버 백과사전⟨http://100.naver.com⟩

네이버 블로그⟨http://blog.naver.com⟩

네이버지식사전⟨http://terms.naver.com⟩

노동부⟨http://www.molab.go.kr⟩

녹색교통운동⟨http://www.greentransport.org⟩

녹색소비자연대⟨http://www.gcn.or.kr⟩

녹색연합〈http://www.greenkorea.org〉

대법원〈http://www.scourt.go.kr〉

데일리서프라이즈〈http://www.dailyseop.com〉

동아일보〈http://www.donga.com〉

머니투데이〈http://www.mt.co.kr〉

법제처〈http://www.moleg.go.kr〉

보건복지부〈http://www.mw.go.kr〉

서울고등법원〈http://slgodung.scourt.go.kr〉

서울신문〈http://www.seoul.co.kr〉

서울특별시〈http://www.seoul.go.kr〉

서울특별시 법무행정서비스〈http://legal.seoul.go.kr/2005/?Sid=403_02〉

서울특별시의회 전자회의록시스템
          〈http://council.smc.seoul.kr/dasencgi/login.cgi?v_flag=0〉

서울행정법원〈http://sladmin.scourt.go.kr〉

세종시민관합동위원회〈http://www.sejongcity.or.kr〉

수원 환경운동센터〈http://www.ecosuwon.org〉

아이뉴스 24〈http://news.inews24.com〉

야후 법률사이트〈http://law.yahoo.co.kr〉

여성부〈http://www.moge.go.kr〉

연합뉴스〈http://www.yonhapnews.co.kr〉

이데일리〈http://www.edaily.co.kr〉

인터넷 한겨레〈www.hani.co.kr〉

위키백과사전〈http://ko.wikipedia.org〉

전국교직원노동조합〈http://www.eduhope.net〉

정보통신부〈http://www.mic.go.kr〉

정보통신정책연구원〈http://www.kisdi.re.kr〉

조선일보〈http://www.chosun.com〉

중앙선거관리위원회〈http://www.nec.go.kr〉

참여연대〈http://www.peoplepower21.org〉

KTV⟨http://www.ktv.go.kr⟩

코리아리서치⟨http://www.kric.com⟩

통계청⟨http://www.nso.go.kr⟩

환경과 공해연구회⟨http://www.ecoi.or.kr⟩

환경부⟨http://www.me.go.kr⟩

환경운동연합⟨http://www.kfem.or.kr⟩

환경정의시민연대⟨http://www.ecojustice.or.kr⟩

한겨레신문⟨http://www.hani.co.kr⟩

한국갤럽⟨http://www.gallup.co.kr⟩

한국교총⟨http://www.kfta.or.kr⟩

한국사회여론연구소⟨http://www.ksoi.org⟩

한국여성단체연합⟨http://www.women21.or.kr⟩

행정안전부⟨http://www.mopas.go.kr⟩

행정중심복합도시건설추진위원회·행정중심복합도시건설청
        ⟨http://www.macc.go.kr⟩

□ 기타문헌

감사원(2005).『공공 장사시설 설치관리 실태 감사』

경향신문, 2002. 05. 10

_____, 2005. 11. 08

김재종(2000), 서울특별시 장묘문화개선정책 추진방향, 서울특별시 내부자료.

국민일보, 2006. 06. 22

국정브리핑, 2005. 01. 24·2005. 11. 24

국토해양부 4대강 살리기 추진본부(2009),『4대강 살리기 마스터플랜』

_____(2010),『서서히 모습을 드러내는 4대강 살리기 사업』

노동부(2000),『노동백서』

농림부보도자료, 2006. 03. 16

동아일보, 2003. 07. 17

부산일보, 2005. 02. 25

서울신문, 2005. 12. 21

세계일보, 2005. 06. 15 · 2005. 12. 01

신행정수도후속대책위원회(2005),『2004년도 신행정수도 건설추진백서』

여성부(2001),『비정규직 여성근로자의 임금실태 분석 및 동일임금원칙 적용을
　　　　위한 정책방안 연구』

오마이뉴스, 2003. 01. 09

중앙일보, 2004. 07. 10 · 2004. 10. 21

한겨레신문, 1998. 11. 23 · 2005. 01.3 0

한국노동연구원(2004),『비정규직 근로자 산재보험 적용실태와 특수형태근로종
　　　　사자산재보험 적용확대 방안』

행정중심복합도시건설추진위원회(2005), 『2004-2005 신행정수도 후속대책
　　　　백서』

찾아보기

[인 명]

Anderson   6, 11, 235, 264

Bullock   235, 264

Cohen   29

Coombs   235, 264

Dror   29

Dye   6, 13

Easton   6

Elmore   32

Etzioni   28

Eyestone   6, 22

Franklin   16

Friedrich   5

Goldenberg   38

Hall   67, 233, 293

Higginson   6

Hofferbert   38, 66, 232, 292

Hogwood   14, 262

Jenkins   6, 194

Jones   12

Kaplan   6

Kingdon   62, 232, 266

Lasswell   6, 11

Lindblom   28

Lowi   6

March   28, 29

Matland   36

May   24

Mucciaroni   70, 233

Olsen   29

Palumbo   17

Peters   14, 262

Ripley   16

Rodgers   235, 264

Rose   71, 232, 292

Sabatier   58, 233, 293

Sabatier   194

Simon   28

Smith   30, 194

Tropman   6

Van Metern   32

Van Horn   32

Wildavsky   28

Winter   34

Young   264

[사 항]

ㄱ

갈등　35, 115
갈등협상모형　32
강경전략　78
강도　281
개발보류　79
개발옹호연합　114, 119
개발제한　79
개발제한구역　102
개발제한정책　119
개발허용　79
개발허용정책　119
개방적·수평적 연계구조　294
거래　31
건의과정　11
게임의 장　133, 211, 260
결정기　295, 309
경계적 질서　230
경제적·사회적·정치적 상황　32
경합기　69
고용허가제　127
고전적 집행관　191
공공부문　7, 286
공공부조정책　8
공공의제의 형성　22
공공정책　106
공시지가　188
공식성　8, 134
공식적 정책참여자　20, 134
공유재산권　114
공유재산권의 정당성　119
공익　286

공중의제　21
과도적 화장중심정책　187
과도주의적 체제　121
과정평가　39
관료과정모형　32
관리적 집행형　36
괴리　270
교섭단체조례안　258
교육과학중심경제도시건설정책　311
교육정책　8
교통질서의 역할　345
국민소송단　221
굳히기모형　25
궁극적 목표　9
권위의 불신에 따른 불응　235
권위의 손상기　69
권위주의적 시대　261
권위주의적 체제　121
규범적 핵심　61
균형적 정책변동　293
그린벨트　102
그린벨트정책　101
기본성격　315
기술　46
긴장　31

ㄴ

내부주도모형　25
내부평가　39
노숙자정책　8

ㄷ

다원주의적 시대　261

다원주의적 체제　121
다원주의체제　302, 309
다중불응　258
다중입법화전략　258
다중재의요구전략　258
다중흐름　95
다중흐름모형　62
단절적 정책변동　293
당위성　8
대상조직　31
대중정치행태　66
도구적 측면　61
도시계획법　109
도시계획조례안　258
동원모형　25
동일한 목표　316
동적모형　71

ㅁ
만족모형　28
맥락설치　96, 291
멀티전략　151
목표달성　261
목표의 비양립성　42
무계중심　210
문제영역　201
문제의 인식과정　11, 13
문제정의과정　12
민간부문　7, 286
민주주의　241

ㅂ
반대옹호연합　171, 225

반복형 정책혁신　342
반복형　50, 315
발동과정　11
법률　44
법률측면　315
법적 제약　49
법적구조　201
변동기　205, 225, 227
변이의 축적기　69
보존옹호연합　114, 119
보편층　7
복지사각지대　7
복지정책　7
부분목표　9
부분종결형　52, 315
부분종결형 정책승계　342
분배주의　208
분산적 행태　283
불연속모형　71
불응　234, 257, 258, 260, 265, 283
불응형　51, 315
불일치　263
불확실성　263
비공식적 정책참여자　20, 134
비선형형　52, 315
비효율성　192
비효율성에 따른 불응　235, 258
빈도　281

ㅅ
사건중심 정책변동모형　293
사무지원배제정책　258
사무지원배치정책　258

사유재산권   114
사유재산권의 정당성   119
사익   286
사전평가   39
사학정책   261
사회경제적 구성   66
사회구조   201
사회문제   20
사회문제의 인지   22
사회문제의 태동   22
사회문화가치   201
사회쟁점의 표출   22
사후평가   39
산출물   103
상이한 목표   316
상징적 집행형   36
상징적 행동   35
상호의존성   42
상호작용   96, 126, 291, 309
새로운 패러다임 정착기   69
새만금간척사업   121
서울추모공원건립정책   153
선형모형   71
선형형   52, 315
설계불응오차 A형   85
설계불응오차 B형   86
설계불응오차 C형   86
설계불응일치 A형   89
설계불응일치 B형   89
설계불응일치 C형   90
설계불응일치형   89
설계순응오차 A형   88
설계순응오차 B형   88

설계순응오차형   87
설계순응일치 A형   91
설계순응일치 B형   91
설계순응일치형   91
설계오차의 불응형   81, 237
설계오차의 순응형   81, 236
설계오차형   80, 81, 236
성장권의 정당성   225
성장주의   208
세부목표   9
세율이원화정책   258
세율일원화정책   258
소극적 수자원정비정책   225
소극적 지역균형정책   151
소극적 화장중심정책   187
소송경로   175
소송전략   182
수정기   318, 321, 342
수정된 Hogwood & Peters의 이론
   315
순응   234
순응형   51, 315
순응형 정책유지   342
순환모형   71
스크린쿼터정책   285
시민단체   261
시발기   204, 225, 227, 295, 309
시세조례안   258
시위경로   174
시위전략   177
시작점   160
신념체계   58
신행정수도건설정책   311

실버정책 8
실험기 69
실험적 집행형 36
심리적 저항 47
쓰레기통모형 29

ㅇ

안정적인 외적변수 60
엘리트행태 66
역동성 286
역동적인 외적변수 60
역사적·지리적 조건 66
역할구분명확화정책 258
역할구분불명확화정책 258
영화개방정책 309
영화보호정책 309
예산측면 315
오차 257, 258
오차부재형 80, 82, 238
오차여부 265
오차지향 244
온건전략 78
옹호연합모형 58
외부주도모형 25
외부평가 39
외적변수 58
위상변동 96, 291
위상상승 71, 95, 288, 309
위상쇠락 71, 95, 288, 309
위상유지 71, 95, 288, 309
위상저하 71, 95, 288, 309
유지기 129, 151, 318, 321, 342
유지옹호연합 323

유형 7
의결 260
의도적 성격 315, 342
의사결정 118, 119, 157
의사전달체계의 문제에 따른 불응 235
의제형성과정 11, 14, 17
이론 153
이분법적 이해관계 192
이상화된 정책 31
이슈맥락 70, 95, 288
이익집단 121, 261
이익집단 위상 변동모형 70
이익집단 위상의 변동 95, 288
이익행태 286
이전기 318, 320, 342
이전옹호연합 323
2차 정책변동 265
이해당사자 192
인과이론 35
일반목표 9
일반정책정향 157
1차 정책변동 265
일치 257, 258
일치지향 244, 283
입법화전략 258

ㅈ

자연자원 201
자원봉사조직정책 8
자원부족에 따른 불응 235, 283
자체평가 39
재개기 129, 151

재원　119, 161
재의결　260
재의요구　260
재의요구전략　258
쟁점창도자이 활동　22
적극적 수자원정비정책　225
적극적 지역균형정책　151
적용과정　11
적응적 성격　315, 342
전략　119
전략파워　281
점감형　54, 315
점증모형　28
정보과정　11
정부관료제　121, 285
정부기구　66
정적모형　71
정착기　205, 225, 227
정책　5, 31, 261
정책거부　129
정책결과　20
정책결정　22, 79
정책결정과정　7, 14, 17, 18, 20, 265
정책결정조직　84, 258
정책결정조직에 의한 정책산출물　239
정책결정조직의 정책전략　243, 248, 253
정책경로　77, 163, 174
정책과정　7, 10
정책관리자　44
정책다원주의　191
정책대상조직　8, 84, 265
정책대상조직과 괴리된 정책변동　283

정책대상조직과 일치된 정책변동　283
정책대상조직에 의한 정책변동　283
정책대상조직에 의한 정책변동모형　261
정책대안　211
정책대안결정과정　13
정책대안흐름　62, 95
정책목표　8
정책문제　20
정책문제흐름　62, 95
정책반응　77
정책변동　10, 60, 63, 95, 261
정책변동과정　16
정책변동의 창　63, 95, 151
정책변동전략　277, 283
정책분할형　52, 315
정책불응　263
정책산출　20, 58, 63, 151, 309
정책산출물　7, 103, 263, 265
정책산출물의 기준과 목적　32
정책산출물의 자원　32
정책산출 변동모형　66
정책성과　7
정책수용　129
정책수혜자　43
정책순응　263
정책스테이트먼트　7
정책승계　50, 315
정책실현　265
정책영향　119, 157
정책오차　47
정책오차형　85
정책옹호연합　58, 118, 133

정책요구 6
정책유지 50, 315
정책유지전략 272, 283
정책의제 21
정책의제의 형성 22
정책의제형성과정 7, 18, 20
정책의지 8
정책일치형 88
정책임팩트 7
정책전략 78, 129, 163, 175
정책·조직의 지속성 48
정책종결 50, 315
정책종결과정 17
정책주체조직 84
정책주체조직에 의한 정책변동 283
정책중개자 58
정책집행 22
정책집행과정 7, 11, 13, 17, 18, 20,
  265
정책집행조직 45, 84, 258
정책집행조직에 의한 정책변동 247,
  251, 256
정책집행조직에 의한 정책변동모형
  230
정책집행조직에 의한 정책실현 239
정책집행조직의 정책전략 245, 249,
  255
정책채택과정 11
정책통합형 52, 315
정책평가과정 7, 13, 17, 20
정책하위체제 119, 157
정책학습 58, 106
정책합법화과정 13

정책핵심 61
정책행위자 194
정책혁신 50, 315
정책형성과정 11, 103
정체성 198
정치적 부담 48
정치적 연합 48
정치적 이해관계에 따른 불응 235,
  258
정치적 집행형 36
정치흐름 63, 95
제도 31
제도맥락 70, 95
제약 119, 161
제한된 자원경쟁 42
조례산출과정 230, 258
조직 45
조직 간 커뮤니케이션 및 시행활동
  32
조직발전모형 32
조직적 행태 283
조직측면 315
조직화과정 14
종결과정 11, 12
주변적 323
주변적 정책참여자 134, 323
주의 35
중단기 129, 151
지방정부 121
지배집단 201
지역균형발전 311
지연경로 174
지연전략 181

집행가의 성향　32
집행과정　12, 14, 16
집행기관의 특징　32
집행오차형　80, 82, 237
집행조직　31

ㅊ

차상위 목표　9
차하위 목표　9
착공기　129, 151
찬성옹호연합　171, 225
창조형　50, 315
처방과정　11
체제관리모형　32
촉발기제　96, 128, 151, 291
최상위 목표　9
최적모형　29

ㅋ

커튼유인정책　283

ㅌ

타 집단의 관여　22
투명지향정책　283
특정기제　310
특정층　7

ㅍ

패러다임 변동모형　67
패러다임 안정기　69
평가과정　11, 12, 14, 16
평가주체모형　39
폐쇄적·수직적 연계구조　294

폭발기　295, 309
폭발형　54, 315
피드백　285

ㅎ

하위목표　9
한반도대운하사업　191
합리모형　27
합법화과정　14
핵심적 정책참여자　323
핵심적 참여자　134
행동규정　263
행복도시　313
행위자　106, 161
행정중심복합도시건설정책　311
현실상황　265
협상경로　174
협상전략　175
형성·합법화과정　12, 16
혼란 속에 자생적 경계　310
혼합모형　28
혼합형　54, 315
홍보경로　174
홍보전략　180
홍수위　207
환경권의 정당성　225
환경단체　137
환경변화　261
환경적 요인　31
환경정책　8
환류　31
효율성　192

[기 타]

ACF　58

ACMS 모형　58

Anderson의 정책과정　11

DF　58

Dye의 정책과정　13

EAI 모형　58

EAT 모형　58

Elmore의 정책집행모형　32

Eyestone의 정책의제형성모형　22

Goldenberg의 정책평가모형　38

Hall의 패러다임 변동모형　58

Hofferbert의 정책산출 변동모형　58

Hofferbert의 정책평가모형　38

Hogwood & Peters의 정책과정　14

ICF　58

Jones의 정책과정　12

Kingdon의 다중흐름모형　58

Lasswell의 정책과정　11

Matland의 정책집행모형　36

May의 정책의제형성모형　24

MSF　58

MSICF　58

Mucciaroni의 이익집단 위상 변동모형
　58

NGO　121

Palumbo의 정책과정　17

PCF　58

POCF　58

Ripley & Franklin의 정책과정　16

Rose의 동적모형　58

Sabatier의 옹호연합모형　58

Smith의 정책집행모형　30

Van Meter & Van Horn의
　정책집행모형　32

Winter의 정책집행모형　34

[저자소개]

양 승 일

〈학 력〉
한국외국어대학교 행정학사
고려대학교 행정학석사
고려대학교 행정학박사

〈경 력〉
대통령자문 정부혁신지방분권위원회 연구위원
장안대학교 사회복지행정계열 겸임교수
서강대학교 공공정책대학원 대우교수
서울특별시 의회사무처 전문위원
한국행정학회 위원
충남도립대학교 자치행정학과 교수(현)

〈저서 및 논문〉
사회복지행정론, 사회복지정책론, 분배정의와 의료보장, 학술논문 다수

정책변동론 -이론과 적용-

초판인쇄	2014년 3월 5일
초판발행	2014년 3월 10일
지은이	양승일
펴낸이	안종만
편 집	우석진·김양형
기 획	조성호
마케팅	김원국
표지디자인	최은정
제 작	우인도·고철민
펴낸곳	(주)**박영사**
	서울특별시 종로구 평동 13-31번지
	등록 1959. 3. 11. 제300-1959-1호(倫)
전 화	02)733-6771
f a x	02)736-4818
e-mail	pys@pybook.co.kr
homepage	www.pybook.co.kr
ISBN	979-11-303-0019-1 93350

copyright©양승일, 2014, Printed in Korea

정 가   24,000원